KB136903

신라 한주지방의 고분과 사회구조

신라 한주지방의 고분과 사회구조

新羅 漢州地方의 古墳과 社會構造

김진영 지음

서경문화사

서문 – 신라 한주지방의 고분과 사회구조

필자가 신라 후기 고분과 인연을 맺게 된 것은 2002년 봄, 용인 보정동 소실유적 발굴조사에 참여하게 되면서이다. 당시만 하더라도 횡혈계 묘제로 구성된 신라 후기 고분군은 전국적으로도 흔치 않은 유적이었지만 큰 관심을 받지 못하였고 백제 고고학에 대한 관심이 워낙 지대하였던 서울 · 경기지역은 더욱 그러하였다. 필자도 다를 바 없었지만 스스로 석실 하나하나를 조사하고 유물 정리와 관련 자료를 찾아 보면서 자연스레 신라 후기 고분에 대한 관심이 커져갔다.

커져가는 관심 속에서 보고서 작성을 하며 서울 · 경기지역 신라 고분의 현황과 구조에 대한 이해도가 한 층 더해졌고, 이를 타 지역의 자료와 비교하여 한강유역 신라 고분의 성격과 대체적인 전개상을 이해하고자 하였는데 이는 석사학위논문으로 이어져 신라 후기 고분을 전공분야로 삼게 되었다.

박사과정에 진학한 후에는 유적이 전공분야를 따라오는 운도 있었다. 광명 소하동 고분군, 김포 마송유적, 화성 동탄유적, 수원 곡반정동 유적 등 고분군, 취락, 토기가마, 창고유적 등 다양한 성격의 신라유적을 지속적으로 발굴하게 되었고, 이는 고분과의 복합적인 검토를 통해 보다 구체적인 고분의 성격과 지방사회의 구조를 파악할 수 있는 계기가 되었다. 하지만 필자의 학문적 역량이 부족하고 생업고고학(?)에 장기간 매진하다보니 지속적인 자료수집과 분석이 미흡하여 제대로 된 연구 성과를 발표하지 못하였다. 이는 후에 다시 현황을 파악하는데 큰 짐이 되었다.

그러던 중 2018년도에 중부고고학회의 학술대회 발표 의뢰로 중부지역 신라 후기 고분에 관한 발표문을 작성하게 되어 다시금 신라 후기 고분에 대한 연구를 이어가는 계기가 마련되었다. 오랜 기간 자료파악이 아니되다보니 상당한 어려움이 있었지만 고분의 기초 속성을 새로이 파악하고, 축조주체와 위계성 등을 통해 지방사회의 구조에 접근하고자하는 등 지난 연구 내용을 보다 심화 시킬 수 있었고, 이는 박사학위 논문을 작성하게 되는 밑바탕이 되었다.

이 책은 그 간 필자가 집성한 서울·경기지역 신라 후기 고분을 분석하여 제출한 박사학위논문을 수정·보완하거나 일부 내용을 추가하였지만 결과의 차이는 다름이 없다. 독자의 이해를 돕기 위해 제시한 도면은 대폭 수정·교체하거나 추가하기도 하였다. 책은 모두 8개 장으로 구성되는데 주된 내용은 다음과 같다.

Ⅰ장에서는 연구현황과 문제점을 파악하여 본 책에서 다루어야 논점을 제시하였다. Ⅱ장에서는 연구목적을 달성하기 위하여 우선 축조주체 귀속에 있어 재고 여지가 있는 삼국의 석실묘를 검토하여 신라 고분의 분석대상을 명확히 하였다. Ⅲ장은 고분자료를 집성하고 분포 현황을 살피어 분석공간의 틀을 마련하고자 하였다. 자료소개 중심으로 차지하는 비중도 적지 않아 불필요하다 여길 수 있지만 후속 연구자들의 자료 수집과 현황 파악차원에서라도 필요한 부분이라 생각되어 오히려 새로이 보고된 자료를 추가하였다. Ⅳ장은 고분의 구조분석을 통한 형식 분류한 내용이고, Ⅴ장에서는 고분의 제 형식의 계통을 추적하여 축조집단을 성격과 위계성을 규명해 보았다. Ⅵ장에서는 고분의 변천과정을 다루었고, Ⅶ장에서는 앞 선 장에서 밝혀진 고분의 성격과 변천과정을 통하여 경기지역에 이식된 신라 한주지방 사회의 구조와 확립과정을 살펴보았으며, Ⅷ장에서 전체 내용을 요약하여 마무리하였다.

책자명은 논지 전개와 부합되도록 『신라 한주지방의 고분과 사회구조』로 정하였다. 책자명은 거창하지만 내용은 단편적이고 편협하다. 서울·경기지역의 신라 고분을 집성하고 재해석하여 한주라는 지방사회에 대한 고고학적 논의를 개진하였다는데 학사적 의미를 두는데 그치고 말았다. 그 만큼 의지만 컸지 이를 담을 역량은 부족한 것이었다. 최종 목표 달성을 위해 내딛는 첫 발걸음 정도의 표현으로 받아주면 될 듯싶다.

고고학에 입문하여 이 책이 나오기 까지 많은 분들의 도움이 있었다. 지면을 빌어 감사의 마음을 전하지 않을 수 없다. 먼저 하문식 교수님께서는 필자가 고고학에 입문할 때부터 학문적 지원은 물론 어려움에 처할 때 마다 항상 많은 도움을 주셨다. 표현할 수 없을 정도로 많은 은혜를 입었지만 보답할 길은 없다. 그저 학자로서 성장하는 모습을 보여드리는 것이 도리라 생각할 뿐이다. 최병현 교수님께서는 고고학자가 갖추어야 할 연구 자세를 몸소 보여주시고 필자가 학문적으로 성장하는데 지대한 영향을 주시었다. 많은 가르침을 받았고 연구 성과로 보답해야 하는데 그렇지 못하여 죄송스럽다.

아울러 이종수 교수님께서는 부족한 필자의 박사논문 지도교수를 선뜻 맡아주셨고, 논문의 체제와 방향성은 물론 많은 격려를 주시어 무사히 학위 과정을 마칠 수 있었다. 그리고 박사논문의 심사를 맡아주신 박경식 교수님과 전덕재 교수님을 비롯하여 유적 해석의 많은 조언을 주시고 항상 응원해주시는 강명호 선생님, 김기태 원장님, 김무중 선생님, 백종오 교수님, 서길덕 원장님, 조원창 원장님, 어려운 시기 서로 힘이 되어 준 이동준 실장님, 부족한 저를 늘 반겨주는 백승화 실장님에게도 감사한 마음뿐이다. 오랜 기간 문화재 조사법인 생활에서 저를 믿고 많은 기회를 주신 고수길 이사장님과 이명희 원장님께도 감사함을 잊지 못하며, 함께 하였던 동료들에게도 감사하고 미안한 마음을 전한다. 능력과 자질이 부족하여 채근만 있었고 도움이 되지 못하였다. 앞으로 보답할 길이 있을 것이라 생각할 뿐이다.

마지막으로 사랑하는 가족을 빼놓을 수 없기에 지면을 빌린다. 필자 개인의 욕심으로 제 몫을 하지 못해 가족의 희생이 늘 컸다. 육아와 직장생활을 병행하며, 힘든 나날을 견디며 응원해준 사랑하는 아내 이재순에게는 미안함을 이루 말할 수 없다. 결과가 더디고 이로 인한 삶의 변화가 드러나지 않는 일의 연속이기에 내적 갈등이 많았지만 아내와 사랑스런 두 아들 한과 건이 있어 견뎌낼 수 있었다. 사랑스런 한과 건, 많은 시간 함께하지 못한 지나간 시간을 돌이킬 수 없기에 마음 한구석이 먹먹하다. 또한 부족한 사위 때문에 아이들 돌봐주시느라 고생이신 장인어른과 장모님께 감사하고 면목 없다. 그리고 항상 자식 걱정뿐인 부모님께 감사드리며, 도을순 여사에게 이 책을 드린다. 아울러 경제성이 없는 전공서적을 발간해주신 서경문화사 김선경 사장님께도 감사드린다.

천안 불당동에서

2021년 7월

김진영

목차 – 신라 한주지방의 고분과 사회구조

I

서 론

1. 연구목적

신라의 북방개척사에서 있어 경기지역 진출은 진흥왕 12년(551) 나제연합작전에 의한 고구려의 '죽령 이외 고현 이내'의 十郡 공취와 2년 뒤인 진흥왕 14년(553) 백제가 고구려로부터 공취한 六郡을 탈취하고 新州를 설치하면서 이루어진다. 이후 신라는 신 정복지의 실질적인 영역지배를 위해 많은 물질문화를 이식하여 기층문화의 신속한 신라화를 통한 지방편제의 정비를 거듭하면서 안정화시키고 경덕왕 16년(757) 전국의 지방행정구역 개편과 더불어 漢州라는 지방사회를 완성하기에 이른다.

신라 북경의 지방사회인 한주는 문헌기록에 의하면 한강과 안성천일대로 오늘날 가평군을 제외한 경기도 전역을 중심으로 충주시와 진천군, 괴산군 등 충청북도 북부지역, 철원군과 평강군 등 강원도 서부지역 일부와 황해도 대부분 지역을 관할하였다.[1] 실제 이러한 편제가 신라의 경기지역 진출기인 신주의 설치와 더불어 유지되었는지는 차치하더라도 그 중 경기지역은 한주 영역의 대부분을 차지하고 원삼국시대 이래로 대외교섭창구인 서해와 연결되는

1 김창겸, 2005, 「신라시대 漢山州에 대하여」『中央史論』21집, 韓國中央史學會, 32쪽.

한강과 안성천의 대하천이 위치하며, 지방편제의 변동에 따라 주치지가 설치된 서울 아차산성, 이천 설봉산성, 하남 이성산성, 광주 남한산성이 위치하는 것으로 보아 한주 지방사회를 움직이는 중심지역인 것만은 이론의 여지가 없을 것이다.

신라의 경기지역 진출로 이루어진 북방개척은 진정한 영역국가체제로 진입하는 획기적인 사건으로 이와 관련된 연구는 문헌사 위주로 이루어져 왔다. 주로 정치·군사적 측면에서 신라의 경기지역 진출과 영역확장 과정과 지배양상에 대한 거시적 논의가 중점적으로 이루어져 왔고, 지방사회의 구조와 성격은 물론 어떠한 과정을 거치며, 지방사회가 확립되어 왔는지에 대한 구체적인 접근은 부족하였다.[2] 이는 단편적인 문헌기록의 영세성에 기인할 수밖에 없는 결과이기도 하다.

이러한 면에서 경기지역에 남겨진 신라의 고고학적 물질자료는 문헌자료와 상호 보완을 통해 신라의 북방 영역확장사 물론 경기지역에 이식되어 한주로 완성되는 지방사회의 구조와 성격 그리고 지배방식을 구체적으로 살펴 볼 수 있는 실체이다. 경기지역에서 남겨진 신라의 물질문화는 고분과 토기 및 기와, 숯을 생산하는 가마, 성곽유적, 산곡지와 충적지대의 취락과 창고유적, 사지와 제의시설 등 다양한 성격의 유적이 상당수 확인되었다. 그러하기에 경기

2 대표적인 연구는 다음과 같다.
李昊榮, 1985,「신라의 한강유역진출」『漢江史』, 서울시사편찬위원회; 李仁哲, 1997,「신라의 한강 유역 진출과정에 대한 고찰」『鄕土서울』 57; 임기환, 2002,「고구려·신라의 한강유역 경영과 서울」『서울학연구』 18; 朴省鉉, 2002,「6~8세기 新羅 漢州 郡縣城과 그 성격」『韓國史論』 47; 徐榮一, 2005,「5~6世紀 新羅의 漢江流域 進出과 經營」『博物館紀要』 20, 檀國大石宙善紀念博物館; 2010,「산성분포로 본 신라의 한강유역 방어체계」『고고학』 9-1호; 김창겸, 2005,「신라시대 漢山州에 대하여」『中央史論』 21집, 韓國中央史學會; 전덕재, 2009,「신라의 한강유역 진출과 지배방식」『鄕土서울』 제73호; 張彰恩, 2011,「6세기 중반 한강유역 쟁탈전과 管山城 戰鬪」『震檀學報』 111; 정운용, 2015,「신라의 성장과 한강 지역 지배」『서울 2천년사』 6-삼국의 각축과 한강, 서울역사편찬원.

지역에 산재한 신리 물질자료를 탐구하여 한주라는 지방사회의 구조와 성립과정을 이해하기에 무리가 없다.

이 중 취락과 창고, 가마, 사지유적 등은 대부분 통일신라시대 이후의 것으로 시기와 분포지역이 편중되어 확인되고 있으며, 성곽은 경기지역 전역에서 확인되고 있지만 발굴된 사례가 적고 부분적으로 이루어져 그 성격이 불분명한 것이 많다. 이와 같이 경기지역에서 확인된 신라의 물질자료 중 취락과 성곽, 가마 등은 발굴된 자료의 시·공간적 편중성과 그 성격이 불분명하여 전반적인 사회의 구조와 성격, 그리고 변화과정을 반영하기에는 한계성이 분명하다.

반면 횡혈계의 석실(곽)묘로 대표되는 신라 후기 고분은 신라의 경기지역 진출과 더불어 급속도록 확산되어 고려로의 전환기까지 계기적 변천과정을 보이고 있다. 고분은 피장자의 성별, 수평적·수직적 계층성과 소속집단의 귀속 등 피장자의 성격은 물론 축조집단의 정치·사회적 환경에 따른 의도적 행위가 그 구조와 부장품, 입지와 분포원리 등을 통해 반영된 산물인 만큼 고분을 통한 묘·장제의 복원은 피장자와 조묘집단이 소속된 사회의 구조와 성격을 파악하는데 용이하다.

이러한 점에서 고분은 당대 지방사회의 변화와 발전을 이해할 수 있는 주요한 고고학적 물질자료인 셈이다. 이에 본고는 경기지역에 광범위하게 분포한 고분을 구체적으로 살펴 묘·장제의 성격과 변화과정을 규명하고 이를 통해 신라 북방에 이식된 지방사회의 구조와 성립과정을 살피고자 하는데 목적이 있다.

2. 연구사 검토와 논점

1) 연구사 검토

경기지역 신라 고분 조사는 일제강점기 일인학자에 의해 서울 가락동·방이동고분[3], 서울 중곡동고분[4], 여주 매룡리 · 상리고분[5] 등이 일부 조사된 이래로 1975~76년도 서울 잠실지구 유적 발굴조사[6] 시 확인된 서울 가락동 · 방이동 고분군에서 횡혈식석실묘 8기와 석곽묘 1기가 발굴되기까지 특별한 근거 없이 백제 석실묘로 인식되어왔다. 이에 대해 김원룡[7]은 경주와 안변지역 석실묘와의 비교를 통해 백제가 아닌 신라 석실묘라는 비판적 검토가 있었지만 기존의 백제 석실론은 그대로 공고히 유지되었다.[8] 이러한 인식은 당시 한강유역 백제의 고고학적 문화상이 정립되지 못한 상황과 한강유역이 백제 영역이라는 데서 나타난 결과로 여겨진다.

이후 1980년대 말에 들어 횡구식석실과 석곽묘로 구성된 여주 매룡리 · 상리고분군[9], 파주 성동리고분군[10]이 발굴되면서 경기지역에서 신라 고분을 인식하는 성과도 나오게 되었다. 이는 김원룡의 비판적 검토도 있었지만 영남의 각 지방에서 이와 유사한 신라 후기 고분이 발굴되기 시작하였고, 몽촌토성, 석촌동고분, 하남 미사리유적 등의 발굴로 한성기 백제 문화상이 정립되어 가는 것에 힘입은 바 크다. 하지만 발굴자료의 영세성과 백제의 문화양상에 대

3 朝鮮總督府, 1935, 『昭和二年度古蹟調査報告』 第二冊, -公州 宋山里古墳調査報告-.

4 朝鮮總督府, 1918, 『纛島附近百濟時代遺蹟調査略報告』; 1935, 『昭和二年度古蹟調査報告』 第二冊, -公州 宋山里古墳調査報告-.

5 朝鮮總督府, 1916, 「大正五年度 古蹟調査報告」 『古蹟調査報告』.

6 蠶室地區遺蹟發掘調查團, 1977, 「蠶室地區 遺蹟 發掘調査 報告」 『韓國考古學報』 3, 韓國考古學會; 1978, 「蠶室地區 遺蹟 發掘調査 報告」 『韓國考古學報』 4, 韓國考古學會.

7 金元龍, 1974, 「百濟初期 古墳에 대한 再考」 『歷史學報』 62, 歷史學會.

8 安承周, 1975, 「百濟古墳의 硏究」 『百濟文化』 7 · 8, 公州師範大學 附設 百濟文化研究所.

9 翰林大學博物館, 1988, 『驪州 梅龍里용강골 古墳群』; 1989, 『驪州 梅龍里용강골 古墳群 II』.

10 경희대부설 고고미술사연구소, 1992, 『통일동산 및 자유로 개발지구 발굴조사 보고서』.

한 관심에 가려 빛도 있는 연구는 이루어지지 못하고 백제의 고고학적 문화양상을 밝히는 편년수단에 그치거나 대략의 시간적 위치를 부여하는 데 그치는 등 그 관심이 미약하였다. 이로 인해 구체적인 구조는 물론 어떠한 변화과정을 거치며 전개되었는지 조차 파악이 안 되어 있는 답보상태가 한동안 유지되었다.

경기지역 신라 고분의 본격적인 논의는 90년대 후반에 들어서이다. 이전부터 논란이 있어왔던 서울 가락동·방이동 석실묘 축조주체와 조영시기를 중심으로 논의가 시작이 되었다. 대표적으로 최병현은 경주 황룡사지 발굴조사를 통해 단각고배와 공반되는 토기들을 6세기 이후 발생한 신라 후기양식 토기로 설정하고, 이러한 토기가 출토되는 서울 가락동·방이동 석실분의 구조를 재해석하여 신라 진흥왕 때 한강유역과 동해안의 원산만 일대까지 진출한 후 축조한 신라 후기 지방고분군이라는 견해를 제시하였다.[11] 임영진 또한 서울 가락동·방이동 석실의 구조 및 출토유물을 주변유적과 영남지역 신라 후기 석실분과의 면밀한 검토를 통하여 이들 석실의 축조주체의 귀속을 최병현의 견해와 같이 하였다.[12]

이에 이남석은 백제 석실분을 연구함에 있어 천정구조에 중점을 두고 서울 가락동·방이동 석실묘를 백제 횡혈식석실묘의 시원형 및 초기형으로 설정하여 백제 한성기 횡혈식석실분임을 제시하였다.[13] 하지만 이남석의 견해는 석실 구조에 대한 면밀한 검토가 이루어지지 못하였고, 출토유물을 간과한 것으로 반론의 여지가 많았다. 이후 그는 백제와 신라토기가 함께 출토된 청원 주성리유적의 1호 석실분에 근거하여 서울 가락동·방이동 석실분의 축조집단을 백제로 보고 그 출토유물은 신라의 한강유역 진출 후 석실분을 재활용한 과정에서 나타난 현상으로 이해하여 기존 견해를 더욱 공고히 하였

11 崔秉鉉, 1992,『新羅古墳研究』, 一志社; 1997,「서울 江南地域 石室墳의 性格」『崇實史學』第10輯, 崇實大學校 史學會.

12 임영진, 1995,「百濟 漢城時代 古墳研究」, 서울大學校 大學院 博士學位論文.

13 李南奭, 1995,『百濟 石室墳 研究』, 學研文化社.

다.[14] 그러나 이 같은 그의 주장이 받아들여지려면 주성리 1호 석실분과 같이 가락동·방이동 석실분에서도 시상의 중복 및 시상별 출토유물상이 확연히 드러나야 하는데, 가락동·방이동 석실분에서는 백제토기와 신라토기가 공반되지 않는 신라토기 일색이며, 석실의 구조도 확연히 달라 그의 주장을 수용하기 어렵다.

이와 같이 일제강점기 이래로 경기지역 신라 고분은 막연히 백제 한성기의 석실묘로 간주되어 오다가 한성 백제의 고고학적 양상이 정립되고 영남지역에서 이와 비교·검토가 가능한 무덤자료가 축적되면서 서울 가락동·방이동 고분군에 대한 축조집단의 성격규명에 초점이 맞추어져 왔다. 특정 고분군에 한정되었지만 축조주체 문제에 심도있는 논의가 시작된 점에서 의미가 컸다. 하지만 여주 매룡리, 파주 성동리, 법흥리고분군 등 1980년대 말 이래로 다수의 횡구식석실(곽)묘의 발굴자료가 축적되었음에도 불구하고 여전히 무관심 속에서 기본적인 신라 고분의 구조적 특징조차 밝히지 못하는 답보상태는 계속 유지되었다.

그러나 2000년대 전후로 하여 여주 하거리 방미기골[15], 용인 보정리고분군[16]을 시작으로 다양한 성격의 자료 축적에 힘입어 경기지역 신라 고분 연구는 기존의 축조집단의 귀속 논쟁에서 벗어나 고분의 구조 및 계보의 구명과 이를 통한 신라의 경기지역 진출과정과 지배방식 등 다각적인 연구가 진척될 수 있는 계기가 마련되었다.

이와 관련하여 대표적인 연구성과를 살펴보면 다음과 같다. 강봉원은 여주 하거리 방미기골 고분군의 석실의 구조와 부장유물을 검토하여 대다수의 석실이 한성기 백제의 횡구식석실묘로 분류하고 더 나아가 매룡리고분군까지

14 이남석, 1999, 「百濟의 橫穴式石室墳 受容樣相에 對하여」『韓國古代史研究』 16, 한국고대사학회.

15 경희대학교박물관, 1999, 『여주 하거리 방미기골 고분』.

16 한국토지공사 토지박물관, 2004, 『용인 보정리고분군 발굴조사보고』; 畿甸文化財研究院, 2005, 『龍仁 寶亭里 소실遺蹟』.

백제의 범주에 포함시켜[17] 축조주체 논란이 횡구식석실묘로 확대되었다. 서울 중곡동, 가락동 · 방이동, 화성 백곡리고분군의 석실 · 석곽묘와의 구조적 유사성과 출토 토기의 무문양을 백제의 속성으로 간주하여 백제 한성기로 이해하고 있다. 이는 서울과 경기지역 석실 · 석곽묘를 백제 한성기 것이라는 전제하에 두고 잘못 이해한 결과이며, 이는 경기지역 신라 고분 문화양상이 정립되지 못한 상황에서 비롯된 것이다. 별도 구획된 고시상대와 두침석의 사용, 신라 후기양식 토기의 부장은 결코 백제 묘 · 장제의 속성이 될 수 없다.

윤형원은 서울 · 경기지역 신라 고분을 서울과 파주, 여주의 세 지역으로 나누어 시기와 구조적 특징에 따른 지역성, 계층 등에 대한 단편적 고찰을 시도한 바 있다. 파주지역은 세장방형의 횡구식석실이 특징적이고 서울지역은 방형 · 장방형에 좌 · 중 · 우편 연도 등 다양한 구조의 횡혈식석실이 모두 나타나는 점, 여주지역에는 방형 · 장방형 석실도 있으나 늦은 시기에 횡장방형 석실분이 나타나는 점을 특징적으로 보았다. 아울러 계층과 관련하여서는 고분의 크기에 따라 대형의 석실분과 소형의 석곽묘로 구분하여 볼 수 있고, 금동대관 · 과대금구 · 이식 등의 위세품을 반출하는 고분의 중요성을 추출해 볼 수 있으나 성동리 석실을 제외하고는 다른 고분에 비해 우월성이 확인되지 않는다고 하였다.[18] 경기지역 신라 고분의 발굴사례를 집성하고 비교 · 검토를 하여 대체적인 지역성의 실마리와 향후 연구방향을 제시한 점에서 의미가 있다.

이후 김진영과 홍보식, 도형훈은 경기지역 신라 고분의 구조적 속성을 분석하여 형식분류하고 대체적인 고분의 변천과정을 제시하였으며, 특히 김진영과 홍보식은 석실 축조집단의 성격을 밝히는데 주력하였다. 김진영[19]은 경기

---

17 강봉원, 1998, 「여주 하거리 방미기골 백제고분 발굴조사」『3~5세기 금강유역의 고고학』, 제22회 한국고고학전국대회 발표자료집; 2000, 「한강유역 횡혈식 석실분의 성격 -여주지역을 중심으로-」『先史와 古代』第15號, 韓國古代學會.

18 尹炯元, 2002, 「서울 · 京畿地域의 新羅墳墓와 出土遺物」『고고학』1호, 서울 · 경기고고학회.

19 金晉榮, 2007, 「漢江流域 新羅古墳 硏究」, 檀國大學校 大學院 碩士學位論文.

지역 일대에 분포한 신라 고분을 횡혈식석실과 횡구식석실, 수혈식 석곽묘로 대별하고 구조적 변천단계를 6세기 후반~7세기 초, 7세기 전반~7세기 중엽, 7세기 후반~8세기 중반, 8세기 후반~9세기 전반대의 4단계로 설정함으로써 묘제의 전반적인 흐름을 이해하고 향후 신라의 경기지역 영역화 과정을 파악하는 자료로 활용하고자 하였다. 변화의 요지는 1단계의 횡혈식과 횡구식석실은 다양한 구조로 나타나며, 지역차를 보이고 석곽묘는 소형으로만 나타나는 특징이다. 2단계에 이르면 석실은 전단계의 지역성이 지속되며, 1단계에 형성된 고분군을 중심으로 주변에 한하여 소규모 분화가 일어나기 시작한다. 석곽묘는 전단계 보다 큰 대형이 나타난다. 3단계는 소단위 고분군의 분화가 확산되는 단계로 석실의 조영이 현격히 감소하고, 횡구식석실은 석곽묘로 전환되며, 지역성이 소멸한다. 마지막 4단계는 석곽묘가 주묘제로 자리잡으며, 일부 횡혈식석실이 조영되는 단계로 목관의 사용이 보편화 되는 것으로 요약된다.

아울러 신라의 경기지역 진출기인 석실묘를 대상으로 그 형성배경은 물론 구조적 속성을 면밀히 분석하고 타 지역과의 비교검토를 통해 석실의 계보를 설정하여 그 원류를 파악하고자 하였으며, 석실의 수용과정을 살핌으로써 신라의 한강유역 진출과 지배방식의 일면을 밝히고자 하였다. 그 결과 경기지역 신라 석실묘는 광주산맥을 경계로 하여 한강 본류 지역은 영남 서남부지역, 남한강유역은 영남 서북부지역의 석실과 연결되는 것으로 두 지역의 석실 간 계통차이가 있으며, 각기 다른 경로를 통해 수용된 것으로 파악하였다.

홍보식[20]은 한강유역 횡구식석실의 구조분석과 형식을 설정하고 크게 6세기 후반, 7세기 전반, 7세기 후반, 8세기 이후의 4단계의 변천과정을 상정하였다. 변화의 요지는 석실의 평면과 시상의 높이, 매장인 수로 파악되는데 평

20 홍보식, 2005, 「한강유역 신라 石室墓의 受容과 展開」 『畿甸考古』 5, 기전문화재연구원; 2009, 「考古資料로 본 新羅의 漢江流域 支配方式」 『百濟硏究』 第50輯, 忠南大學校 百濟硏究所.

면 세장방형·장방형, 저시상, 1~2인장 → 장방형, 고시상, 2~3인장 → 방형, 3인장 → 세장방형, 저시상, 1인장, 목관 사용의 일반화로 요약될 수 있다. 아울러 한강유역에 저시상의 횡구식석실이 처음 수용된 것으로 보아 그 계통을 상주 신흥리유형일 가능성을 높게 보았으나 이후 고고자료를 통한 신라의 한강유역 지배방식을 구명하는 논고에서는 용인 보정리와 여주 매룡리·상리고분군, 파주 성동리고분군 등 한강 수계의 횡구식석실의 계통을 창녕 교동 1호묘 유형과 창녕 교동 3호 묘 Ⅰ·Ⅱ유형의 석실로 이해하고 신라가 한강 수계를 점령함에 있어 낙동강 중하류지역의 주민을 이용하였을 가능성을 제기하는 상반된 입장을 보이고 있다.

도형훈[21]은 통일신라시대 석곽묘의 구조 분석을 통하여 고분의 형식과 편년을 설정하여 7세기 중엽~후엽, 7세기 후엽 이후, 8세기 후엽 이후, 9세기 중·후엽 이후의 4단계에 걸쳐 변화되었음을 밝혔다. 통일신라 석곽묘의 가장 큰 변화는 매장풍습상 장구가 없는 시상에서 관으로의 시신 처리방법의 변화와 다인장에서 단독장으로의 변화, 묘제상 대형 고분의 소멸 및 무덤의 규격화로 요약될 수 있다. 변화 원인으로는 당과의 교류를 통한 이념체계인 유교의 도입과 풍수지리 사상의 유행, 그리고 전제적 중앙집권화의 강화에 따른 지방토착세력이 점차 중앙의 지배질서에 편입된 결과로 보았다. 하지만 유교와 풍수지리사상이 묘·장제에 어떠한 변화를 가져왔는지에 대한 구체적 근거는 미약하였다.

이와 같이 90년대 후반 이후로 경기지역 신라 고분의 연구는 명확한 묘·장제 양상이 정립되지 못 한 상태에서 특정 고분군의 축조주체 문제는 해결되지 못하고 지속되었다. 그렇지만 전반적인 고분의 구조를 이해하고 그 변천과정 및 계통을 파악하여 신라의 경기지역 진출과 지배방식을 구명하고자 하는 새로운 논의가 시도되었던 점에서 의미가 있다.

---

21 도형훈, 2009, 「중서부지역 통일신라 고분의 형성과 전개과정」『韓國上古史學報』 第63號, 韓國上古史學會.

2) 연구논점

상기한 바와 같이 경기지역 신라 고분 연구는 축조주체 논란은 여전하지만 현황파악에서 벗어나 고분의 구조를 이해하고 그 변천과정 및 대체적인 계통을 파악하여 신라의 경기지역 진출과 지배방식을 구명하는데 초점이 맞춰져 진행되었다. 이러한 연구의 축적으로 고분의 전개양상에 대한 전반적인 이해는 구하여진 상태이다. 하지만 지속적인 고분자료의 축적에 비하면 연구성과는 부족하고 더딘 상태이며, 재해석의 여지도 많다.

우선 연구성과의 편중이다. 경기지역 신라 고분에 대한 연구는 용인 보정동 고분군의 발굴조사 성과를 계기로 이루어진 만큼 주된 논의 대상은 횡구식석실(곽)묘이었다. 신라 고분의 주 묘제 중 하나인 횡혈식석실묘가 배제된 상태에서 횡구식석실(곽)묘 중심으로 연구가 이루어져 왔고, 축조주체에 대한 재고의 여지가 많아 구체적인 고분의 성격과 전개양상이 밝혀지기란 쉽지 않을 것이다. 아울러 대체적인 묘제의 흐름과 성격파악에 머물렀을 뿐 구체적이지 못하였고, 묘·장제의 특성과 변화과정을 통해 지방사회 구조와 성격에 대한 논의로는 진전되지 못하고 있는 실정이다. 아울러 새로운 자료가 상당 수 축적된 만큼 신라 고분 전반의 유형설정과 전개과정 등을 단계별로 면밀히 살펴 구체적인 변화상을 파악하고 이러한 변화상이 지방사회 구조와 어떻게 연결되는지를 분석해보아야 할 것이다.

다음으로 축조주체의 귀속문제에 관한 것인데, 이는 연구대상의 선정과 귀결되는 것으로 연구결과에 지대한 영향을 미치는 중요한 문제 중 하나이다. 경기지역은 백제와 고구려, 신라 순으로 지배국가가 교체되었고 그러한 과정에서 삼국의 물질문화가 모두 이식되면서 복합적인 문화양상을 나타낸다. 그렇기에 삼국의 공통된 묘제였던 석실묘에는 복합적인 구조적 속성을 지닌 것들이 있어 이들의 해석문제가 있다. 이러한 면에서 보면 축조주체의 귀속논란이 지속되는 것도 당연한 것이다. 단순히 귀속국가를 구분하는 것이 아니라 축조집단의 성격과 귀결되는 것으로 이를 해결하여 분석의 오류를 최소화할 필요가 있을 것이다. 이에 대해서는 최병현의 연구 성과가[22] 제출되어 많은 의문이 해소되었으나 이후 새로운 자료가 추가되었고, 재해석이 필요한 것도 관찰되어 보완이 필요한 실정이다.

따라서 본고에서는 경기지역 석실묘의 축조주체 문제, 고분의 유형화를 통한 구체적인 묘제의 전개양상과 축조집단의 성격규명, 묘제 변화와 축조집단 성격을 통한 지방사회의 구조와 그 변화과정 등 세 가지 사항에 논점을 두고 논의를 진행할 것이다.

3. 연구범위와 방법

본고의 공간적 연구범위인 경기지역은 대부분 3대 하천인 임진강과 한강, 안성천 수계권에 포함되는 생활권역으로 신라 진출 이후 지방편제에 대한 정비를 거듭하면서 완성된 한주 지방사회의 공간적 범위와 대부분 합치되며, 주치가 설치된 중심지역에 해당한다. 이에 오늘날 행정구역은 다르지만 한강 본류 수계의 서울지역과 남한강 수계권에[23] 해당하는 충북 음성지역 일부는 자연히 논의대상에 포함된다. 반면 임진강 수계권은 지역적 특성상 아직 발굴보고된 신라 고분이 없어 자연스레 제외되었지만 경기지역에 이식된 신라 묘·장제와 지방사회 구조의 전반적인 변화흐름을 이해하는데 무리가 없다.

22 최병현, 2015,「중부지방 백제 한성기 축조·신라 재사용 석실분과 고구려·신라 연속조영 고분군」『고고학』 14-2호, 중부고고학회.

23 한강은 한강 본류와 남한강, 북한강으로 구분된다. 여기서 분포지역의 기준 설정이 필요한 한강 본류와 남한강의 공간적 범위는 다음과 같다. 한강 본류와 남한강의 구분은 이를 가로지르는 광주산맥이 기준이 되기도 하지만, 구체적으로는 남한강과 북한강이 만나는 양평 양수리에서 임진강 하구의 파주 교하에 이르는 구간으로 광주산맥 이서지역에 해당하며, 남한강은 광주산맥 이동지역으로 충주호로부터 여주를 거쳐 양평 양수리까지이다(경기도박물관, 2002,『한강』Vol1).

아울러 수계는 다르지만 당대 동일 편제지역인 금강 수계의 충북 진천과 괴산 지역, 남한강 상류의 충북 충주지역이 포함되어야 하지만 이들 지역은 신라가 경기지역 진출이전에 이미 진출한 곳으로 생활권역이 다르거나 별도의 독립된 행정구역인 소경에 해당하여 제외하였다. 시간적 범위는 신라의 경기지역 진출기인 551년에서 신라 고분의 종언기인 10세기 전반 무렵까지로 한다.

연구방법은 먼저 축조주체 논란이 있는 석실에 대한 변별기준을 마련하여 분석대상을 명확히 설정하였는데, 기왕의 연구성과에 제시된 변별기준에 부장품과 관정 및 관고리 등의 장구류 비교, 입지와 분포, 석실의 바닥 평면적의 군집분석을 통한 규격성 파악 등을 더하여 살펴보았다. 이후 삼국의 석실묘 변별기준을 토대로 고분군 현황을 살펴 신라 고분에서 벗어나는 무덤들은 제외함으로써 분석오류를 방지하였다. 아울러 경기지역은 하천과 산줄기의 자연지형에 따라 구분되는 공간이 삼국시대부터 현재에 이르기까지 각기 독립된 행정구역과 대체로 부합됨을 인지하고, 이를 각각의 분석공간으로 설정하여 산재한 고분군의 현황과 분포적 특징을 살피고 고분의 지역상과 지방화 과정을 규명하기 위한 분석공간의 토대로 삼았다.

다음으로 고분의 분석대상을 정한 후에는 형식분류를 시도하고 각 형식의 구조적 특성을 추출하여 영남지역은 물론 고구려와 백제지역 자료와의 비교·검토를 통하여 경기지역에 이식된 신라 석실묘의 계통을 추적해 봄으로써 경기지역 신라 고분의 특징과 지방사회 집단의 구성과 성격을 규명할 수 있는 근거를 마련해 보고자 하였다. 아울러 평면적이 큰 것일수록 높고 하중분산을 위한 고난도의 축조기술을 필요로 하는 것이라 전제하고 이러한 석실일수록 사회·경제적 에너지가 많이 소요된다는 노력소모원리에 기반하여 석실의 위계성을 분석하여 지배계층의 위계구조에 살펴보았다. 이후 부장토기의 기종과 기형을 분석하여 고분의 구조와 위계, 장법 등 전반적인 전개과정을 단계별로 살펴보았고, 최종적으로 고분의 변화상과 축조집단의 성격 등을 통하여 지방사회가 어떠한 구조를 가지고 변화하였는지 고찰하였다.

Ⅱ

경기지역 삼국시대 석실묘의 구조특징과 축조주체 검토

경기지역은 백제와 고구려, 신라 순으로 지배국가가 교체되었고, 그러한 과정에서 삼국의 다양한 물질문화가 이식되면서 복합적인 문화양상을 나타나고 있다. 이에 경기지역에는 적석총, 즙석봉토분, 분구묘, 주구토광묘, 석곽묘, 횡혈식석실묘 등 다양한 한성기 백제 묘제와 더불어 횡혈식석실과 횡구식석실묘 등으로 나타나는 고구려와 신라 묘제가 공존하는 특징을 보인다. 이중 횡혈식석실묘는 다른 묘제와 달리 삼국의 공통된 묘제로 나타나지만 구조적 동질성이 강하고, 박장으로 부장유물이 빈약하여 축조주체를 변별하기가 간단하지 않다. 특히 대부분 상부가 유실된 상태에서 조사되는 경우가 많고, 도굴로 인해 내부가 교란되어 있어 축조주체를 정확하게 파악하는데 어려움이 더해진다.

이러한 연유로 그동안 학계에서는 경기지역 횡혈식석실묘의 축조주체 귀속에 대하여 많은 논란이 있어 왔다. 신라 횡혈식석실묘의 경우 많은 조사·연구가 진척되어 전반적인 중앙의 묘·장제 특징은 밝혀졌지만 지방석실 중에는 현지 변용이 많아 여전히 성격이 분명치 않은 점과 한성기 백제와 고구려 횡혈식석실묘의 묘·장제 양상이 명확하게 정립되지 못한 상황에 기인한 것이다. 특히 서울 가락동·방이동고분군의 경우 한성기 백제 석실론과 신라 지방 석실론으로 양분되어 축조주체 논란이 지속되어 왔다. 또한 부장유물이 없고 1~2기씩 조사되는 경우도 무관심 속에서 별다른 검토 없이 신라 통일기 이후의 묘제로 보고되어 왔다. 이는 석실 규모가 작고, 내부에 낮은 시상대 혹은 무시설의 흙바닥을 이루고 있는 경우가 많아 구조적으로 단순한 것을 막연히 신라 통일기 이후에 조영된 것으로 판단한 결과로 이해된다.

이러다보니 횡혈식석실묘의 축조주체 설정에 따라 경기지역 신라 고분문화를 이해하는데 상당한 오류가 있을 수밖에 없고, 이는 백제와 고구려도 마찬가지이다. 그러나 경기지역에서 한성기 백제와 고구려 석실의 조사사례가 상당 수 증가하면서 삼국의 묘·장제 양상을 이전보다 구체적으로 파악할 수 있게 되었고,[1] 더불어 기존의 연구에 대한 문제의식을 가지고 경기지역 횡혈식석실묘를 재검토하고 축조주체를 새롭게 설정하는 연구 성과가 나오게 되었다.[2] 대표적으로 최병현은 삼국시대 횡혈식석실묘의 입지와 축조기법, 장법 등의 세부적인 묘·장제적 특징을 추출하여, 축조주체 별 변별기준을 제시하였다. 필자 역시 최병현의 연구 방법과 결론에 대체적으로 공감하며, 본문에서는 기존 연구성과에 제시된 변별기준에 입지와 분포, 석실 평면형과 평면적 등 규격성의 군집분석, 관정과 관고리 등 장구류 비교 등 몇몇 속성을 더하여 그 간 다루어지지 않았던 자료를 재해석함으로써 삼국 횡혈식석실묘의 변별기준을 보다 명확히 하고자 한다. 이를 통해 경기지역 신라 석실묘의 분석대

1 대표적인 연구성과는 다음과 같다.
성정용, 2009,「중부지역에서 백제와 고구려 석실묘의 확산과 그 의미」『횡혈식석실분의 수용과 고구려사회의 변화』, 동북아역사재단; 김규운, 2017,「한성기 횡혈식석실(橫穴式石室)의 전개양상」『서울학연구』 66호, 서울시립대학교 서울학연구소; 박신영, 2018,「백제 한성기 횡혈식석실묘의 도입과 확산과정」『百濟硏究』第68輯, 忠南大學校百濟硏究所; 白種伍, 2009,「南漢內 高句麗古墳의 檢討」『高句麗渤海硏究』33輯, 高句麗渤海學會; 崔鍾澤, 2011,「南漢地域 高句麗古墳의 構造特徵과 歷史的 意味」『韓國考古學報』第81輯, 韓國考古學會.

2 崔秉鉉, 1997,「서울 江南地域 石室墳의 性格」『崇實史學』第10輯, 崇實大學校 史學會; 2015,「중부지방 백제 한성기 축조·신라 재사용 석실분과 고구려·신라 연속조영 고분군」『고고학』 14-2호, 중부고고학회; 金武重, 2016,「中部地方 橫穴式石室墓의 構造와 埋葬方法」『韓日의 古墳』, 한일교섭의 고고학-삼국시대-연구회·日韓交渉の考古學-古墳時代-硏究會.

상을 명확히 설정하여 경기지역에 이식된 신라 지방사회의 복원에 오류를 줄일 수 있을 것이다.

1. 삼국 석실묘의 구조특징

삼국시대 횡혈식석실묘의 구조적 특징은 기존의 연구성과에 상세히 설명되어 있으므로, 이에 대한 상세한 설명은 지양하고 논지 전개를 위해 필요한 부분만 언급하겠으며, 필자의 보완의견을 추가하여 축조주체의 귀속에 대한 변별기준을 제시하고자 한다.

1) 한성기 백제 횡혈식석실묘

경기지역에서 확인된 백제 한성기 횡혈식석실묘는 모두 15개소이며 한강 이남지역에서만 나타나는 특징이 있다. 주로 나지막한 산능선의 사면부에 군집을 이루며 분포하며, 일부는 산능선 정상부와 사면부에 단독 혹은 2~3기씩 분포하기도 한다. 대부분 깊은 묘광을 파고 석실을 축조한 지하식이며, 보정동고분군 라-16호분[3] 경우와 같이 봉토와 석실이 함께 축조된 지상식 혹은 천장부가 지상에 노출된 반지하식 석실도 간혹 확인된다. 봉분은 그 흔적이 남아있는 하남 감일동[4] 석실의 사례로 추정하여 볼 때 낮은 봉분을 갖추었을 것으로 판단되며, 외곽의 호석은 없다.

석실의 평면은 장폭비가 1~1.25:1 미만은 방형, 1:1 미만은 횡방형, 1.25~1.6:1은 근방형, 1.6~1.8 미만은 근장방형, 1.8 이상은 장방형으로 구분하였

3 韓國文化遺産研究院, 2016, 『龍仁 寶亭洞 古墳群(라-16號墳)』.

4 高麗文化財研究院, 2019, 『하남감일 공공주택지구 내 문화재 발굴(시굴)조사 약보고서』.

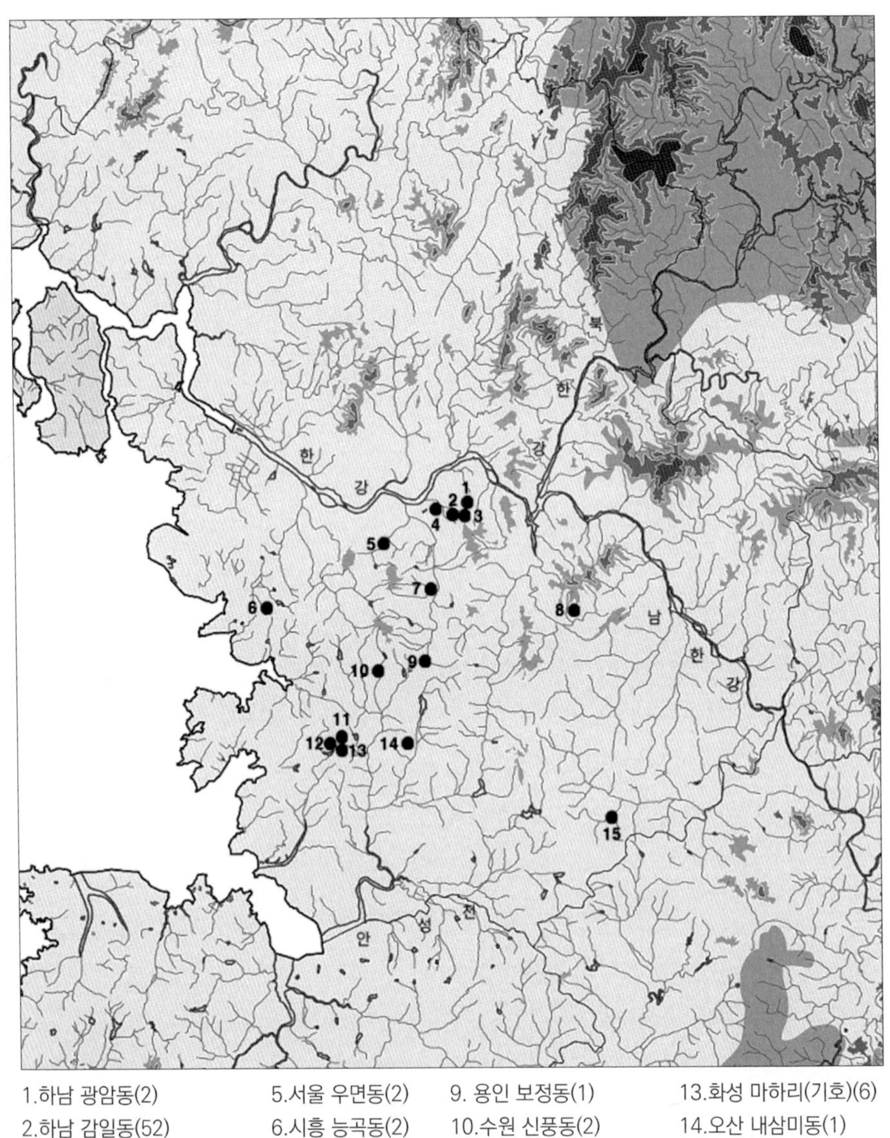

1.하남 광암동(2)	5.서울 우면동(2)	9. 용인 보정동(1)	13.화성 마하리(기호)(6)
2.하남 감일동(52)	6.시흥 능곡동(2)	10.수원 신풍동(2)	14.오산 내삼미동(1)
3.하남 감이동(5)	7.성남 판교동(9)	11.화성 왕림리(1)	15.안성 장원리(2)
4.서울 가락동 · 방이동(1)	8.광주 오향리(2)	12.화성 마하리 석실(1)	총 89기 ※( )기수

도 1. 경기지역 한성기 백제 횡혈식석실묘 분포도

다.[5] 벽체는 약간 배가 부른 소위 胴張式이 많으며, 횡방형의 경우 중앙연도식의 화성 마하리 3호[6]와 오산 내삼미동 석실[7]과 같이 연도와 전벽이 둔각을 이루어 오각형을 띠기도 한다.

석실 벽체는 대개 후벽을 먼저 쌓고 좌·우 벽과 전벽을 차례로 맞대어 쌓아 네 모서리의 벽석 간 엇물림이 없어 모서리각이 직각으로 꺾이고, 접합부가 굴곡 없이 반듯한 상하 직선인 특징을 보이는 것이 다수이다.[8] 벽석은 묘광에 거의 붙여 쌓았고 벽돌모양의 전상할석이나 소할석을 주로 사용하였으며, 벽석 사이에 점토를 덧대는 모르타르(mortar) 공법을 사용하거나 작은 쐐기돌을 박아 벽석 간 틈이 거의 없다. 또한 천장부로 접어드는 부분부터는 천장의 곡률도를 유지하기 위해 석재의 단측면을 사선으로 치석한 사변석을 사용하고 있다. 천장은 네 벽을 조금씩 들여쌓고 정부에 판석재 1매를 덮어 높은 궁

---

5 한성기 백제 횡혈식석실묘의 평면형 분류와 관련하여 김무중과 박신영은 크게 방형과 장방형으로 나누었고 김무중은 다시 방형을 정방형과 종방형, 횡방형으로 세분하였다. 김규운은 평면비가 0.9:1 미만의 횡장방형, 0.9~1.2:1의 정방형, 1.2~1.4:1인 장방형, 1.4:1 이상인 세장방형으로 구분하였다. 필자 역시 새로 조사된 석실을 추가하여 분석한 결과 장폭비의 범위에는 차이가 다소 있으나 김무중·김규운의 분류안과 큰 차이는 없다. 대체로 장폭비 1:1, 1.25:1, 1.5:1, 1.8:1을 기준으로 5개 평면 형식으로 구분되며, 김규운의 횡장방형과 장방형은 방형에 가깝기에 횡방형, 근방형으로 설정하였고, 세장방형은 장방형에 포함시켰으며, 장방형과 근방형 사이에 군집을 이루는 장방형에 대해서는 근장방형을 새로이 추가하였다(金武重, 2016, 「中部地方 横穴式石室墓의 構造와 埋葬方法」『韓日의 古墳』, 한일교섭의 고고학-삼국시대-연구회·日韓交渉の考古學-古墳時代-硏究會; 박신영, 2018, 「백제 한성기 횡혈식석실묘의 도입과 확산과정」『百濟研究』第68輯, 忠南大學校百濟研究所: 김규운, 2017, 「한성기 횡혈식석실(横穴式石室)의 전개양상」『서울학연구』 66호, 서울시립대학교 서울학연구소).

6 기호문화재연구원, 2020, 『화성 당하~오일간 도로확·포장공사부지 문화재 발(시)굴조사 약보고서』.

7 서해문화재연구원, 2015, 『오산 내삼미동유적』.

8 최병현, 2015, 「중부지방 백제 한성기 축조·신라 재사용 석실분과 고구려·신라 연속조영 고분군」『고고학』 14-2호, 중부고고학회, 79쪽.

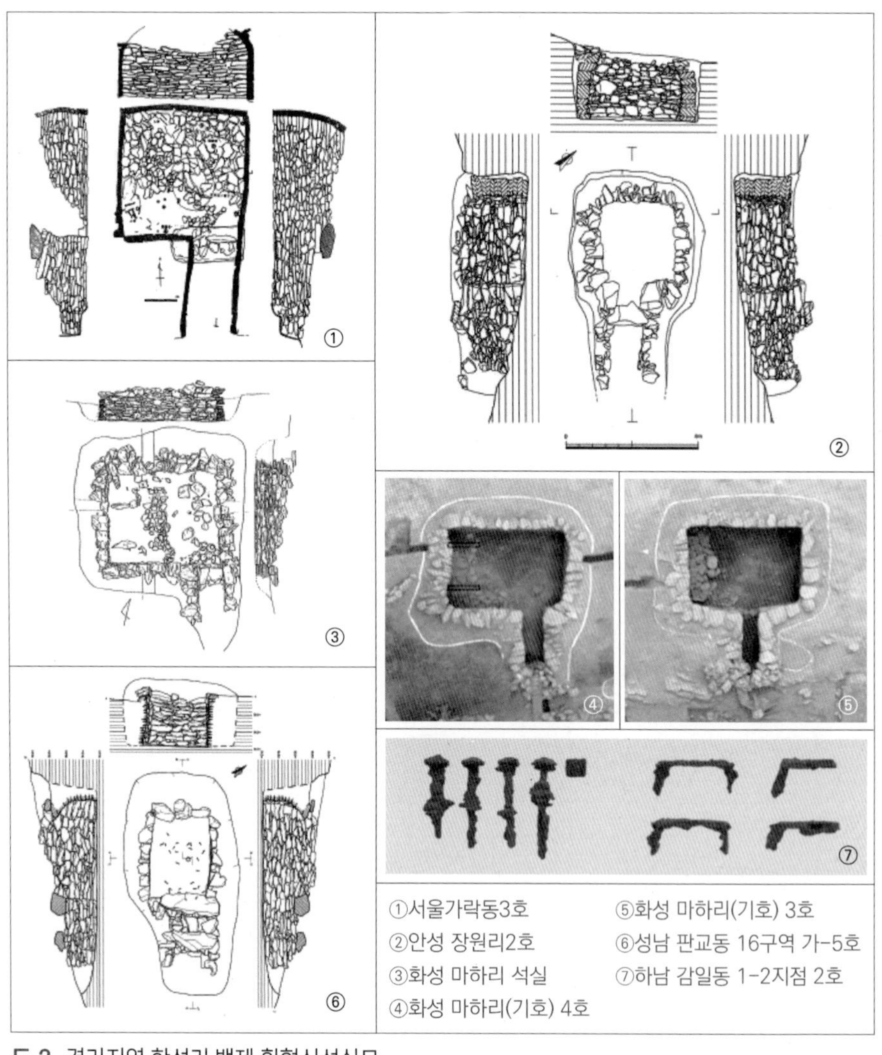

도 2. 경기지역 한성기 백제 횡혈식석실묘

륭형과 2~3매의 판석재를 덮은 변형 궁륭형[9]으로 축조되고 있으며, 평천장의

9 궁륭천장인 방형석실을 제외한 석실에서 나타나는 천장구조이다. 장벽은 완만히 내경하며, 단벽은 사변석을 활용하여 급격하게 내경시켜 쌓은 후 2~3매의 개석을 덮은 구조로 기존의 아치식 천장으로 분류된 것이다.

사례는 찾기 어렵다.

연도는 중앙과 좌·우편재식 모두 나타나는데, 횡방형과 방형을 제외하고는 모두 우편재식이다. 연도의 벽석은 석실과 같고 동시 축조하여 석실 벽체와 엇물리며, 부정형 할석재로 전면을 폐쇄한다. 아울러 연도 전면의 묘도는 석실이 대부분 지하식인 관계로 경사식 혹은 계단식 묘도로 조성된다.

석실 바닥은 소할석이나 작은 판석형 석재를 전면에 깔은 전면부석식과 생토면에 정지토를 깔은 무시설식이 있으나 목관의 양 단을 받치는 받침목을 바닥에 반쯤 묻고 그 사이에 부석한 것이 많다. 받침목 대신 받침석 혹은 부석없이 받침목만 놓은 것도 있는데, 이러한 목관 받침은 석실묘 도입 이전의 주구토광묘부터 이어져 온 재지의 전통이다. 이외 납작한 소할석으로 별도의 관대를 바닥 중간 혹은 측벽 부근에 설치한 것도 있는데, 대부분 10cm 정도 높이의 낮은 것이다.[10]

장법은 바닥시설과 출토유물로 볼 때, 장구로 목관을 주로 사용하였으며, 연도방향과 같게 배치하였다. 일반적으로 관고리는 없고 관정과 꺽쇠만 출토되는 것이 많아 운구용이 아닌 석실 내에서 목관을 결구한 설치형 목관으로 판단된다. 관정은 두부 평면이 방형과 원형인 것이 있으나 대체로 방두정이 많으며, 원두정은 출토사례가 극히 적다.[11] 이외 관정과 꺽쇠 없이 관 받침목의 흔적만 확인되는 사례도 있는데, 이는 판재로만 결구한 설치형 목관이 사용된 것으로 판단된다.

2) 고구려 횡혈식석실묘

경기지역에서 고구려 횡혈식석실묘로 정식 보고된 유적은 모두 15개소이

10 金武重, 2016, 「中部地方 横穴式石室墓의 構造와 埋葬方法」『韓日의 古墳』, 한일교섭의 고고학-삼국시대-연구회·日韓交渉の考古學-古墳時代-硏究會, 13쪽.

11 원두정이 사용된 사례로는 화성 마하리석실, 청주 신봉동 95-83호, 109호 목곽묘와 1·2호 석실묘 등이 있다.

다. 주로 산사면에서 평지로 이어지는 산록완사면과 곡부사면에 입지하며, 산능선의 정상부와 하천의 충적대지에도 일부 확인된다. 대체로 단독 혹은 2~3기 내외의 석실이 일정 간격을 두고 병렬로 분포하는 특징이 있다.

석실은 묘광을 얕게 굴착하여 봉토와 석실을 동시에 축조하는 반지상 혹은 지상식이 대부분이다. 봉분은 연천 신답리와[12] 성남 판교동[13] 석실묘 등을 제외하고는 대부분 남아있지 않아 정확히 알 수는 없지만 석실이 지상식 석실이라는 점에서 비교적 고대한 봉분이 만들어졌을 것으로 추정된다. 분형은 대부분 원형으로 추정되나 연천 신답리 석실의 봉분 잔존형태와[14] 춘천 천전리[15] 석실 외곽의 방형주구, 춘천 방동리[16] 석실 기저부의 방형 적석기단부의 예로 볼 때 방대형의 분형도 공존했던 것으로 판단된다. 성남 판교동 19구역 가-1호와 용인 동천동유적[17] 1·2호 석실과 같이 하나의 봉분에 두 개의 석실이 연접하여 축조된 소위 쌍실묘의 사례가 적지 않게 나타나는 것도 고구려 석실묘의 특징 중 하나이다.

석실의 평면은 장폭비가 1~1.25:1 미만인 방형, 1.25에서 1.6:1 남짓의 근방형, 1.6을 넘어 1.8:1 정도의 근장방형, 1.8:1을 넘는 장방형으로 구분되는데, 근방형과 근장방형이 다수를 차지하고 있다. 특히 평면과 관계없이 양 단벽의 너비가 차이나는 제형이 많은 것도 특징 중에 하나이다.

12 한국토지공사 토지박물관, 2003, 『연천 신답리고분 발굴조사보고서』.

13 韓國文化財保護財團, 2012, 『성남 판교동유적II -19·20구역-』.

14 최종택은 봉분의 잔존형태를 검토한 결과 잔존하는 봉분의 끝부분이 호선이 아닌 직선에 가까운 점을 근거로 봉분의 평면을 방형으로 추정하고 있는데, 설득력이 있는 지적이다(崔鍾澤, 2011, 「南漢地域 高句麗古墳의 構造特徵과 歷史的 意味」『韓國考古學報』第81輯, 韓國考古學會, 147쪽).

15 江原文化財硏究所, 2005, 『春川 泉田里遺蹟』.

16 翰林大學校博物館, 1995, 『芳洞里 古墳 發掘調査報告書』.

17 한국문화유산연구원, 2019, 「용인 동천2지구 도시개발사업구역 문화유적 발굴조사 3차 학술자문회의 자료」.

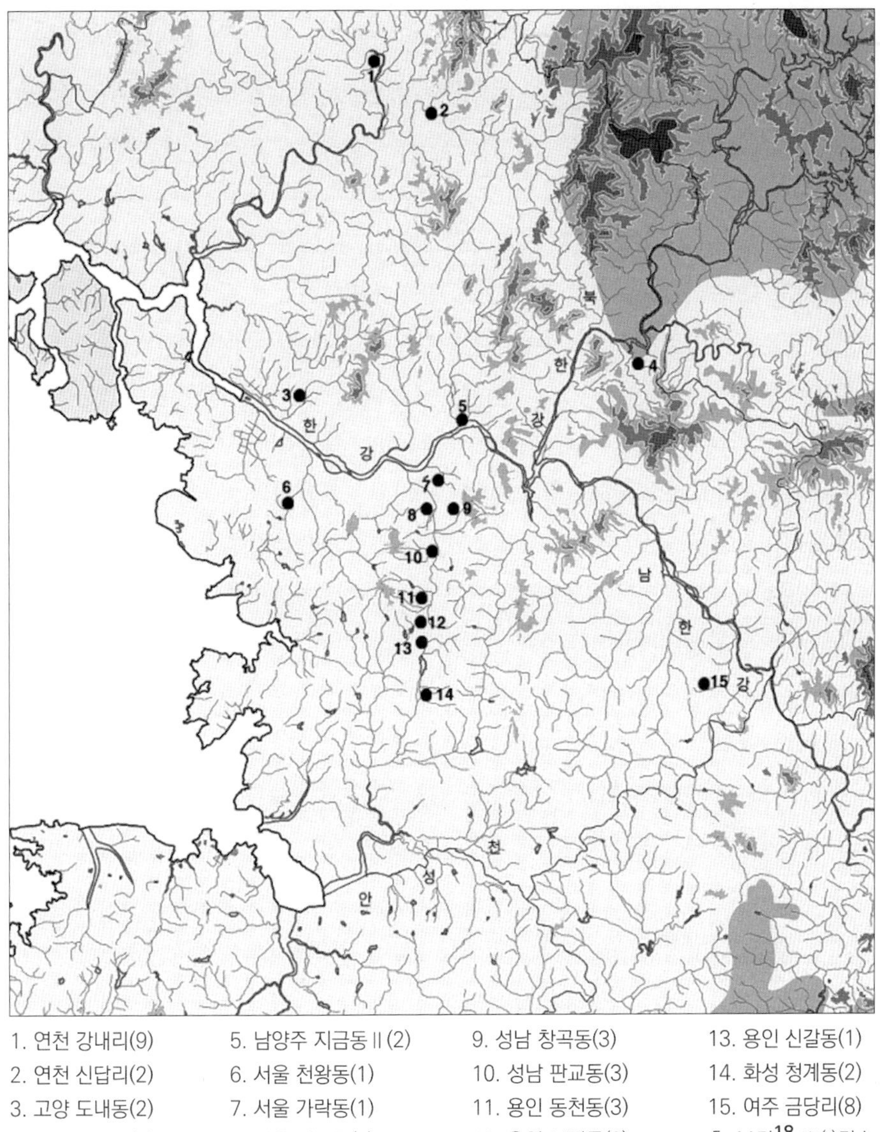

1. 연천 강내리(9)
2. 연천 신답리(2)
3. 고양 도내동(2)
4. 가평 신천리(2)
5. 남양주 지금동 II(2)
6. 서울 천왕동(1)
7. 서울 가락동(1)
8. 서울 세곡동(2)
9. 성남 창곡동(3)
10. 성남 판교동(3)
11. 용인 동천동(3)
12. 용인 보정동(3)
13. 용인 신갈동(1)
14. 화성 청계동(2)
15. 여주 금당리(8)

총 44기[18] ※( )기수

도 3. 경기지역 기 보고 고구려 횡혈식석실묘 분포도

18 용인 동천동유적 1 · 2호와 성남 판교동유적 19구역 1-① · ②호 석실은 하나의 봉분 안에 축조된 쌍실묘이지만 각각 개별 석실묘로 분류하여 수량을 정하였음을 밝힌다.

석실의 벽체는 주로 네 모서리의 벽석이 반쯤 엇물리도록 동시에 쌓았으나 일정하여 네 모서리의 우절각은 명확하고, 접합부의 상하가 직선에 가까운 특징을 보이는 것이 다수이다.[19] 아울러 지상식이 많아 벽체 중·하위부터 바깥으로 할석재를 엇물려 확장해가는 방식으로 벽체를 쌓아올리고, 벽면에 회나 점토를 바른 것이 다수를 점하고 있다. 벽석은 남양주 지금동II 사-1호[20]와 같이 대형 판석재를 세워 축조한 것도 일부 확인되나, 주로 비교적 크기가 고른 할석재와 작은 쐐기돌을 사용하고 있어 벽석 간 틈이 적고 벽면이 고른 편이다. 백제 한성기 석실보다는 벽석이 길고 두꺼우며, 신라 석실보다는 치석이 잘 되어 벽석 간 맞닿는 면의 틈이 적은 것이 특징이다.

천장은 남아있는 사례가 많지 않지만 대체로 네 벽을 내경 시켜 모서리에 판석을 놓아 각을 줄인 뒤 개석을 덮은 (삼각)고임식 천장이 많으며, 연도와 현실의 천장 높이 차가 크지 않다. 다만 연천 강내리유적[21]과 같이 (근)장방형 석실 일부는 상부를 급격히 내경 시킨 후 정부에 2~3매의 판석을 덮은 변형 궁륭형으로 축조되기도 하였다. 이밖에 용인 신갈동[22] 석실과 같이 평천장도 있지만 일반적인 것은 아니다.

석실 바닥은 소할석이나 작은 판석형 석재를 전면에 깔은 전면부석식과 생토면에 점토를 깔은 무시설식과 시상(관)대식 등으로 구분된다. 무시설식의 경우 점토 상면에 불다짐한 사례가 많은 것이 특징이고 시상(관)대식은 한 쪽 장벽면에 잇대어 소할석을 놓은 것으로 10~20cm 내외로 그리 높지 않은 편이다. 성남 판교동 19구역 가-2호, 남양주 지금동II 사-1호 석실과 같이 소할석으

19 최병현, 2015, 「중부지방 백제 한성기 축조·신라 재사용 석실분과 고구려·신라 연속조영 고분군」『고고학』 14-2호, 중부고고학회, 83쪽.

20 중앙문화재연구원, 2017, 『남양주 지금동II유적』.

21 高麗文化財研究院, 2012, 『漣川 江內里遺蹟』.

22 서경문화재연구원, 2017, 『용인 신갈동 유적』.

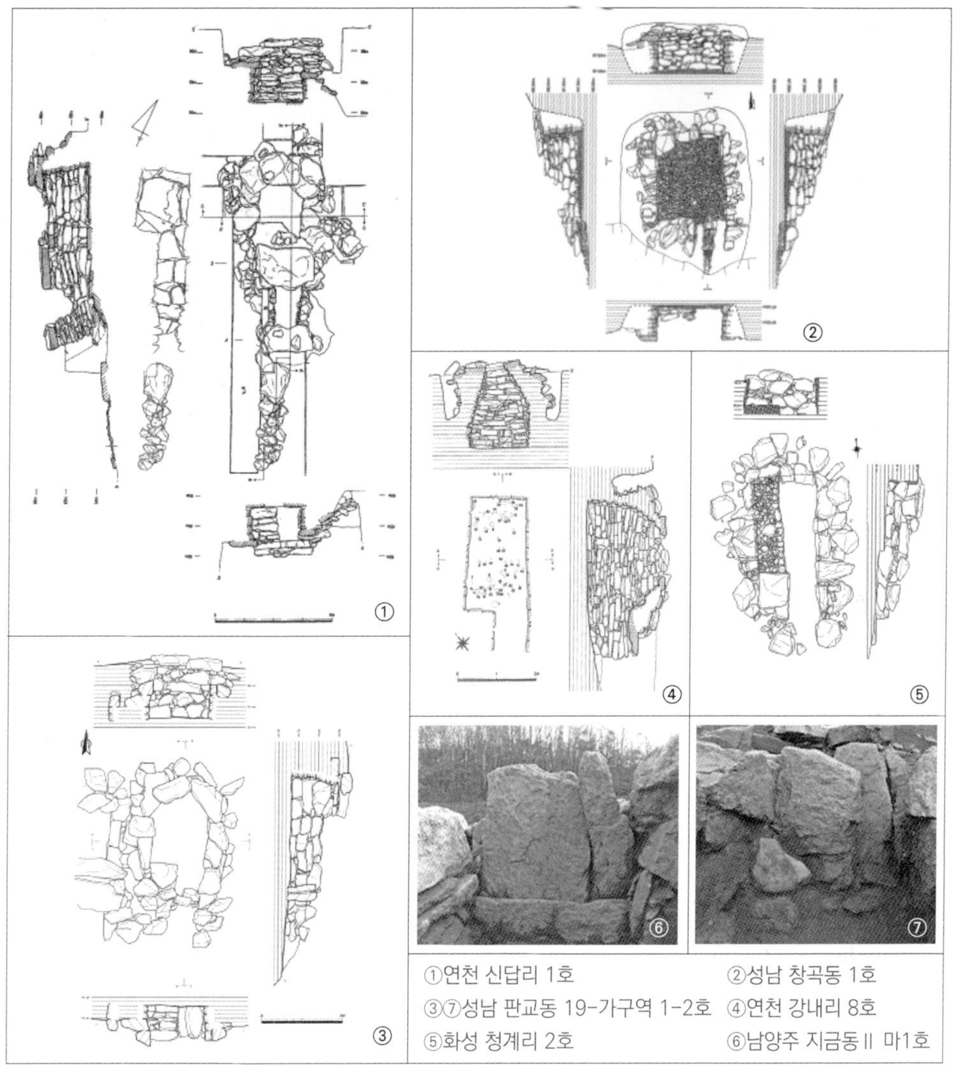

도 4. 경기지역 고구려 횡혈식석실묘

로 외곽을 구획한 후 내부에 점토를 채우거나 광주 오향리유적[23] 석실과 같이

23 기남문화재연구원, 2019, 『실촌~만선간 도로건설부지내 유적 정밀발굴조사 학술자문회의자료집』.

중간에 등간격으로 판석재를 놓아 시상(관)대를 마련한 것도 출현하고 있다.

연도는 거의 우편재식이며, 방형 석실에서 중앙연도가 일부 확인된다. 연도 벽체는 현실보다 큰 할석재나 괴석재를 사용하여 축석하는 예가 많고, 남양주 지금동II 석실의 경우와 같이 현실과 맞물림이 없이 석실 축조 후 덧붙이는 특징도 확인된다. 연도의 폐쇄는 대부분 부정형 할석재로 채우지만 연천 신답리 1호, 가평 신천리[24] 2호, 고양 도내동[25] 1호, 남양주 지금동II 마-1호, 성남 판교동, 용인 신갈동 석실 등에서 나타나듯 할석 채움과 더불어 현실 혹은 연도 입구에 판석형 석재를 세워 폐쇄한 경우가 적지 않고[26] 할석재를 세워 놓기도 한다. 석실 입구 막음 판석재는 문비석, 연도 입구 막음 판석재는 표지석 역할을 하였던 것으로 판단되는데, 이러한 특징은 춘천 방동리와 군자리[27] 석실, 홍천 철정리[28] 4호, 역내리 1호[29] 등 중부지역으로 확대할 경우 더욱 선명해져 한성기 백제 및 신라 석실과 차이가 있다. 아울러 연도 전면의 묘도는 석실이 대부분 지상식인 관계로 수평면이며, 일부 약한 경사면을 이루기도 한다.

장법은 묘실에서 관정과 관고리가 출토되는 사례가 많아 주로 목관이 장구로 사용되었음을 확인할 수 있다. 관정은 길이 10cm 이상이고 두부 평면이 원형인 원두정이 주를 이루며, 충주 두정리유적[30]의 경우 매우 적은 양이지만 방두정도 확인된다. 관고리는 원형과 화형좌판이 달린 것이 확인된다. 관정과 관

24 한백문화재연구원, 2007, 『가평 신천리유적』.

25 中央文化財研究院, 2014, 『高陽 道乃洞 都堂遺蹟』.

26 이러한 폐쇄방식에 대해서는 이미 최종택에 의해 밝혀진 바 있으며, 점차 그 사례가 증가하고 있다(崔鍾澤, 2011, 「南漢地域 高句麗古墳의 構造特徵과 歷史的 意味」 『韓國考古學報』 第81輯, 韓國考古學會, 151~152쪽).

27 예맥문화재연구원, 2019, 『춘천 군자리(1097-5번지) 남춘천산업단지 조성사업부지 내 유적 정밀발굴조사 약식보고서』.

28 江原文化財研究所, 2010, 『洪川 哲亭里II 遺蹟』.

29 江原文化財研究所, 2005, 『洪川 驛內里 古墳群』.

30 中原文化財研究院, 2010, 『忠州 豆井里遺蹟』.

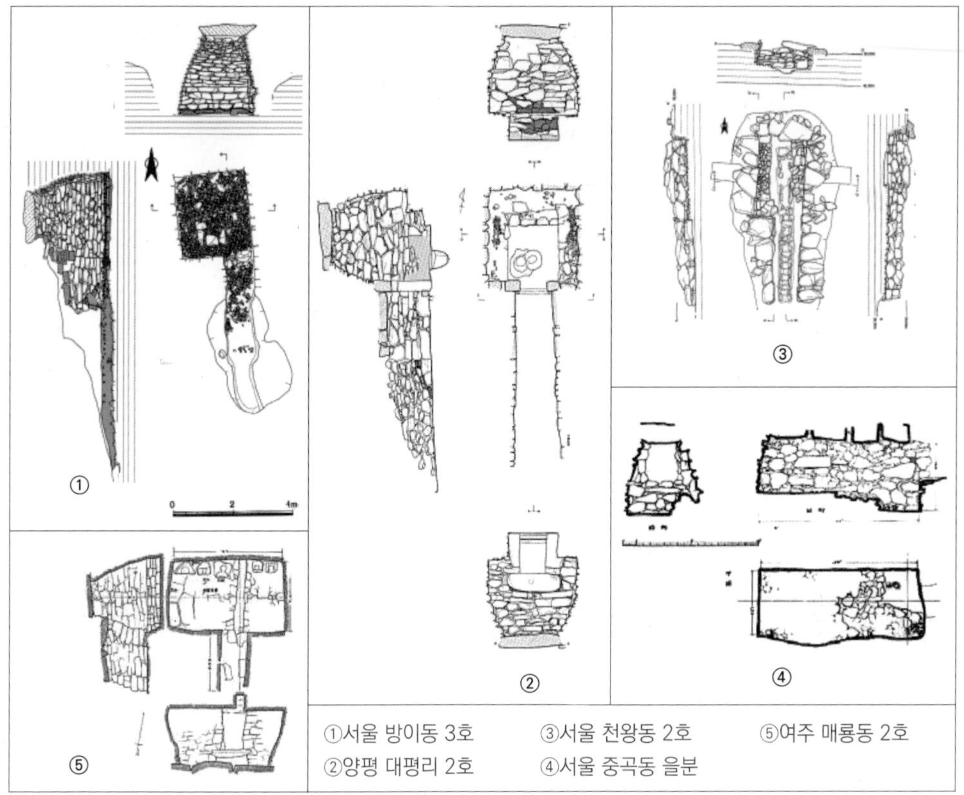

도 5. 경기지역 신라 횡혈식석실묘

고리가 함께 출토되는 것으로 보아 운구용 목관이 사용되었음을 알 수 있다.

3) 신라 횡혈식석실묘

경기지역의 신라 횡혈식석실묘는 횡혈식석실묘로만 구성된 고분군과 횡구식석실(곽)묘와 공존하는 고분군으로 구분된다. 주로 나지막한 산능선 혹은 사면부를 따라 열을 지어 분포하며, 평지에는 나타나지 않는다. 서울 가락동·방이동, 여주 보통리와 같이 10여 기의 소규모 고분군을 이루기도 하지만 대부분은 파주 법흥리와 양평 대평리 같이 단독 혹은 2~3기씩 분포한다.

석실은 고구려와 마찬가지로 산사면을 단면 'L'자형으로 얕게 묘광을 굴착한 후 봉분과 벽체를 동시에 쌓아 올린것이여서 석실의 벽체 대부분이 지상에 드러나는 지상식 혹은 반지상식이 주를 이룬다. 일부 묘광을 깊게 굴착하여 후벽 중·상위까지 지하화 된 예가 발견되지만 이는 사면입지에 따른 지형환경의 특수한 상황, 즉 사면경사가 높아 부분적으로 후벽부 묘광이 깊은 자연스러운 사례일 뿐이다. 그러나 이 또한 후벽을 제외한 대부분이 지상에 노출되는 지상식의 축조의도가 다분히 적용된 것이다. 봉분은 원형분을 이루고 지상식에 가까운 석실이어서 고대하다. 봉분 외곽에는 호석이 설치되거나 호석에 잇대어 석축하여 조성한 방단의 제의시설이 확인되는 점은 신라 석실의 특징이다.

석실의 평면은 장폭비가 1~1.25:1 미만인 방형, 1.25에서 1.6:1 남짓의 근방형, 1.8~2:1 남짓한 장방형과 0.8:1 미만의 횡장방형으로 구분된다. 석실의 벽체는 네 모서리의 벽석이 서로 엇물리도록 동시에 쌓거나 모서리에 사선으로 할석을 놓아 양 벽석이 걸치도록 하여 쌓아 올라갔다. 벽석은 덜 치석된 부정형의 할석재를 거칠게 쌓아 벽면이 고르지 못하고 벽석 간 틈도 많아 요철이 심하다. 이로 인해 네 모서리의 각이 분명치 않고, 접합부의 상하가 지그재그식으로 직선적이지 못하다. 아울러 고구려 석실과 마찬가지로 벽체 중·하위부터 천장부까지 바깥으로 할석재를 엇물려 확장해가는 방식으로 벽체를 쌓아올리는 경우가 일반적이다.

천장은 방형 석실의 경우 벽체 상부에서 모서리각을 말각하여 둥글게 쌓아올리고, 정부에 1~2매의 대형 판석을 덮은 변형 궁륭상이다. 그러나 대부분 높이가 낮고 내면의 요철이 심하며, 정부가 넓다. 이와 같은 구조는 천장이 높고 개석 밑까지 네 모서리각이 유지되는 전형의 궁륭형 천장을 갖춘 경주지역 상위위계의 방형석실 및 한성기 백제 석실과는 대조적인 것으로, 신라 지방석실의 특징이라 하겠다.[31] 근방형 석실도 이와 다르지 않을 것으로 판단되며, 장방형 석실은 벽체 상부를 내경 시켜 여러 매의 장대석 혹은 판석재로 덮은 평천장이다.

31 崔秉鉉, 1997,「서울 江南地域 石室墳의 性格」『崇實史學』第10輯, 崇實大學校 史學會, 106쪽.

석실 바닥에는 일반적으로 소할석을 여러 단 쌓은 시상대가 설치된 것과 전면에 소할석이나 역석과 점토를 섞어 전면에 부석한 것이 있다. 시상대는 규모가 큰 방형과 장방형은 먼저 후벽에 붙여 동-서향으로 배치되며, 추가장 시 같은 방향으로 덧붙여 '≡'자 혹은 'ㄱ'자형으로 직교하여 추가로 설치된다. 반면 근방형과 횡장방형은 양 측벽에 배치된 남-북향으로 배치되어 있다. 방형과 (횡)장방형은 30cm 이상의 고시상대인 반면, 근방형은 주로 20cm 미만의 저시상대가 설치되고 있다.

연도는 좌·우편재식과 중앙식 모두 존재한다. 방형은 중앙연도가 주류이고 좌·우연도가 일부 확인되며, 근방형은 우편연도이다. 횡장방형·장방형은 중앙연도인데, 전벽부 2~4단 상단에 조성되어 석실바닥과 단이 진 유단식으로 나타나는 특징이 있다.[32] 연도 벽체는 현실의 석재와 별다른 차이가 없는 할석재로 쌓았으며, 폐쇄는 대부분 부정형 할석을 채워 이루어지만 방형 석실의 경우 석실 입구에 문비석과 문미석, 문지방석, 문주석 등이 갖춰진 현문구조가 나타나는 것이 적지 않아 한성기 백제 및 고구려 석실과 비교된다. 아울러 연도 전면의 묘도는 고구려 석실과 마찬가지로 석실 대부분이 지상식인 관계로 바닥이 수평면이며, 일부 약한 경사면을 이루기도 한다.

장법은 대부분 시상대에 시신을 직접 안치하였으며, 두침석이 사용되는 경우도 확인된다. 일부는 목관이 사용되기도 하는데, 관정과 관고리가 출토되는 것으로 보아 운구용 목관이 장구로 사용되었음을 알 수 있다. 관정은 원두정과 두부가 형성되지 않은 것이 출토되고 있다.

2. 삼국 석실묘의 변별기준

앞 절에서 살펴본바와 같이 경기지역 삼국의 횡혈식석실묘에 대한 구조특

32 金晉榮, 2007, 「漢江流域 新羅古墳 硏究」, 檀國大學校 大學院 碩士學位論文, 23~24쪽.

징을 살펴보았다. 기존 연구성과와 마찬가지로 크게 입지와 석실의 축조방법, 장법 면에서 세부적인 비교를 실시하였고, 더불어 여기에 석실의 평면형과 면적을 통한 규격성, 관정 등의 속성을 새로이 추가하여 변별기준을 보다 선명하게 제시하고자 하였다. 그 결과 한성기 백제와 고구려 · 신라 석실은 구조와 장법 등 여러 면에서 차이가 명확한 편이고 부장유물도 확연한 차이를 보이고 있어 구분하는데 어려움이 없다. 반면 고구려와 신라 석실은 구조적 친연성이 많고, 고구려 석실의 경우 부장유물이 거의 없는 박장이 심해 더욱 구분하기 어려운 면이 있다. 그러나 세부적으로 살펴보면 입지와 봉분, 석실의 천장과 바닥구조, 연도의 축조상태와 폐쇄방법, 장법 등 여러 면에서 명확한 차이점을 확인할 수 있었다. 이를 정리하면 〈표 1〉과 같이 경기지역 삼국시대 횡혈식석실묘의 변별기준이 제시될 수 있다.

앞에서 살펴 본 내용 중 입지와 봉분, 석실의 평면 형태와 규모를 통한 규격성 비교, 장구 등에 대해서 추가적인 부연 설명을 하면, 우선 입지와 분포면에서 대체적으로 한성기 백제는 산사면, 신라는 산능선과 산사면 상단부에 소규모 고분군을 이루며, 단독 혹은 2~3기씩 분포하기도 한다. 반면 고구려는 주로 산록 완사면이나 산사면의 소곡부 상단, 하천면의 평탄지에 입지하며, 타묘제와 혼재하지 않고 단독 혹은 2~3기씩 분포하는 차이가 나타난다.

석실의 축조위치상 한성기 백제는 반지하 · 지하식에 가깝고 고구려 · 신라는 반지상 · 지상식에 가까워 봉분 높이가 고구려 · 신라는 높고, 한성기 백제는 낮은 편이다. 분형은 삼국 모두 원형을 기본으로 하나 〈도 6〉과 같이 고구려의 경우 방대형으로 나타나는 특징이 있다. 이외 신라의 경우 봉분 외곽에 호석을 돌리며,[33] 가락동 6호 석실과 같이 호석에 잇대어 석축한 제의시설이

33 이문형은 호석이 부여 능산리 서고분군과 익산 쌍릉 등 백제 석실에서도 확인되어 신라 석실만의 특징이 아닌 입장을 보였으나, 그가 언급한바와 같이 호석이 있는 석실은 모두 사비기 석실이므로 시기상 직접적인 비교는 어렵다(이문형, 2018, 「최근 조사성과를 통해 본 가락동 · 방이동 고분군의 성격」『서울 방이동고분군의 성격』, 서울특별시 · 한성백제박물관, 72쪽).

부가되기도 하는데[34] 이는 신라 후기고분의 특징이다.[35]

표 1. 경기지역 삼국의 횡혈식석실묘 구조와 축조방법[36]

<table>
<tr><th colspan="4">속성</th><th>백제 한성기</th><th>고구려</th><th>신라</th></tr>
<tr><td rowspan="4">외적속성</td><td colspan="3">입지</td><td>산사면, 일부 산능선 정상</td><td>산능선 정상, 산록 완사면,
곡부사면, 일부 충적대지</td><td>산능선 정상과 산사면</td></tr>
<tr><td colspan="3">분포</td><td>소규모 군집
일부 단독 혹은 2~3기</td><td>단독 혹은 2~3기 내외 多
(병렬배치)</td><td>소규모 군집 · 일부 2~3기</td></tr>
<tr><td colspan="3">봉분</td><td>저 / 원형(호석 無)</td><td>고 / 원형 · 방대형(호석 無)</td><td>고 / 원형(호석 有)</td></tr>
<tr><td colspan="3">석실위치</td><td>지하식 · 반지하식</td><td>반지상 · 지상식</td><td>반지상 · 지상식</td></tr>
<tr><td rowspan="6">내적속성</td><td rowspan="6">석실</td><td colspan="2">평면</td><td>횡방형(일부오각형),
방형, 근방형, 근장방형,
장방형
(동장식 多)</td><td>방형, 근방형, 근장방형,
장방형
(제형 多)</td><td>방형, 근방형, 장방형,
횡장방형</td></tr>
<tr><td colspan="2">크기</td><td>대형 · 초대형 多</td><td>초소형 多</td><td>초소형 · 중소형 多</td></tr>
<tr><td rowspan="2">벽체</td><td>벽석</td><td>전상석, 소할석, 사변석</td><td>장방형할석(치석도>신라)
· 일부 대형 판석 · 괴석</td><td>부정형 할석
(치석도<고구려)</td></tr>
<tr><td>쌓기</td><td>벽면 고름
(모르타르 기법 多)</td><td>벽면 고른 편
(쐐기돌 · 고임돌 多)
벽석 외곽 엇물림 확장</td><td>벽면 굴곡
(벽석 간 틈 많음 多)
벽석 외곽 엇물림 확장</td></tr>
<tr><td colspan="2">모서리 접합</td><td>우절각 직각, 상하직선</td><td>우절각 직각, 상하 직선적</td><td>우절각 불분명
상하 지그재그식</td></tr>
<tr><td colspan="2">바닥</td><td>무시설, 전면부석,
목관 받침목+부석,
저관대(관받침)</td><td>무시설(불다짐多),
전면부석, 저시상대, 관대석</td><td>고시상대: 방 · (횡)장방형
저시상대: 근방형</td></tr>
</table>

34 도면을 자세히 보면 봉분의 동쪽과 서쪽 면에 석렬이 돌출된 듯이 확인되어 호석에 잇대 방단의 제의시설이 존재하였을 가능성이 있다.

35 이러한 제의시설은 호석에 잇댄 (장)방형의 석축으로 나타나는데 경기지역에서는 파주 성동리와 용인 보정리고분군 등 주로 횡구식석실에서 확인되며, 합천 저포리 E지구, 창녕 계성, 사천 월성리 등의 신라 지방석실묘에서도 쉽게 찾아볼 수 있다.

36 최병현, 2015, 「중부지방 백제 한성기 축조 · 신라 재사용 석실분과 고구려 · 신라 연속조영 고분군」『고고학』 14-2호, 중부고고학회, 89쪽, 〈표 1〉 수정 · 보완.

속성			백제 한성기	고구려	신라
		천장 구조	궁륭 · 변형궁륭	방형 · 근방형: 고임식 (근)장방형: 변형궁륭	방형 · 근방형: 변형궁륭 (횡)장방형: 평천장
		천장 높이	고	저(고임식), 고(변형 궁륭) 연도와 현실 높이차 적음	저
	연도	위치 · 구조	좌 · 우 · 중앙 (근방 · 근장 · 장방- 우)	우 · 중앙 (방형-중, 근방-우) 벽석:현실보다 큰 석재 多	좌 · 우 · 중앙 (방:중多, 횡장 · 장방:중, 근방:우) 유단식연도 有(횡장, 장방) 문틀식 입구(방형)
	연도	폐쇄	할석폐쇄	할석폐쇄, 판석형 석재 폐쇄 多	할석폐쇄
		묘도	(급)경사식 · 계단식 多 일부 수평식	수평식 多 일부 완만한 경사식	수평식 多 일부 완만한 경사식
장법		안치 방법	남북방향, 추가장 多	남북방향, 단독장 多	동서방향(방, 종장) 남북방향(횡장, 근방), 추장 多
장법		장구	설치형 목관 (관정+꺽쇠/판재결구) 관정: 방두정(일부 원두정)	운구용 목관(관정+관고리) 관정: 원두정-단면 반원(大) (일부 방두정)	일부 운구용 목관(관정+관고리) 관정: 원두정-단면 반원(小) 단면 원주(大) 두침석 사용 多
장법		장구	-	화형 · 원형좌판	원형 · 방형좌판
기타			-	쌍실묘, 박장	봉분 외곽 제의시설

석실의 평면형과 관련하여서는 〈도 7〉과 같이 평면 장폭비 0.7~0.9:1의 횡방형, 1~1.25:1 미만의 방형, 1.25~1.6:1 미만의 근방형, 1.6~1.8:1 미만의 근장방형, 1.8:1 이상의 장방형, 0.7:1 미만의 횡장방형으로 구분된다. 삼국이 공통되는 점도 있으나 평면형태 별로 상세히 분석해보면 장폭비와 평면적 상의 규격에서 차이점이 드러난다.[37] 먼저 횡장(방)형의 경우 장폭비 0.7:1 미만으로 장방형에 가까운 횡장방형은 신라 석실에서 확인되며, 0.9:1 남짓하여 방형에

37 삼국 횡혈식석실의 평면비교 시 분석대상은 경기지역 내 한성 백제기와 신라 석실의 표본이 편중되거나 적어 한성 백제기 석실은 중부지역으로 확대하였고, 신라 석실은 남한강 수계의 충주지역 석실을 포함하여 명확히 살피고자 하였음을 밝힌다. 아울러 분석결과 경기지역 내 자료로 한정지어도 결과에 영향이 없음도 밝힌다.

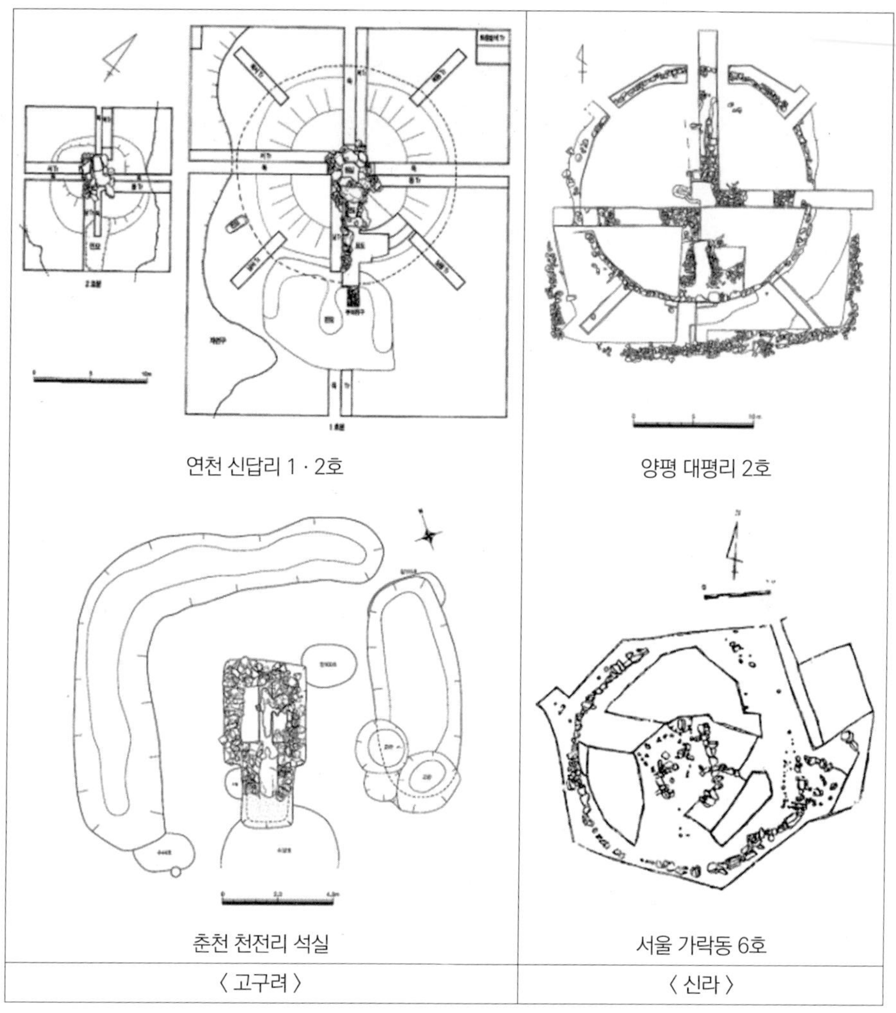

도 6. 경기지역 고구려 · 신라 횡혈식석실묘 봉분형 및 제의시설

가까운 횡방형은 한성기 백제 석실에서 나타나는 특징이다. 평면적 역시 한성기 백제는 대개 9㎡ 이상인 반면 신라는 8㎡ 이하로 크기 면에서도 차이가 있다.

방형은 평면적에서 뚜렷한 차이가 난다. 고구려 석실은 크게 3㎡ 미만, 3~5㎡ 미만, 6㎡ 이상의 3개 그룹으로 구분되는데, 남한 내에서 가장 큰 화천 거례리[38] 석실을 고려할 때 가장 큰 그룹은 7㎡ 내외 미만으로 판단되며, 3㎡ 미만의 초소형이 많다. 반면 한성기 백제 석실은 5~8㎡ 미만, 8~10㎡ 미만, 11~14㎡ 이하, 17㎡ 이상의 4개 그룹으로 구분되며, 3㎡ 미만의 초소형은 없고, 5~8㎡ 미만도 극히 적다. 또한 고구려 석실에는 없고 신라 석실에서도 양평 대평리 2호를 제외하고는 확인되지 않는 8㎡ 이상의 대형묘가

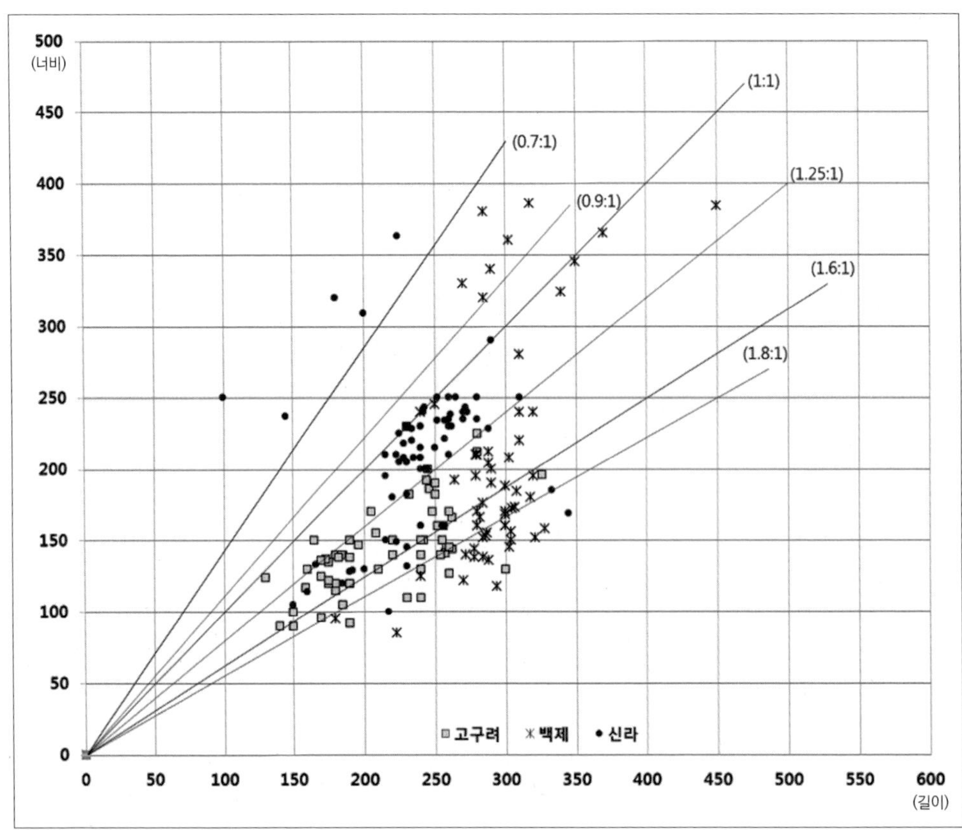

도 7. 경기지역 삼국의 횡혈식석실묘 장폭비 및 크기현황

38 한백문화재연구원, 2013, 『화천 거례리유적』.

일반적인 것이 특징이다. 신라 석실은 4~7㎡ 미만[39]의 것과 7㎡ 이상의 2그룹으로 구분할 수 있는데, 3㎡ 미만의 초소형은 없고, 거의 대부분이 고구려와 한성기 백제 석실의 중간 크기인 4~7㎡ 미만의 것이 일반적이다.

근방형은 장폭비에서 한성기 백제와 고구려 석실보다 신라 석실이 세장한 경향이 나타난다. 장폭비 1.5:1을 기준으로 신라 석실은 대부분 1.5~1.6:1 사이에 분포하는 반면, 한성기 백제와 고구려는 대개 1.5:1 이하로 방형에 더욱 가깝다. 평면적 또한 한성기 백제는 대개 5㎡ 내외~8㎡ 미만이고, 3㎡ 미만의 초소형은 극히 드물다. 반면 고구려와 신라는 5㎡ 미만에서 두 그룹으로 존재하며, 3㎡ 미만의 초소형이 많은 것이 특징이다.

근장방형은 주로 한성기 백제와 고구려 석실에서 나타나며, 신라 석실은 광명 소하동[40] 1호, 단 한 사례만 확인되어 일반적이지 않다. 한성기 백제 석실이 4~6.5㎡ 정도의 크기인 반면 고구려 석실은 성남 창곡동 2호, 한 사례를 제외하고는 모두 4㎡ 미만의 초소형으로 나타나 대조적이다.

장방형은 신라 석실의 경우 소수 확인되는데 3㎡ 미만의 초소형과 6㎡ 내외의 대형급으로 나타난다. 반면 고구려 석실은 3㎡ 미만과 3~4㎡ 미만의 것이 대부분이며, 한성기 백제는 3㎡ 미만의 초소형도 일부 확인되나 대부분 3~5㎡에 속하며, 천안 용원리 C지구[41] 석실과 같이 13㎡ 이상의 초대형급도 있다.

이와 같이 평면 형태에 있어 한성기 백제는 횡방형, 신라는 횡장방형이 나타나는 특징이 있고, 근방형의 경우 한성기 백제와 고구려가 신라보다 방형에 좀 더 가까우며, 근장방형과 장방형의 경우 신라에서는 거의 확인되지 않는 특징이 있다. 아울러 〈표 2〉와 같이 평면적으로 볼 때 삼국이 각각 무덤 규격

39 경기지역에 한정하여 살펴보면 5~7㎡에 군집한다.

40 기호문화재연구원, 2011, 『光明 所下洞 古墳群』.

41 서울대학교박물관 · 서울대학교인문학연구소, 2001, 『龍院里遺蹟 C地區 發掘調査報告書』.

을 달리하고 있음을 알 수 있다. 삼국의 횡혈식석실은 평면적에 기준하여 상대적 개념인 초소형급(3㎡ 미만), 중소형급(3~8㎡ 미만), 대형급(8~10㎡ 미만) 초대형급(10㎡ 이상)으로 나눌 수 있는데, 한성기 백제는 대형과 초대형급이 월등히 많고, 유독 고구려가 초소형급이 많으며, 신라는 중소형급이 주류인 점이 특징인 것을 알 수 있다. 따라서 석실의 평면형태와 평면적은 축조주체의 변별기준에 있어 유의미한 속성이 될 수 있다.

표 2. 경기지역 삼국의 횡혈식석실묘 평면적 비교

구 분	한성기 백제	고구려	신라
횡방형	8~10㎡/ 10~14㎡/ 17㎡ 이상	-	-
방형	5~8㎡ 미만/ 8~10㎡ 미만/ 10~14㎡/ 17㎡ 이상	3㎡ 미만/ 3~5㎡ 미만 / 6㎡ 이상	4~7㎡ 미만/ 8㎡ 내외
근방형	3㎡ 미만/ 5~8㎡ 미만/ 8㎡ 이상	3㎡ 미만 / 3~5㎡ 미만 / 6㎡ 내외	3㎡ 미만/ 3~4㎡ 내외
근장방형	3㎡ 미만/4~6.5㎡ 미만	3㎡ 미만 / 3~4㎡ 미만 / 6㎡ 내외	-
장방형	3㎡ 미만/ 3~5㎡/ 13㎡ 이상	3㎡ 미만/ 3~4㎡ 미만	3㎡ 미만/6㎡ 내외
횡장방형	-	-	4㎡ 미만/ 5~6㎡ 내외 / 8㎡ 이상

다음으로 석실의 벽체 쌓기와 모서리 결합방식, 천장구조, 연도 등은 석실의 구조와 축조방법의 세부속성들의 특징은 〈표 1〉과 같으며, 이 중 벽체의 축조기법은 〈도 8〉과 같이 가락동 · 방이동석실 등에서 명확히 드러나고 있다.

이밖에도 석실 바닥면과 관련하여 고구려 석실의 경우 불다짐이 이루어진 것이 상당수 확인되는 특징을 보인다. 특히 무시설식 석실에서는 일반적인 것으로 고구려 석실의 특징으로 볼 수 있으나 집안과 평양지역 고구려 석실 및 경주지역 신라 석실의 사례를 근거로 이에 대한 회의론을 주장하는 견해도 있

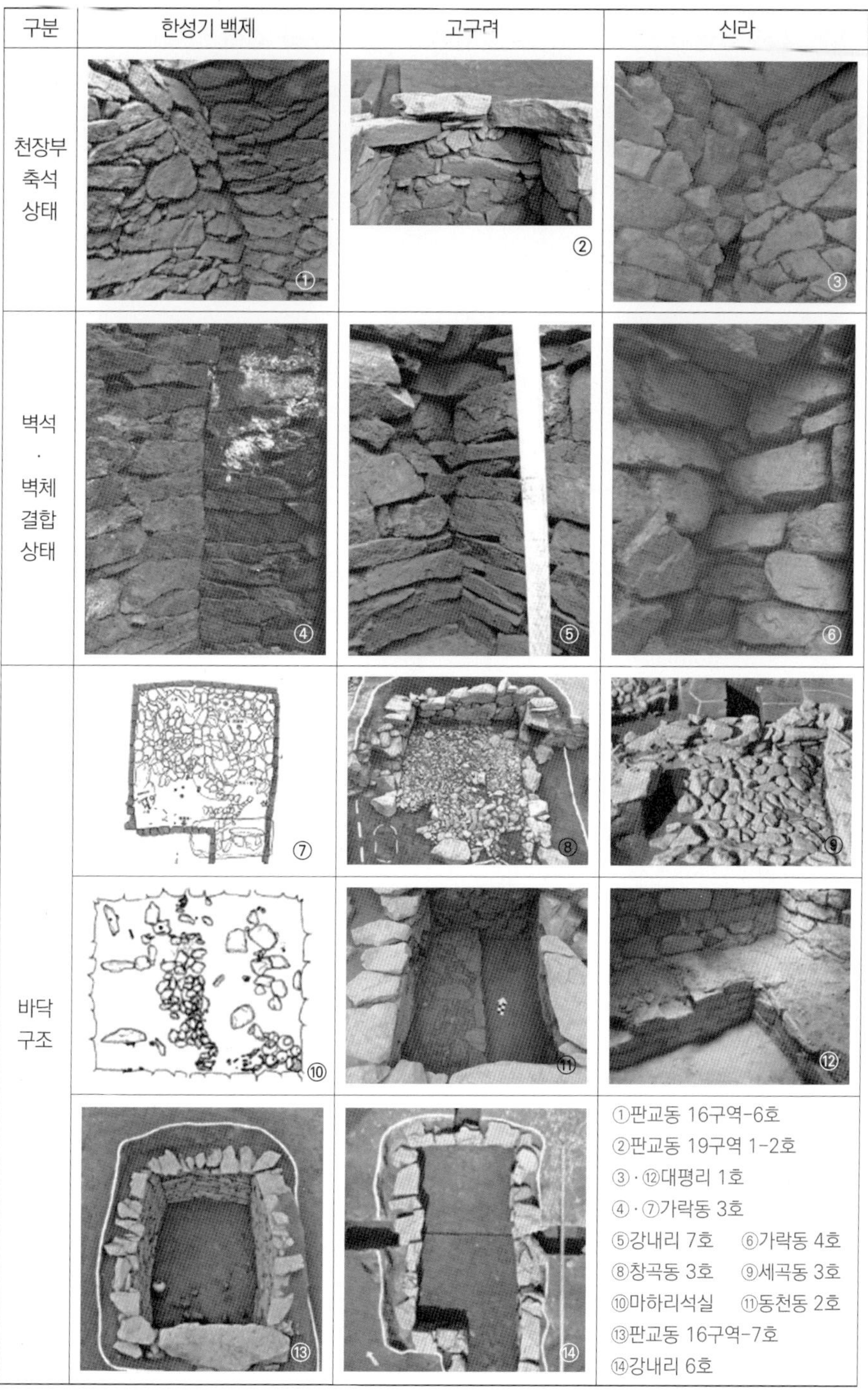

도 8. 경기지역 삼국 횡혈식석실묘 축조기법 비교

다.[42] 물론 이러한 불다짐 방식이 서울 방이동 3호와 경주 방내리 1호[43] 등 신라 석실에서도 간혹 확인되나 일반적이지 않으며, 북한과 중국 내의 고구려 석실에서 불분명한 점은 지역성일 수도 있고, 조사대상의 편중과 조사방법, 조사기록 등의 차이일 수 있다. 따라서 불다짐의 성격은 차치하더라도 고구려 석실에서 주로 나타나는 것은 사실이므로 그 경향성 면에서 고구려 석실의 특징으로 설정하여도 무방할 듯 싶다.

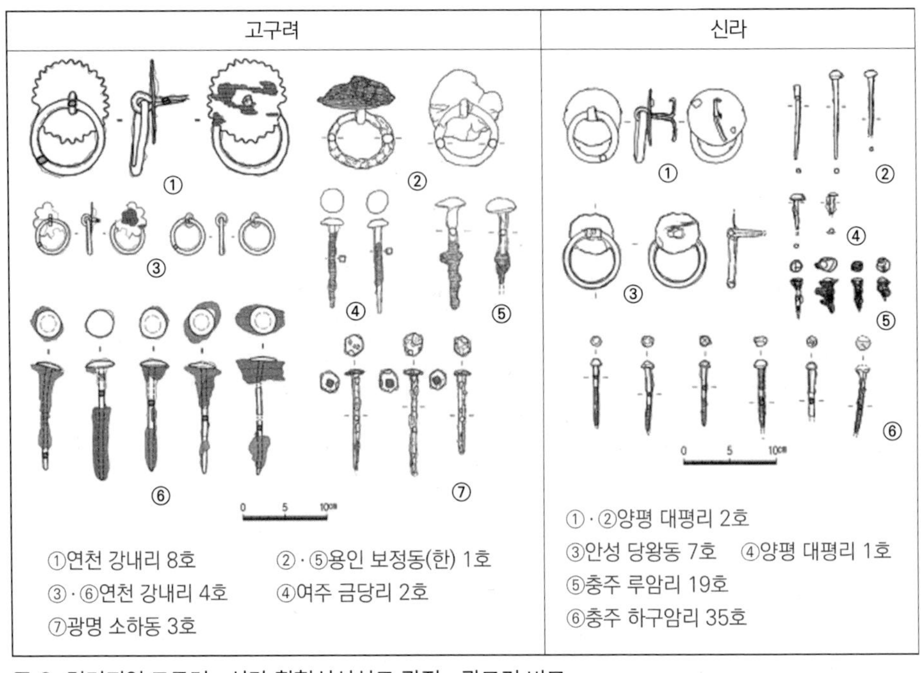

도 9. 경기지역 고구려 · 신라 횡혈식석실묘 관정 · 관고리 비교

42 김지현은 고구려 석실 내 불처리를 집안이나 평양지역의 연구성과 및 신라 석실의 사례를 들어 고구려 석실의 특징으로 보기 어렵다는 회의적인 입장을 보이고 있다(김지현, 2017, 「한강유역 횡혈식석실분의 계통과 축조유형」, 경북대학교 대학원 석사학위논문, 36쪽).

43 嶺南文化財硏究院, 2009, 『慶州 芳內里 古墳群』.

마지막으로 장구 부속품인 관정과 관고리를 살펴보고자 한다. 관정은 앞서 살펴본 바와 같이 백제는 두부 평면이 방형인 방두정, 고구려와 신라는 두부 평면이 원형인 원두정이 주로 사용되고 있어 그 경향성은 이미 확인되었음으로, 여기서는 고구려와 신라의 원두정에 대해 보다 구체적으로 살펴보고자 한다.

고구려와 신라의 원두정은 형태상 차이가 없어 보일 수 있으나, 두부의 형태와 크기 면에서 차이가 관찰된다. 우선 고구려의 원두정은 두부 단면이 삼각 혹은 반원형을 이루며, 두부 폭이 2~3cm 정도로 넓고, 전체 길이가 모두 10cm 이상이다. 반면 신라의 원두정은 대상을 남한강 수계의 충주와 영남지역까지 확대하여 보면, 단면 반원형이 있고 이외 두부 폭이 좁은 원주형으로 대별된다. 단면 반원형은 형태상 고구려의 것과 차이가 없으나 두부 폭이 1.5cm 내외로 고구려보다 좁고 길이도 10cm 미만으로 작다. 단면 원주형은 길이 10cm 이상의 것도 있지만 두부형태가 완연히 다른 것이다. 이밖에도 두부가 형성되지 않은 무두식 관정과 두부가 'ㄱ'자형으로 꺾인 관정이 함께 사용되고 있는데, 거의 대부분이 10cm 미만의 것이다.

관고리는 기본적으로 운구용 목관에 사용되는 것으로 한성기 백제 석실에서는 확인되지 않고, 고구려 석실은 화형과 톱니형, 원형 좌금구가 결합된 다양한 형태로 확인되며, 신라 석실에서는 원형과 방형 좌금구의 형태만 확인되는 차이가 있다.[44]

이와 같이 신라와 고구려의 원두정은 형태와 규격상 차이가 있으며, 관고리 또한 형태상 차이를 보이고 있어 석실 축조주체 귀속에 있어 유의미한 변별기준자료가 될 수 있다.

---

44 김동숙은 관고리를 좌금구 형태에 따라 A형(화형), B형(톱니형), C형(파형), D형(원형), E형(방형)으로 구분하였다. 6세기 1/4분기를 전후한 시기에 출현하는 것으로 고구려의 경우 모든 형태로 다양하게 나타나며, 백제는 A형과 D형, 가야는 D형, 신라는 D형과 E형이 일반적인 형태임을 밝히고 있다(김동숙, 2016, 「관고리의 出現으로 본 三國時代 橫穴式石室墳의 葬法」『韓日의 古墳』, 한일교섭의 고고학-삼국시대-연구회 · 日韓交渉の考古學-古墳時代-研究會, 274~283쪽).

3. 삼국 석실묘의 축조주체 검토

경기지역 횡혈식석실의 축조주체를 검토하는 연구는 이미 여러 연구자들에 의해 진행된 바 있다. 기존에 한성기 백제 석실과 고구려 석실로 보고된 것에 대해서는 필자도 이견이 없으며, 앞에서 살펴본 변별기준을 토대로 할 때 축조주체에 대한 재검토가 필요한 석실을 살펴보고자 한다.

다만 대부분의 석실이 상부가 유실된 것이 많아 변별기준의 적용에 어려움이 있고, 몇몇 속성에 천착하다 보면 오류를 범하기 쉽다. 특히 묘·장제적 차이가 큰 한성기 백제 석실보다 구조적 동질성이 강한 고구려와 신라 석실의 경우 축조주체를 변별하기가 쉽지 않다. 이에 상기한 점을 고려하여 변별기준상의 특징들을 복합적으로 조합하여, 재검토가 필요한 사례들을 지역별로 살펴보면 다음과 같다.

1) 한강 본류 수계권

(1) 서울 가락동·방이동고분군

가락동·방이동고분군에서는 가락동 3~6호, 방이동 1·3·4·6호 등 모두 8기의 횡혈식석실이 조사되었다.[45] 고분군이 보고된 이래로 크게 한성기 백제 석실론[46]과 신라 지방석실론으로[47] 양분되어 축조주체에 대한 논란이 계속

45 일제강점기인 1917년(大正 6)에 조사된 가락동 2호는 석실구조와 크기, 분포위치상 가락동 5호와 유사성이 많은 것으로 동일 석실로 인정되고 있는바 제외하였다.

46 대표적인 연구사례는 다음과 같다.
洪漕植, 2009,「考古資料로 본 新羅의 漢江流域 支配方式」『百濟硏究』第50輯, 忠南大學校 百濟硏究所; 李賢淑, 2013,「漢城地域 百濟 橫穴式石室墓 硏究」『百濟學報』제10호, 百濟學會; 2018,「서울 방이동·가락동 고분군의 재검토」『서울 방이동 고분군의 성격』, 서울특별시·한성백제박물관; 김규운, 2014,「가락동·방이동고분군으로 본 백제 횡혈식석실의 성립」『先史와 古代』第40號, 韓國古代學會; 이문형,

되어 왔다.[48] 이러한 논의과정에서 일부 석실의 축조주체 귀속에 대하여 공감대가 형성되는 성과도 있었으나 한성기 백제 석실에 이견이 없는 가락동 3호를 제외하고는 여전히 양론이 대립하는 양상이다. 논쟁의 요지는 신라 석실론 입장의 경우 석실의 축조위치, 천장구조와 내경곡선, 축조석재와 모서리 결합방법 등 벽체의 축조방법 등 구조적 특징과 출토유물에 근거하여 한성기 백제 석실인 가락동 3호와 고구려 석실로 판단한 가락동 5호를 제외하고 모두 신라 석실로 보았다. 반면 한성기 백제 석실론 입장은 전면부석식 바닥과 배수시설, 회바름을 공통된 근거로 하며, 이에 목관의 일반적 사용, 사선배치 연도와 고분군의 위치 등을 추가하여 모두 한성기 백제 석실로 판단하고 있다.

이에 축조주체의 이견이 없는 가락동 3호를 제외한 나머지 석실의 구조를 분석해 보도록 하겠다. 먼저 석실의 축조위치에서 방이동 3호와 같이 대부분의 무덤들은 얕은 묘광을 굴착하고 석실과 봉분을 동시에 축조한 반지상식 혹은 지상식인 공통점이 확인된다. 가락동 4·5호, 방이동 6호의 사진과 도면을 살펴보면 지하식의 백제 석실과 다르게 벽체 중·하위부터 바깥으로 석재를 계속 엇물려 확장하는 방식으로 벽체를 쌓아 올리는 특징을 보이는데, 이는 봉분과 천장의 하중을 분산시키기 위한 것으로 봉분과 벽체가 동시에 축조되는 반지상식·지상식 구조의 특징 중 하나이다. 나머지 파괴가 심한 가락동 6호 또한 호석과 잔존 석실의 관계로 보아 지상식이 확실하며, 방이동 1호도 다름이 없을 것으로 판단된다.

평면 형태는 모두 방형을 이루며, 평면적 또한 경기지역 횡혈식석실 중 5

2018, 「최근 조사성과를 통해 본 가락동·방이동 고분군의 성격」『서울 방이동고분군의 성격』, 서울특별시·한성백제박물관.

47 崔秉鉉, 1997, 「서울 江南地域 石室墳의 性格」『崇實史學』第10輯, 崇實大學校 史學會; 2015, 「중부지방 백제 한성기 축조·신라 재사용 석실분과 고구려·신라 연속조영 고분군」『고고학』14-2호, 중부고고학회.

48 양 측의 입장은 다음의 자료집에 상세히 설명되어 있다(2018, 『서울 방이동고분군의 성격』, 서울특별시·한성백제박물관).

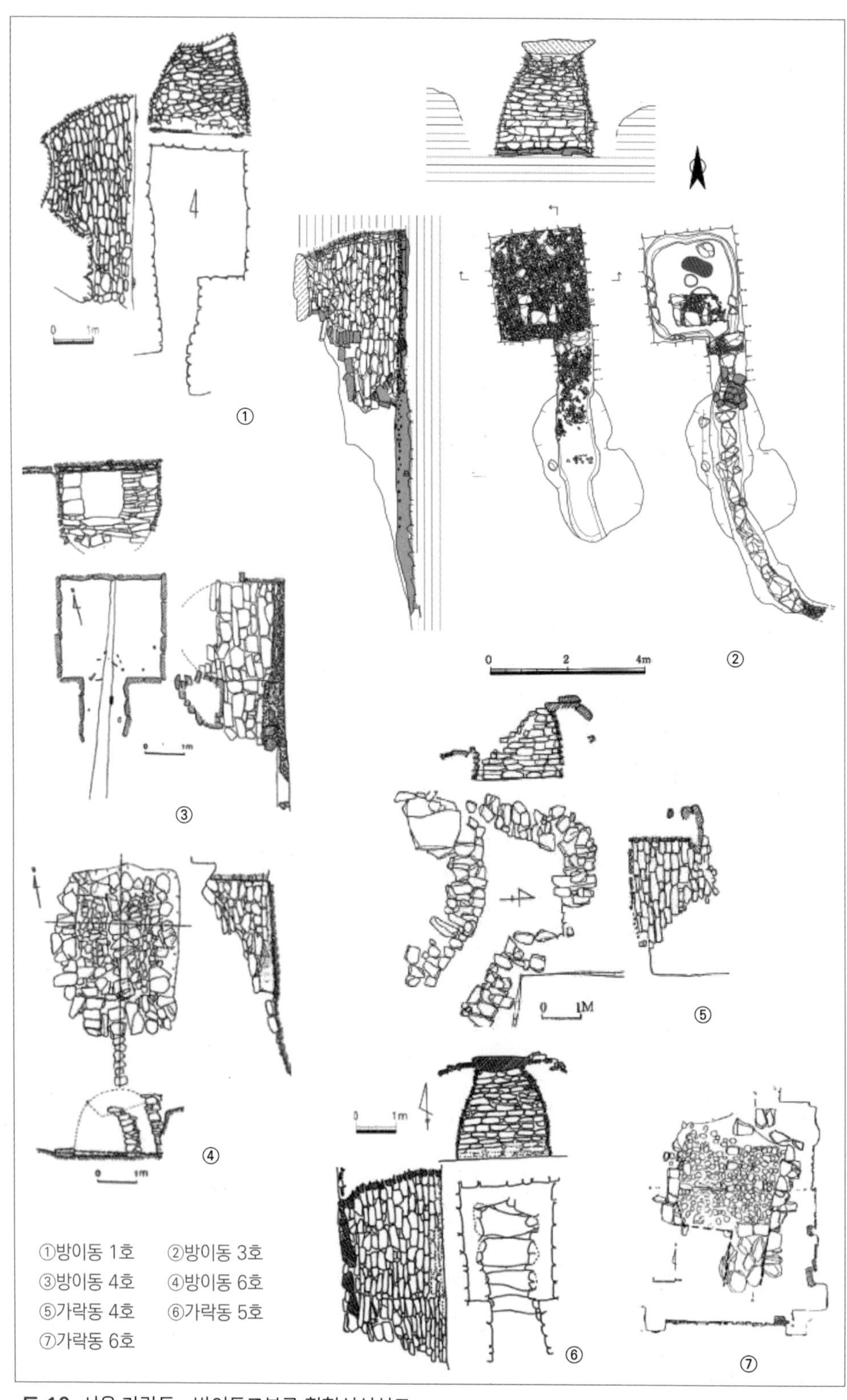

도 10. 서울 가락동 · 방이동고분군 횡혈식석실묘

㎡ 이상에서 8㎡를 넘지 않는 중형급으로만 나타나 8㎡ 이상의 대형급인 한성기 백제 방형석실과는 뚜렷한 차이가 있다. 그러나 바닥과 천장구조, 벽체의 축조방법에 따라서는 차이를 보여 세 그룹의 유형으로 분류할 수 있다. 먼저 1그룹은 가락동 4호, 방이동 3 · 4 · 6호가 해당된다. 바닥 전면에 점토와 역석을 20~30cm 내외 두께로 깔은 것으로 하부에 배수로가 설치되는 특징을 갖는다.

이와 관련하여 한성기 백제 석실론 입장에서는 배수로가 설치된 전면부석식 석실바닥은 백제 석실의 특징 중에 하나로, 신라 횡혈식석실에서는 극히 드문 현상으로 파악하였다. 그러나 평면 방형에 역석을 겹겹이 깔은 전면부석식 바닥구조와 배수로 시설을 갖춘 석실 구조는 경주 방내리 · 조전고분군[49], 방내리고분군[50], 건천휴게소부지 유적[51], 사라리 525번지 유적[52], 이조리 929번지 유적[53], 봉길고분군[54] 등 주로 경주 외곽지역에서 유행하는 신라 후기 횡혈식석실묘 구조이다. 아울러 배수로는 상기한 전면부석식 바닥 이외에도 별도의 시상을 갖춘 충주 루암리[55] 1 · 22호, 하구암리[56] 23호, 합천 저포리[57] E-11호, 의령 운곡리[58] 22 · 27 · 28호 등 신라 후기 지방석실에서도 확인되고 있어 전면부석식 바닥면 조성과 배수시설을 백제 석실만의 구조적 특징으로

---

49 國立慶州文化財硏究所, 1998,「慶州 芳內 · 棗田里 古墳群」『文化遺蹟發掘調査報告書』-緊急發掘調査報告書Ⅲ-.

50 한빛문화재연구원, 2018,『경주 조전리~율동유적Ⅰ -방내리 고분군-』.

51 慶州文化財硏究所, 1995,『乾川休憩所新築敷地 發掘調査報告書』.

52 嶺南文化財硏究院, 2005,『慶州 舍羅里 525番地遺蹟』.

53 부경문물연구원, 2018,『慶州 伊助里 929番地 遺蹟』.

54 蔚山大學校博物館, 2000,『경주 봉길고분군Ⅰ』.

55 文化財硏究所, 1991,『中原 樓岩里 古墳群』; 1992,『中原 樓岩里 古墳群 發掘調査報告書』.

56 中央文化財硏究院, 2010,『忠州 下九岩里遺蹟』.

57 釜山大學校博物館, 1987,『陜川 苧浦里E地區遺蹟』.

58 慶南發展硏究院 歷史文化센터, 2007,『宜寧 雲谷里遺蹟』.

설정하기에는 무리가 있어 보인다.

아울러 이러한 전면부석식 석실의 피장자 안치와 추장방법은 바닥석과 같은 석재로 약간 도드라지게 한 벌 더 깔거나 시상석보다 큰 석재를 등간격으로 놓아 시상(관)대를 마련하였으며, 추장 시에는 다시 기존 시상(관)대의 두께만큼 전면에 석재를 깔았다. 보고 자료가 불충분하여 명확히 확인할 수 없지만 가락동 4호의 경우 도면상 역석을 반복적으로 깔고 판석을 놓았으며, 다시 역석을 깔은 구조이다. 방이동 3호의 경우도 역석을 깔고 상면에 수 매의 넓적한 할석재가 바른 면이 바깥을 보도록 구획된 열이 일부 확인되고, 그 안을 역석으로 채우고 있다. 또한 인골이 노출된 면이 할석재가 놓인 면보다 약간 도드라지게 보이는 현상들이 관찰되고 있다. 이에 가락동·방이동 석실묘도 이와 같은 방법으로 피장자의 안치와 추장이 행해졌을 것으로 여겨져 한성기 백제 석실과는 차이를 보이고 있다.

벽체는 대개 부정형 할석을 사용하여 벽면이 고르지 못하고 벽면 간 엇물려 쌓아, 모서리각이 불분명하고 접합면이 굴곡진다. 천장은 온전히 남아있는 방이동 3호와 구조를 가늠할 수 있는 가락동 4호를 통해 볼 때 정부에 대형 판석 1~2매를 덮은 변형 궁륭형으로 판단되며, 한성기 백제 석실보다 정부가 넓고 높이가 낮으며, 내면의 요철이 심하다.

이밖에도 방이동 3호는 봉분 외곽에 호석이 돌려져 있고, 백제 주거지를 파괴하고 조영된 특징을 보이고 있으며, 가락동 4호를 제외하고는 무개식·유개식 고배와 병 구연부편 등 신라 후기양식 토기가 출토되었다. 이상의 내용으로 볼 때, 1그룹은 구조와 출토유물, 타 유구와의 관계상 신라 횡혈식석실묘임이 명확해 보인다.

2그룹은 가락동 6호와 방이동 1호가 해당되는데, 석실의 후벽에 붙여 소할석 혹은 천석으로 석축하여 높은 시상대를 마련한 것이다. 천장과 벽체의 축조방법은 1그룹과 동일하다. 가락동 6호는 천석을 이용하여 후벽에 붙여 동-서 장축향으로 18cm 높이로 별도의 구획된 시상대를 축조하였고, 시상대 전면의 바닥은 점토를 다진 후 천석과 소할석을 17cm 높이로 깔아 마무리한 것으로 보고서에 기록되어 있다. 보고서의 내용과 사진을 검토해 보면, 시상대는 할석재로 외곽을 구획한 후 상면을 역석으로 채운 것으로 판단되며, 시상대와 잇대어진 17cm 높이의 부석은 바닥시설이 아니라 추가장 시 새롭게 보축된 시상대일 가능성이 높아 보인다.[59] 이렇게 본다면 후벽에 배치된 시상대 높이는 약 35cm 정도의 고시상대인 것이다. 방이동 1호 또한 사진과 도면상 확인되지는 않지만 바닥면에 전면 부석 후 판석을 이용하여 길이 240cm, 너비 130cm, 높이 30cm 크기의 높은 시상대가 남북 혹은 동서 방향으로 설치된 것으로 보고되어 있다.

이밖에 가락동 6호의 경우 방이동 3호와 같이 봉분 외곽에 호석이 설치되었고, 호석 외곽에는 확실치 않지만 석축 된 방형의 제단시설 흔적이 관찰되기까지 한다. 이러한 제단시설은 신라 후기 지방석실의 특징 중 하나이며, 묘제는 다르나 용인 보정동고분군 다-23호, 용인 동백리유적 석실, 파주 성동리 고분군 (경)1 · 2호, (전)8호 등 신라 후기의 횡구식석실묘에서 확인되며, 이외 합천과 창녕 등 영남 서남부지역의 신라 후기 횡혈계 묘제에서도 다수 나타난

도 11. 가락동 6호 묘 전경

59 조사 사례로 보아 시상대 이외의 바닥면은 대개 흙바닥을 이루거나 소형 석재로 1~2겹 정도 깔은 것으로 가락동 6호 묘와 같이 두텁지는 않다. 추가장 시 배치된 시상은 원시상의 높이에 맞추기도 하지만 원시상보다 낮게 설치되는 사례도 많으므로 추가장 시 설치된 시상대일 가능성이 높아 보인다.

다.[60] 유물은 방이동 1호에서 무개식 고배와 대부직구호, 병 등 신라 후기양식 토기가 소량 출토되었다.

이상의 내용을 종합해 보면, 2그룹의 가락동 6호와 방이동 1호는 1그룹과 마찬가지로 구조와 출토유물 상 신라의 횡혈식석실로 볼 수 있으며, 충주 루암리와 하구암리, 합천 저포리 등 신라 지방고분군의 횡혈식석실과 동일 계통으로 파악할 수 있다.

3그룹은 가락동 5호가 있다. 평면 형태가 방형이나 자세히 살펴보면, 후벽이 전벽보다 약간 넓어 제형에 가까워 1·2그룹의 석실과 차이를 보인다. 벽체는 비교적 치석이 잘된 균일한 장방형 할석재를 사용하고 잘게 깬 돌로 벽석 간 틈을 메워 벽면이 고르고, 벽면 간 엇물려 쌓았으나 모서리각이 분명하

도 12. 가락동 5호 묘 벽체 및 천장 축조상태

60 이러한 제단시설은 창녕 계성 B-26호, 사천 월성리 2·3·8·11호, 합천 저포리 E-6·7·12·25호 등 신라 후기의 횡혈계 묘제에서도 다수 확인된다. 영남 서남부 지역에 한정되어 나타나는 특징을 보여 김동숙은 함양 백천리, 합천 봉계리 고분 등 수혈식석곽묘 단계부터 이어져 내려오는 가야지역의 전통적 제의 형태로 보았다(金東淑, 2002, 「新羅·伽倻 墳墓의 祭儀遺構와 遺物에 관한 硏究」『嶺南考古學』30, 嶺南考古學會, 75쪽).

고 접합면 또한 상하 직선적으로 고구려 석실의 특징이 나타나고 있다.

천장은 네 벽을 내경시키고 모서리에 판석을 걸쳐 놓아 삼각형으로 말각하고 판석을 얹은 삼각고임식으로 연도와 현실의 천장높이가 거의 비슷하다. 아울러 연도는 중앙식으로 현실 전벽 대비 폭이 넓은 특징을 보이고 있어 한성기 백제와 신라 석실과는 차별성이 있다.

유물은 금동 환과 철도자를 비롯하여 약간의 기와편이 출토되었다. 이 중 기와편은 바닥 역석층과 연도 폐쇄석 사이에서 출토되었는데 내면에는 폭이 좁은 모골흔이 남아있으며, 외면에 승문이 타날 된 고구려 기와편이다.[61] 이러한 구조와 출토유물 상 가락동 5호는 고구려 영역기에 축조된 고구려 횡혈식 석실묘로 보아도 무방하다.

다만 출토유물 중 금동 환은 축조주체와 관련하여 매우 특징적이어서 주목할 만하다. 석실 바닥 중앙부의 바닥 역석층 사이의 할석 부근에서 모두 4점이 출토되었는데, 직경 1.9cm 정도의 원형 고리에 길이 1cm 남짓한 연결구

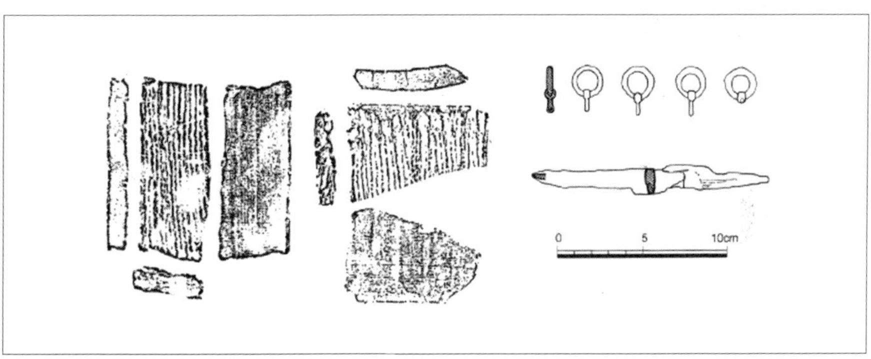

도 13. 가락동 5호 묘 출토유물[62]

61 심광주, 2007, 「南韓地域 出土 高句麗 기와의 特徵」 『경기도의 고구려 문화유산』, 경기도박물관.

62 김무중, 2011, 「百濟 漢城期 橫穴式石室의 構造와 調査方法」 『동아시아의 고분문화』, 중앙문화재연구원, 145쪽, 〈그림 17〉 일부 전제.

가 달려 있고, 양단에 구멍이 뚫려있다. 구조상 하나의 연결구를 접어 고리에 건 것이 아닌 고리를 연결구에 넣고 접어 만든 것으로 충주 루암리 1호 석실의 예와 같이 작은 금동제 원형 좌판을 연결구에 끼워 관에 설치한 장식구로 판단된다.

이러한 형식의 금동제 관 장식구는 한성기 백제와 고구려 석실에서는 확인되지 않으며, 충주 루암리 1호를 비롯하여 경주 방내리[63] 3·8호, 포항 대련리[64] 10·16호 등 신라 후기 석실에서 출토된 관장식과 동일하다. 아직 표본이 적어 이 관 장식구가 지역성이 표방되는 유물인지는 좀 더 면밀한 검토가 요구되지만 신라의 경기지역 진출 이후 추장이 이루어졌을 가능성을 상정할 수 있는 근거는 될 수 있겠다. 아울러 출토위치상 최종적으로 매장된 피장자의 것으로는 여겨지지 않으므로 가락동 3호와 같이 신라의 지배 하에서 추장이 이

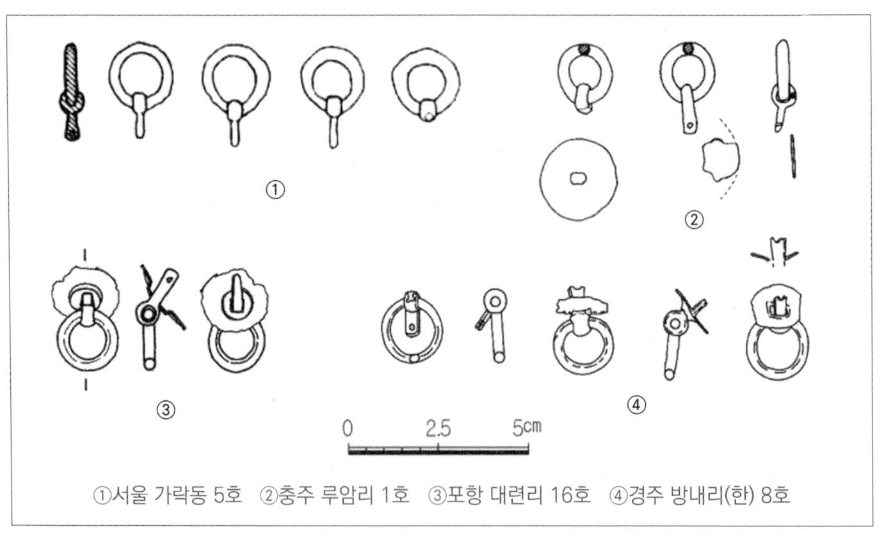

도 14. 가락동 5호 묘 출토 금동제 관 장식구 비교

63 한빛문화재연구원, 2018, 『경주 조전리~율동유적Ⅰ -방내리 고분군-』.

64 경상북도문화재연구원, 2010, 『포항 대련리유적』.

루어졌을 가능성이 높다. 이상 가락동 5호는 고구려 남정기에 축조되고 신라의 경기진출 이후까지 꾸준한 매장행위가 이루어졌을 가능성이 제기된다.

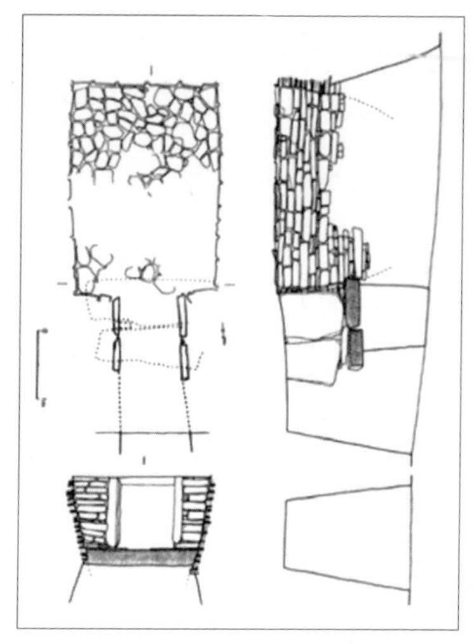

도 15. 평양 남정리 119호

일부에서는 가락동 5호 석실을 평양 남정리 119호 석실과 구조적으로 유사하다는 점을 근거로 한성기 백제 석실의 수용과 관련된 도입기 석실로 분류하기도 한다.[65] 그러나 남정리 119호는 평면 장폭비가 1.32:1인 근방형을 이루며, 양 장벽이 약간 배가 부른 동장식이다. 또한 천장은 궁륭상으로 판단되어 현실과 연도의 천장높이 차가 현저하다. 연도는 중앙식이고 현문은 문틀시설을 갖추고 있으며, 바닥은 전면에 소형 판석재를 한 겹 깔은 것이다. 여러모로 가락동 5호와는 연도의 위치를 제외하고는 구조적으로 많은 차이를 보이고 있어 직접적으로 연결시키기에는 무리가 있다.

이상의 내용을 종합해보면, 가락동·방이동고분군 횡혈식석실 중 이미 한성기 백제 석실로 분류된 가락동 3호와 고구려 석실로 판단되는 가락동 5호를 제외한 다른 무덤은 모두 신라 석실에 해당된다. 이는 기존의 신라 석실론 견해를 따르는 것으로, 석실의 평면적 비교에 따른 규격차이, 바닥구조와 피장자 안치방법, 호석과 제의시설, 장구류 등에 대한 세부적인 분석 결과 이 견해를 더욱 공고히 뒷받침할 수 있게 되었다. 다만 가락동 5호의 경우 고구려 남정기에 처음 축조되었으나, 신라 지배기에 다시금 추장이 이루어져 석실이 유지·관리되었을 가능성을 새롭게 제시하였다.

65 김규운, 2014,「가락동·방이동고분군으로 본 백제 횡혈식석실의 성립」『先史와 古代』第40號, 韓國古代學會, 133~134쪽.

이밖에 그동안 백제 석실론 입장에서 주장되는 근거로는 벽면 회바름과 사선배치 연도, 고분군의 위치 등을 들고 있어 이에 대하여 언급하고자 한다. 먼저 벽면 회바름은 앞서 언급한 바와 같이 석실의 공통적 요소로 고구려, 신라 석실에서도 많이 확인되고 있어 한성기 백제 석실만의 특징으로 보기에는 어려움이 있다. 회미장은 지역적 특징이라기보다는 축조집단 내에서 위계적 속성이 강하게 반영된 것으로 보는 것이 타당할 것이다.

다음으로 가락동 4호와 같이 연도의 위치가 한 쪽 모서리에서 측벽 바깥으로 비스듬히 갈라져 나오는 사선배치식 연도에 대해 살펴보면, 김규운은 이러한 연도배치를 분강 · 저석리 16호, 익산 입점리 1호, 연기 송원리 KM 052 · 053호 등의 예를 들어 한성기 백제 석실의 특징으로 인식하였다.[66] 그러나 이러한 연도 위치는 한성기 백제 석실묘 이외에도 합천 저포리 E지구 11호 · 23-1호, 사천 월성리[67] 2호, 김해 화정[68] 50호, 충주 루암리 가-56호, 충주 하구암리 15호, 하구암리 큰골[69] 2호 등 신라 후기 지방석실에서 더욱 쉽게 찾을 수 있다. 사선배치형 연도가 입지 지형 혹은 피장자의 안치 편의에 따른 배치방식인지 아니면 석실연도 축조방법 상의 다른 의도가 반영된 것인지는 다각적인 분석이 필요하지만, 일단 지역성을 보여주는 구조적 속성이 아님은 앞의 사례에서 알 수 있다.

이와 같이 벽면 회바름이나 바닥의 배수시설, 사선배치 연도 등의 구조적 속성은 삼국의 공통된 속성이며 지역성을 드러내는 것이 아니라 입지환경이나 피장자의 위계적 성격 혹은 석실의 기본구조와 관련된 것으로 석실의 축조

66 김규운, 2014, 「가락동 · 방이동고분군으로 본 백제 횡혈식석실의 성립」 『先史와 古代』 第40號, 韓國古代學會, 120쪽.

67 慶尙大學校博物館, 1998, 『四川 月城里 古墳群』.

68 福泉博物館, 2004, 『金海 花亭遺蹟 I』.

69 韓國文化財保護財團, 2001, 『中部內陸高速道路 忠州區間 文化遺蹟 發掘調查 報告書』.

주체를 변별하는 기준으로 부적절하다.

마지막으로 일제강점기에 조사된 석촌동과 가락동·방이동 일대 고분분포도를 통해 몽촌토성과 석촌동고분군 사이의 구릉지대에 위치한 가락동·방이동고분군을 한성 백제기 고분군으로 인식하려는 것이다. 이는 지형분석을 통해 몽촌토성-방이동-가락동-석촌동으로 이어지는 교통로가 상정된다는 것을 근거로 하고 있으며, 이 교통로를 따라 한성기 백제의 중앙세력 고분군이 연속하여 형성되었다는 것이다.[70] 하지만 이 주장은 가락동·방이동 석실이 백제 석실이라는 전제하에 이해될 수 있는 것이며, 상정된 교통로가 당대의 지형 환경상 통상적인 교통로인지 고분군 조영과 관련된 것인지도 알 수 없기에 가락동·방이동고분군을 백제 고분군으로 보는 근거로 설정되기에는 설득력이 결여된다.

(2) 고양 덕은동유적[71]

덕은동유적에서는 모두 3기의 횡혈식석실묘가 조사되었다. 산록완사면에 입지하며, 3기의 석실이 1.5~2m 정도 간격을 두고 동일선상에 병렬로 분포해 있다. 조사 전 사진을 통해 보면, 석실의 구조가 드러나지만 묘광선이 인지되지 못한 점과 벽체의 축석상태가 대개 3~4단부터 가로 쌓기 한 점으로 보아 반지상식 구조로 판단된다. 석실의 크기는 길이 140~170cm, 너비 90~96cm이며, 평면적이 2㎡ 미만인 초소형 급이다. 크기로 보아 단독장을 염두에 두고 축조된 것임을 알 수 있다.

평면형태는 장폭비가 1.55~1.77:1로 대체로 근장방형에 속하며, 세부적으로 보면 한 쪽 단벽부가 약간 넓은 제형으로 볼 수 있다. 벽체는 면 치석이 비교적 잘 된 할석재를 사용하였고, 벽석 간 틈은 작은 돌로 메워 벽면이 비교적

70 김규운, 2018, 「서울 가락동·방이동 고분군은 누가 만들었나」 『서울 방이동고분군의 성격』, 서울특별시·한성백제박물관, 113~114쪽.

71 백두문화재연구원, 2019, 『고양 덕은동유적』.

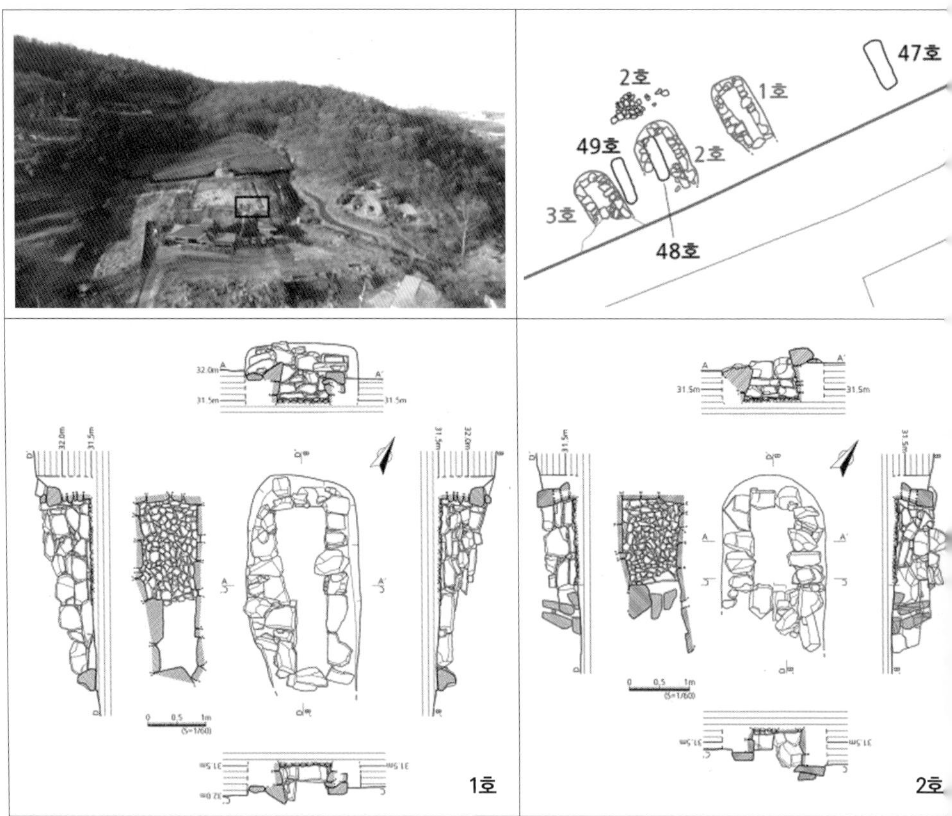

도 16. 덕은동유적 석실

고른 편이다. 벽체는 서로 엇물려 쌓기도 하나 대개 서로 맞대어 쌓아 모서리 각이 분명하고, 접합면이 상하 직선적이다. 바닥시설은 일관되게 소할석을 전면에 한 겹 깔았으며, 부장유물과 장구류의 흔적은 확인되지 않았다.

연도는 모두 우편재식이며, 석실의 벽석보다 큰 할석재를 사용한 특징이 있다. 연도 폐쇄는 자세히 언급되지 않았지만 사진과 도면상 할석재 눕혀놓기와 함께 판석재 혹은 할석재를 세워놓아 막았음이 확인된다. 보고자는 특별한 근거 없이 통일신라 말기에서 고려 초기의 석실로 판단하였으나 입지, 평면형태와 크기, 구조, 축조기법 등 여러 방면을 고려해 보면 고구려 석실로 판단된다.

(3) 서울 진관동유적[72]

나지막한 가지능선의 산록완사면에 석실묘가 단독으로 분포한다. 유실이 심하긴 하지만 북-남 장축향을 이루며, 벽체 하단부터 바깥으로 석재를 엇물려 쌓아 올린 지상식 구조임에 틀림없다.

도 17. 진관동 III-2구역 석실

석실의 크기는 길이 185cm, 너비 105cm 정도로 추정되며, 평면적이 2㎡ 미만인 초소형 급이다. 평면형태는 장폭비 1.76:1로 근장방형을 이루며, 우편재 연도를 갖춘 것이다. 벽체는 서로 엇물려 쌓기도 하나 대개 서로 맞대어 쌓아 모서리각이 분명하고, 접합면이 상하 직선적이며, 벽석 간 틈은 작은 돌이나 점토로 메웠다.

바닥은 우선 전면에 소할석을 한 겹 깔고 연도 반대편인 서벽에 잇대어 소할석을 쌓아 15cm 높이의 시상(관)대를 설치하였다.[73] 시상대는 외곽을 먼저 구획하고 외곽석보다 작은 돌로 안을 채운 구조이다. 원 시상대 동편에 잇대어서는 남북 양단에 소할석을 1~2겹 깔고 점토를 원 시상대 높이까지 채운 후 불다짐 한 구조가 확인되어 추가장이 이루어졌을 가능성이 있다. 이러한 시상대 구조는 백제와 신라에서는 그 사례를 찾기 어렵고 고구려와 상통하는 면이 있다.[74]

72 中央文化財硏究院, 2009, 『恩平 津寬洞』 墳墓群 III.

73 보고서에서는 시상(관)대의 높이를 25cm로 기술하였으나, 도면상 바닥석을 제외하면 15cm 정도 높이이며, 바닥석을 포함하더라도 20cm를 넘지 않는 높이로 볼 수 있다.

74 이동규의 고구려 횡혈식석실묘의 관대 분류상 1c형에 포함시킬 수 있는 것으로 하위 위계의 석실에 설치되는 관대형식이다(이동규, 2015, 「고구려 횡혈식석실묘의

부장유물이 발견되지 않아 축조주체를 파악하는데 어려움이 있으나, 보고자는 인근에서 통일신라시대 가마가 조사되고 마주하는 북한산 비봉에 위치한 진흥왕 순수비 등 주변정황에 근거하여 통일신라시대의 석실로 판단하였다. 그러나 입지와 분포, 평면형태와 크기, 석실의 벽체축조와 보축된 시상대의 구조 등 여러 방면에서 고구려 석실의 특징이 나타나고 있어 축조주체를 고구려로 볼 수 있다.

(4) 남양주 덕소리유적[75]

산록완사면에 단독으로 분포한다. 벽체의 축석상태 상 3단부터 가로 쌓기 한 점으로 보아 반지상식 구조로 판단된다. 석실의 크기는 길이 245cm, 너비 200cm 정도로 추정되며, 평면적이 4.9㎡ 미만인 중·소형 급이다.

평면형태는 장폭비가 1.23:1인 방형을 이루며, 우편재 연도를 갖추었다. 석실의 벽체는 비교적 크기가 균일하고 면치석이 잘 된 길쭉한 장방형 할석재를 사

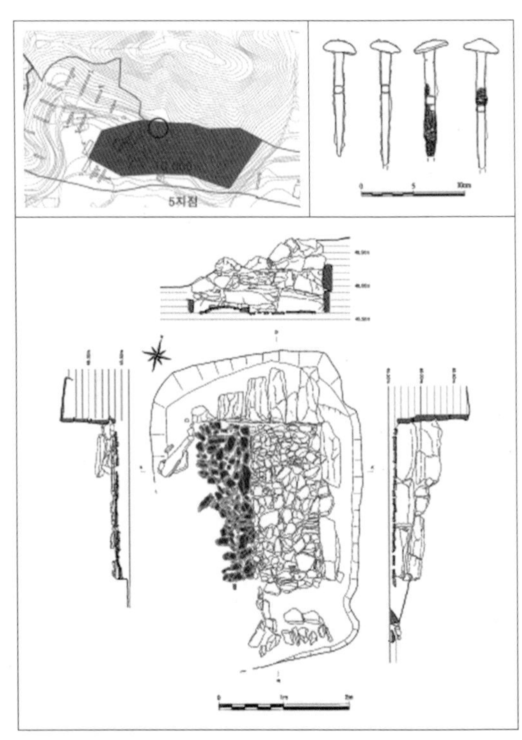

도 18. 남양주 덕소리유적 석실

지역성과 위계연구」『중앙고고연구』 제16호, 중앙문화재연구원).

75 高麗文化財硏究院, 2009, 『南楊洲 三牌洞 · 德沼里 遺蹟』.

용하여 벽면이 고르다. 벽체모서리는 벽석 간 엇물림 없이 맞대어 놓아 모서리각이 분명하고 접합면은 상·하 직선적이다.

바닥구조는 넓적한 소할석을 전면에 깔은 후 연도 반대편인 서벽에 잇대어 시상대를 설치하였다.[76] 시상대는 길쭉한 석재로 외곽을 구획한 후 내부를 작은 석재로 채운 구조로 높이 10cm 미만으로 낮다. 시상대 동편의 바닥 중간에는 관정이 출토되어 목관을 통해 추가장이 이루어졌음을 알 수 있다. 관정은 두부 평면은 원형이고 단면이 반원형인 원두정이 사용되었는데, 두부 폭이 3cm 정도로 넓고 길이가 10cm 이상인 긴 것으로 신라 원두정과는 차이가 있다.

보고자는 관정에 근거하여 청주 신봉동고분군, 화성 마하리고분군, 하남 광암동유적 등 5세기대 백제 석실일 가능성을 언급하였지만 덕소리 석실 관정은 백제의 것과 완연히 다른 원두정으로 받아들이기 어렵다. 관정과 더불어 석실의 입지와 벽체 축조기법, 시상대 구조를 통해 볼 때 고구려 남정기에 조영된 석실로 판단된다.

(5) 광명 소하동고분군[77]

주산인 구름산 능선에 에워싸인 곡부사면 하단부에서 모두 3기의 횡혈식석실묘가 조사되었다. 3기의 석실은 동일선상에 봉분이 연접하며 병렬로 분포하는데, 잔존하는 봉분의 중첩관계상 동→서 방향인 3호→2호→1호 순으로 연접하며 축조되었다. 봉분은 원형이며, 외곽에 호석은 확인되지 않는다.

석실은 북-남 장축향이며, 묘광은 경사면을 'L'자상으로 굴착하여 후벽부는 중위 높이까지 깊은 편이나 전벽부는 바로 봉분과 동시에 축조되는 지상식이다. 평면형태는 장폭비가 1.6~1.8:1 미만인 근장방형에 연도는 우편재식인 석

76 보고자는 먼저 연도 반대편 벽에 잇대어 시상대를 구축한 후 나머지 흙바닥 전면에 바닥석을 한 겹 깔은 것으로 파악하였다.

77 기호문화재연구원, 2011, 『光明 所下洞 古墳群』.

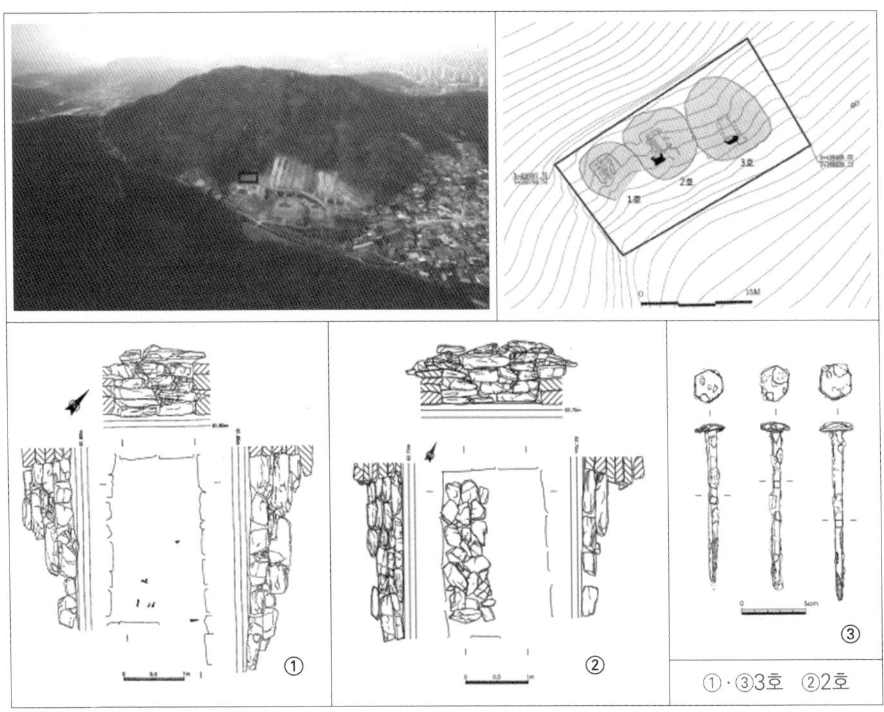

도 19. 광명 소하동고분군

실로 평면적은 3~4㎡ 남짓한 중·소형급이다. 벽체는 길쭉한 장방형 석재를 주로 사용하였고 축석 시 점토를 덧대거나 벽석 간 틈을 잔돌로 메워 벽석 간 틈이 적다. 특히 지상화되는 부분부터는 바깥에 석재를 엇물리며 쌓아 올렸다. 벽체모서리는 벽석 간 엇물리거나 맞대어 놓았으나 모서리각이 분명하고 접합면은 상·하 직선적이다.

이와 같이 구조상 공통점이 많아 보이지만 구체적으로 살펴보면 조영순서상 1·2호와 3호 석실 간 구조의 변화가 관찰된다. 먼저 가장 동쪽의 3호 석실은 평면형태가 1·2호와 달리 전벽보다 후벽이 약간 좁은 제형을 이루며, 벽석 사이에 잔돌을 메운 빈도가 높다. 바닥은 별다른 시설 없이 정지토를 깔은 후 목관을 안치하였다. 관정의 출토위치상 목관은 바닥 중간에 안치한 것으로 보아 단독장을 염두에 두고 축조된 것으로 여겨진다. 관정은 모두 두부 평면이 육각형을 이루고, 단면은 삼각형인 원두정 계열이다. 길이는 10cm 이상이고 두부 폭은 2.1~2.7cm 정도로 넓어 한성기 백제와 신라 관정과는 차이를 보이며, 고구려 원두정과 유사하다. 반면 1·2호 석실은 네 벽의 너비가 일정하고 반듯한 근장방형이며, 바닥은 연도 반대편의 서장벽에 잇대어 판석형 석재를 한 겹 깔아 낮은 시상대를 마련하였다. 부장유물은 없지만 2호 석실의 봉분에서 반구형의 신부에 'ㅏ'자형의 구연을 지닌 뚜껑과 단경호, 고배 배신으로 추정되는 신라 후기양식 토기 편이 소량 출토되었다.

이와 같이 봉분의 중첩과 출토유물 상 동쪽의 3호 석실에서 서쪽의 1호 석실로의 조영순서가 인정되며, 구조와 장법에서 변화과정을 보인다. 보고자는 소규모 고분군인 점, 추가장이 없는 단독장이며, 침향, 목관 사용과 저시상대 등을 근거로 하여 모두 8세기대의 신라 석실로 파악하였다. 그러나 앞에서 검토한 바와 같이 3호 석실은 고구려 영역기에 축조된 석실이 분명해 보이며, 나머지 2·3호 석실은 신라 영역기에 들어 연속하여 축조된 석실로 신라 통일기 이후의 것이 아닌 6세기 후반대의 것이다.

(6) 용인 보정동 청자요지 유적[78]

두 산능선 사이의 작은 곡부사면 하단에 단독으로 분포한다. 평면상 묘광선이 확인되지 않고 벽체 바깥의 엇물려 있는 할석재로 보아 지상식 구조로 판단된다. 석실의 크기는 길이 184cm, 너비 140cm이며, 평면적이 3㎡ 미만인 초소형 급이다.

우편재 연도를 갖추었으며, 평면형태는 장폭비가 1.3:1인 근방형이나 자세히 살펴보면 전벽보다 후벽이 약간 넓은 제형에 가깝다. 석실의 벽체는 대체로 길쭉한 장방형의 할석재를 주로 사용하였고 잔돌로 벽석 간 틈을 메운 빈도가 높다. 벽체모서리는 벽석 간 엇물림이 있으나 모서리각이 분명하고 접합

78 畿甸文化財研究院, 2006, 『龍仁 寶亭里 靑磁窯址』.

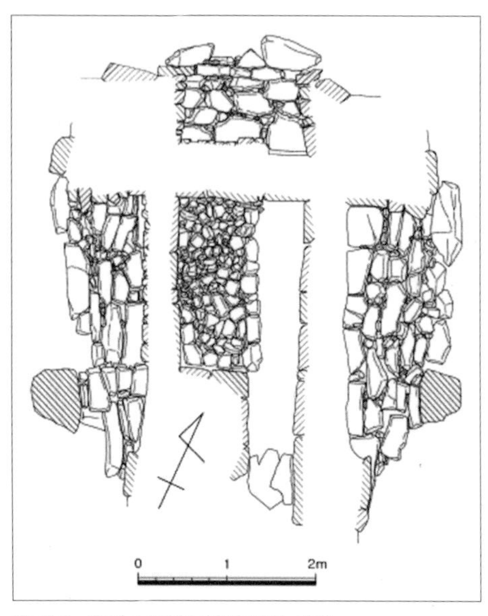

도 20. 용인 보정동 청자요지 석실

면은 상·하 직선적이다. 후벽 상단의 양 모서리에는 판석형 석재를 걸쳐 놓아 삼각형으로 모서리각을 줄인 것이 확인되어 천장은 삼각고임식 천장이었던 것으로 판단된다.

바닥은 연도 반대편인 서벽에 잇대어 시상대를 설치하였으며, 높이 20cm, 너비 92cm이다. 시상대는 길쭉한 석재로 외곽을 구획한 후 내부에 작은 석재를 채운 구조인데, 사진을 살펴보면 시상대 외면을 점토로 피복한 것으로 추정된다. 시상대의 점토피복과 너비가 100cm에 가깝게 넓은 것은 일반적인 신라 석실의 시상대와는 차별성이 있다.

보고자는 통일신라시대의 석실로 판단하였으나 상기한 입지와 구조상 고구려 석실의 특징을 잘 보여주고 있다는 점에서 고구려 석실로 파악할 수 있다.

(7) 용인 청덕동유적[79]

곡부사면 하단에서 횡혈식석실묘 3기가 확인되었다. 이 중 2호 석실은 평면 근방형에 우편재식 연도를 갖추고 있으며, 벽체 3단부터 바깥에 엇물려 있는 할석재로 보아 지상식에 가까운 구조로 판단된다. 석실 크기는 길이 182cm, 너비 138cm로 평면적이 3㎡ 미만인 초소형 급으로 추가장이 없는 단독장이다.

79 韓國文化財保護財團, 2007,『龍仁 清德洞遺蹟』.

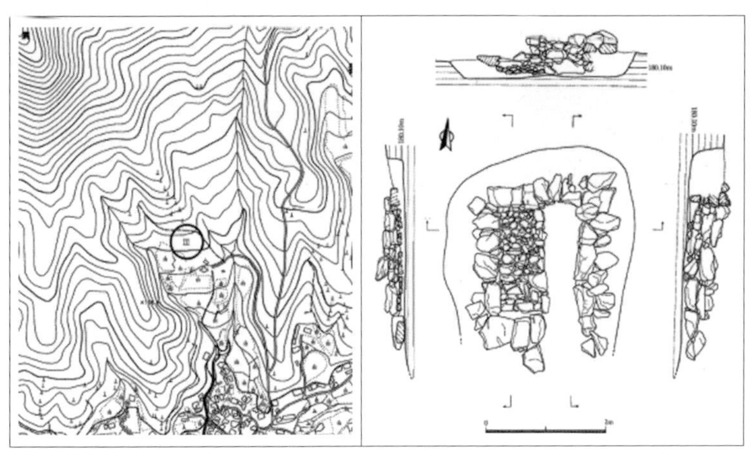

도 21. 용인 청덕동 2호 석실

석실 벽체는 대체로 면치석이 덜된 부정형의 할석재를 사용하였고 잔돌로 벽석 간 틈을 메운 빈도가 높다. 벽체모서리는 벽석 간 엇물림이 없어 모서리각이 분명하고 접합면은 상·하 직선적이다. 바닥은 연도 반대편인 서벽에 잇대어 소할석을 한 겹 깔아 높이 10cm 정도의 시상대를 설치하였는데, 너비가 85cm로 석실 너비의 절반 이상을 차지할 정도로 넓다. 부장유물은 출토되지 않았다.

보고자는 통일신라시대의 석실로 판단하였으나 상기한 입지와 구조, 규모면에서 용인 보정리 청자요지 석실과 유사한 것으로 고구려 석실로 볼 수 있다.

(8) 광주 선동리고분군[80]

산록완사면에 입지하며, 2기의 횡혈식석실묘와 장방형의 횡구식석실묘 13기가 동일선상에 나란히 분포한다. 이 중 5·6호인 횡혈식석실묘 2기는 동쪽의 7호인 횡구식석실묘 1기와 함께 약 6m 정도 거리를 두고 북-남 장축향을

80 서해문화재연구원, 2013, 『廣州 仙東里 石室墓 遺蹟』.

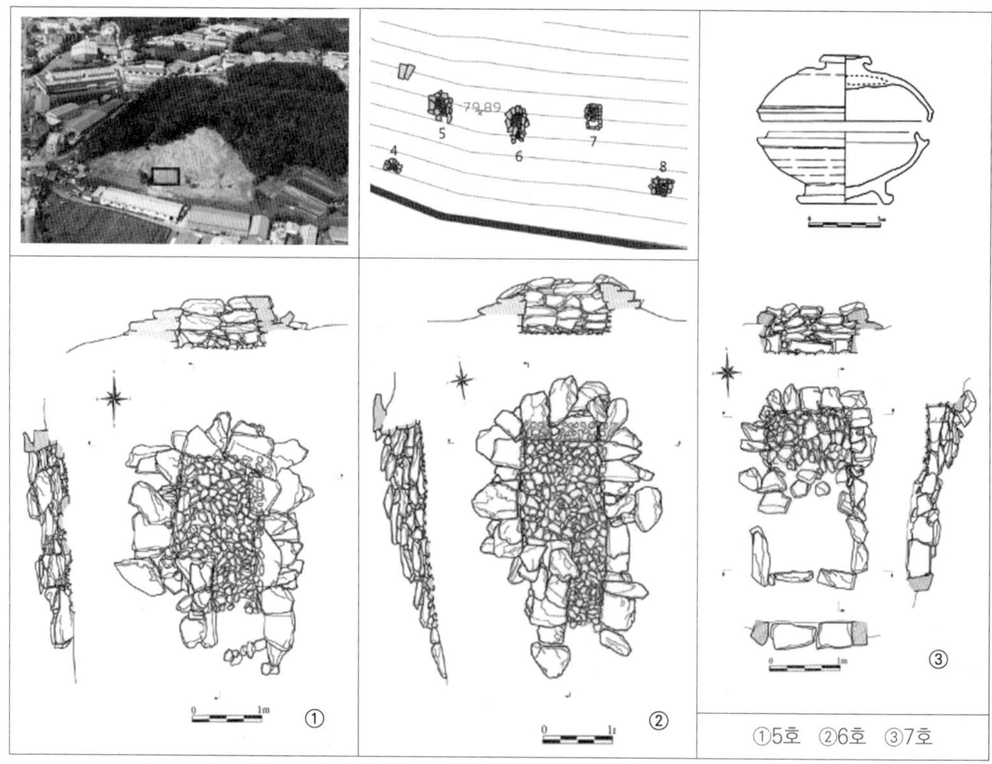

도 22. 광주 선동리고분군 석실

이루며 나란히 분포하고, 별도의 묘역을 형성하고 있다.

묘광의 윤곽이 확인되지 않고, 벽체 하단부터 바깥으로 벽석을 엇물려 놓은 것으로 보아 지상식 구조로 판단된다. 우편재 연도를 갖추었으며, 평면형태는 장폭비가 1.25:1 미만인 방형이나 자세히 살펴보면 후벽보다 전벽이 약간 넓은 제형에 가깝다. 석실의 평면적이 3㎡ 미만인 초소형 급으로 이다. 크기상 단독장을 염두에 두고 축조된 것임을 알 수 있다. 벽체는 길쭉한 장방형 할석재를 주로 사용하였고 벽체모서리는 벽석 간 엇물림이 있으나 모서리각이 분명하고 접합면은 상·하 직선적이다. 바닥은 납작한 소할석과 역석을 섞어 전면에 깔았다. 횡구식석실에서 고배와 대부직구호, 대부장경호 등 다량의 신라 후기양식 토기가 부장된 반면 횡혈식석실에서는 부장유물이 발견되지 않았다.

보고자는 모두 신라 고분으로 판단하였으나 부장유물과 분포, 구조상 횡혈식석실 2기는 고구려 영역기에 조영된 것이고, 동일선상에 연이어 분포한 횡구식석실은 6세기 중·후반의 신라 영역기에 조영된 것으로 지배국가의 변화에 따른 묘제 변화상을 잘 보여주고 있다.

2) 안성천 · 남한강 수계권

(1) 화성 반송동유적[81]

산능선 정상부에 단독으로 위치한 1호 석실묘이다. 주변에 신라 후기양식 토기가 출토된 장방형의 횡구식석실(곽)묘가 분포하나 동떨어져 있어 관련성은 없어 보인다. 평면형태는 장폭비가 1.5:1인 근방형이다. 벽체가 1~2단 정도만이 잔존하여 구조를 파악하는데 제한적이지만 벽체 바깥의 엇물려 있는 할석재로 보아 지상식 구조로 판단된다. 석실의 크기는 길이 150cm, 너비 100cm이며, 평면적이 2㎡ 미만인 초소형 급이다.

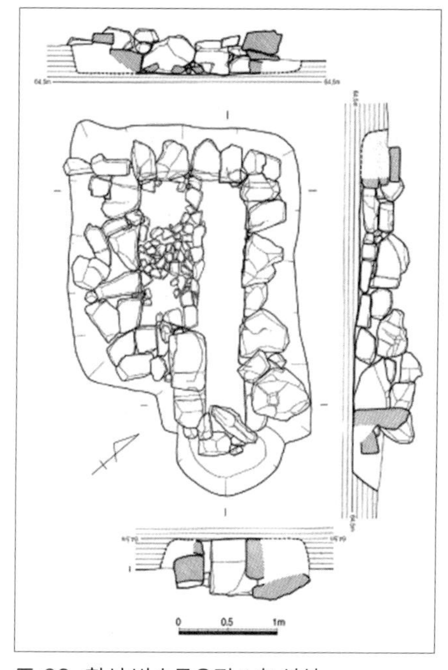

도 23. 화성 반송동유적 1호 석실

바닥은 연도 반대편인 서벽에 잇대어 시상대를 설치하였다. 시상대는 소할석으로 외곽을 구획한 후 내부에

81 畿甸文化財硏究院, 2006, 『華城 盤松里 행장골遺蹟』.

구획석보다 작은 석재를 채운 구조이며, 높이 5cm 정도로 낮다. 석실 크기와 시상대 구조상 단독장을 염두에 두고 축조된 것임을 알 수 있다.

연도는 우편재식이며, 길이 96cm 정도로 짧은 편이다. 현실의 벽석보다 큰 석재를 사용하였고 연도 입구에 판석재를 세우고 할석재를 덧대어 폐쇄한 특징을 보인다. 부장유물은 없다.

보고자는 신라 후기의 지방묘제로 파악하였으나 신라 횡구식석실과는 별도의 묘역을 형성하고 있고 입지와 구조, 규격상 용인 보정리 청자요지 석실과 유사하다는 점에서 고구려 영역기에 조영된 것으로 판단된다.

(2) 화성 금곡동유적[82]

산록완사면에 북서-남동향의 장축향을 이루고 단독으로 분포한다. 남쪽 하단으로 인접하여 원저단경호가 출토된 백제주거지가 위치해 있다. 대부분 유실되어 구조를 가늠하기 어렵지만 묘광은 경사면을 'L'자상으로 굴착하여 얕고, 벽체 하단부터 바깥으로 석재를 엇물려 쌓은 흔적이 확인되고 있어 지상식 혹은 반지상식 구조로 추정된다.

평면형태는 남아있는 크기로 추정컨대 장폭비가 1.5:1 내외인 근방형으로 추정된다. 크기는 길이 190cm, 너비 130cm 정도로 추정되며,[83] 평면적은 3㎡ 미만의 초소형급이다. 벽체는 거의 유실되어 축조상태를 알 수 없으며, 바닥은 교란되었지만 동장벽에 잇대어 낮은 시상대를 설치하였는데 작고 넓적한 석재를 한 겹 깔은 구조이다. 부장유물은 출토되지 않았다.

입지와 분포, 규격, 잔존 구조 및 인접한 백제 주거지와의 관계를 고려할 때 한성기 백제 및 신라 석실과는 차이가 있는 것으로 고구려 영역기에 조영된 것으로 판단된다.

82 서경문화재연구원, 2020, 『화성 금곡동 산57번지 유적』.

83 보고서에는 잔존길이 331cm, 잔존너비 182cm로 기술되었다. 보고된 수치는 묘광 크기로 이해되고, 제시된 스케일을 토대로 석실 내부 크기를 추정하였음을 밝힌다.

(3) 용인 어비리유적[84]

산록완사면에서 2기의 석실이 약 5m 남짓한 거리를 두고 나란히 분포한다. 석실은 벽체 3~4단까지 비교적 깊은 묘광이 굴착된 것처럼 도면이 작성되었으나 조사단계 별 사진을 자세히 보면 2~3단부터 벽체 바깥으로 석재를 엇물려 놓거나 벽석으로 붙는 일정 두께의 토층선이 관찰된다. 이로 보아 후벽부는 벽체 3단, 전벽부는 벽체 1단 정도 깊이의 묘광을 굴착하고, 그 이상은

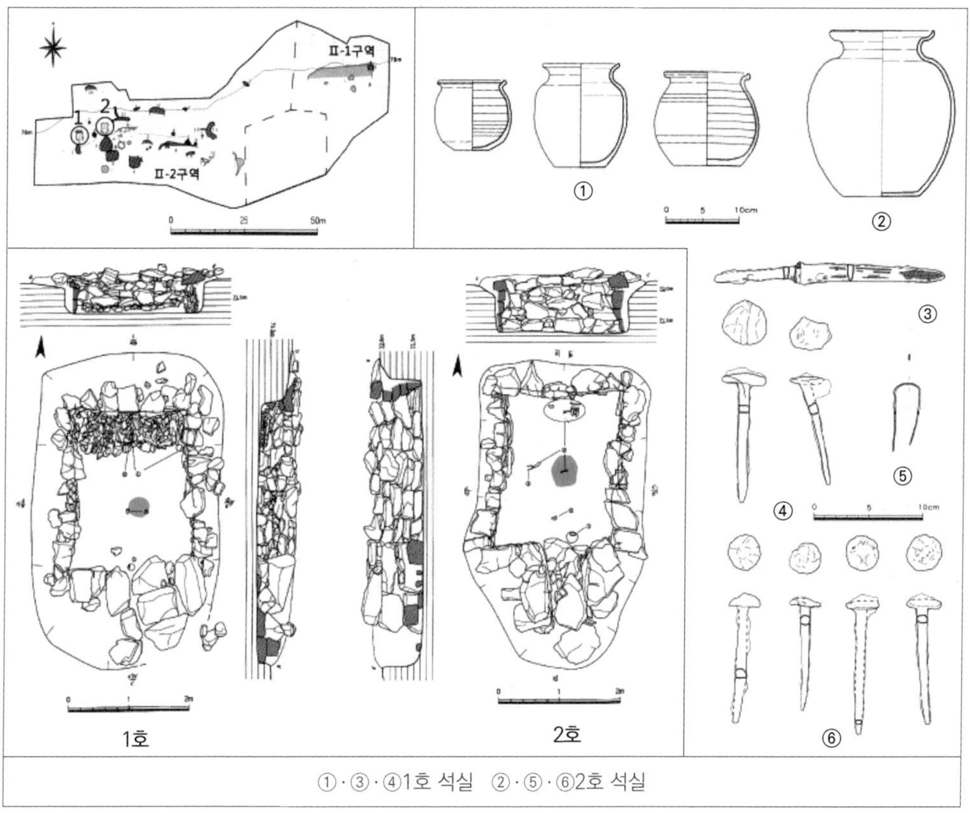

도 24. 용인 어비리유적 석실

84 경희대학교중앙박물관, 2013, 『용인 어비리유적』.

봉분과 동시에 축조된 지상식 구조로 볼 수 있다.

평면형태는 장폭비 1.25:1 이상의 근방형을 이루며, 평면적은 경기지역 횡혈식석실묘 중에서 5㎡에 가까운 것으로 중·소형급에 해당한다. 석실의 벽체는 부정형의 할석재를 주로 사용하여 벽석 간 틈이 많고 벽면이 고르지 못하다. 벽체모서리는 벽석 간 엇물림이 있으나 주로 맞대어 놓아 모서리각이 분명하고 접합면은 상·하 직선적이다. 연도는 전벽 중간에서 우측으로 약간 치우쳐 설치되었으나 중앙식으로 보아도 무리가 없다. 연도길이는 150cm 내외이며, 석실 벽석보다 큰 대형 할석재를 사용한 특징이 있다. 연도의 폐쇄는 우선 부정형 할석으로 채우고 입구에 판석재 혹은 할석재를 세워 폐쇄하였다.

2기의 횡혈식석실은 앞에서 살펴본 바와 같이 구조상 많은 공통점이 확인되지만, 바닥구조와 장법상에서는 차이를 보인다. 먼저 동쪽의 2호 석실은 바닥면에 점토를 깔고 불다짐을 한 후, 목관을 안치하였다. 목관은 관정 위치상 바닥 중간에 배치된 것으로 파악할 수 있다. 관정은 두부 평면이 원형이고 단면은 반원형인 원두정이다. 길이는 10cm 이상이고 두부 폭은 3cm 내외로 넓다. 이밖에 석실 내부에서 부가구연의 연질소호와 은제 가랑비녀가 출토되었다.

반면 서쪽의 1호 석실은 2호 석실과 같이 바닥을 불다짐한 것은 동일하나 후벽에 붙여 동-서 방향으로 시상대를 마련하였다. 시상대는 소할석을 한 겹 깔은 저시상대이며, 시상의 동단측 상면에는 길쭉한 할석재를 놓아 두침석으로 사용하였다. 다만 바닥 중간부에서 2호 석실과 같은 원두정이 출토되는 것으로 보아 후벽에 배치된 시상대는 추가장 시 설치된 것이고, 본래는 2호 석실과 같이 흙바닥 중간에 목관을 안치한 것이다. 유물은 철도자와 연질소호가 출토되었다.

이상의 내용으로 보아 두 석실은 모두 근방형에 중앙연도가 달린 석실로 불다짐 바닥과 바닥 중간에 연도방향과 같은 북-남 방향으로 목관을 안치한 동일한 구조로 고구려 석실의 특징을 잘 보여주고 있다. 그러나 1호 석실의 경우 추가장 시 설치된 동서방향의 후벽배치 시상대는 목관 없이 두침석이 놓이는 등 높이만 낮을 뿐 신라 방형계 석실의 장법과 같다. 즉 고구려 영역기에

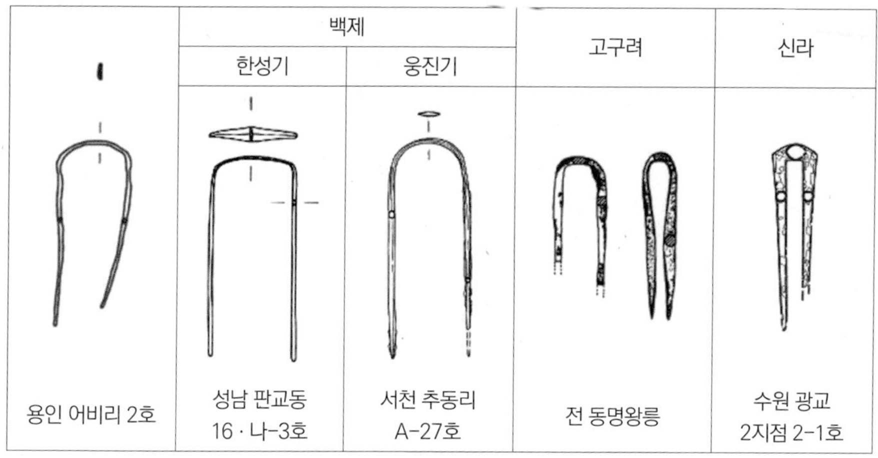

도 25. 용인 어비리유적 석실 출토 가랑비녀 비교

1 · 2호 석실이 조영되고 신라 영역기에 들어서면서 1호 석실에 새로운 장법의 추가장이 행해진 것으로 이해할 수 있다.

이를 뒷받침해주는 근거가 2호 석실에서 출토된 은제 가랑비녀이다. 은제 가랑비녀는 두부가 선형을 이루며, 각부는 두부에서 2.5cm 정도 간격으로 평행하며 뻗는 형태이다. 이와 유사한 형태의 가랑비녀는 고구려와 백제 모두 나타나고 있는데 두부가 능형인 것과 선형인 것으로 나눌 수 있다. 백제 한성기의 성남 판교동, 하남 감일동고분군[85]과 웅진기의 서천 추동리유적[86] 사례로 볼 때 능형이 선형보다 이른 형식임을 알 수 있다.

따라서 두부가 능형인 성남 판교동 16구역 나-3호, 하남 감일동 8호 석실 등 한성기 백제 석실과는 차이가 있으며,[87] 오히려 백제 웅진기인 6세기 전반

85 高麗文化財硏究院, 2019, 『하남감일 공공주택지구 내 문화재 발굴(시굴)조사 약보고서』.

86 忠淸文化財硏究院, 2006, 『舒川 秋洞里遺蹟』.

87 고구려 석실로는 평안남도 남포시 태성리 대동고분군 5호 묘, 우산리고분군 4호 묘 등이 있다.

무렵의 서천 추동리 A-27호와 5세기 말경으로 편년되는[88] 전 동명왕릉 출토품과 매우 닮아 있다. 반면 신라에서는 후기 혹은 통일신라에 들어서야 가랑비녀가 등장하는 것으로 판단되는데[89] 수원 광교유적 2지점 1호 석실, 안성 당왕동유적 3호 석실 등과 같이 평 · 단면이 능형을 이루고, 각부는 평행하나 약 1cm 남짓한 간격으로 좁아지고 있어 용인 어비리 석실 출토품과는 큰 차이가 있다.

보고자는 목관사용과 저시상대를 근거로 9세기 후반의 신라 석실로 판단하였으나 앞서 언급한 바와 같이 입지와 구조, 장법, 출토유물 상 그대로 받아들이기에는 어려움이 있다. 부장된 연질소호 또한 신라 통일기 무렵이나 라말여초기에는 출현하지 않는 기종이고, 석실 남쪽 전면으로 1m 정도 떨어져서는 주름문병, 원통형의 장동병이 출토되는 라말여초기 수혈주거지가 조성되어 있는 것 역시 석실이 이 시기에 조영되지 않았음을 설명해 주고 있다.

(4) 이천 이치리유적[90]

횡혈식석실묘 1기와 12기의 횡구식석실(곽)묘로 구성된 고분군이다. 이 중 횡혈식석실인 9호는 횡구식석실(곽)묘와는 동떨어져 산능선의 정상부에 단독으로 위치해있다.

평면형태는 근방형에 우편재 연도를 갖추었으며, 평면적이 3㎡ 미만인 초소형 급이다. 입지와 잔존상태를 통해 보면 얕은 묘광을 파고 석실을 축조한 지상식 구조로 판단된다. 벽체가 1~2단 정도만 남아있어 정확한 구조를 파악하는데 한계가 있지만 벽석은 비교적 면치석이 잘 된 할석재를 사용하여 벽면이 고른 편이며, 벽체를 서로 맞대어 놓아 모서리각이 분명하고 접합면은

88 曺永鉉, 2004,「傳東明王陵의 築造時期에 대하여」『啓明史學』(15), 계명사학회, 85쪽.

89 李惠瓊, 2005,「가랑비녀(釵)에 관한 小考」『錦江考古』第2輯, 104쪽.

90 국방문화재연구원, 2010,『이천 이치리유적』.

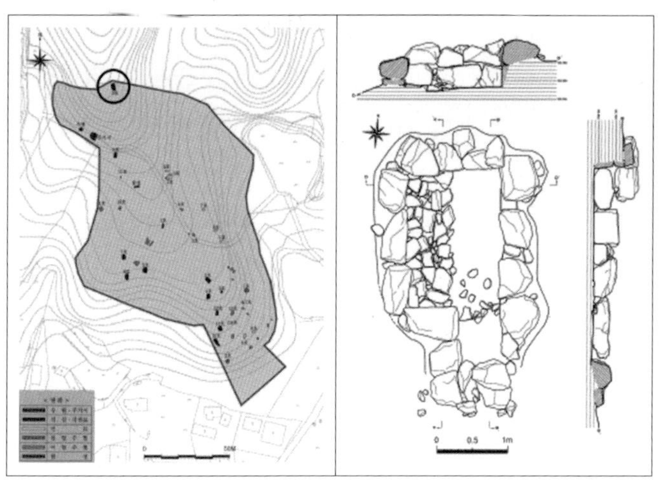

도 26. 이천 이치리유적 석실

상·하 직선적이다. 바닥은 연도 반대편인 서벽에 잇대어 소할석을 깔아 낮은 시상대를 설치하였다. 석실크기와 시상대의 구조상 단독장을 염두에 두고 축조된 석실이며, 유물은 출토되지 않았다.

보고자는 신라 통일기 이후에 조영된 것으로 파악하였으나 입지와 분포, 구조, 규모 등 여러 면에서 고구려 영역기에 조영된 석실로 보는 것이 타당하다.

(5) 음성 문촌리유적[91]

3기의 횡혈식석실묘와 4기의 횡구식석실(곽)묘로 이루어진 고분군이다.[92] 이 중 나지구의 7·8호 횡혈식석실은 산능선 정상부에 북-남 방향으로 열 지어 분포하며, 신라 후기양식 토기가 부장된 횡구식석실과는 동떨어져 별도의 묘역을 형성하고 있다.

91 韓國文化財保護財團, 2001, 『陰城 梧弓里·文村里遺蹟』.

92 한국문화재보호재단 조사지점에 해당한다.

입지지형과 벽체 중하위부터 바깥에 석재를 엇물려 놓은 점으로 보아 얕은 묘광을 파고 석실을 축조한 지상식에 가까운 구조이다. 평면형태는 장폭비 1.25:1 미만의 방형을 이루며, 평면적은 3㎡ 미만으로 경기지역 횡혈식석실묘 중에서 초소형급이다. 석실의 벽체는 대개 면치석이 덜 된 부정형의 할석재를 사용하여 벽석 간 틈이 많고 벽면이 고르지 못하다. 벽체모서리는 주로 벽석 간 엇물려 놓아 모서리각이 불분명하고 접합면은 불규칙하다.

이상은 두 석실의 공통요소이며, 석실 내부시설과 연도에 따라 약간의 차이를 보이고 있다. 먼저 북쪽 상부의 7호 석실은 중앙식 연도를 갖추고 있으며, 석실내부 중간에 대형 판석재로 격벽을 설치하여 동-서로 매장공간을 분할한 특징을 보인다. 성남 판교동유적 1호, 용인 동천동유적[93] 1·2호 석실과 같이 고구려 석실에서 유행하는 소위 쌍실묘와 유사하지만 쌍실묘는 독립된 두 석실이 한쪽 벽을 공유하거나 연접하여 하나의 봉분에 조영되는 것으로 단실을 공간 분할한 문촌리 7호 석실과는 차이가 있다. 이러한 구조는 요령성 봉성 호가보 1호, 봉성 맹가 3호[94], 자강도 만포 연상리고분군 1무덤떼 2호[95] 등의 고구려 무덤에서 확인되는 것으로 고구려 석실의 특징으로 보아도 무리가 없다. 시상대는 소할석을 벽면에 붙여 한 겹 깔은 구조이며, 격벽을 기준으로 동쪽에 2개, 서쪽에 1개 등 모두 3개를 배치한 3인장 무덤이다. 봉성 맹가 3호 석실도 격벽을 기준하여 동쪽에 1인, 서쪽에 2인, 총 3인을 매장되어 있는데, 남아있는 인골을 분석해 본 결과 동쪽 1인은 남성, 서쪽 2인은 여성으로 밝혀져, 피장자의 성격도 가늠해 볼 수 있다. 부장유물은 확인되지 않았다.

8호 석실은 7호 석실 남쪽에 위치하며, 7호 석실에 비해 확연히 작다. 우편재식 연도를 갖추고 있으며, 연도 벽석이 석실벽석 보다 큰 특징을 보인다. 단

93 한국문화유산연구원, 2019,「용인 동천2지구 도시개발사업구역 문화유적 발굴조사 제3차 학술자문회의자료」.

94 중앙문화재연구원, 2016,『고구려의 고분문화Ⅲ -길림성·요령성 일대-』, 진인진.

95 중앙문화재연구원, 2016,『고구려의 고분문화Ⅰ -한반도-』, 진인진.

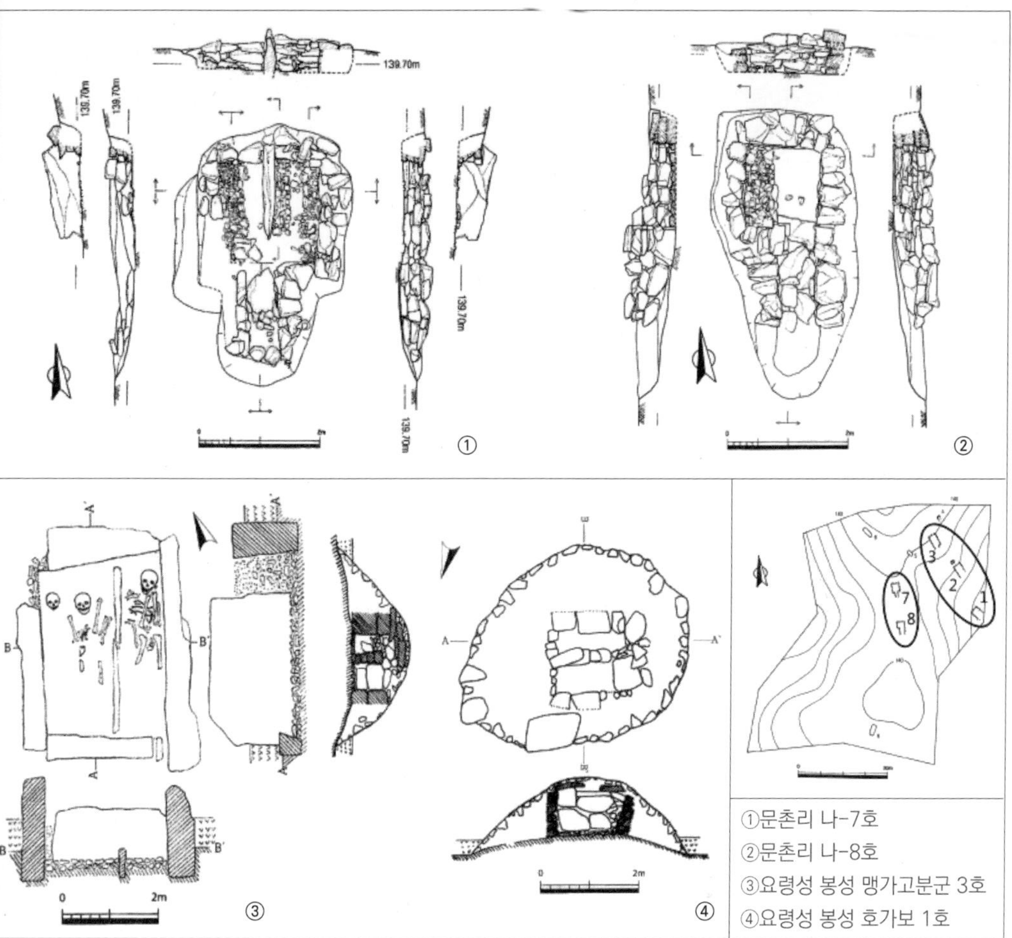

도 27. 음성 문촌리유적 석실

독장을 기본으로 조영된 것으로 연도 반대편 벽면에 잇대어 시상대를 마련하였다. 시상대는 먼저 길쭉한 석재로 외곽을 구획 후 내부를 작은 소할석으로 채운 구조이다. 부장유물은 발견되지 않았다. 보고자는 6~7세기 신라 석실로 판단하였으나 입지와 분포, 석실의 구조와 부장유물의 부재 등 여러 면에서 고구려 영역기에 조영된 것으로 판단된다.

(6) 기타유적

이밖에도 횡혈식석실묘는 아니지만 용인 서천동유적[96] 1-3구역 고려 이후 1호 석곽묘와 화성 청계동유적[97] 가지구 고려시대 6호 석곽묘의 경우 재검토가 필요하다. 이들 석곽묘는 산록완사면 하단에 외따로 분포하며, 평면형태는 장폭비가 4:1 이상인 세장방형을 이루고[98] 무시설식 바닥에 목관을 안치하고 있다. 부장유물은 없지만 목관에 사용된 관정이 주목된다.

출토된 관정은 두부 평면이 원형이고 단면은 반원형인 원두정으로 길이는 10cm 이상, 두부 폭은 3cm 이상으로 길고 넓다. 이러한 형태의 관정은 고려시대에는 찾아볼 수 없는 것이며, 또한 단독으로 분포하는 점으로 보아 이들 고구려 영역기에 축조된 수혈식석곽묘로 판단된다. 이들 석곽묘는 신라 고분과 함께 분포하므로 신라 고분의 형성배경과도 밀접한 관련성이 있기에 여기에서 언급해 두고자한다.

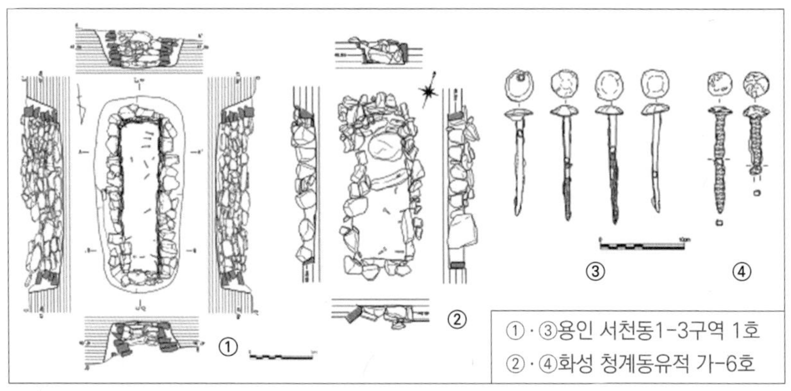

도 28. 경기지역 고구려 석곽묘

96 京畿文化財硏究院, 2011,『龍仁 書川洞遺蹟』.

97 한백문화재연구원, 2013,『화성 청계리유적 I』.

98 보고서에 제시된 석곽의 크기는 묘광과 석곽 외곽의 크기로 판단되며, 도면 스케일을 통해 크기를 복원하여 얻은 결과임을 밝힌다.

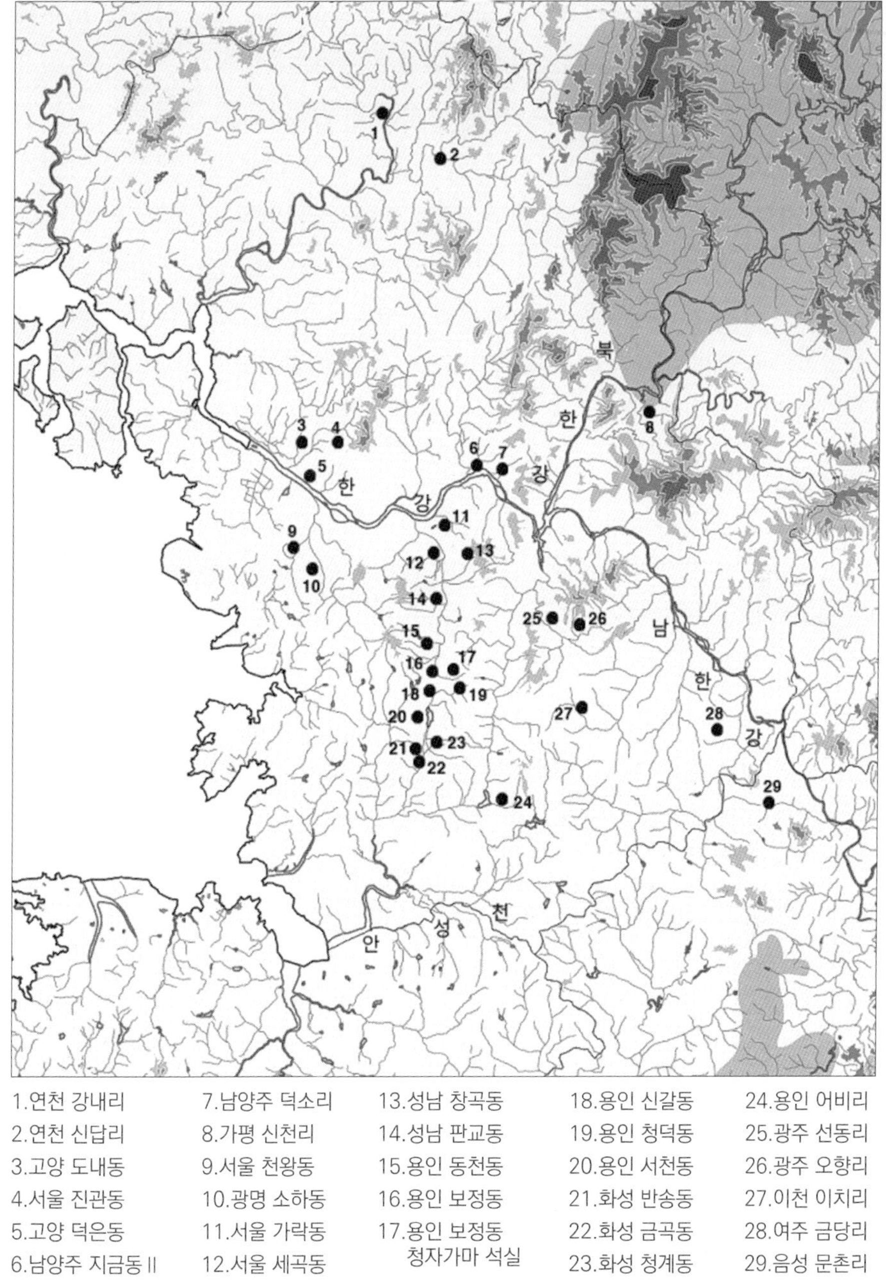

1.연천 강내리
2.연천 신답리
3.고양 도내동
4.서울 진관동
5.고양 덕은동
6.남양주 지금동 II
7.남양주 덕소리
8.가평 신천리
9.서울 천왕동
10.광명 소하동
11.서울 가락동
12.서울 세곡동
13.성남 창곡동
14.성남 판교동
15.용인 동천동
16.용인 보정동
17.용인 보정동 청자가마 석실
18.용인 신갈동
19.용인 청덕동
20.용인 서천동
21.화성 반송동
22.화성 금곡동
23.화성 청계동
24.용인 어비리
25.광주 선동리
26.광주 오향리
27.이천 이치리
28.여주 금당리
29.음성 문촌리

도 29. 경기지역 고구려 석실(곽)묘 분포도(신자료 포함)

이와 같이 경기지역 횡혈식석실묘의 축조주체에 대한 연구성과를 토대로 입지와 평면형태, 규격성, 축조방법과 장법 등을 보다 면밀히 분석하여 경기지역 내 횡혈식석실묘를 재검토한 결과, 기존 연구에서 서울 가락동 3호를 포함한 한성기 백제 석실로 비정한 석실은 고구려·신라와의 묘·장제 차이가 뚜렷하여 재론의 여지가 적은 반면, 고양 덕은동, 남양주 덕소리, 광명 소하동 3호, 광주 선동리 5·6호, 용인 어비리, 이천 이치리 9호, 음성 문촌리 나-7·8호 석실 등 기존에 대부분 신라 석실로 보고된 상당수의 석실은 오히려 고구려 영역기에 조영된 것으로 파악되었다. 기 보고된 고구려 석실묘와 재검토를 통해 새로이 추가된 경기지역 고구려 석실(곽)묘의 분포현황은 〈도 29〉와 같다.[99]

아울러 축조주체 논란이 지속되었던 가락동·방이동 석실묘 또한 한성기 백제 석실묘인 가락동 3호와 고구려 석실묘로 판단되는 가락동 5호를 제외하고는 모두 신라 횡혈식석실묘임을 재확인하였고 이를 더욱 공고히 하게 되었다.

이 같은 연구결과를 통해 경기지역에 이식된 삼국의 고분문화가 더욱 선명해졌고, 신라는 물론 향후 경기지역이란 동일공간에서 고분을 통한 삼국의 지배양상과 사회구조를 이해하는데 오류를 줄일 수 있게 되었다.

99 이 책의 원고작성 이후 새로운 자료가 추가 보고되었지만 결과에 큰 차이가 없으므로 추후 별고를 통해 소개하고자 한다.

Ⅲ

고분의 조사현황과 분포특징

경기지역의 지형경관은 북부의 마식령산맥, 남부의 차령산맥, 그리고 중간을 종주하는 광주산맥 등 크게 3개의 산맥이 가시적으로 '工'자형의 지형구조를 나타내며, 서쪽과 남쪽으로 가면서 낮아져 저기복 구릉지와 평야지대를 형성하고 있다. 상기한 산맥은 대하천이 발생하는 動因이 되었고, 이에 산맥별로 경기 북부의 마식령산맥은 임진·한탄강, 광주산맥 이동지역은 한강과 안성천, 이서지역은 남한강과 북한강 등 광범위한 하천유역분지를 형성하는 동시에 하천유역을 달리하는 분수계의 기준이 되었다. 이밖에 저기복 구릉지대가 발달한 서부지역은 발안천과 장현천 등 소규모 하천이 형성되어 서해로 흐르고 있다. 아울러 산지를 따라 흐르는 하천유역 주변으로는 포천분지, 양주분지, 서울분지, 안양분지, 수원분지, 이천·여주분지, 안성분지 등 큰 분지가 발달하였고 그 주변으로 소규모 분지가 다수 형성되어 있으며, 서쪽으로 갈수록 저기복 구릉지와 평야지대가 발달되어 있는 구조이다.

이렇듯 경기지역은 산맥과 하천을 기준하여 북부와 남부, 동부와 서부로 구분되는 지형적 단절구조를 보이며, 하천유역 주변의 발달한 분지를 공간단위로 하여 나름의 생활권이 형성되어 있다. 이러한 산맥과 하천의 자연지형에 따라 형성된 공간단위는 경기지역의 많은 성곽과 취락, 고분 등 고고자료들의 분포로 보아 삼국시대 이래로 지방편제의 공간 단위를 이루는 근간이 되었음을 유추하여 볼 수 있고 이는 현대의 행정구역과도 큰 차이가 없다.

지금까지 경기지역에서 조사된 신라 고분군은 모두 134개소에 이른다. 이들 고분군을 앞에서 살펴 본 경기지역의 공간 구조상에 대입해 보면, 북부의 임진·한탄강 수계권을 제외한 광주산맥 서쪽의 한강 본류와 안성천 수계권, 동쪽의 북한강과 남한강 수계권, 서해안 일대에서 모두 확인된다.[1] 각 수계권에 형성된 분지 주변의 나지막한 구릉지에 집단으로 분포하거나, 군사 혹은 행정적 거점으로 인식되는 신라 산성이 인접하여 분포하는 특징을 보이고 있다. 이는 각 공간단위 별로 분포한 고분군이 신라의 경기지역 진출과 관련된 지방편제 단위와 무관하지 않으며, 각지의 사회집단을 대표하는 고분군임을 자연스레 알 수 있다.

따라서 본 장에서는 지형적 단절구조를 보이는 각 수계권별로 발굴조사 된 고분의 현황과 분포특징을 살펴보고 다음 장에서 다루어질 고분의 지역상과 지방화과정을 규명하기 위한 분석공간의 틀을 제공하고자 한다.

표 3. 경기지역 신라 고분 현황표(2020년도 기준)

연번	유적명	연번	유적명	연번	유적명
1	파주 성동리고분군	13	남양주 지금동 I 유적	25	서울 항동유적
2	파주 법흥리고분군	14	남양주 지금동 II 유적	26	서울 천왕동유적
3	파주 덕은리유적	15	김포 유현리유적	27	서울 천왕동 연지유적
4	파주 능산리유적	16	김포 양촌유적	28	광명 소하동고분군
5	파주 동패동유적	17	김포 운양동유적	29	광명 가학동유적
6	파주 운정동유적	18	김포 신곡리유적(겨레)	30	서울 우면동유적
7	고양 식사동유적	19	김포 신곡리유적(중부)	31	안양 관양동유적
8	고양 도내동유적	20	인천 불로동유적	32	군포 산본동유적
9	서울 명륜동유적	21	인천 원당동유적	33	의왕 이동유적
10	서울 중곡동고분군	22	인천 당하동유적	34	수원 이목동유적
11	서울 중계동유적	23	부천 고강동유적	35	서울 가락동·방이동고분군
12	남양주 별내유적	24	서울 궁동유적	36	서울 석촌동석곽

1 이는 경기 북부지역에 신라 고분이 분포하지 않는 것이 아니며, 한반도의 분단 상황으로 인하여 타 지역에 비해 현저히 발굴조사가 미진함에 따른 결과로 판단된다.

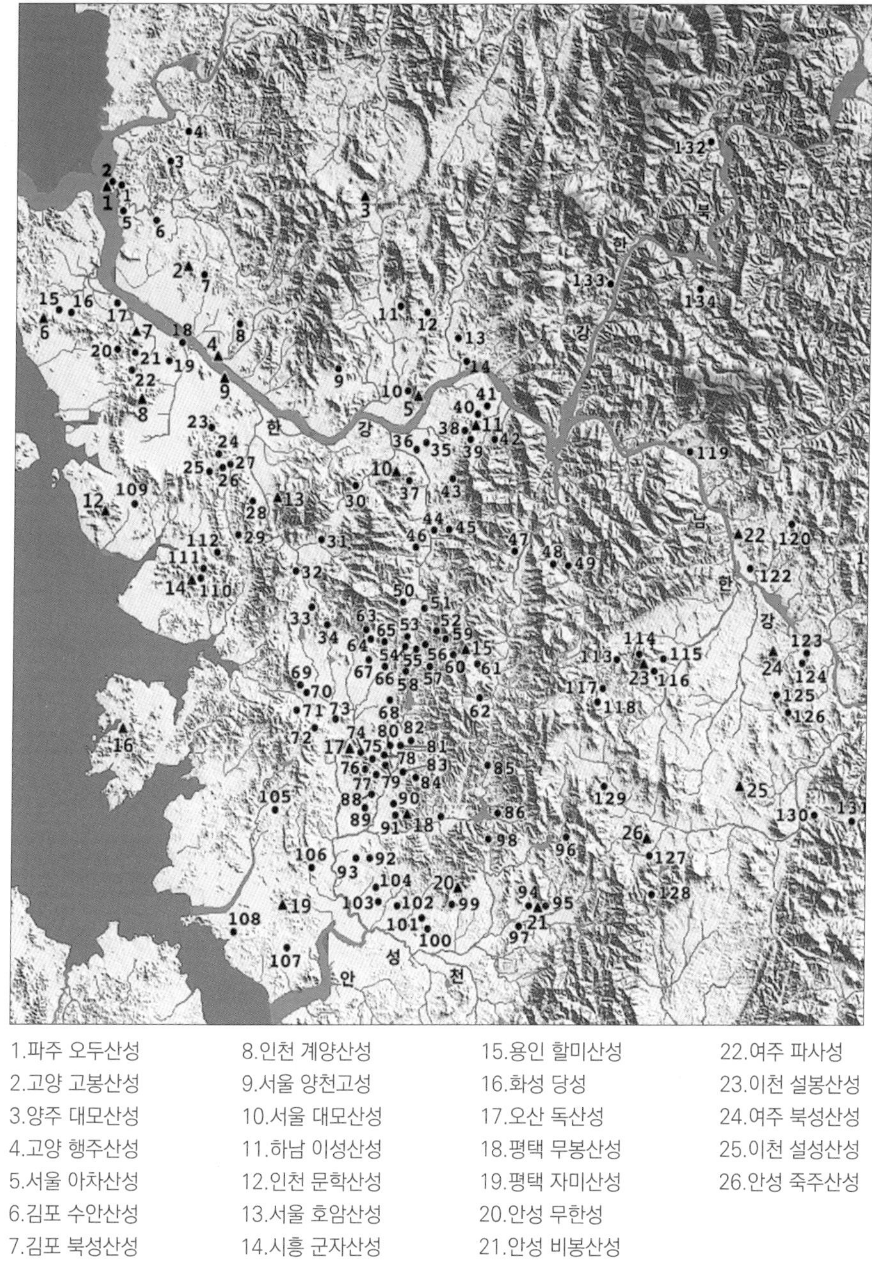

1.파주 오두산성
2.고양 고봉산성
3.양주 대모산성
4.고양 행주산성
5.서울 아차산성
6.김포 수안산성
7.김포 북성산성
8.인천 계양산성
9.서울 양천고성
10.서울 대모산성
11.하남 이성산성
12.인천 문학산성
13.서울 호암산성
14.시흥 군자산성
15.용인 할미산성
16.화성 당성
17.오산 독산성
18.평택 무봉산성
19.평택 자미산성
20.안성 무한성
21.안성 비봉산성
22.여주 파사성
23.이천 설봉산성
24.여주 북성산성
25.이천 설성산성
26.안성 죽주산성

도 30. 경기지역 신라 고분 분포도 <▲: 신라성곽>

연번	유적명	연번	유적명	연번	유적명
37	서울 세곡동유적	70	화성 천천리유적(한신)	103	평택 지제동유적
38	하남 광암동유적	71	화성 상리유적	104	평택 장당동유적
39	하남 금암산고분군	72	화성 분천리유적	105	화성 하길리유적
40	하남 덕풍골유적	73	화성 화산고분군	106	평택 율북리유적
41	하남 덕풍동 수리골유적	74	오산 세교동유적	107	평택 황산리유적
42	하남 객산고분군	75	오산 금암동유적	108	평택 도곡리유적
43	성남 창곡동유적	76	오산 가장동유적	109	인천 구월동유적
44	성남 여수동유적	77	오산 궐동유적	110	시흥 군자동 · 장현동유적
45	성남 도촌동유적	78	오산 내삼미동유적1	111	시흥 광석동 · 능곡동유적
46	성남 판교동유적	79	오산 내삼미동유적2	112	시흥 금이동유적
47	광주 역동유적	80	화성 반송동유적	113	이천 장암리유적
48	광주 대쌍령리유적	81	화성 오산동유적	114	이천 설봉산성 석곽
49	광주 선동리고분군	82	화성 청계동유적	115	이천 창전동유적
50	용인 동천동유적	83	화성 장지동유적(동탄38지점)	116	이천 중리동유적
51	용인 죽전동유적	84	화성 장지동유적	117	이천 이치리유적
52	용인 마북동유적	85	용인 덕성리유적	118	이천 덕평리유적
53	용인 보정동소실유적	86	용인 어비리유적	119	양평 양근리유적
54	용인 보정동고분군	87	용인 봉무리유적	120	양평 대평리고분군
55	용인 신갈동유적	88	오산 탑동 · 두곡동유적	121	양평 단석리고분군
56	용인 언남동유적	89	평택 수월암리유적	122	여주 보통리고분군
57	용인 구갈동유적	90	평택 갈곶리유적	123	여주 매룡동고분군
58	용인 하갈동유적	91	평택 가곡리유적	124	여주 매룡동 황학산
59	용인 청덕동유적	92	평택 당현리유적	125	여주 상거동유적
60	용인 동백동유적	93	평택 서정동유적	126	여주 하거리고분군
61	용인 마성리유적	94	안성 당왕동유적	127	안성 장원리유적
62	용인 역북동유적	95	안성 가사동고분	128	안성 당목리유적
63	수원 이의동유적(한울)	96	안성 동평리유적	129	용인 근삼리유적
64	수원 광교유적(이의동)	97	안성 도기동산성 고분	130	음성 오궁리유적
65	수원 광교유적(상현동)	98	안성 이현리유적	131	음성 문촌리유적
66	수원 광교유적(원천동)	99	안성 반제리유적	132	가평 읍내리유적
67	수원 인계동유적	100	평택 용이동유적	133	가평 대성리유적
68	용인 서천동유적	101	평택 죽백동유적	134	가평 신천리유적
69	화성 천천리유적(중부 · 한강)	102	평택 동삭동유적		

1. 한강 본류 수계권

한강 본류 수계권[2]에서 신라 고분은 한강 이북의 지천인 공릉천과 대화 · 창릉천, 중랑 · 왕숙천, 한강 이남의 계양천, 봉성포천, 안양천, 탄천 상류와 하류, 경안천 주변지역 등 모두 9개 구역으로 구분되며, 한강 본류 이북지역은 3개 지역, 이남지역은 6개 지역으로 나뉘어 분포한다.

1) 한강 본류 이북지역

(1) 공릉천 하류 주변지역(도 30의 1~6)

한강과 임진강의 합수부 주변인 공릉천 하류역으로 서해에서 한강 혹은 임진강을 따라 내륙으로 들어가는 관문이다. 이 지역에서 확인된 신라 고분군은 공릉천 이북의 파주 성동리고분군[3]과 덕은리유적[4], 법흥리고분군[5], 능산리유적[6]과 공릉천 이남의 파주 동패동유적[7], 운정동유적[8] 등이 있다.

---

2 본고의 한강 본류는 광주산맥을 기준하여 동쪽의 남한강 수계권과 구분되는 권역으로 남한강과 북한강이 만나는 양평 양수리에서 임진강 하구의 파주 교하에 이르는 구간을 일컫는다.

3 경희대부설 고고미술사연구소, 1992, 『통일동산 및 자유로 개발지구 발굴조사 보고서』.

4 국방문화재연구원, 2013, 『파주 덕은리유적』.

5 한양대학교 문화인류학과 · 호암미술관, 1993, 『자유로 2단계 개설지역 문화유적 발굴조사 보고서』.

6 기호문화재연구원, 2010, 『坡州 陵山里遺蹟』.

7 漢陽大學校博物館, 2005, 『파주교하택지개발지구 시 · 발굴조사보고서』.

8 中央文化財硏究院, 2011, 『坡州 雲井遺蹟 II』.
파주 운정(2) 택지개발에 앞서 실시된 발굴조사에서 확인된 유적으로 조사 당시 신라 고분이 확인된 4 · 5지점은 목동동, 16지점은 야당동에 해당하나 현 행정구역명

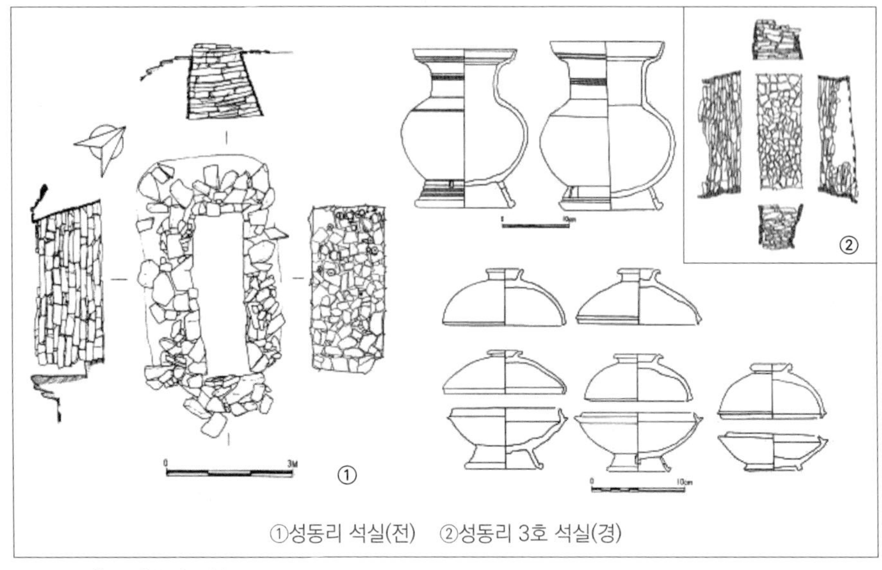

도 31. 파주 성동리고분군

성동리고분군은 오두산성과 1km 정도 떨어진 산사면에 위치한다. 경희대 · 고려대 · 전북대가 나누어 발굴조사를 실시한 결과, 모두 20기의 횡구식 석실(곽)묘가 확인되었다. 주된 묘제는 횡구식석실이며, 주변에 소형 석곽묘가 배치되어 있다. 구조는 모두 장방형의 평면에 바닥 전면을 판석형의 소형석재로 한 겹 깔았다. 부장유물은 부가구연대부장경호, 고배, 대부직구호, 단경호, 병, 완 등 비교적 다량의 부장품이 확인되며, 일부 삼각집선문+반원점문이 시문되어있다. 고분군내에서 대형급에 속하는 경희대 석실 1 · 3호와 전북대 석실묘의 경우 금동관과 금동과대, 은제이식 등이 출토되었다. 보고자는 7세기 초엽 혹은 7세기 전반을 전후한 시기로 중심연대를 설정하고 있으며, 일부 석곽은 7세기 후반에서 8세기대로 조영연대를 추정하고 있으나 부장된 토기의 형식으로 보아 6세기 중 · 후반대로 판단된다.

에 따라 운정동유적으로 칭하고자한다.

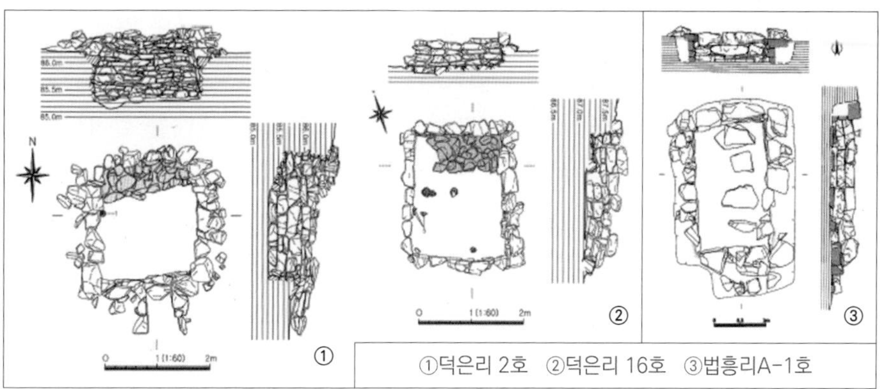

①덕은리 2호 ②덕은리 16호 ③법흥리A-1호

도 32. 파주 덕은리 · 법흥리고분군

덕은리유적은 백제 산성으로 추정되는 월롱산성이 위치한 월롱산 능선의 남쪽사면에 위치한다. 모두 20기의 횡구식석실묘[9]와 소형 석곽묘가 확인되었는데, 부분적인 발굴조사로 주변 능선으로 고분군이 확대 · 분포할 가능성이 높다. 주된 묘제는 횡구식석실묘로 방형과 근방형의 평면과 할석재로 구획된 시상대를 갖춘 구조이다. 석곽묘는 소형으로 석실 주변에 분포하며, 대부분 바닥 전면에 판석형 석재를 한 겹 깔은 구조이다. 부장유물은 고배와 완이 주류이고, 부가구연대부장경호와 단경호 등이 소량 확인되며, 삼각집선문과 원문류의 시문이 일부 확인된다. 보고자는 고분군의 조영시기를 6세기 중엽에서 7세기 초로 추정하였지만 부장유물 상 이보다 늦은 6세기 후엽부터 고분군이 조영되기 시작한 것으로 여겨진다.

법흥리고분군은 성동리고분군과 인접해 있으며, 횡혈식석실묘 1기와 석곽묘 7기가 확인되었다. 주된 묘제는 석곽묘이며, 능선을 따라 2~3기씩 소군집

9 보고자는 1 · 2호 묘의 전벽부에 돌출된 할석재를 연도로 파악하고 대부분 횡혈식석실묘로 분류하고 있으나 이는 축석상태로 볼 때 연도로 보기 어렵고 묘도부의 범위 즉 입구 폐쇄의 범위를 구획한 석재로 판단되는 바 횡구식석실묘로 분류하고자 한다.

을 이룬다. 반면 횡혈식석실묘는 장방형의 평면에 짧은 우편재 연도를 갖춘 형식으로, 석곽묘가 위치한 맞은 편 능선 하단부에 외따로 분포해 있다.[10] 석곽묘는 대부분 바닥면 중간에 판석재를 등간격으로 놓아 관대를 설치한 구조적 특징을 보이며, 일반적으로 목관이 안치되어 있다. 부장유물로는 점열문 위주의 유개합이 대다수이며, 청동과 철제 과대의 출토 비율이 높은 점이 특징적이다. 보고자는 고분군의 조영시기를 7세기 말에서 8세기 전반대로 보고 있다.

능산리유적과 동패동유적에서는 각각의 산능선 정상부에서 석곽묘 1기가 단독으로 확인되었다. 동패동유적 석곽묘는 할석재로 관대를 설치하였으며, 능산리유적 석곽묘는 바닥 전면에 소할석을 1겹 깔은 구조이다. 모두 점열문이 시문된 대부장경병과 뚜껑, 완 등이 출토되었다.

운정동유적에서는 4지점 2기, 5지점 2기, 16지점 8기 등 모두 12기의 석곽묘가 발굴되었다. 석곽묘는 별개의 산능선에 나뉘어 2~3기씩 소규모 묘역을 형성하며 분포하고 있다. 구조는 대부분 벽체 하단에 수적을 하고 바닥면 중간에는 소할석을 1겹 깔아 시상을 마련하였다. 부장유물이 극소수이거나 없는 박장이 대부분이며, 일부에서 대부완과 완, 뚜껑, 철제과대 등이 소량 출토되었다.

(2) 대화 · 창릉천 주변지역(도 30의 7~8)

한강 하류로 유입되는 대화천과 창릉천 주변지역은 북쪽으로 명봉산과 노고산, 동쪽으로는 북한산의 여맥인 백련산과 안산 줄기가 둘러 싼 분지로 현 고양시 일대이다. 창릉천과 건지산, 봉대산 줄기를 자연경계로 하여 소지역군으로 나뉘는데, 창릉천 이서의 고양시 일산과 덕양구 서부지역 일대와 창릉천 이동의 고양시 덕양구 동부지역과 서울 은평구 일대로 나눌 수 있다.

---

10 발굴된 횡혈식석실 주변 능선부가 모두 토취장으로 훼손된 점을 고려할 때 석실 주변으로 고분이 분포하였을 가능성도 배제할 수 없다.

창릉천 이서지역은 중심부에 솟아있는 고봉산 정상에 신라 산성인 고봉산성[11]이 위치하는데, 그 주변 산자락에 신라 고분군인 식사동유적[12]이 위치한다. 식사동유적은 모두 4기의 횡구식석실과 소형 석곽묘가 별개의 산능선에 나뉘어 3기 혹은 단독으로 분포하고 있다. 구조는 모두 평면 장방형이며, 바닥에는 소형할석 혹은 역석을 전면에 깔고 있다. 고배와 부가구연대부장경호, 대부완, 완 등의 부장유물이 소량 확인되며, 일부에는 삼각집선문과 원문류가 시문되어 있다. 보고자는 고분군의 조영시기를 7세기 초반에서 중엽의 늦은 단계로 추정하고 있다.

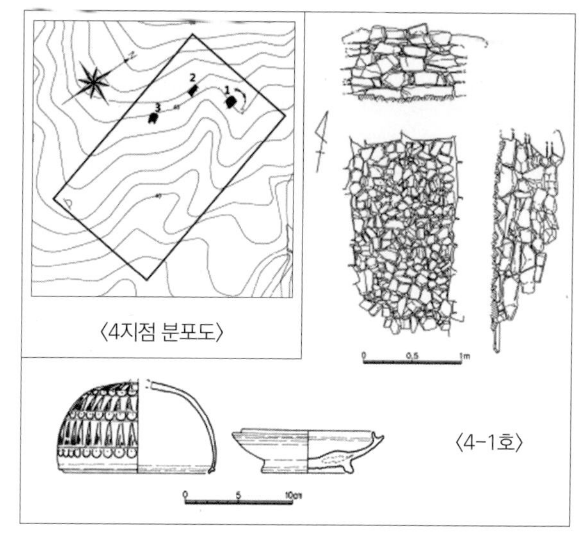

도 33. 고양 식사동유적

창릉천 이동지역에서는 도내동유적[13]이 확인되었다. 도내동유적에서는 석곽묘 1기가 확인되었고, 인접하여 신라 산성인 행주산성[14]과 고구려 석실묘가 위치한다. 석곽묘의 구조는 평면 장방형이며, 바닥에는 할석재를 등간격으로 놓아 관대를 설치하였고, 부장유물로는 단경호와 점열문과 수적문이 인화된 뚜껑이 출토되었다.

11 한국토지주택공사 토지박물관, 1999, 『고양시의 역사와 문화유적』, 454~461쪽.

12 京畿文化財硏究院, 2010, 『高陽 食寺洞遺蹟』.

13 中央文化財硏究院, 2014, 『高陽 道乃洞 都堂遺蹟』.

14 佛敎文化財硏究所, 2019, 『고양 행주산성 -정비사업부지 유적 시굴조사-』; 한양문화재연구원, 2019, 「고양 행주산성 석성구역(1단계) 시・발굴조사 약보고서」.

(3) 중랑 · 왕숙천 주변지역(도 30의 9~14)

한강 중 · 상류역의 이북지역으로 중랑천과 왕숙천 주변지역에 해당하며, 북한산과 수락산, 철마산으로 에워싸인 분지로 현 서울 강북 생활권역이다. 분지 남쪽 중심부인 아차산 일대에는 다수의 고구려 보루군과 신라 산성인 아차산성이 위치한다. 고분군은 다수의 산성이 위치한 아차산과 망우산 줄기의 주변에 분포하는데, 중랑천의 지천인 청계천 수계로 구역 서쪽에는 서울 명륜동유적[15], 동쪽에는 서울 중곡동고분군[16]과 남양주 지금동Ⅰ · Ⅱ유적[17], 북쪽으로는 서울 중계동유적[18]과 남양주 별내동유적[19]이 위치해 있다. 현황을 살펴보면 다음과 같다.

명륜동유적에서는 모두 2기의 횡혈식석실묘가 확인되었다. 사면하단부에 2기의 석실이 7m 정도 간격을 두고 병렬로 분포하는데 연접분으로 판단된다. 구조는 모두 방형에 가까운 평면에 한쪽 장벽에 붙여 할석재로 구획한 낮은 시상대를 설치하였다. 시상대의 중복관계상 1호의 경우 한 차례의 추가장이 이루어졌다. 고배와 완이 출토되었으며, 연대는 6세기 말에서 7세기 초로 편년하고 있다.

중곡동고분군은 일제강점기 조선총독부의 고적조사 과정에서 확인된 고분군이다. 조사보고에 의하면 아차산 서남록 장성의 바깥 산기슭과 잇닿아 있는 밭에 200여 기의 고분이 분포해 있는 것으로 기록되어 있다. 한강 본류 이북지역에서 가장 크고 유일한 대규모 고분군으로 배후에는 신라가 축성한 아차산성이 위치한다.

일제강점기에 甲墳과 乙墳으로 명명된 2기의 봉토분에 대해 간략한 조사가

15 高麗文化財硏究院, 2012, 『서울 명륜동 유적』.

16 朝鮮總督府, 1918, 『纛島附近百濟時代遺蹟調查略報告』.

17 中央文化財硏究院, 2016, 『南陽州 芝錦洞Ⅰ遺蹟』; 2017, 『남양주 지금동Ⅱ 유적』.

18 한울문화재연구원, 2016, 『서울 노원구 중계동 유적』.

19 한백문화재연구원, 2012, 『남양주 별내유적Ⅰ』.

①甲·乙墳 전경 ②甲墳 석실 내부 ③甲墳 유물 노출 상태

도 34. 서울 중곡동고분군

이루어졌으나 현재 도면[20]과 사진만이 남아있다. 도면과 사진을 검토하여 보면 장방형의 평면에 중앙연도를 갖춘 횡혈식석실묘인데, 전벽 중하위에 연도가 형성된 유단식으로 현실과 연도 천정 높이가 동일하다. 내부에는 할석재로 후벽에 잇대어 쌓은 높은 시상대를 설치하여 추가장이 이루어진 다장묘이다. 부장유물로는 대부장경호와 고배, 뚜껑 등 후기양식 토기들이 확인되는 것으로 보아 6세기 후반대로 추정된다.

지금동 I 유적은 나지구에서 5기의 횡구식석실묘가 확인되었다. 산능선을 따라 2~3기씩 소군집을 이루고 있다. 구조는 장방형 혹은 방형에 가까우며, 소형 할석이나 강돌을 바닥 전면에 두텁게 깐 것과 바닥 중간과 후벽에 잇대

20 朝鮮總督府, 1935, 『昭和二年度古蹟調査報告』 第二冊, -公州 宋山里古墳調査報告-.

어 구획한 시상대를 갖춘 것으로 구분된다. 부장유물은 고배와 뚜껑, 병, 대부완과 소도자 등이 소량 출토되었으며, 보고자는 조영시기를 6세기 중반에서 후반으로 보고 있지만 7세기 전반 이후가 타당하다.

지금동Ⅱ유적은 횡혈식석실묘 1기와 11기의 석곽묘 등 12기가 확인되었다.[21] 산능선과 사면을 따라 단독 혹은 2기씩 소군집을 이루며 분포한다. 횡혈식석실은 대형 판석재와 할석재를 사용하여 조영한 것으로 방형에 가까운 평면에 우편재 연도를 갖춘 고구려 석실이다. 고구려 영역기에 조영된 석실이지만 신라 영역기에 추가장이 이루어져 청동제의 당식과대가 출토되었다. 석곽묘는 바닥 전면에 소형 할석재를 1겹 깔은 것과 바닥 중간에 구획된 시상대를 갖춘 것, 정지토를 깔은 무시설식으로 구분된다. 부장유물은 고배와 뚜껑, 청동 혹은 철제과대가 소량 출토되었다. 보고자는 고분군의 조영시기를 7세기 후반~8세기 전반으로 추정하고 있으나, 무덤의 구조와 유물을 통해 볼 때, 상한과 하한의 폭이 더 클 것으로 판단된다.

별내동과 중계동유적의 경우 산사면에서 각각 1기의 석곽묘가 단독으로 확인되었다. 별내동유적 석곽묘는 잘게 깬 석재를 바닥 전면에 깔았으며, 대부완이 출토되었다. 중계동유적 석곽묘는 반파되었으나, 바닥면 중간에 소형 판석형 석재를 등간격으로 놓아 관대를 설치한 구조이다. 부장유물은 대부장경병과 뚜껑이 출토되었는데, 보고자는 무덤의 연대를 8세기 후반 이후로 편년하였다.

2) 한강 본류 이남지역

(1) 봉성포천 · 호동천 주변지역(도 30의 15~16)

한강 하류역 이남의 봉성포천 상류일대로 동쪽의 수안산과 남쪽의 가현산

21 석곽묘는 라지구 1기, 사지구 11기로 모두 12기가 확인되었는데, 이 중 사지구 11호는 고려시대에 해당하여 총 11기이다.

줄기로 둘러싸인 김포 대곶면과 양촌 일대에 해당한다. 고분군은 모두 대곶면 동변의 수안산 정부에 위치한 신라 산성인 수안산성[22] 주변에 분포하는데, 김포 유현리유적과[23] 양촌유적이[24] 있다.

유현리유적은 모두 24기이며, 횡구식석실묘 1기와 석곽묘 23기가 발굴되었다.[25] 산사면에 단독 혹은 2기씩 소군집을 이루며 분포한다. 구조는 평면 방형에 가까운 30호 석실을 제외하고는 모두 장방형이다. 바닥면은 중간에 소형할석을 한 겹 깔거나 듬성듬성 놓아 시상이나 관대를 마련한 것이 대부분이고, 나머지는 소형할석을 한쪽 장벽면에 붙여 구획된 시상대를 갖춘 것, 정지토를 깔은 무시설식 등도 확인된다. 대부분 부장유물이 없는 것이 일반적이며, 수적형문이 시문된 대부병과 병, 완, 철제과대가 소량 출토되었다. 보고자는 7세기 후반에서 라말여초기까지 장기간에 걸쳐 고분군이 조영된 것으로 파악하였다.

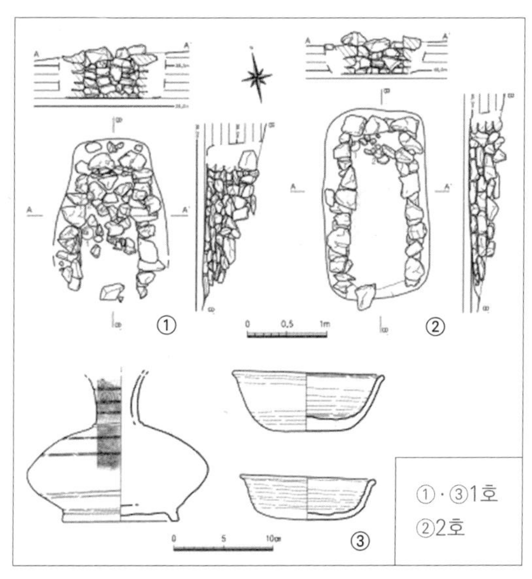

도 35. 김포 유현리유적

양촌유적에서는 1지점 D구역 2기, G구역 2기, J구역 7

22 漢陽大學校博物館, 1995, 『守安山城』.

23 高麗文化財硏究院, 2017, 『金浦 柳峴里 遺蹟』.

24 高麗文化財硏究院, 2013, 『金浦 陽村 遺蹟』.

25 모두 30기의 석실·석곽묘가 조사되었는데 8, 9, 12, 20호 묘는 축석상태로 볼 때 고려시대의 것으로 판단되며, 19호 묘는 10호 묘의 제의관련 유구로 판단하여 제외하였다. 또한 30호 묘는 추가장이 이루어진 것으로 횡구식석실묘로 분류하였다.

기,[26] L구역 4기, 3지점 나구역 1기 등 모두 16기의 횡구식석실묘와 석곽묘가 별개의 산능선에 나뉘어 단독 혹은 2~3기씩 소규모 묘역을 형성하며 분포한다. 주된 묘형은 석곽묘이다. 구조는 평면 방형에 가까운 것과 장방형으로 구분되는데, 소형할석과 판석재로 바닥 전면 혹은 중간에 시상대를 구획한 것이 주류이고, 이 외에도 무시설식, 할석재를 이격하여 관대를 갖춘 것, 한쪽 벽에 붙여 구획한 시상대를 갖춘 것이 있다. 부장유물은 대부분 출토되지 않으며, 원문 혹은 수적형문에 능형문이 조합된 인화문이 시문된 고배와 대부호, 완, 병 등이 소량 확인된다.

(2) 계양 · 굴포천 하류 주변지역(도 30의 17~22)

한강 하류역 이남의 계양천과 굴포천 하류 주변지역으로 북쪽은 한강, 남쪽 배후는 가현산과 계양산 줄기로 둘러싸여 있다. 김포시 동부와 인천 검단동과 원당동 일대에 해당한다. 현 장릉이 위치한 북성산 일대로 북성산 정상부에는 북성산성이 위치해 있다. 고분군은 북성산성 남쪽 배후의 구릉성 산지 일대에서 다수 확인되었는데, 지금까지 조사된 유적으로는 김포 운양동유적[27], 신곡리유적[28], 인천 원당동유적[29], 불로동유적[30], 당하동유적[31] 등이 있다.

운양동유적은 1-11지점에서 4기의 석곽묘가 조사되었다. 장방형의 평면이

26 1지점 J구역에서는 모두 9기의 석곽묘가 확인되었는데, 이 중 4호와 5호 묘는 고려시대의 것으로 판단하였다.

27 한강문화재연구원, 2013, 『김포 운양동유적 I』.

28 겨레문화유산연구원, 2013, 『김포 신곡리유적』; 中部考古學硏究所, 2019, 『金浦 新谷里 遺蹟』.

29 중앙문화재연구원, 2019, 『인천 검단 원당동 · 마전동유적』; 中部考古學硏究所, 2019, 『仁川 元堂洞 遺蹟』.

30 湖南文化財硏究院, 2018, 『인천 검단신도시 개발사업 I~III지점 문화재 발굴조사 약식보고서』; 大東文化財硏究院, 2019, 『仁川 黔丹地區 遺蹟 I · III · IV』.

31 충청문화재연구원, 2018, 『인천 검단 당하동유적』.

고 바닥 전면에 판석 혹은 소형할석을 한 겹 깔은 구조이다. 부장유물은 출토되지 않았다.

신곡리유적은 겨레문화유산연구원(산48-2번지)과 중부고고학연구소(922번지 일원)에 의해 조사되었으며, 두 지점은 2.5km 정도 떨어져 있는 별개의 유적이다. 산능선 정상 부근의 산48-2번지에서는 2기, 산사면의 922번지에선 7기의 횡구식석실과 석곽묘가 확인되었는데, 모두 2~3기씩 군집하며 별도의 묘역을 형성하고 있다. 평면은 장방형이 대부분이며, 소수 방형과 근방형이 나타난다. 바닥면에는 중간에 소형할석 혹은 역석으로 한 겹 깔아 시상대를 마련한 것이 다수이며, 할석재로 후벽에 붙여 쌓아 시상대를 마련한 것과 무시설식 등도 소수 확인된다.

부장유물은 점열문 위주의 유개합, 대부장경병과 청동과대 등이 소량 출토되었다. 보고자는 8세기대에 고분군이 조영된 것으로 판단하였으나 방형 석실의 존재로 보아 7세기대부터 조영되기 시작한 것으로 판단된다.

원당동유적은 Ⅳ-가 · 바지구, 4 · 9 · 17 · 21지점에서 모두 28기의 횡구식석실과 석곽묘가 확인되었다.[32] 횡구식석실묘 17기가 확인된 Ⅳ-가지구 고분군 주변으로 별개의 산능선에 석곽묘가 단독 혹은 2~4기씩 소규모 고분군을 형성하며 분포한다. 횡구식석실묘는 평면이 방형에 가까우며, 석곽묘는 장방형을 이룬다. 바닥면에는 중간 혹은 한쪽 벽면에 할석재로 구획된 시상대를 갖춘 것이 일반적이고, 전면에 소형할석을 한 겹 깐 것과 무시설식이 일부 확인된다. 부장유물은 고배와 뚜껑, 병, 완, 방추차, 청동과대 등이 출토되었으며, 일부 삼각집선+수적형문, 수적형문, 원문류가 시문되어 있다. 보고자는 고분군이 6세기 후반에서 8세기까지 장기간에 걸쳐 조영된 것으로 판단하였다.

불로동유적은 Ⅱ-1 · 3 · 6 · 7지점에서 33기의 석실과 석곽묘가 확인되었

32 중부고고학연구소의 조사결과 석곽묘로 분류한 3지점 1 · 2호와 21지점의 10호 묘는 구조상 쪽구들로 판단되어 무덤에서 제외하였다.

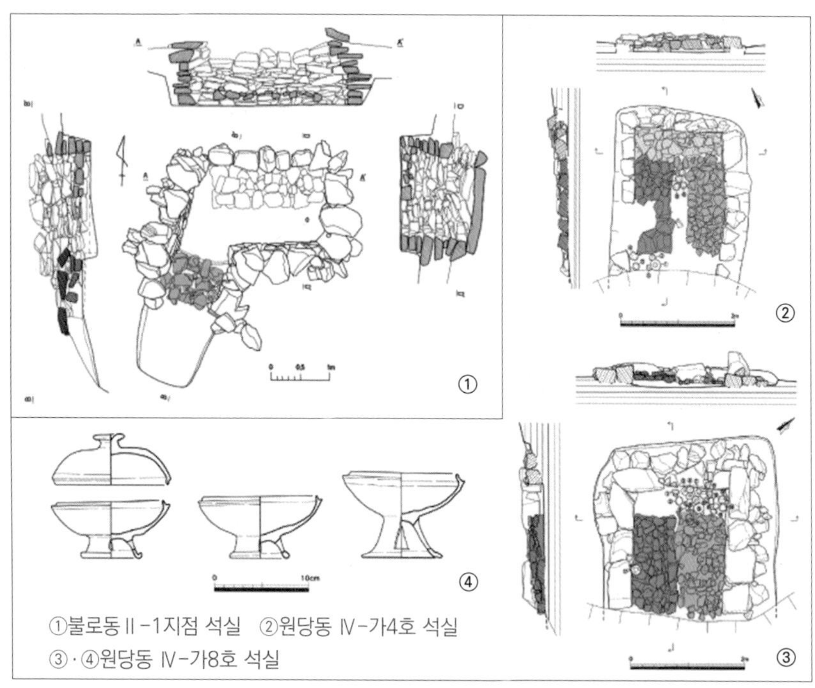

①불로동 II-1지점 석실 ②원당동 Ⅳ-가4호 석실
③·④원당동 Ⅳ-가8호 석실

도 36. 인천 원당동 · 불로동유적

다.[33] 횡혈식석실 1기와 횡구식석실 4기, 석곽묘 16기 등 21기가 확인된 II-1지점 고분군 주변으로 별개의 산능선에 단독 혹은 2~5기씩 모여 있는 소규모 고분군이 분포한다. 횡혈식석실묘는 평면이 횡장방형으로 좌편재 연도를 갖추고 있으며, 바닥에 할석재로 구획한 높은 시상대가 설치되어 있다. 횡구식석실과 석곽묘는 장방형 평면에 바닥면 중간 혹은 전면에 소형할석을 한 겹 깔아 시상대를 설치한 것이 다수를 점하며, 이외 무시설식과 할석재를 위석하여 관대 혹은 주검받침을 마련한 것, 한쪽 벽면에 잇대 시상대를 마련한 것이 있다.

33 호남문화재연구원 조사지점인 II-3 · 6지점은 약식보고서에 따른 것으로 정식보고서가 발간되면 기수에 변동이 있을 수 있다.

부장유물을 매납하지 않은 박장이 대부분이나, 일부 무덤에서는 점열문+화문이 시문된 대부장경병, 수적형문이 시문된 뚜껑, 완 청동과대 등이 소량 확인되었다. 원당동유적보다는 늦은 시기에 조영된 고분군으로 보고자는 7세기 중반을 전후한 시기로 판단하였다.

당하동유적은 V-2-3 · 4-3 · 7-3지점에서 모두 7기가 확인되었다.[34] 별개의 산능선 정상 부근 혹은 산사면에 단독 혹은 2기씩 소규모 묘역을 이루고 있다. 구조는 장방형 평면에 바닥면 전체 혹은 중간에 소형할석을 깔아 시상대를 구획한 것이 대부분이다. 이밖에도 무시설식, 할석재를 이격하여 관대를 갖춘 것, 한쪽 벽에 붙여 구획한 시상대를 갖춘 등도 소량 확인된다. 부장유물은 대부분 없는 박장이며, 일부 무덤에서 유개식 고배, 부가구연 대부장경호, 완, 접시와 청동과대 등이 출토되었다. 보고자는 고분군의 조영시기를 7세기 중엽에서 8세기 중엽으로 편년하였다.

(3) 안양천 중 · 하류 주변지역(도 30의 23~29)

안양천 중 · 하류 주변지역으로 호암산과 구름산 줄기 사이의 곡저분지이며, 서울 구로와 금천구, 광명시 일대를 포함하는 지역이다. 고분군은 안양천 서쪽변의 나지막한 산줄기를 따라 분포해 있는데, 지금까지 조사된 유적으로는 부천 고강동유적[35], 서울 궁동유적[36], 항동유적[37], 천왕동유적[38], 광명 소하

---

34 보고된 3기 이외에 V-4-5지점과 V-7-3지점의 시대미상 석곽묘 4기는 구조상 신라 석곽묘로 판단하였다.

35 漢陽大學校博物館 · 文化人類學科, 1996,『富川 古康洞 先史遺蹟 發掘調査報告書』; 한양대학교 문화재연구소, 2002,『부천 고강동 선사유적 제5차 발굴조사보고서』; 2005,『富川 古康洞 先史遺蹟 第7次 發掘調査報告書』.

36 한강문화재연구원, 2008,『서울 궁동유적 · 강릉 방동리 가둔지유적』.

37 중앙문화재연구원, 2018,『서울 항동유적』.

38 中原文化財硏究院, 2010,『서울 天旺洞 遺蹟』; 기호문화재연구원, 2013,『서울 천왕동연지유적』.

동고분군[39], 가학동유적[40] 등이 있다. 이밖에 안양천 동쪽변의 호암산 정상에는 신라 산성인 호암산성[41]이 위치하고 있다.

고강동유적에서는 모두 10기의 석곽묘가 찾아졌고,[42] 산능선 정상 부근에 2~3기씩 묘역을 형성하며 분포한다. 평면은 장방형을 이루고 바닥 전면 혹은 중간에 소할석을 한 겹 깔아 시상대를 마련한 구조이다. 부장유물은 고배와 뚜껑, 병, 대부완, 대부장경병 등이 출토되었으며, 일부 수적형문과 점열문이 확인된다.

궁동유적은 산사면 상단부에서 반파된 석곽묘 1기가 조사되었다. 구조는 평면 장방형에 잘게 깬 할석을 바닥면 중간에 한 겹 깔아 시상대를 설치하였다. 부장유물로는 종장연속의 마제형문과 화문이 시문된 대부장경병과 완이 출토되었으며, 조영시기는 7세기 후반~8세기 초반으로 편년하였다.

항동유적은 산사면에서 3기가 확인되었으며, 횡구식석실과 석곽묘로 구성된 고분군이다. 1기 혹은 2기씩 별도의 묘역을 이루며 분포한다. 석곽묘는 장방형, 횡구식석실은 방형에 가까운 평면을 이루고, 모두 잘게 깬 할석을 한쪽 장벽면에 붙여 시상대를 구획한 구조이다. 부장유물로는 고배와 완, 병, 철제과대가 소량 확인되었으며, 보고자는 조영시기를 7세기 후반에서 8세기 초반으로 판단하고 있다.

천왕동유적은 중원문화재연구원(천왕동 273-7번지 일원)과 기호문화재연구원(천왕동 연지유적)에 의해 조사되었으며, 천왕산에서 동쪽의 개웅산으로 이어지는 능선에 별개의 묘역을 이루며 분포한다. 천왕동유적(273-3번지 일원)은 산록 완사면에 입지한 횡혈식석실묘 3기로 구성되었는데 고구려 석실인 3호에 연

---

39 기호문화재연구원, 2011, 『光明 所下洞古墳群』.

40 한강문화재연구원, 2016, 『광명 가학동 산100-3번지 유적』.

41 서울大學校博物館, 1990, 『한우물 -虎岩山城 및 蓮池發掘調査報告書』.

42 1~7차 발굴조사 과정에서 모두 13기의 석곽묘가 확인되었다. 이 중 7차 발굴조사에서 찾아진 석곽묘 3기는 고려시대로 판단되어 제외하였다.

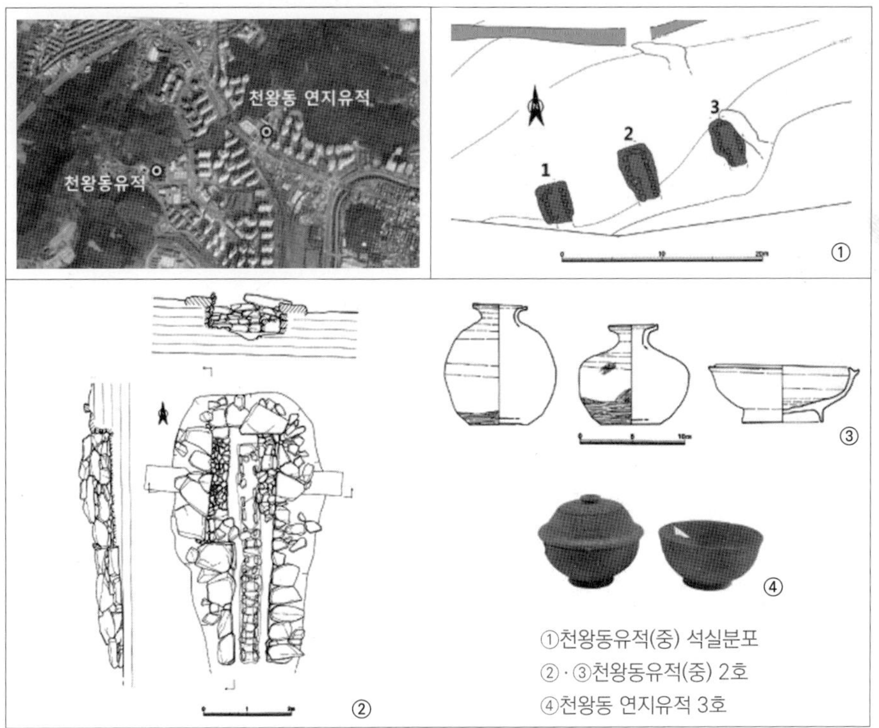

도 37. 서울 천왕동유적

이어 2기의 신라 석실이 연속 조영된 고분군이다. 석실은 방형에 가까운 평면에 우편재식 연도이며, 할석재를 한쪽 장벽면에 붙여 시상대를 설치한 구조이며, 배수시설이 설치되기도 하다. 부장유물은 유개식 고배와 완, 병이 출토되었는데, 보고자는 조영시기를 7세기 후반에서 8세기 초반으로 판단하였지만 6세기 후반~7세기 전반 무렵으로 보는 것이 타당하다.

반면 천왕동 연지유적에서는 횡구식석실(곽)묘 3기가 확인되었다. 능선정상과 사면부에 1기 혹은 2기가 별도의 묘역을 이루며 입지해 있다. 횡구식석실은 방형에 가까운 평면에 무시설식이다. 석곽묘는 장방형 평면이며, 소형 할석재를 바닥 전면에 깔거나 한쪽 장벽면에 붙여 구획한 시상대를 갖추었다. 부장유물은 종장점열문이 시문된 유개합과 완이 소량 출토되었다. 보고자는 조영시기를 8세기 중엽 이후로 판단하였다.

소하동고분군은 산사면 하단부에서 3기의 횡혈식석실묘가 찾아졌다. 3기 중 3호는 고구려 석실묘로 확인되었고, 나머지 2기는 연접하여 조영된 신라 석실묘이다. 근방형의 평면에 우편재식 연도이며, 장벽면에 붙여 소형 할석재로 낮은 시상대를 구획한 구조이다. 부장유물은 없으며, 2호 봉토에서 'ㅏ'자형의 구연부를 갖춘 뚜껑과 병 잔편이 소량 출토되어 6세기 후반 무렵에 조영된 것으로 판단된다.

가학동유적은 횡구식석실과 석곽묘로 구성된 고분군으로 산능선을 따라 3기가 확인되었다. 석곽묘는 소형으로 장방형 평면에 잘게 깬 석재를 바닥 중간에 깔아 시상대를 마련한 것과 무시설식이 있다. 횡구식석실은 근방형의 평면에 소형 할석을 한쪽 장벽면에 붙여 시상대를 설치한 구조이다.

(4) 안양천 · 양재천 상류 주변지역(도 30의 30~34)

안양천 · 양재천 상류 주변지역은 서쪽으로 관악산과 수리산, 동쪽으로 청계산과 백운산 줄기로 둘러싸인 분지이며, 과천시와 안양시, 군포시 일대를 포함하는 구역이다. 두 하천로를 따라 서울 강남과 강서지역으로 교통로가 열려 있어 한강 이남의 내륙으로 진출하기 위한 주요 관문 중 하나이다. 지금까지 서울 우면동유적[43], 안양 관양동유적[44], 군포 산본동유적[45], 의왕 이동유적[46], 수원 이목동유적[47] 등이 조사되었다.

우면동유적은 모두 8기가[48] 확인되었으며, 횡구식석실묘가 주된 묘제로, 1기

43 한얼문화유산연구원, 2012, 『서울 우면동유적』.

44 畿甸文化財硏究院, 2002, 『安養 冠陽洞 先史遺蹟 發掘調査 報告書』.

45 明知大學校博物館 · 湖巖巖美術館, 1990, 『山本地區 文化遺蹟 發掘調査 報告書』.

46 단국대학교 매장문화재연구소, 2007, 『의왕이동 청동기유적 발굴조사 보고서』.

47 畿甸文化財硏究院, 2008, 『수원 이목동유적』.

48 시대미상으로 보고된 소형 석곽묘 2기는 출토유물은 없으나 배치상 신라 석곽묘

혹은 2~3기씩 별도의 묘역을 이루며 분포한다. 평면 장방형에 소형 할석 혹은 판석형 석재를 바닥 전면 혹은 중간에 한 겹 깔거나 세워 시상대를 마련한 구조이다. 부장유물은 고배, 대부직구호, 파수부배, 대부완과 금제이식, 철도자 등이 소량 출토되었다. 보고자는 조영시기를 6세기 중·후반에서 말엽으로 보고 있다.

관양동유적에서는 곡부 사면 상단과 산능선 정상 부근에서 석곽묘 5기가 확인되었다. 파괴가 심해 전모를 알수 없지만 장방형의 평면에 벽체는 수적이 일반적이며, 바닥면에는 판석재를 전면에 깔거나 중간에 열 지어 놓아 시상대를 마련한 구조이다.

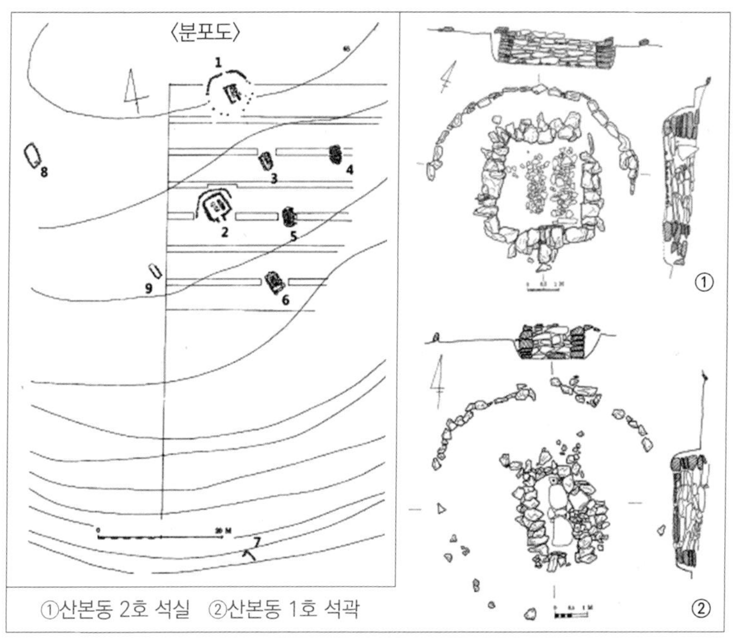

①산본동 2호 석실 ②산본동 1호 석곽

도 38. 군포 산본동유적

에 포함하고자 한다.

산본동유적에서는 5기의 석곽묘와 횡혈식석실묘 1기가 확인되었으며,[49] 산능선을 따라 열 지어 분포한다. 횡혈식석실묘는 평면 방형에 중앙연도식이며, 소형의 납작한 석재를 북-남향으로 한 겹 깔아 시상대를 마련하였다. 석곽묘는 평면 장방형에 판석재를 바닥 전면 혹은 중간에 놓아 시상대를 마련한 구조이다. 부장유물은 점열문과 마제형문 등이 시문된 대부장경병과 유개합을 비롯하여 청동과대 등이 출토되었다. 청동과대의 부장빈도가 높은 특징을 보인다. 보고자는 조영시기를 7세기 말엽에서 8세기 초반경으로 추정하였는데 2호 석실의 경우 출토된 평저 병으로 볼 때 6세기 후반~7세기 전엽 경에 조영된 것으로 판단된다.

이동유적에서는 산능선 정상 부근과 사면부에서 횡구식석실묘 1기와 석곽묘 2기가 조사되었다.[50] 평면 장방형을 이루고 잘게 깬 석재 혹은 판석재를 바닥 전면에 깔거나 한쪽 벽면에 붙여 시상대를 마련한 구조이다. 부장유물은 병과 완, 철제과대가 소량 출토되었다. 이목동유적은 산능선을 따라 2기의 석곽묘가 확인되었다. 평면 장방형에 소형할석을 바닥 전면에 깔은 구조로 고배와 대부완, 완, 병이 소량 출토되었다.

(5) 탄천 하류 · 산곡천 주변지역(도 30의 35~49)

한강 중·상류역 이남의 탄천 하류와 산곡천 주변지역은 검단산과 청계산 줄기에 에워 쌓인 서울 송파와 하남, 성남 북부와 광주 서부 일대를 일부 포함한다. 본 지역의 북변인 하남지역은 탄천과 산곡천 변을 따라 남한강 수계권과 안성천 수계권으로 연결되는 교통로의 결절지로 한강 이북에서 이들 지역으로 진입하는 첫 관문으로 그 중심에는 이성산성이 위치한다.

49 횡혈식석실묘 1기와 8기의 석곽묘가 조사되었는데, 이 중 묘역을 달리하는 7~9호는 고려시대 무덤으로 판단되어 제외하였다.

50 모두 4기의 석곽묘로 보고되었는데, 1호 석곽묘는 무덤이 아닌 다른 성격의 유구로 판단되어 제외하였다.

고분군은 이성산성을 중심으로 주변에서 다수 확인되는데, 한강유역의 서울 가락동 · 방이동고분군[51], 석촌동석곽묘[52], 하남 금암산고분군[53], 객산고분군[54], 덕풍동유적[55]과 탄천상류역의 서울 세곡동유적[56], 성남 창곡동유적[57], 여수동유적[58], 도촌동유적[59], 판교동유적[60], 경안천 수계의 광주 선동리고분군[61], 역동유적[62], 대쌍령리유적[63] 등의 소구역으로 세분된다.

한강유역의 가락동 · 방이동고분군은 모두 14기가 보고되었으며,[64] 횡혈식

---

51 朝鮮總督府, 1935, 『昭和二年度古蹟調査報告』 第二冊, -公州 宋山里古墳調査報告-; 蠶室地區遺蹟發掘調査團, 1977, 「蠶室地區 遺蹟 發掘調査 報告」 『韓國考古學報』 3, 韓國考古學會; 1978, 「蠶室地區 遺蹟 發掘調査 報告」 『韓國考古學報』 4, 韓國考古學會; 한성백제박물관, 2019, 『芳荑洞古墳群 三號墳』.

52 金元龍 · 林永珍, 1986, 『石村洞3號墳東쪽古墳群整理調査報告』.

53 世宗大學校 博物館, 1999, 『河南市의 歷史와 文化遺蹟』; 2006, 『하남 광암동유적』; 백제문화재연구원, 2018, 『고속국도 제29호선 성남~구리 건설공사구간(1구간) 내 문화유적 2차 발굴조사 약보고서』; 하남역사박물관, 2019, 『하남 금암산 고분군 유적』.

54 世宗大學校 博物館, 1999, 『河南市의 歷史와 文化遺蹟』.

55 畿甸文化財硏究院, 2005, 『河南 德豊洞 수리골 遺蹟』; 세종대학교 박물관, 2006, 『하남 덕풍골 유적』; 2007, 『하남 덕풍골 유적Ⅱ』.

56 한백문화재연구원, 2013, 『서울 세곡동유적』.

57 中央文化財硏究院, 2014, 『城南 倉谷洞遺蹟』.

58 기호문화재연구원, 2012, 『城南 麗水洞遺蹟』.

59 한울문화재연구원, 2010, 『성남 도촌동유적』.

60 韓國文化財保護財團, 2012, 『성남 판교동유적Ⅱ -10 · 12구역-』; 2012, 『성남 판교동유적Ⅱ -19 · 22구역-』.

61 서해문화재연구원, 2013, 『廣州 仙東里 石室墓 遺蹟』.

62 한얼문화유산연구원, 2012, 『광주 역동유적』.

63 畿甸文化財硏究院, 2008, 『廣州 大雙嶺里 遺蹟』.

64 일제강점기에 제작된 고분분포도와 공문서 등 관련 자료로 볼 때 현재 알려진 것보다 월등히 많은 수의 고분이 분포하였던 것으로 판단되고 있다(조가영, 2018, 「1970년 전후의 서울 강남일대 문화재조사의 경위와 성과」 『서울 방이동고분군의 성격』, 서울특별시 · 한성백제박물관).

도 39. 서울 가락동 · 방이동고분군 및 석촌동 석곽묘 분포도[66]

석실 8기와 횡구식석실 1기 등 9기가 발굴되었다.[65] 횡혈식석실이 주된 고분군으로 횡혈식석실은 평면 방형에 궁륭형 천정, 바닥면에는 역석과 판석재를 전면에 깐 것이 기본 구조이며, 가락동 5호의 경우 할석재를 후벽에 붙여 구획한 시상대를 갖추었다. 연도는 좌 · 중 · 우편 연도가 모두 나타난다. 횡구식석실인 방이동 5호는 방형에 가까운 평면과 바닥 전면에 소형 할석을 1겹 깔은 구조이다. 부장유물로는 소량의 고배와 병, 대부직구호, 금제 관장식, 철도자 등이 출토되었다. 석촌동 석곽묘는 석촌동 3호분 동쪽 고분군 조사과정에서 1기가 조사되었으며, 장방형의 평면과 바닥 전면에 잘게 깬 할석을 한 겹

65 발굴된 횡혈식석실 중 가락동 3호는 백제 한성기 석실을 신라가 재사용한 것이고, 가락동 5호는 구조와 유물 상 고구려 석실을 신라가 재사용한 것으로 판단된다.

깔은 구조이다.

탄천유역의 세곡동유적은 횡혈식석실묘로 구성된 소규모 고분군으로 배후 산능선에는 신라 산성인 대모산성이[67] 위치한다. 산사면 하단에서 모두 6기가 조사되었는데, 신라 석실은 3기이다.[68] 방형에 가까운 평면과 우편재 연도, 소형 할석재를 한 쪽 장벽에 붙여 한 겹 깔은 구조이다. 부장유물은 유개식 고배와 대부완, 완, 병 등이 소량 출토되었으며, 이를 통해 보고자는 조영시기를 6세기 후반에서 7세기 전반대로 추정하였다.

금암산고분군은 지표조사 결과 8개 지구로 나누어 47기의 고분이 노출되어 있었다. 하남역사박물관의 두 차례 학술조사로 일부 발굴조사가 이루어졌

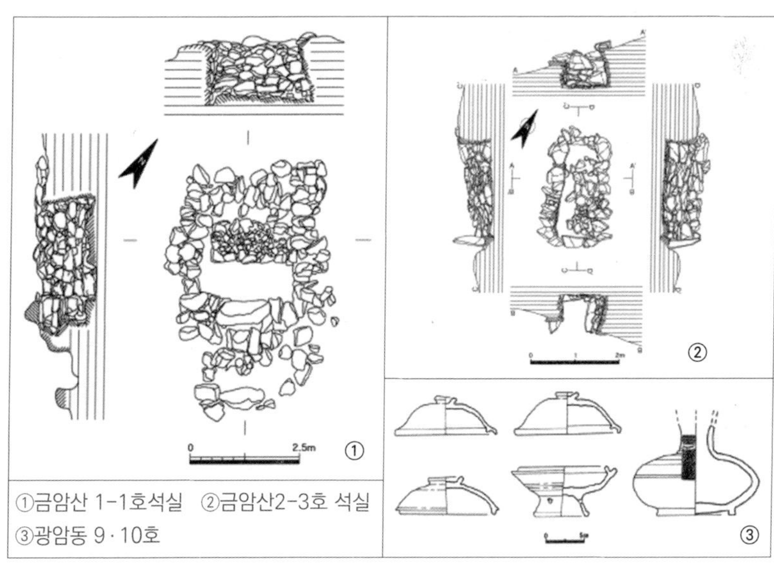

①금암산 1-1호석실 ②금암산2-3호 석실
③광암동 9·10호

도 40. 하남 금암산고분군

66 한성백제박물관, 2019, 『芳荑洞古墳群 三號墳』, 213쪽 삽도 102 수정·편집 전제.

67 漢陽大學校博物館, 1999, 『大母山 文化遺蹟 試掘調査 報告書』.

68 조사된 6기의 석실 중 구조와 유물로 보아 3·4·5호 묘는 고구려 석실로 판단된다.

으며, 세종대 박물관에 의해 조사된 북쪽 산자락의 광암동유적과 백제문화재 연구원에 의해 조사된 북서쪽 가지능선의 광암동 산71-1번지 일원 유적도 금암산 고분군의 연장이라 판단된다. 하남역사박물관 조사지점 24기, 광암동유적 11기, 광암동 산71-1번지 유적 3기 등 모두 38기의 횡혈식·횡구식석실(곽)묘가 발굴되었으며, 횡혈식과 횡구식 석(곽)실이 혼재하여 분포한다. 분포 상태로 보아 최소 200기 이상이 밀집된 대규모 고분군이다.

횡혈식석실은 2기이며 방형에 짧은 중앙연도가 달린 것으로 후벽에 잇대어 높은 시상대를 마련하거나 흙바닥을 그대로 사용한 구조이다. 횡구식석실과 석곽묘는 장방형 혹은 방형에 가까운 평면이며, 소형 할석재로 바닥 전면 혹은 한쪽 벽면에 잇대어 구획된 시상대를 갖춘 것이 다수이다. 이밖에 금암산 2지점 3호와 같이 문주석과 문지방석 등을 갖춘 문틀식 입구부가 나타나는 특징이 있다.

부장유물은 유개식 고배, 유개합, 대부장경병, 청동·철제과대가 소량 출토되었는데 과대의 부장비율이 높은 편이다. 보고자는 고분군이 6~8세기에 걸쳐 장기간 조영된 것으로 편년하였으나 부장토기와 구조상 7세기 전반 이후부터 조영되기 시작하여 9세기대까지 이어진 것으로 판단된다.

객산고분군은 금암산 고분군과 마주하는 능선에 광범위하게 분포하며, 지표상에 46기의 고분이 노출되어 있다. 발굴조사가 이루어지지 않아 구체적인 성격은 알 수 없으나 지표에 노출된 고분으로 보아 금암산 고분군과 조영시기와 구조, 규모면에서 차이가 없는 것으로 판단된다.

덕풍동유적은 이성산에서 북쪽으로 길게 뻗은 능선에 위치한다. 세종대 박물관(덕풍골)과 기전문화재연구원(수리골)에 의해 조사가 일부 이루어졌다. 덕풍골에서는 횡혈식석실 2기와 횡구식석실(곽)묘 16기 등 18기가 조사되었고, 수리골에서는 석곽묘 5기가 찾아졌다.[69] 횡혈식석실은 평면 방형에 1m 정도의 짧은 중앙연도, 한 쪽 벽면에 붙여 할석재로 구획한 시상대를 갖춘 구조이며,

69 두 조사지점 모두 주변지형과 고분의 분포상태로 볼 때 고분군이 확대될 가능성이 매우 높다.

횡구식석실과 석곽묘는 평면 장방형에 소형 할석재를 바닥 전면에 깔거나 중간 혹은 한쪽 벽면에 붙여 시상대를 설치한 것이 대부분이다. 부장유물은 고배, 대부완, 대부장경병, 청동과대 등이 소량 출토되었다.

여수동유적은 횡구식석실묘로 구성된 고분군으로 산능선을 따라 모두 13기가 조사되었다. 평면은 방형 혹은 근방형이며, 소형 할석재를 바닥 전면에 깐 것이 대다수를 차지한다. 부장유물은 고배와 부가구연대부장경호, 대부직구호, 완, 철도자 등이 출토되었으며, 보고자는 조영시기를 6세기 후반~7세기 초로 추정하였다.

도촌동유적은 산사면에서 7기의 석곽묘가 조사되었는데, 단독 혹은 2기씩 별도의 묘역을 이루며 분포한다. 구조는 장방형 평면과 소형 할석재로 바닥 전면에 깔거나 중간에 구획한 시상대, 무시설식으로 나타난다. 부장유물은 유개합, 대부병, 완, 뚜껑, 청동과대가 소량 출토되었으며, 보고자는 조영시기를 7세기 후반~8세기 전반으로 판단하였다.

판교동유적은 산사면에서 횡구식석실묘 4기와 석곽묘 3기 등 모두 7기가 조사되었다.[70] 석실묘는 2기씩 별도의 산능선에 나뉘어 분포하며, 장방형의 평면과 한 쪽 장벽면에 붙여 소할석을 한 겹 깔아 시상대를 마련한 구조이다. 석곽묘는 석실 주변에 분포하며, 길이 140cm 미만의 소형이다. 창곡동유적에서는 석곽묘 2기가 확인되었으며, 장방형 평면과 바닥 전면에 소형 할석 혹은 판석을 한 겹 깔은 구조이다.

선동리유적은 산사면 하단부에서 13기의 횡구식석실(곽)묘와 2기의 횡혈식석실묘가 병렬로 나란히 확인되었다. 고구려 무덤인 횡혈식석실은 평면 제형에 우편재식의 짧은 연도를 갖추고 바닥 전면에는 천석을 부석한 구조로 부장유물은 없다. 반면 횡구식석실은 장방형의 평면에 소형 천석과 판석재를 바닥 전면에 한 겹 깐 구조가 다수를 점한다. 부장유물로는 고배와 대부완, 대부직

70 12구역에서 석실묘 3기, 19구역에서 석실묘 2기가 보고되었다. 이 중 12구역 3호 석실묘는 고려시대로 판단되어 제외하였고 19구역의 고려시대 1·3·4호 석곽묘 3기는 신라 석곽묘로 판단하여 모두 7기이다.

구호, 완, 병, 철겸, 철부, 철도자 등이 있으며, 철겸과 철부, 철도자 등 농·공구류의 부장비율이 높은 편이다. 보고자는 6세기 중반~후반의 짧은 시기에 조영된 것으로 추정하였다.

대쌍령리유적은 산사면 상단부에서 10기의 석곽묘가 조사되었으며,[71] 2~3기씩 소규모 묘역을 형성하며 분포한다. 장방형 평면과 바닥 전면 혹은 중간에 소형 할석재와 천석을 한 겹 깔거나 무시설식 구조이다. 부장유물은 대부장경병, 대부완, 청동·철제 과대, 금동방울, 철도자가 출토되었는데 과대의 부장비율이 높다. 역동유적에서는 산능선 정상 부근에서 석곽묘 2기가 확인되었다. 평면 장방형에 소형 할석재를 한 쪽 벽면에 붙여 시상대를 구획한 것으로 병과 뚜껑이 출토되었다.

(6) 탄천 중·상류 및 신갈천 주변지역(도 30의 50~62)

탄천 중·상류와 신갈천 주변의 곡저분지로 용인 수지·기흥구, 포곡읍 일대에 해당한다. 본 지역은 북으로는 한산주와 한주의 치소가 위치한 서울 송파와 하남지역, 남으로는 안성천 수계권, 동으로는 남천주가 설치되는 남한강 수계권의 이천지역, 서로는 대중국교역과 해안방어의 중추적 역할을 담당한 당성으로 진출이 용이한 사통팔달의 결절지이다. 지역의 중심지에 해당하는 용인 기흥의 마북동·구성동 일대는 대규모 신라취락과 건물지유적이 분포하고 있으며, 동쪽으로 약 5km 지점에는 신라 산성인 할미산성이 위치하고 있다.

고분군은 분지 외곽의 나지막한 산줄기에 다수 분포하는데, 조사가 이루어진 유적으로는 용인 동천동유적[72], 죽전동유적[73], 마북동유적[74], 보정동고분

71 모두 14기의 석곽묘가 확인되었는데, 이 중 3, 5, 6, 14호 묘는 고려 석곽묘로 판단되어 제외하였다.

72 서울문화유산연구원, 2018, 『용인 동천배수지 설치부지 내 문화재 발굴(정밀)조사 약식보고서』.

73 畿甸文化財硏究院, 2003, 『龍仁 竹田宅地開發地區內 대덕골 遺蹟』.

74 韓國文化遺產硏究院, 2017, 『龍仁 麻北洞 山2-14番地 遺蹟』.

군[75], 용인 신갈동유적[76], 언남동유적[77], 구갈동유적[78], 하갈동유직[79], 청덕동유적[80], 동백동유적[81], 마성리 석실묘[82], 마성리유적[83], 역북동유적[84] 등이 있다.

동천동유적은 사면상단에서 바닥 전면에 판석형 석재를 한 겹 깔은 장방형의 석곽묘 2기가 찾아졌고,[85] 죽전동유적에서는 2개의 산능선 정상부에 나뉘어 석곽묘 3기가 조사되었다. 마북동유적에서는 산사면 하단에서 방형에 가까운 평면과 할석재를 한 쪽 벽면에 붙여 높은 시상대를 마련한 횡구식석실묘 1기가 찾아졌다.

보정동고분군은 북-남으로 길게 뻗어 내린 소실봉 줄기에 분포한다. 삼막곡과 소실고분군으로 구분되는데, 하나의 고분군으로 판단된다. 삼막곡 고분군은 두 차례의 지표조사 결과 모두 178기가 보고되었고, 32기가 발굴되었으

75 한국토지공사 토지박물관, 2004, 『용인 보정리고분군 발굴조사보고』; 畿甸文化財研究院, 2005, 『龍仁 寶亭里 소실遺蹟』; 韓國文化財保護財團, 2010, 『龍仁 寶亭洞·新葛洞遺蹟Ⅰ』; 2010, 『龍仁 寶亭洞·新葛洞遺蹟Ⅱ』; 中央文化財研究院, 2011, 『龍仁 寶亭洞 442-1遺蹟』; 서경문화재연구원, 2014, 『용인 보정동988-1번지 일원 유적』; 2019, 『용인 보정동 삼막곡 유적』; 韓國文化遺産研究院, 2017, 『龍仁 寶亭洞古墳群(라-16號墳)』; 2017, 『용인 보정동 고분군(사적 제500호) 정밀지표조사 보고서』; 2020, 『용인 보정동 고분군Ⅰ』.

76 京畿文化財研究院, 2010, 『龍仁 新葛洞 周溝土壙墓』.

77 세종대학교박물관, 2001, 『龍仁 彦南里遺蹟』.

78 畿甸文化財研究院, 2003, 『龍仁 舊葛里遺蹟』.

79 동북아문화재연구원, 2017, 『용인 하갈동유적』.

80 韓國文化財保護財團, 2007, 『龍仁 淸德洞遺蹟』.

81 韓國文化財保護財團, 2005, 『龍仁 東栢里·中里遺蹟』; 2006, 『용인 동백 동원로얄듀크 신축예정부지 문화유적 시·발굴조사 보고서』.

82 中原文化財研究院, 2005, 『麻城里·英門里遺蹟』.

83 하남역사박물관, 2016, 『용인 마성리유적』.

84 龍仁大學校博物館, 2008, 『龍仁 驛北洞遺蹟』.

85 모두 7기의 석곽묘가 보고되었으나 유실이 심해 1호와 3호를 제외하고는 석곽묘 여부를 판단하기 어렵다.

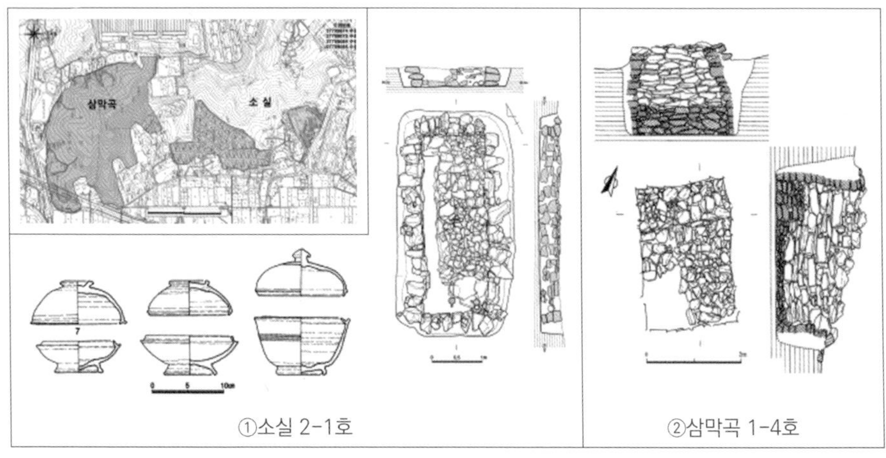

도 41. 용인 보정동고분군

며,[86] 소실고분군은 23기가 발굴되었다.[87] 최소 200기 이상으로 하남 금암산 고분군과 함께 한강 본류 이남과 안성천 수계권에서 유이한 대규모 고분군이다. 횡구식석실과 석곽묘로만 확인되며, 이 중 횡구식석실묘가 주된 묘제이다. 산사면을 따라 2~3기씩 병렬로 소규모 묘역을 형성하며 분포한다.

평면은 장방형과 방형에 가까운 근방형으로 대별되며, 한 쪽 단벽이나 장벽, 바닥면 중간에 할석재로 시상대를 구획하여 설치한 것이 다수이고, 두침석이 놓이기도 한다. 이밖에 바닥 전면에 소형 할석재를 깔은 것, 무시설식 등 다양한 구조가 소수 확인된다. 추가장이 활발히 이루어지고 있으며, 부장유물로는 고배와 부가구연대부장경호, 대부직구호, 대부완, 완, 평저 병, 대부장경

86 한국문화재보호재단 조사지점에서는 21기 중 고려 석곽묘인 2구간 나1·2호 묘를 제외한 19기, 서경문화재연구원 조사지점에서는 988-1번지 3기, 1053-3번지 4기, 토지박물관 조사지점 2기, 한국문화유산연구원 조사지점 4기 등 모두 32기가 추가로 발굴되었다.

87 기전문화재연구원 조사지점에서는 22기가 확인되었는데 고려 석곽묘로 분류한 24호 묘를 포함한 것이다. 중앙문화재연구원 조사지점에서는 1기가 확인되었다.

병, 단경호, 방추차, 철겸, 철도자, 청동 · 철제과대 등이 있다. 보고자는 고분군이 6세기 후반에서 8세기대까지 장기간에 걸쳐 조영 · 관리되었던 것으로 파악하고 있다.

신갈동유적은 7기의 횡구식석실(곽)묘가 조사되었다. 산사면을 따라 2기씩 묘역을 형성하며 분포한다. 평면은 방형에 가깝거나 장방형을 이루며, 소형 할석재를 한 쪽 장벽면에 붙여 시상대를 설치한 것과 무시설식으로 나타난다. 부장유물은 철도자와 인화문 토기편이 소량 출토되었다. 보고자는 조영시기를 통일신라에서 고려 초기로 보았다. 하지만 1 · 2호 석실의 구조와 퇴화형의 수적형문이 확인되는 점으로 보아 통일신라기 이전부터 무덤이 조영된 것으로 보는 것이 타당하다.

언남동유적에서는 산사면 하단에서 평면 장방형의 횡구식석실묘 1기, 구갈동유적에서는 산능선 정상부에서 평면 방형의 횡구식석실묘가 1기가 조사되었다. 모두 한쪽 장벽면에 잇대어 할석재로 시상대를 구획한 것이다. 구갈동 석실의 경우 호석의 평면형태와 축석상태로 볼 때, 방대형의 봉분을 갖춘 것으로 원형분이 전형인 신라 석실과 대조적이다.

하갈동유적에서는 횡구식석실묘 1기와 석곽묘 2기가 확인되었다. 석실은 산능선 정상부, 석곽묘는 산사면에 각각 단독으로 분포한다. 석실묘는 평면 근방형에 한 쪽 장벽에 치우쳐 소형 할석재로 시상대를 구획하였고, 석곽묘는 장방형 평면에 무시설식 혹은 바닥 중간에 할석재를 깔아 시상대를 설치하였다. 부장유물로는 대부완과 대부장경병, 청동+금동 혹은 철제과대 등이 있다.

청덕동유적은 곡부사면에 입지한 횡혈식석실묘 3기로 구성된 고분군이다. 3기 중 고구려 석실인 2호에 이어 신라 석실이 조영된 소규모 고분군이다. 구조는 횡장방형과 방형에 가까운 평면을 이루며, 연도는 중앙식이다. 모두 소형 할석재를 한쪽 벽면 혹은 중간에 구획 배치한 것으로 횡장방형인 1호의 경우 중간에 판석재로 격벽을 설치하여 두 개의 매장공간으로 분할한 특징을 나타난다. 입지와 분포, 석실 구조상 전형적인 신라 석실과는 거리가 있다. 부장유물은 출토되지 않았다.

동백동유적에서는 방형에 가까운 횡구식석실묘 1기와 장방형의 석곽묘 2기가 별개의 산능선에 나뉘어 확인되었고, 역북동유적에서는 횡구식석실묘 2기, 마성리유적에서는 산능선 정상 부근에서 인화문토기와 청동과대가 출토된 석곽묘 1기가 조사되었다. 마성리 석실묘는 산록완사면에서 단독으로 분포한 횡혈식석실묘이다. 근방형의 평면에 우편재식 연도이며, 장벽면에 붙여 소형 할석재로 낮은 시상대를 구획한 구조이며, 길쭉한 할석재를 두침석으로 놓았다. 부장유물은 출토되지 않았다.

2. 안성천 · 서해안 주변 수계권

1) 안성천 수계권

안성천 수계권에서 신라 고분은 진위천과 오산천, 황구지천, 안성천 본류 주변지역 등 모두 4개 지역에 나뉘어 분포한다.

(1) 황구지천 주변지역(도 30의 63~82)

북쪽과 남쪽은 광교산과 양산봉, 서쪽과 동쪽은 칠보산과 무봉산 줄기로 둘러싸인 수원분지의 남서부 일대로 황구지천과 오산천 상류 주변지역에 해당한다. 내부에는 본류인 황구지천을 포함하여 지천인 서호천, 수원천, 원천리천 등 소규모하천이 북-남향으로 발달되어 있으며, 분지 남쪽의 독산성 인근에서 모두 합류한다. 지형상 분지 내부 교통망이 독산성이 위치한 양산봉 일대로 연결되는 형세이다.

고분군은 분지 외곽 네 방면에 나뉘어 분포하는데, 북쪽은 수원 광교유적[88],

88 高麗文化財硏究院, 2011, 『光教 新都市 文化財 發掘調査Ⅳ』; 기호문화재연구원, 2011, 『光教 新都市 文化遺蹟Ⅴ』.

이의동유적(한울)[89], 인계동유적[90], 동쪽은 용인 서천동유적[91], 서쪽은 화성 천천리유적[92], 상리유적[93], 분천리유적[94], 화산고분군[95]이 있다. 남쪽은 앞 선 세 방면의 교통로가 한데 모이는 곳인데 신라 산성인 독산성[96]을 중심으로 오산 궐동유적[97], 내삼미동유적[98], 금암동유적[99], 세교동유적[100], 가장동유적[101]과 화성 반송동유적[102], 청계동유적[103], 오산동유적[104] 등 분지 내 가장 높은 분포 밀집도를 보이고 있다. 구역별 고분군 현황을 살펴보면 다음과 같다.

89 한울문화재연구원, 2020, 『수원 외곽순환(북부)도로 민간투자사업구간 내 유적』.

90 서울문화유산연구원, 2020, 「수원 인계3호공원(2·3단계) 조성사업부지 내 유적 정밀발굴조사 약식보고서」.

91 京畿文化財硏究院, 2011, 『龍仁 書川洞遺蹟』.

92 한신대학교박물관, 2006, 『華城 泉川里 青銅器時代 聚落』; 한강문화재연구원, 2016, 『화성 천천리 18-2번지 유적』; 中部考古學硏究所, 2018, 『華城 兩老里·雙鶴里·內里·泉川里遺蹟』.

93 中原文化財硏究院, 2018, 『華城 上里·水營里遺蹟』.

94 기호문화재연구원, 2010, 『華城 汾川里遺蹟』.

95 한신大學校博物館, 2002, 『花山古墳群』.

96 중부고고학연구소·한신대학교박물관, 2017, 「오산 독산성과 세마대지 발굴(시굴)조사 용역 약식보고서」; 2018, 「오산 독산성과 세마대지 2차 정밀발굴조사 용역 약식보고서」.

97 中央文化財硏究院, 2013, 『烏山 闕洞遺蹟』.

98 京畿文化財硏究院, 2011, 『烏山 內三美洞遺蹟』; 2019, 「오산 내삼미동 공유재산 개발사업부지 내 유적 약보고서」.

99 京畿文化財硏究院, 2010, 「오산 세교택지개발지구 내 문화유적 발굴조사 약보고서」.

100 韓國文化遺産硏究院, 2012, 『烏山 細橋洞 遺蹟』.

101 京畿文化財硏究院, 2008, 『烏山 佳長洞遺蹟』; 서경문화재연구원, 2013, 『오산 가장동유적』.

102 畿甸文化財硏究院, 2006, 『華城 盤松里 행장골遺蹟』.

103 한백문화재연구원, 2013, 『화성 청계리유적 I』; 中央文化財硏究院, 2015, 『華城 梧山里·淸溪里遺蹟III』.

104 中央文化財硏究院, 2015, 『華城 梧山里·淸溪里遺蹟III』.

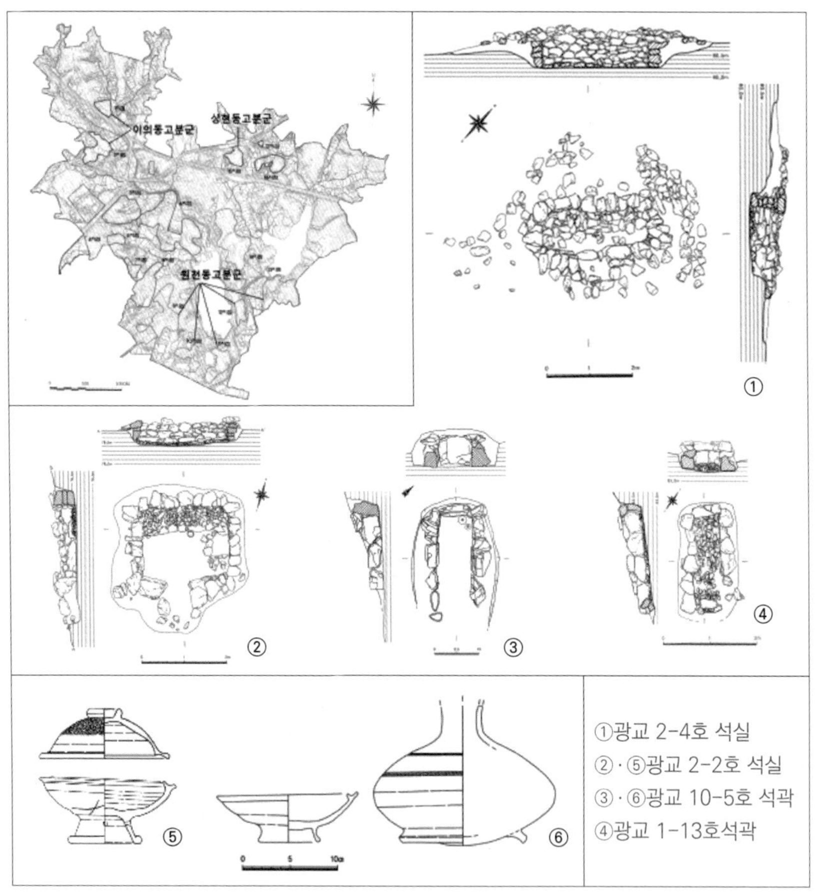

도 42. 수원 광교유적 고분군

① 북쪽구역

광교유적은 원천리천의 발원지인 광교산의 여러 가지능선에 나뉘어 분포하는데, 수원 이의동고분군(1·2지점)과 원천동고분군(9~13지점), 용인 상현동고분군(15지점)으로 구분된다.[105] 모두 62기의 석실(곽)묘가 확인되었는데, 보정동고

105 고려문화재연구원 조사지점인 1·2지점은 수원 이의동고분군, 15지점은 용인 상

분군에 후행하는 지역의 중심 고분군으로 부장유물과 석실(곽)묘의 구조적 특징상 7세기 전반의 늦은 시기부터 라말여초기까지 장기간 무덤이 조영되었다.

이의동고분군은 횡혈식석실과 석곽(실)묘로 구성된 소규모 고분군으로 두 산능선에 나뉘어 34기가 조사되었다. 횡혈식석실묘는 3기로 산능선 정상부에 분포하며, 방형과 횡장방형의 평면과 짧은 중앙연도, 할석으로 구획된 시상대가 설치되었다. 석곽(실)묘는 횡혈식석실 주변에 분포하며, 장방형 평면에 소형할석을 전면에 깔거나 한쪽 장벽면에 잇대 설치한 것이 다수이다. 부장유물로는 유개식 고배, 대부장경병, 대부완, 완, 뚜껑과 청동·철제과대 등이 출토되었다.

원천동고분군은 모두 24기가 조사되었다. 횡혈식석실묘 2기와 석곽묘 8기 등 10기가 확인된 10지점을 중심으로 주변의 산능선에 2~5기의 석곽묘가 소규모 고분군을 이룬다. 횡혈식석실은 평면 방형에 중앙 혹은 우편재 연도를 갖춘 것으로 산능선 정상에 별도의 묘역을 형성하며, 입지적 우월성을 보인다. 석곽묘는 장방형의 평면에 무시설식이거나 소형할석을 바닥 전면에 깔은 구조가 다수이다. 부장유물은 고배, 병, 대부장경병과 청동·철제 과대 등이 소량 출토되었는데, 과대의 부장비율이 높은 점이 특징이다. 상현동고분군은 4기의 석곽묘가 찾아졌다. 평면 장방형에 소할석을 바닥 전면 혹은 중간에 깔아 시상대를 마련한 구조이며, 고배와 완, 병, 청동과대 등이 출토되었다.

인계동유적은 횡구식석실 2기와 석곽묘 2기로 구성된 소규모 고분군이다. 석실묘는 한쪽 장벽에 잇대 낮은 시상대를 설치하였고, 석곽묘는 바닥 전면에 소할석 혹은 역석을 한 겹 깔은 것이다. 석실묘에서 유개식 고배와 대부발 등이 소량 출토되어 7세기 전반 무렵에 조영된 것으로 추정된다. 이밖에 이의동유적에서 점열문의 대부완이 출토된 소형 석곽묘 2기가 찾아졌다.

현동고분군, 기호문화재연구원 조사지점인 9~13지점은 수원 원천동고분군으로 구분된다.

② 동쪽구역

서천동유적은 반정천의 발원지인 매미산의 가지능선에 위치한다. 모두 14기의 석곽묘와 화장묘 1기가 3개의 산능선에 나뉘어 분포하며, 단독 혹은 2~3기씩 소규모 묘역을 형성한다. 평면 장방형에 소형 할석과 천석을 바닥 전면에 깐 것이 주류이며, 바닥 중간과 한쪽 벽면에 붙여 시상대를 설치한 것도 일부 확인된다. 부장유물은 고배, 대부완, 완, 병과 청동과대 등이 출토되었다.

③ 서쪽구역

천천리유적은 칠보산에서 동쪽으로 길게 뻗은 가지능선에 위치한다. 횡구식석실묘 2기와 석곽묘 8기 등 모두 10기가 확인되었다.[106] 석실묘는 평면 근방형에 무시설식, 석곽묘는 평면 장방형을 이루고 바닥면에는 잘게 깬 석재를 중간에 1겹 깔아 시상대를 설치한 구조이다. 대부장경병, 대부완, 완을 비롯하여 청동+철제과대가 출토되었다.

상리유적은 산사면에서 횡구식석실묘 1기와 석곽묘 4기 등 모두 5기가 확인되었다. 평면은 모두 장방형이다. 시상대는 석실묘의 경우 소형 할석재를 한쪽 장벽면에 붙여 낮은 시상대를 마련하였고 석곽묘는 중간에 배치하였다. 부장유물은 고배와 삼각집선문과 원문류, 수적형문이 찍힌 뚜껑과 대부장경병, 고배, 철탁이 출토되었다. 보고자는 7세기 중엽~후엽에 조성된 것으로 편년하였다.

분천리유적에서는 두 개의 산능선에 나뉘어 석곽묘 3기가 확인되었다.[107] 평면 장방형에 소형할석을 전면에 한 겹 깔은 것으로 고배와 단경호, 완, 병을 비롯하여 철제가위가 출토되었다. 화산고분군에서는 부분적인 학술발굴조사

106 중부고고학연구소 8기, 한강문화재연구원과 한신대박물관에 의해 각각 1기씩 조사되어 모두 10기이다.

107 잔존상태와 출토유물로 보아 부석유구로 보고된 것은 석곽묘로 판단된다.

결과 4기의 석곽묘가 조사되었다.[108] 장방형의 평면에 무시설식과 바닥 중간에 납작한 소형석재를 한 겹 깔은 구조이다. 유물은 1호 묘에서 철제과대만이 출토되었다.

④ 남쪽구역

독산성 주변인 세교동유적에서는 판석재를 바닥 전면에 깔은 석곽묘 1기, 금암동유적에서는 석곽묘 4기가 찾아졌고 2기씩 별개의 산능선에 분포한다. 바닥 전면에 소형 판석재를 깔거나 무시설식 구조로 연질소호와 단경호, 완이 출토되었다.

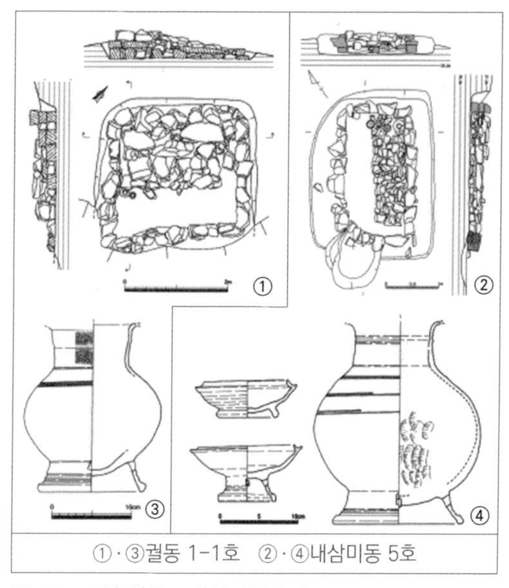

①·③궐동 1-1호 ②·④내삼미동 5호

도 43. 오산 궐동 · 내삼미동유적

석산의 가지능선에 분포하는 궐동과 가장동유적에서는 횡구식석실과 석곽묘 10기가 찾아졌다. 4개의 산능선에 단독 혹은 2~4기씩 분포하며, 석실과 석곽은 혼재하지 않는다. 석실은 모두 3기로 방형 혹은 근방형을 이루며, 할석재와 대형 판석을 단벽 혹은 바닥 중간에 1~2단 놓아 높은 시상대를 설치하였다. 석곽묘는 평면 장방형과 소형 할석재로 바닥 중간에 시상대를 구획한 구조이다. 부장유물은 석실묘에서 부가구연대부장경호, 대부장경병, 대부완, 연질소호, 완 등이 출토되었다.

108 모두 6기의 석곽묘가 조사되었는데, 이 중 1기는 백제 석곽묘이며, 소형의 5호 묘는 4호 묘의 의례와 관련된 매납유구로 판단하였다.

오산천변의 필봉산에서 동쪽으로 뻗은 3개의 가지능선에 나뉘어 분포하는 내삼미동유적에서는 횡구식석실 1기와 석곽묘 8기가 확인되었으며, 단독 혹은 2기씩 소규모 묘역을 이룬다. 평면 장방형에 바닥 중간에 소할석을 깔아 시상대를 마련한 것이 주류이고, 바닥 전면 부석 혹은 한쪽 장벽에 붙여 설치한 것도 있다. 부장유물은 고배와 부가구연대부장경호, 대부직구호, 유개합, 대부장경병, 청동과대 등이 출토되었다.

반송동유적에서는 모두 7기의 횡구식석실(곽)묘가 조사되었다.[109] 모두 장방형의 평면을 이루며, 석실묘는 소할석을 한쪽 장벽에 붙여 시상대를 설치하였고, 석곽묘는 소할석을 바닥 전면에 깔았다. 부장유물로는 소량의 고배, 대부장경병, 대부배, 철도자, 철탁, 청동과대, 금동이식 등이 출토되었다.

청계동유적은 청계리 외고지골유적과 청계리유적으로 구분되는데, 동일 산능선에 분포하는 하나의 고분군이다. 모두 횡구식석실(곽)묘 11기가 확인되었는데[110] 주된 묘제는 석곽묘이다. 산능선을 따라 1기 혹은 2~3기씩 묘역을 형성하며 분포한다. 석실은 방형에 가까운 평면과 소할석으로 한쪽 장벽에 붙여 시상대를 마련하였고, 석곽묘는 평면 장방형이며, 소할석을 바닥 전면, 중간, 한쪽 장벽면에 붙여 깔아 시상대를 마련한 것과 무시설식 등 다양하게 확인된다. 부장유물은 대부장경호와 고배, 유개합, 뚜껑, 병, 완 등이 출토되었다.

오산동유적은 석곽묘 6기와 토광묘 1기 등 모두 7기가 확인되었다.[111] 석곽

---

109 모두 24기의 석실·석곽묘가 보고되었는데, 구조와 출토유물로 볼 때, 1호 석실은 고구려 석실묘이며, 2호 석실은 횡혈식석실이 아닌 고려 석곽묘로 판단된다. 이밖에 2~11호, 12호, 16~19호, 21호 석곽묘 등 15기는 고려 석곽묘로 판단되어 제외하였다.

110 중앙문화재연구원에서 조사한 청계리 외고지골유적에서는 시대미상 석곽묘 1기를 제외한 3기의 석곽묘가 확인되었고, 한백문화재연구원에서 조사한 청계리유적에서는 7기가 확인되었는데, 고려 석곽묘로 보고된 가지구 1·2호 석곽묘를 포함한 것이다.

111 보고자가 시대미상 석곽묘로 분류한 7호 석곽은 잔존상태와 주변 석곽묘와 비교

묘는 평면 장방형에 잘게 깬 돌과 소형 판석재를 바닥 중간에 한 겹 깔아 시상대를 마련한 것이 다수를 점한다. 토광묘는 두침석이 남아있는 것으로 보아 석개토광묘로 판단된다. 부장유물은 마제형문과 점열문이 시문된 대부장경병과 대부완을 비롯하여 청동과대 등이 출토되었다.

(2) 진위천 및 오산천 하류 주변지역(도 30의 83~93)

무봉산 줄기를 감싸는 진위천과 오산천 하류 주변지역은 행정구역상 평택 진위와 서탄면, 용인 남사, 오산 원동과 화성 장지동 일대에 해당한다. 지역의 중심부이자 오산천과 진위천의 합수부인 무봉산 일대에는 삼국시대 이래로 사용된 봉남리산성과 견산리산성, 무봉산성이 군집하여 있다. 발굴조사는 이루어지지 않았지만 봉남리산성과 견산리산성은 토축인 반면 무봉산성은 석축으로 보축성벽이 확인되고 신라기와와 토기가 수습되어 신라 영역기에 주로 활용되었던 것으로 추정된다. 고분군은 무봉산성을 중심으로 분포하는데, 오산 탑동·두곡동유적[112], 평택 수월암리유적[113], 화성 장지동유적[114], 평택 가곡리유적[115], 갈곶리유적[116], 당현리유적[117], 서정동유적[118], 용인 봉무리유적[119], 어비

하여 볼 때 신라의 석개토광묘로 판단하여 모두 7기이다.

112 기호문화재연구원, 2013, 『烏山 塔洞·斗谷洞遺蹟』.

113 겨레문화유산연구원, 2013, 『평택 수월암리 유적』.

114 韓國考古環境硏究所, 2008, 『華城 長芝里遺蹟』; 기호문화재연구원, 2013, 『동탄2신도시 문화유적』.

115 한울문화재연구원, 2017, 『평택 가곡리유적』; 三江文化財硏究院, 2017, 『平澤 佳谷里遺蹟』.

116 中央文化財硏究院, 2008, 『平澤 葛串里遺蹟』.

117 嘉耕考古學硏究所, 2011, 『平澤 堂峴里遺蹟(II)』.

118 韓國文化遺産硏究院, 2016, 『平澤 西井洞 遺蹟』.

119 혜안문화재연구원, 2020, 『용인 봉무리 666-1번지 유적』.

리유적[120], 덕성리유적[121] 등이 조사되었다.

탑동·두곡동유적에서는 횡구식석실묘 1기, 석곽묘 5기, 토광묘 1기 등 모두 7기가 확인되었는데, 상재봉에서 동쪽으로 분기한 두 갈래의 산능선에 나뉘어 분포한다. 석실은 방형에 가까운 평면에 잘게 깬 돌을 한쪽 장벽면에 잇대어 시상대를 설치한 것이고, 석곽묘는 장방형 평면과 바닥 중간에 시상대를 설치한 것이 다수이다. 부장유물은 대부완과 병이 소량 출토되었다.

수월암리유적은 21기의 석곽묘가 조사되었으며,[122] 산능선과 사면에 단독 혹은 2~3기씩 소규모 묘역을 이루며 분포한다. 평면 장방형을 이루며, 소형 판석재와 잘게 깬 돌을 바닥 전면 혹은 중간에 깔아 시상을 마련한 것이 다수이다. 부장유물은 점열문이 시문된 유개합, 대부장경병, 뚜껑과 청동과대, 금동방울 등이 출토되었는데, 보고자는 조영시기를 7세기 후반에서 8세기 중반경으로 추정하였다.

장지천변의 화성산 줄기에 위치한 장지동유적은 모두 28기의 횡구식석실(곽)묘가 확인되었다. 주 묘제는 석곽묘로 동탄2 신도시 38지점과 장지리유적으로 구분된다. 38지점은 산능선 정상부에 단독으로 분포하는 석곽묘로 장벽면에 붙여 소할석을 쌓은 시상대를 마련한 것이다. 장지리유적에서는 27기의 석실(곽)묘가 조사되었는데 산능선 정상과 산사면을 따라 열 지어 분포한다. 소할석을 바닥 전면 혹은 중간에 한 겹 깔아 시상대를 설치한 것으로 동떨어져있는 동탄 38지점 석곽과는 구조와 분포면에 대조적이다. 부장유물은 고배, 뚜껑, 대부장경호, 대부완, 금동과판, 청동행엽, 철도자, 철탁 등이 출토되었다. 6세기 후반에서 7세기 후반까지 장기간에 걸쳐 고분군이 조영되었던 것

120 경희대학교중앙박물관, 2013, 『용인 어비리유적』.

121 중앙문화재연구원, 2019, 『용인 덕성리유적』.

122 모두 22기의 통일신라시대 석곽묘가 보고되었는데, 2지점 8호는 잔존상태 상 성격미상의 집석유구로 판단되고, 5지점의 1·2호 석곽묘는 고려시대로 판단되어 제외하였으며, 6지점 석관묘와 4지점 4호는 신라 석곽묘로 포함시켰다.

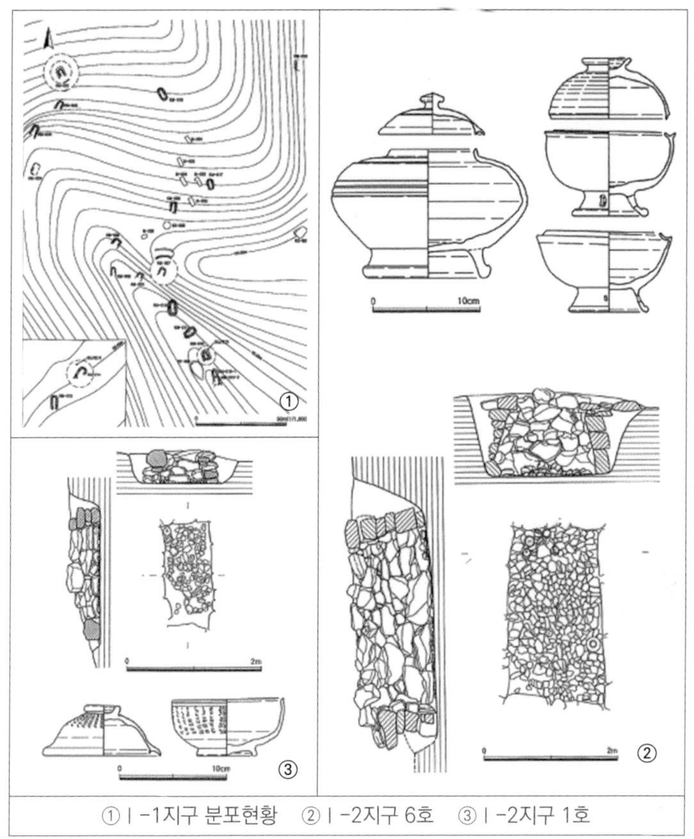

① Ⅰ-1지구 분포현황 ② Ⅰ-2지구 6호 ③ Ⅰ-2지구 1호

도 44. 화성 장지동고분군 현황도

으로 판단된다.

무봉산성과 인접한 가곡리유적에서는 3기의 횡구식석실(곽)묘가 찾아졌다. 평면은 장방형이고 소할석을 중간 혹은 한 쪽 장벽면에 붙여 시상대를 설치하였으며, 일부 무시설식도 있다. 부장유물은 대부장경호, 완, 철제과대가 출토되었다. 갈곶리유적에서는 라말여초기에 해당하는 무시설식 바닥의 석곽묘 1기가 조사되었다.

당현리유적에서는 산사면 상단에서 석곽묘 12기가 조사되었다. 1기 혹은

2~3기씩 별도의 묘역을 형성하며 분포한다. 장방형 평면에 시상대가 없는 무시설식과 소할석을 바닥 중간에 한 겹 깔아 마련한 것으로 대별되는 구조이다. 부장유물은 원문과 수적형문, 점열문이 시문된 대부장경병과 뚜껑, 완 등이 소량 출토되었는데, 보고자는 8세기 전엽에서 후엽까지 조영된 것으로 판단하였다.

서정동유적에서는 석곽묘 4기와 석개토광묘 1기 등 모두 5기가 확인되었다. 장방형 평면에 소형 판석 혹은 할석을 바닥 전면에 한 겹 깔은 구조로 소량의 고배와 완이 출토되었다. 봉무리유적에서는 산사면 하단에서 소할석을 바닥 전면에 깔은 석곽묘 1기가 확인되었고, 어비리유적에서는 중앙연도를 갖춘 방형의 고구려 횡혈식석실묘 2기가 조사되었는데, 이중 1호 석실은 신라 진출 후 추가장이 이루어진 것이다. 덕성리유적에서는 방형에 가까운 횡구식석실묘 1기와 장방형의 석곽묘 1기가 확인되었는데, 모두 잘게 깬 돌을 바닥 전면에 깔았다. 부장유물은 고배와 대부장경호, 뚜껑이 소량 출토되었다.

(3) 안성천 상류 주변지역(도 30의 94~97)

광주산맥과 차령산맥에 둘러싸인 안성분지이자, 안성천 상류 주변지역으로 비봉산을 중심으로 한 안성시내와 보개면, 고삼면, 미양면 일대에 해당한다. 지역의 중심부인 비봉산 정상부에는 신라 산성인 비봉산성이 위치한다. 비봉산성은 정식 발굴조사가 이루진 바 없지만 지표에서 삼국 및 통일신라시대 기와와 토기편이 발견되고 있다. 아울러 내부 건물지로 추정되는 곳에서 '本彼'명 신라 기와가 여러 편 채집되어 신라 왕경의 육부 중 하나인 본피부와 관련된 것으로 파악되기도 한다.[123]

고분군은 비봉산성을 중심으로 그 주변에서 안성 당왕동유적[124], 가사동고

123 서영일, 1999, 「安城 飛鳳山城 수습 「本彼」銘 기와 考察」 『文化史學』 11 · 12 · 13號, 韓國文化史學會.

124 기남문화재연구원, 2019, 『安城 堂旺洞遺蹟』.

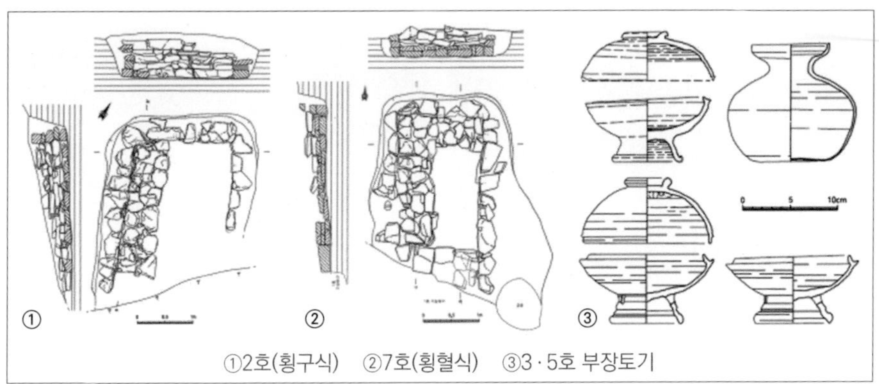

도 45. 안성 당왕동유적

분[125], 도기동산성 고분[126], 동평리유적[127] 등이 조사되었다.

비봉산성의 서쪽 산줄기에 위치한 당왕동유적에서는 횡혈식석실묘 1기와 횡구식석실묘 7기 등 모두 8기가 확인되었는데, 산능선을 따라 일정 간격을 두고 분포한다. 평면은 장방형과 근방형으로 나타나며, 모두 한 쪽 장벽에 잇대어 소할석을 1~2단 놓아 시상대를 마련하였다. 보고자는 고배와 뚜껑, 병, 청동과대 등의 부장유물을 근거로 6세기 후반부터 7세기 전반까지 활용된 것으로 파악하였다.

비봉산성 동쪽 산능선에는 가사동고분이 위치한다. 가사동고분은 산능선

125 안성 가사동고분은 학계에 미보고 된 고분으로 안성시 가사동 산6-4번지에 위치한다. 산능선 정상에 단독으로 위치한 봉토분으로 지역주민들 사이에서 '고린장'으로 불리고 있다. 현지 답사결과 봉분 정상부를 통해 도굴이 이루어졌다. 도굴과정에서 해체된 개석 사이로 내부를 일부 살필 수 있는데, 평면 방형에 중앙연도로 판단되고 벽체는 부정형 할석재를 사용하여 벽면이 고르지 못하며, 모서리는 벽석간 엇물려 쌓아 모서리각이 불분명하고 접합면도 불규칙하다. 축조상태로 볼 때 신라 석실묘로 판단된다.

126 기남문화재연구원, 2018, 『安城 道基洞山城』.

127 한국문화재보호재단, 2011, 『安城 東坪里遺蹟』.

고분 전경	천정 내부 노출 전경

도 46. 안성 가사동고분

정상에 단독으로 분포하며, 직경 16m, 높이 3m 정도의 봉분이 남아있다. 미발굴된 봉토분으로 구체적 성격을 가늠할 수 없으나 도굴 구덩으로 일부 드러난 구조상 평면 방형에 중앙연도를 갖추고 정부에 넓은 판석재를 덮은 변형궁륭상 천장인 횡혈식석실묘로 추정된다.

이밖에 도기동산성 내에서는 정지토를 깔은 무시설식 석곽묘 3기가 확인되었고,[128] 동평리유적에서도 산사면에서 석곽묘 3기가 찾아졌는데, 평면 장방형이며 바닥 중간에 소할석을 한 겹 깔아 시상대를 마련한 구조이다.

(4) 안성천 중류 주변지역(도 30의 98~104)

한천과 진위천 합수부 사이의 안성천 중류 주변지역으로 천덕산 줄기로 둘러싸인 안성시 양성면, 공도읍, 평택시 지제동, 고덕면 일대에 해당한다. 본 지역의 동쪽인 양성면 동항리 일대는 무한성(무양산성)이 위치한다. 무한성은 정식 발굴조사가 이루어진 바 없지만 지표에서 다량의 백제 토기 편과 신라 단

128 모두 6기가 조사되었는데, 3기는 고려 석곽묘이며, 나머지 석곽묘는 유실이 심하고 부장유물이 없어 시기를 특정하기 어렵다. 다만 토기 완이 출토된 1호 묘 주변에 분포하는 2 · 3호 묘는 분포상 신라 석곽묘에 포함시켰다.

각고배, 완, 선조문 기와 등이 확인되는 점으로 보아 백제 한성기 무렵 축조되어 신라 북진기인 6~7세기대에도 활용된 것으로 판단된다. 고분군은 무한성 주변의 안성 반제리유적[129]을 비롯하여 이현리유적[130], 평택 장당동유적[131], 지제동유적[132], 동삭동유적[133], 죽백동유적[134], 용이동유적[135] 등이 분포해 있다.

장당동유적은 4기의 석곽묘가 확인되었고, 1기 혹은 3기가 별도의 묘역을 이루며, 분포한다. 평면 장방형과 바닥 전면 혹은 중간에 소할석을 깔은 구조로 점열문이 시문된 대부장경병, 대부완, 뚜껑이 소량 출토되었다.

지제동유적은 횡구식석실 1기와 석곽묘 2기로 이루어진 소규모 고분군으로 석실을 중심으로 양 옆에 석곽묘가 배치되어 있다. 석실묘는 근방형의 평면과 한쪽 장벽면에 소할석을 여러 단 쌓아 높은 시상대를 설치한 구조이며, 석곽묘는 장방형 평면에 바닥 중간에 소할석을 한 겹 깔은 구조이다. 소량의 고배, 병, 완, 후기형 장경호 등이 출토되었다.

동삭동유적은 모두 9기의 석곽묘가 확인되었는데, 산능선을 따라 1기 혹은 2~3기씩 묘역을 형성하며 분포한다. 평면 장방형을 이루며, 바닥 전면 혹은 중간에 소할석을 한 겹 깔아 시상대를 설치하였다. 부장유물로는 대부병과 뚜껑, 완 등이 출토되었다. 죽백동유적은 3개의 산능선에 나뉘어 석곽묘 4기와 토광묘 2기가 확인되었다. 토광묘는 직장묘이고, 석곽묘는 장방형에 바닥면은 무시설식인 것과 전면에 소할석을 깐 것으로 구분된다. 부장유물은 대부장경병과 완, 철겸 등이 소량 출토되었다.

129 中原文化財硏究院, 2007, 『安城 盤諸里遺蹟』; 기호문화재연구원, 2015, 『안성 반제리 주정마을 유적』.

130 中原文化財硏究院, 2012, 『安城 梨峴里遺蹟』.

131 中央文化財硏究院, 2015, 『平澤 獐堂洞遺蹟』.

132 기남문화재연구원, 2020, 『平澤 芝制洞2遺蹟』.

133 한국문화재연구원, 2020, 『평택 동삭동 410-1번지 유적』.

134 中央文化財硏究院, 2011, 『平澤 소사벌遺蹟』.

135 한얼문화유산연구원, 2019, 『평택 용이 · 죽백동유적』.

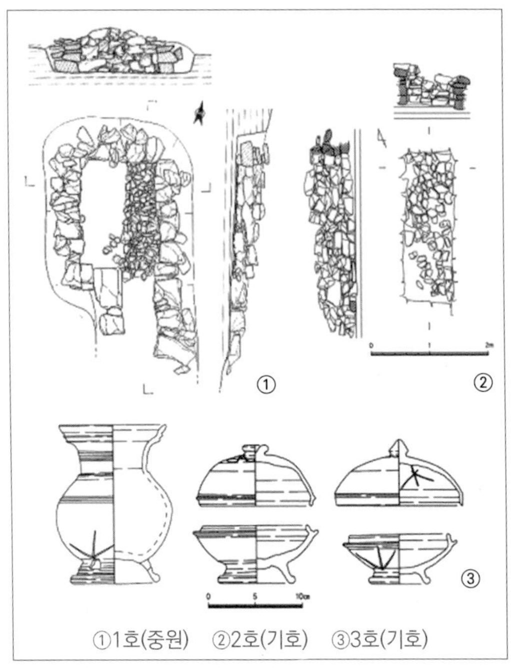

도 47. 안성 반제리유적

무한성과 인접한 반제리유적은 동-서로 마주하는 두 산능선에 나뉘어 분포한다.[136] 모두 18기가 조사되었으며, 분포와 지형상 주변으로 확대하여 분포할 것으로 판단된다. 서쪽 산능선에서는 횡구식석실(곽)묘 4기가 조사되었고, 모두 장방형에 소할석을 바닥 전면에 깔은 것이다. 반면 동쪽 산능선에서는 횡혈식석실묘 3기와 석곽묘 11기가 조사되었다. 횡혈식석실은 근방형에 우편재 연도를 갖추고 있으며, 석곽묘는 모두 통일신라 이후의 것으로 횡혈식석실과는 시기상 차이가 있다. 장방형에 소할석을 바닥 전면 혹은 중간이나 한쪽 벽면에 붙여 깔은 것과 무시설식인 것 등으로 다양하게 나타난다. 부장유물은 고배와 뚜껑, 대부장경호, 대부직구호, 대부완, 대부장경병을 비롯하여 청동과대, 방추차 등이 출토되었다. 이밖에 용이동유적은 소형 석곽묘 2기와 화장묘 1기, 이현리유적에서는 소할석을 바닥 전면에 깔은 평면 장방형의 석곽묘 1기가 단독 분포한다.

136 동쪽 산능선은 반제리유적으로 중원문화재연구원에 의해 조사되었고, 서쪽 산능선은 반제리 주정마을 유적으로 기호문화재연구원에 의해 조사되었다.

(5) 안성천 하류 및 발안천 주변지역(도 30의 105~108)

서해와 접하고 있는 안성천 하류와 발안천 이남 지역으로 평택 안중읍과 청북읍과 화성시 향남읍 일대에 해당한다. 본 지역의 중심부인 평택 용성리 북변의 무성산 줄기에는 신라 산성인 자미산성이 위치한다. 자미산성을 중심으로 주변에서 조사된 고분군으로는 화성 하길리유적[137], 평택 율북리유적[138], 도곡리유적[139], 황산리유적[140] 등이 있다.

하길리유적은 횡구식석실묘 1기와 석곽묘 4기가 조사되었다. 모두 장방형을 이루며, 석실묘는 바닥 전면에 소할석을 깔았고 석곽묘는 중간에 구획하여 한 겹 깔았다. 부장유물은 소량의 뚜껑과 철겸, 철도자 등이 출토되었다.

율북리유적은 산사면에서 횡구식석실묘 1기, 석곽묘 6기, 토광묘 1기 등 모두 8기가 확인되었으며, 산사면에 2~3기씩 묘역을 형성하며 분포한다. 석실묘는 근방형의 평면에 할석재 2매를 이격시켜 놓아 관대를 마련한 것이고, 석곽묘는 평면 장방형을 이루며, 바닥 전면 혹은 중간에 소할석을 깔아 시상대를

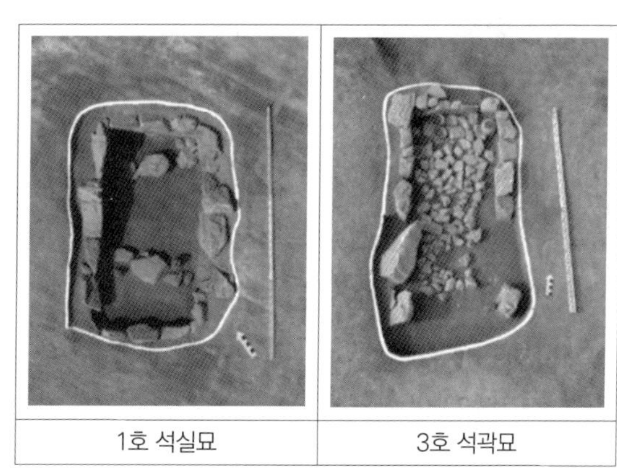

도 48. 평택 율북리유적

137 中原文化財研究院, 2011, 『화성 향남 2지구 유적 I』.

138 한양문화재연구원, 2019, 『평택 드림테크 일반산업단지 내 유적 시굴 및 정밀발굴조사 약식보고서』.

139 세종대학교 박물관, 2006, 『평택 도곡리유적』.

140 한국문화유산연구원, 2019, 「서해선 복선전철 제6·7공구 문화유적 발굴조사 약보고서」.

마련한 구조이다. 토광묘는 바닥 중간에 기와편을 깔고 암키와 1장을 두침으로 사용하였는데, 구조상 목곽이 설치된 것으로 판단된다. 부장유물로는 고배와 대부장경호, 뚜껑, 철도자 등이 있으며, 6호 묘에서는 금제이식이 출토되었다.

도곡리유적은 평면 장방형에 소할석을 바닥 중간 혹은 전면에 깔은 석곽묘 4기가 조사되었으며, 부장유물로는 소량의 원통형병과 대부장경병, 청동과대 등이 출토되었다. 이밖에 황산리유적에서는 유개합을 골장기로 사용한 화장묘 1기가 확인되었다.

2) 서해안 주변 수계권

서해안 주변 수계권은 승기천과 장현천 주변의 2개 지역으로 구분된다.

(1) 승기천 주변지역(도 30의 109)

문학산을 중심으로 남서류하는 승기천 주변으로 인천 미추홀구와 남동구 일대에 해당한다. 본 지역의 중심부에는 문학산성이 위치한다. 문학산성은 발굴조사가 이루어진 적은 없으나 산성 내에서 신라 기와가 수습되며, 산성 외곽에서는 제사관련 유구가 발굴되었는데 7세기 중엽 이후의 신라 토기와 선조문 기와가 다량 출토되었다.[141]

고분군은 문학산성과 인접한 동북쪽의 산줄기에 인천 구월동유적[142]이 유일하게 조사되었다. 구월동유적은 산능선 정상 부근에서 횡구식석실묘 1기와 석곽묘 1기가 조사되었다. 석실묘는 장방형에 할석을 한 쪽 장벽에 붙여 쌓아 높은 시상대를 마련한 구조이고, 석곽묘는 바닥 중간에 잘게 깬 돌을 한 겹 깔은 구조이다. 부장유물은 석실묘에서 수적형문이 시문된 대부완과 완이 출토되었다.

141 한국고고인류연구소, 2018, 『인천 문학산 제사유적』.

142 한강문화재연구원, 2014, 『인천 구월동유적』.

(2) 장현천 · 안산천 주변지역(도 30의 110~112)

서해로 유입되는 장현천과 보통천, 안산천 주변의 곡저분지로 시흥 남부와 안산지역 일대에 해당한다. 본 지역의 중심부에 솟은 군자봉에는 군자산성이 위치하는데, 비록 발굴조사는 이루어지지 않아 존재양태를 파악할 수 없다. 고분군은 장현천을 사이에 두고 동-서로 마주하는 군자봉과 광석산 줄기에서 시흥 군자동 · 장현동유적[143], 광석동 · 능곡동유적[144], 금이동유적[145] 등이 분포해 있다.

군자동 · 장현동유적은 군자봉에서 동쪽으로 뻗은 산능선에 나뉘어 분포하며, 군자동유적은 9기, 장현동유적은 5기가 확인되었다.[146] 근방형의 횡구식 석실묘 1기와 장방형 석곽묘 2~3기로 구성되며, 별도의 묘역을 형성하며 분포한다. 시상대는 소할석을 바닥 전면 혹은 중간에 깔은 것, 별도 구획된 시상대를 갖춘 것, 무시설식 등 다양하게 나타난다. 부장유물은 고배와 뚜껑, 대부병, 대부완, 완 등이 출토되었다.

광석동 · 능곡동유적은 광석산에서 서쪽으로 뻗은 산능선에 나뉘어 분포한다. 광석동유적에서는 소할석을 바닥 전면에 깔은 석곽묘 1기가 확인되었고,[147] 능곡동유적에서는 석곽묘 3기가 확인되었는데, 소할석을 바닥 중간에 깔아

143 京畿文化財硏究院, 2012, 『始興 君子洞遺蹟』; 겨레문화유산연구원, 2018, 『시흥 장현유적II · III』.

144 京畿文化財硏究院, 2010, 『始興 陵谷洞遺蹟』; 겨레문화유산연구원, 2018, 『시흥 장현유적II』.

145 한백문화재연구원, 2010, 『시흥 월곶 · 군자 · 하상 · 금이 · 목감동유적』.

146 군자동 · 장현동유적은 군자봉의 가지능선으로 동일성격의 유적으로 판단된다. 동일 산능선에 분포하는 군자동유적은 경기문화재연구원 조사지점과 겨레문화유산연구원의 군자동 2지점이며, 장현동유적은 군자동유적의 북쪽 맞은 편 산능선으로 겨레문화유산연구원의 장현동 6지점이다.

147 겨레문화유산연구원에서 조사한 광석동 2지점이다. 고려 석곽묘로 보고된 2-5지점 석곽묘는 신라 석곽묘로 판단하였고, 신라 석곽묘로 보고된 2-3지점 석곽묘는 구들시설로 제외하였다.

시상대를 마련한 것과 무식설식으로 나타난다. 부장유물은 점열문 위주의 대부장경병과 대부완, 뚜껑 등이 출토되었다. 이밖에 금이동유적에서도 산사면 하단에서 석곽묘 1기가 조사되었는데. 잘게 깬 돌을 바닥 전면에 깔은 구조이며, 내부에서 점열문의 유개파수부호, 뚜껑, 완 등이 출토되었다.

3. 남한강 · 북한강 수계권

1) 남한강 수계권

광주산맥과 차령산맥에 둘러싸인 이천-여주분지 일대로 수계에 따라 모두 5개 지역으로 구분된다.

(1) 복하천 주변지역(도 30의 113~118)

복하천 주변지역은 장호원읍을 제외한 이천시 일대에 해당한다. 지역의 중심부에 우뚝 솟은 설봉산 정상에는 많은 신라유물과 건물지가 확인된 설봉산성이 위치한다. 고분군은 설봉산성을 중심으로 그 주변을 에워싸는 듯이 다수 확인되는데, 이천 창전동유적[148], 중리동유적[149], 설봉산성 내 석곽묘[150], 장암동유적[151], 덕평리유적[152], 이치리유적[153] 등이 있다.

148 겨레문화유산연구원, 2012, 『이천 창전동유적』.

149 국토문화재연구원, 2019, 「이천 중리 택지개발지구 조성사업부지 내 유적 정밀발굴조사 1차 학술자문회의」; 2019, 「이천 중리 택지개발지구 조성사업부지 내 유적 정밀발굴조사 2차 학술자문회의」.

150 단국대학교 매장문화재연구소, 2002, 『이천 설봉산성 3차 발굴조사보고서』.

151 진흥문화재연구원, 2017, 『서이천산업단지 조성부지 내 유적』.

152 한백문화재연구원, 2014, 『이천 덕평리유적』.

153 국방문화재연구원, 2010, 『이천 이치리유적』.

창전동유적은 6기의 횡구식석실(곽)묘가 확인되었다.[154] 평면 장방형에 소할석을 바닥 전면에 깔았으며, 부장유물은 고배, 뚜껑, 철도자, 철겸 등이 주류이고, 5호 묘의 경우 금동이식이 출토되었다.

중리동유적은 이 구역 내에서 가장 큰 규모의 고분군으로 A지점 85기, B지점 45기 등 모두 130기가 조사되었으며, 산능선을 따라 열지어 분포한다. 원형보존녹지로 미 조사된 구역을 감안하면 200기 내외의 대규모 고분군으로 판단된다. 횡혈식과 횡구식석실(곽)묘로 구성되며, 주된 묘제는 횡구식석실(곽)

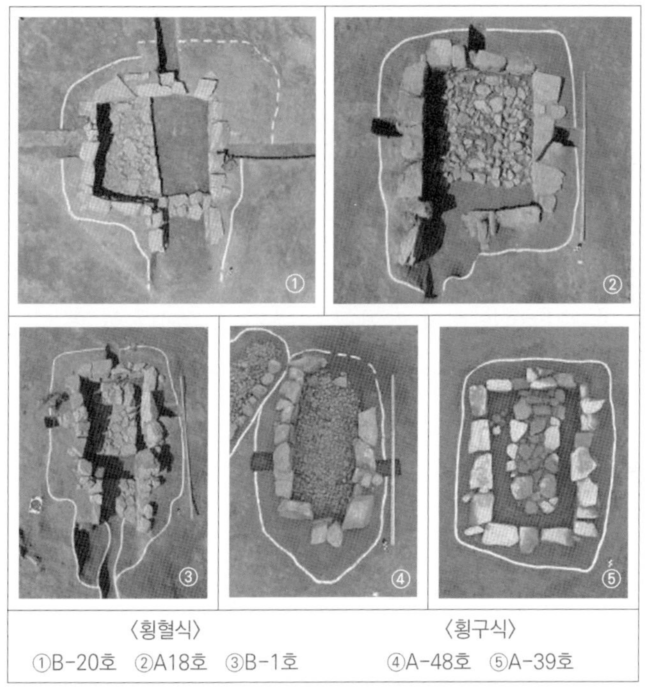

도 49. 이천 중리동고분군

154 제한된 범위의 발굴조사로 고분의 분포와 지형상태로 보아 주변으로 고분군이 확대될 가능성이 매우 높다.

묘이다. 횡혈식석실묘는 방형과 근방형 평면에 중앙연도와 우편재 연도를 갖춘 것으로, 바닥 중간 혹은 한 쪽 벽면에 잇대어 시상대를 마련한 것이다. 반면 횡구식석실(곽)묘는 장방형과 근방형의 평면에 잘게 깬 돌과 할석재를 바닥 전면 혹은 중간에 놓아 시상대를 마련한 것이 다수를 점한다. 하남 금암산 고분군과 같이 일부 석실은 문주석과 문지방석을 갖춘 문틀식 입구부가 설치되는 점이 특징이다.

부장유물은 삼각집선문과 원문류, 수적형문 등이 시문된 고배와 뚜껑, 대부장경호, 대부장경병을 비롯하여 청동과대, 동탁, 방추차 등이 출토되어 6세기 후반에서 7세기 중엽까지 무덤이 조영된 것으로 판단된다.

장암동유적은 횡혈식석실묘 1기와 석곽묘 1기가 조사되었다.[155] 석실묘는 방형 평면에 우편연도를 갖춘 무시설식이고, 석곽묘는 바닥 중간에 소할석을 깔아 시상대를 마련한 것이다. 부장유물은 석곽묘에서 대부병, 완, 방추차가 출토되었다.

덕평리유적은 모두 15기의 횡구식석실(곽)묘가 확인되었다. 산사면을 따라 2~3기씩 묘역을 형성하며 분포한다. 석실묘는 근방형과 장방형, 석곽묘는 장방형을 이루며, 소할석을 바닥 전면 혹은 중간에 깔거나 한 쪽 장벽에 잇대어 놓아 시상대를 마련한 구조로 나타난다. 부장유물은 삼각집선문과 반원점문, 수적형문 위주로 시문된 뚜껑과 고배, 대부장경호, 완 등이 출토되었다.

이치리유적은 12기의 횡구식석실(곽)묘가 산능선을 따라 단독 혹은 2~3기씩 묘역을 형성하며 분포한다.[156] 평면 장방형을 이루며, 소할석을 바닥 전면, 중간, 한쪽 장벽면에 놓아 시상대를 마련한 것과 무시설식 등 다양한 구조가 확인되고 있다. 부장유물은 박하며, 소량의 대부장경병과 청동과대 등이 출

155 석실묘 1기와 석곽묘 2기가 보고되었는데, 이 중 2호 석곽묘는 구조상 신라 통일기 이후의 구들시설이므로 제외하였다.

156 모두 13기의 석실과 석곽묘가 보고되었는데, 횡혈식석실묘인 9호 묘는 입지와 구조상 고구려 석실로 판단되어 제외하였다.

토되었다.

이밖에도 설봉산성 내에서 소형 석곽묘 1기가 찾아졌다.

(2) 금당천 · 흑천 주변지역(도 30의 119~122)

남한강 하류의 금당천과 흑천 주변지역으로 양평군 양평읍과 지평면, 개군면, 여주 대신면과 북내면 일대에 해당한다. 흑천을 자연경계로 하여 소지역군으로 나뉘는데, 용문산 줄기로 둘러싸인 흑천 이북의 양평읍 일대와 추읍산과 고래산, 마감산 줄기로 둘러싸인 여주 대신면과 양평 개군면, 지평면 일대로 나눌 수 있다.

양평읍 일대의 고분군은 흑천 이북의 양근리유적[157]이 유일하다. 이 유적에서는 횡구식석실묘 2기가 확인되었다. 산록 완사면에 입지해 있으며, 평면은 근방형을 이루고 바닥 중간에 소할석을 깔아 시상대를 설치한 것과 무시설식인 것으로 나타난다. 고배와 연질소호 등의 부장유물이 출토되었다.

여주 대신면과 양평 개군면, 지평면 일대는 남한강 수운상 주요 포구인 이포가 위치하는데, 맞은편의 파사산에는 신라 산성인 파사성이 위치한다. 수차례의 발굴조사 결과 석축성벽과 다수의 건물지를 비롯하여 다량의 신라유물이 출토되어 6세기 중엽에서 9세기대까지 장기간에 걸쳐 사용된 신라 산성임이 증명되었다. 고분군은 모두 파사성의 동쪽 지역에 분포하는데, 지금까지 조사된 고분군은 여주 보통리고분군[158], 양평 대평리고분군[159], 단석리고분군[160] 등이 있다.

157 한국선사문화연구원, 2008, 『楊平 道谷里 舊石器遺蹟』.

158 姜仁求, 2000, 「驪州 甫通里의 石室古墳」 『古墳研究』, 學研文化社; 국립중앙박물관, 1989, 「여주 · 이천지역 지표조사보고」 『新岩里Ⅱ』.

159 中部考古學研究所, 2015, 『楊平 大坪里 2號墳』; 2016, 『楊平 大坪里 古墳群』.

160 金元龍, 1957, 「京畿 楊平郡 楊東面 丹石里 新羅時代 古墳報告」 『歷史學報』 第十輯, 歷史學會.

고분군 전경(1970년대)	6호분	발굴조사 석실

도 50. 여주 보통리고분군

보통리고분군은 왕만산에서 남쪽으로 뻗은 두 갈래의 산능선에 나뉘어 모두 14기의 원형 봉토분이 보고되었다.[161] 보고 자료로 보아 주묘제가 횡혈식석실묘인 고분군으로 판단된다. 직경 15~20m 내외 크기의 봉토분은 산능선을 따라 열 지어 분포하며, 이 중 1기가 발굴되었다. 평면 방형에 긴 중앙연도를 갖춘 횡혈식석실묘로 후벽에 잇대어 전상석과 판석재를 쌓아 50cm 정도 높이의 시상대를 설치하였다. 시상대 상면을 회를 발라 마무리하였고 목관을 사용한 특징이 있다. 유물은 금동이식과 철도자가 소량 출토되었다.

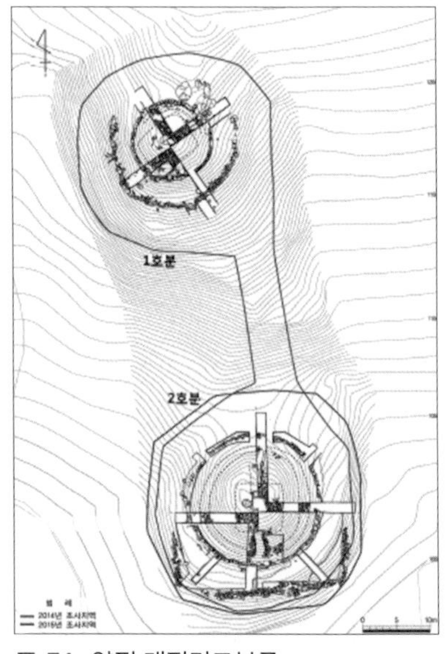

도 51. 양평 대평리고분군

161 보통리고분군은 1970년 강인구에 의해 7기의 봉토분이 있음이 최초로 보고되었고, 이 중 1기를 발굴하였다. 이후 1989년 국립중앙박물관의 지표조사 과정에서 추가로 확인되어 모두 14기의 봉토분이 분포하고 있음이 확인되었다.

대평리고분군은 산능선 정상을 따라 2기의 횡혈식석실묘가 확인되었다. 방형 평면에 궁륭형 천장으로 연도는 좌편재인 것과 중앙식으로 나타나고 길며, 입구는 정교한 현문시설을 갖추고 있다. 시상대는 할석재를 후벽에 붙여 쌓아 70~80cm의 높게 설치하였고, 목관을 안치한 특징이 있다. 부장유물은 도굴로 인하여 소량의 토기편과 철도자만이 출토되었다.

단석리고분군은 현 양동초등학교 단석분교가 위치한 산사면에 5~6기가 분포하였던 것으로 보고되었다. 교사 신축공사 당시 대부분 멸실되었고, 단애면에 잔존한 2기의 구조상 횡구식석실과 석곽묘로 구성된 소규모 고분군으로 판단된다. 석실묘는 근방형을 이루고, 바닥 전면에 잘게 깬 돌을 깔은 것으로 추정되며, 석곽묘는 장방형의 무시설식이다. 유물은 석실(곽)에서 출토된 것으로 판단되는 고배, 대 병, 대부완, 완 등 15점이 전하고 있다.

(3) 양화천 하류 · 연양천 주변지역(도 30의 123~126)

양화천과 연양천 주변으로 여주 시내를 중심으로 서쪽의 능서면과 동쪽의 매룡동, 남쪽의 점동면 일대에 해당한다. 여주 시가지의 서남쪽에는 북성산성이 위치하는데, 석축산성으로 발굴된 바 없지만 선조문의 신라 기와가 출토되고, 내부 건물지와 우물지 등이 확인되고 있어 신라 산성으로 비정되고 있다.[162] 지금까지 조사된 고분군은 모두 북성산성과 인접한 동쪽의 나지막한 산줄기에 위치하며, 여주 매룡동고분군[163], 하거리고분군[164], 상거동유

162 백종오 · 오강석, 2004, 「驪州地域 城郭의 特徵과 時代別 變遷」『年報』第8號, 京畿道博物館.

163 朝鮮總督府, 1916, 「大正五年度 古蹟調査報告」『古蹟調査報告』; 翰林大學博物館, 1988, 『驪州 梅龍里용강골 古墳群』; 1989, 『驪州 梅龍里용강골 古墳群Ⅱ』; 2001, 『여주 상리고분』; 畿甸文化財硏究院, 2000, 『驪州 上里 · 梅龍里 古墳群 情密地表調査報告書』; 中原文化財硏究院, 2009, 『驪州 梅龍里遺蹟』.

164 경희대학교박물관, 1999, 『여주 하거리 방미기골 고분』; 韓國文化遺産硏究院, 2013, 『驪州 下巨里 古墳群』.

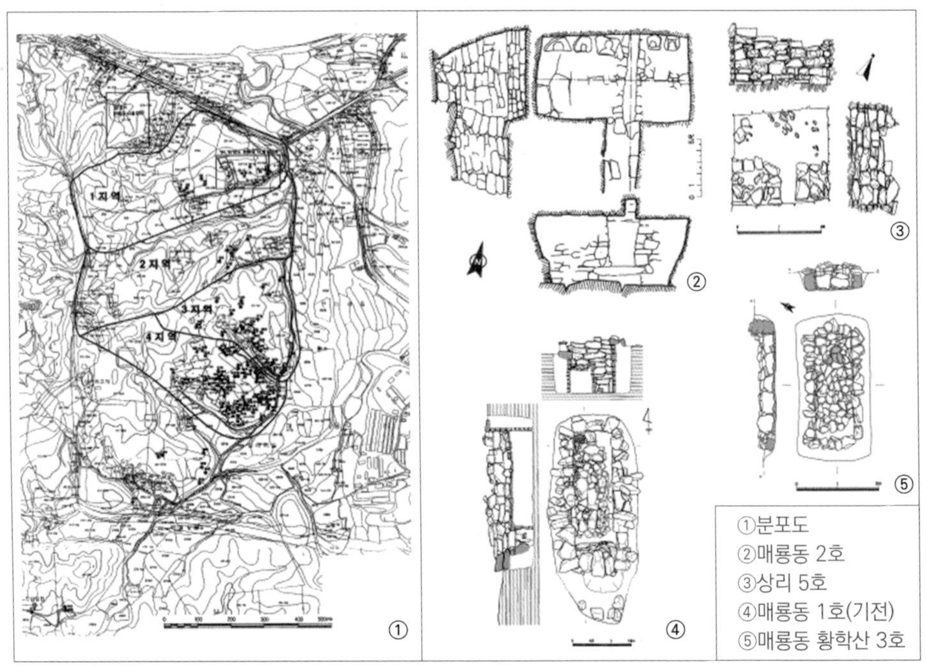

도 52. 여주 매룡동고분군

적[165] 등이 있다.

매룡동고분군은 남한강 수계권에서 가장 큰 규모의 고분군으로 북-남으로 길게 뻗은 황학산 줄기에 분포한다. 매룡리·상리고분군과 황학산고분군으로 구분되는데, 하나의 고분군으로 판단하는 것이 타당하다. 두 차례의 지표조사 결과 최소 200기 이상이 분포하는 대규모 고분군이며, 모두 43기의 고분이 발굴되었다.[166]

165 단국대학교 매장문화재연구소, 2006, 『여주 상거리 종합유통단지 건설부지 시·발굴조사보고서』.

166 野守 健이 1929년도에 작성한 「復命書」의 고분분포도에는 196기가 보고되었고, 기전문화재연구원의 2000년도 지표조사 시 확인된 고분은 139기로 일제강점기 조사고분 2기, 한림대박물관과 기전문화재연구원에 의해 발굴된 고분 37기를 포

횡혈식 · 횡구식석실과 석곽묘로 구성된 고분군으로 주 묘제는 횡구식석실묘이다.

횡혈식석실은 횡장방형과 중앙연도식이 특징적이고 근방형에 우편재연도인 소형 석실도 확인된다. 주묘제인 횡구식석실은 평면 방형과 근방형, 장방형 모두 나타나며, 한 쪽 단벽이나 장벽에 소할석을 여러 단 쌓아 높은 시상대를 갖춘 것이 주류이고 추가장이 활발히 이루어진다. 이외 석곽묘는 바닥 전면에 소형 할석재를 깔은 것으로 나타난다. 부장유물로는 병과 연질소호, 고배, 대부장경호, 대부장경병, 완, 접시를 비롯하여 금동관, 청동 · 철제과대 등이 출토되었다. 병과 연질소호의 부장비율이 높은 반면 고배와 대부장경호 등은 거의 출토되지 않는 특징이 있다. 부장토기로 보아 6세기 후반에서 8세기대까지 장기간 고분군이 유지되었던 것으로 판단된다.

하거동고분군은 대포산의 주능선에서 동쪽으로 뻗은 가지능선에 분포하며, 모두 38기가 찾아졌다.[167] 주 묘제는 횡구식석실묘이며, 길이 1m 내외의 소형 석곽묘가 일부 확인된다. 평면은 크게 근방형과 장방형으로 구분되는데 장방형의 경우 양 장벽이 약간 배가 부른 동장형으로 나타나는 특징이 있다. 이외 방형도 1기가 확인되었다. 추가장이 활발히 이루어졌으며, 시상대는 석실묘의 경우 한쪽 벽면에 잇대어 소할석을 쌓아 마련하였고 석곽묘는 바닥 전면에 판석재를 깔거나 무시설식이다. 부장유물은 고배와 대부장경호, 연질소호, 병을 비롯하여 금동이식, 철탁, 동탁, 철도자 등이 출토되었다. 매룡동고분군과 같이 병과 연질소호의 부장비율이 높은 특징이 있다.

함한 것이다. 이와 더불어 황학산 수목원 조성과 관련하여 중원문화재연구원에 의해 발굴된 4기의 고분을 추가하면 143기이다.

167 경희대박물관 조사지점에서는 모두 33기가 찾아졌는데, 이 중 27호 묘는 고려시대 석곽묘로 판단되어 제외하였고, 한국문화유산연구원 조사지점에서는 6기가 찾아졌다. 발굴된 고분의 분포현황과 주변지형으로 보아 주변으로 고분군이 확대하여 분포할 가능성이 매우 높다.

상거동유적은 산사면에서 세장방형의 석곽묘 2기가 확인되었다. 소할석을 바닥 전면에 한 겹 깔은 것으로 고배와 원문과 수적형문이 시문된 대부병이 출토되었다.

(4) 청미천 상류 주변지역(도 30의 127~129)

청미천 상류 주변으로 안성시 죽산면과 일죽면, 용인시 백암면 일대에 해당하며, 중원경인 충주지역과 미호천 수계권인 진천지역으로 진입하기 위한 관문 구실을 하는 교통의 결절지이다. 지역의 중심부인 죽산리에 솟은 비봉산에는 신라 산성인 죽주산성이 위치하는데, 수차례의 발굴조사 결과 6세기 중엽에서 9세기대까지 장기간 사용되었음이 확인되었다. 고분군은 죽주산성 주변의 나지막한 산줄기에 위치해 있는데, 조사된 유적으로는 안성 장원리유적, 당목리유적[168], 용인 근삼리유적[169] 등이 있다.

장원리유적은 죽산천을 사이에 두고 죽주산성과 마주하는 남산의 북쪽 산능선에 분포한다. 1지점과 3지점에서 석곽묘 7기와 석개토광묘 2기 등 모두 9기가 조사되었다. 특히 횡혈식석실묘 2호와 3호는 한성기 백제 횡혈식석실로 신라 진출 이후 재사용된 점이 특징적이다. 산능선 별로 단독 혹은 2~3기씩 묘역을 형성하며 분포하고, 석곽묘는 장방형 평면과 소할석 혹은 판석재를 바닥 전면에 한 겹 깔은 구조이다. 부장유물이 거의 없는 박장이며, 파수부호와 청동과대 만이 출토되었다.

당목리와 근삼리유적에서는 석곽묘가 1기씩 조사되었는데, 당목리유적은 바닥 전면, 근삼리유적은 바닥 중간에 소형 판석재를 한 겹 깔아 시상대를 마련한 구조이다. 부장유물은 점열문 위주의 대부장경병과 대부완, 뚜껑 등이 출토되었다.

---

168 韓國文化遺産硏究院, 2012,『安城 長院里·龍舌里·唐木里遺蹟』.

169 中央文化財硏究院, 2006,『龍仁 杜倉里遺蹟 -龍仁 近三里·栢峰里遺蹟-』.

(5) 청미천 중류 및 양화천 상류 주변지역(도 30의 130~131)

청미천 중류와 양화천 상류 주변으로 이천시 설성면과 장호원읍, 음성 감곡면 북부일대로 중원경인 충주지역으로 들어서는 길목에 해당한다. 지역의 중앙부인 선읍리에는 신라 산성인 설성산성이 위치하며, 고분군은 산성의 동쪽 외곽에서 음성 문촌리유적[170]과 오궁리유적[171]이 조사되었다.

문촌리유적은 오갑산에서 남동쪽을 뻗은 능선에서 갈라진 2개의 가지능선에 나뉘어 분포한다. 한국문화재보호재단 조사지점에서는 횡혈식과 횡구식석실묘 4기가 발굴되었고,[172] 중앙문화재연구원 조사지점에서는 횡구식석실묘

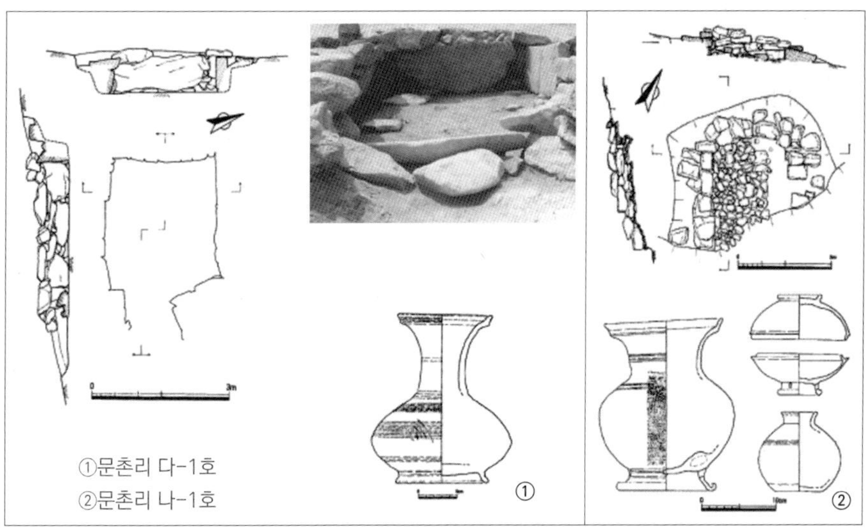

도 53. 음성 문촌리유적

170 한국문화재보호재단과 중앙문화재연구원에 의해 조사되었다(韓國文化財保護財團, 2001, 『陰城 梧弓里 · 文村里遺蹟』; 中央文化財硏究院, 2001, 『陰城 文村里遺蹟』).

171 韓國文化財保護財團, 2001, 『陰城 梧弓里 · 文村里遺蹟』.

172 한국문화재보호재단 조사지점에서는 모두 6기의 석실묘가 확인되었는데, 이 중 나지구 7 · 8호는 구조상 고구려 석실로 판단되어 제외하였다.

2기와 석곽묘 4기 등 모두 6기가 발굴되었다. 이들 무덤은 단독 혹은 2~3기씩 묘역을 형성하며 분포한다.

횡혈식석실은 평면 방형에 중앙식 연도를 갖추고 바닥에는 소할석이나 넓적한 석재를 이격시켜 놓아 관대를 마련한 것이다. 추가장이 이루어져 2인장을 기본으로 한다. 횡구식석실은 근방형과 장방형, 석곽묘는 장방형을 이루며, 바닥면은 무시설식이거나 소형 판석재를 전면 혹은 한 쪽 장벽에 붙여 시상대를 마련하였다. 부장유물은 고배와 삼각집선문과 원문류가 시문된 대부호와 뚜껑, 조문과 점열문이 시문된 대부완, 대부장경병 등과 함께 청동·철제과대, 철도자 등이 출토되었다.

오궁리유적에서는 횡구식석실 1기와 소형 석곽묘 1기가 조사되었다. 모두 장방형을 이루며, 식실은 바닥 중간에 소할석을 깔았고, 석곽묘는 무시설식이다.

2) 북한강 수계권(도 30의 132~134)

북한강 중·하류 주변의 곡저평탄지로 현 가평군 읍내와 청평면 일대에 해당한다. 북한강변의 충적지에 입지한 가평 읍내리유적[173], 대성리유적[174]과 산록 완사면에 입지한 신천리유적이 분포한다.

가평 읍내리유적은 근방형과 장방형을 이루는 횡구식석실묘 2기가 확인되었다. 소형 천석재를 여러 단 쌓아 시상대를 설치하였고, 근방형은 후벽, 장방형은 한 쪽 장벽면에 잇대어 배치하였다. 부장유물로는 고배, 뚜껑, 대부직구호, 병, 완 등이 있으며, 1호 묘에서는 금동과대가 출토되었다.

가평 대성리유적에서는 횡구식석실묘 2기가 확인되었다. 세장방형을 이루며, 단벽부에 일부 공간을 두고 전면에 천석재를 깔아 시상대를 마련하였다.

---

173 기호문화재연구원, 2016, 『가평 읍내리유적』.

174 京畿文化財硏究院, 2009, 『加平 大成里遺蹟』.

고배, 대부장경호, 대부완, 철제집게, 철착, 철겸, 철도자, 지석 등이 출토되었다. 이밖에 가평 신천리유적에서는 고구려 석실 아래로 석곽묘 2기가 나란히 분포한다.

이상에서 살펴본 바와 같이 경기지역 신라 고분은 〈도 54〉와 같이 산천을 경계로 지형적 단절을 보이는 독립된 공간에 밀집하여 분포하며, 이를 정리하면 〈표 4~6〉과 같다. 크게 북-남으로 종주하는 광주산맥을 기준하여 동쪽의 한강 본류와 안성천 수계권, 서해안 주변 수계권, 서쪽의 남한강과 북한강 수계권으로 나뉘며, 모두 22개의 분포구역이 설정되었다.

이들 분포구역은 수계를 따라 북-남, 동-서로 이어지는 교통로를 이루고 있으며, 각 구역의 중심부 혹은 한쪽에 치우친 곳에는 신라 산성이 위치하는데, 고분군은 이를 중심으로 분포한다. 이는 〈도 29〉의 고구려 고분군의 분포와 큰 차이가 없는 것으로 신라 고분의 각 분포구역이 교통로상 밀접하게 연결됨을 알 수 있다. 구체적으로 살펴보면, 한강 본류 수계 대화·창릉천 주변의 고양 도내동유적과 중랑·왕숙천 주변의 남양주 지금동유적, 아차산 일대 보루군, 탄천하류 주변의 서울 세곡동유적, 성남 판교동유적, 탄천 중·상류역의 용인 보정동·동천동고분군, 안성천 수계 황구지천 주변의 화성 청계동유적, 안성천 상류 주변의 도기동산성, 남한강 수계 양화천 하류 주변의 여주 금당리유적 등 각 구역별로 고구려의 남진경로를 추정할 수 있는 산성이나 고분군이 함께 확인되고 있다는 점에서 고고학적으로 뒷받침되고 있다.

200기 이상의 대규모 고분군은 서울 중곡동, 하남 금암산, 용인 보정동, 이천 중리동, 여주 매룡동고분군 등과 같이 한강 본류 수계 이북과 이남, 남한강 수계권 등 3개 권역에서만 분포하고, 북한강과 안성천, 서해안 수계권은 대부분 20기 미만의 소규모 고분군으로만 나타난다. 묘제로 살펴보면 한강 본류와 남한강 수계권은 고배와 부가구연대부장경호 등 이른 단계의 후기양식 토기가 부장된 횡혈식과 횡구식석실묘 위주의 고분군이 다수 확인되는 반면, 안성천과 서해안 수계권은 대부분 인화문토기가 주로 부장되는 횡구식석곽묘 위주의 고분군으로 나타난다. 이밖에 안성천 수계권의 경우 석실(곽)묘 이외에

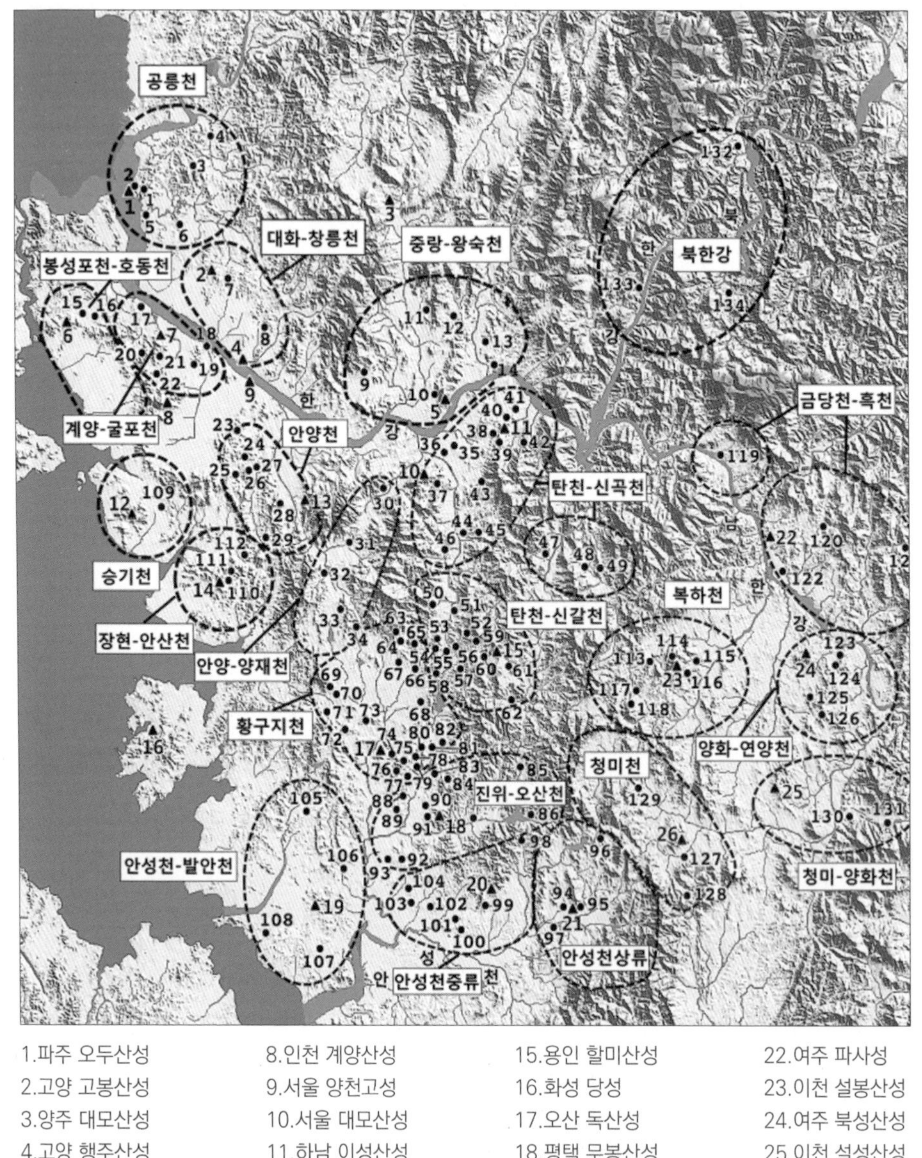

1.파주 오두산성
2.고양 고봉산성
3.양주 대모산성
4.고양 행주산성
5.서울 아차산성
6.김포 수안산성
7.김포 북성산성
8.인천 계양산성
9.서울 양천고성
10.서울 대모산성
11.하남 이성산성
12.인천 문학산성
13.서울 호암산성
14.시흥 군자산성
15.용인 할미산성
16.화성 당성
17.오산 독산성
18.평택 무봉산성
19.평택 자미산성
20.안성 무한성
21.안성 비봉산성
22.여주 파사성
23.이천 설봉산성
24.여주 북성산성
25.이천 설성산성
26.안성 죽주산성

도 54. 경기지역 신라 고분 분포구역 현황도 <▲: 신라성곽>

석개토광묘와 토광목관묘 등의 토광묘가 나타나는 시례가 많은 점이 특징적이다.

이와 같이 각 분포구역 별 고분군의 규모와 묘제구성, 조영시기의 차이는 신라의 경기지역 진출과 축조집단의 성격차이로 이해되는바 경기지역에 이식된 지방사회의 구조와 변화과정을 이해할 수 있는 고고학적 근거가 된다. 이에 대해서는 마지막 장에서 다루고자 한다.

표 4. 경기지역 신라 고분 분포현황(한강 본류 수계권)

권역	지역명	고분군	묘제		비고
			횡혈식석실	횡구식석(곽)실	
한강 본류 수계권	공릉천 하류	파주 성동리	-	20	오두산성
		파주 덕은리	-	20	
		파주 법흥리	1	7	
		파주 운정동	-	12	
		파주 동패동	-	1	
		파주 능산리	-	1	
	대화천 · 창릉천	고양 식사동	-	4	고봉산성
		고양 도내동	-	1	행주산성
	중랑 · 왕숙천 하류	서울 중곡동	-	약 200 이상	아차산성
		서울 명륜동	2	-	
		서울 중계동	-	1	
		남양주 지금동 I	-	5	
		남양주 지금동 II	1(재사용)	11	
		남양주 별내동	-	1	
	봉성포천 · 호동천	김포 유현리	-	24	수안산성
		김포 양촌	-	16	
	계양천 · 굴포천 하류	김포 운양동	-	4	북성산성
		김포 신곡리	-	9	
		인천 원당동	-	28	
		인천 불로동	1	20	
		인천 당하동	-	7	

권역	지역명	고분군	묘제		비고
			횡혈식석실	횡구식석(곽)실	
	안양천 중 · 하류	부천 고강동	-	10	호암산성
		서울 궁동	-	1	
		서울 항동	-	3	
		서울 천왕동	2	-	
		서울 천왕동연지	-	3	
		광명 소하동	2	-	
		광명 가학동	-	3	
	안양천 · 양재천 상류	서울 우면동	-	8	모락산성?
		안양 관양동	-	5	
		군포 산본동	1	5	
		의왕 이동	-	3	
		수원 이목동	-	2	
	탄천 하류 · 산곡천	서울 가락동 · 방이동	13 이상(재사용有)	1	이성산성
		서울 대모산성			
		서울 석촌동	-	1	
		서울 세곡동	3	-	
		하남 금암산	2	36(200 이상)	
		하남 객산	46 노출(100 이상)		
		하남 덕풍동	2	21(100 이상)	
		성남 창곡동	-	2	
		성남 여수동	-	13	
		성남 도촌동	-	7	
		성남 판교동	-	7	
		광주 선동리	-	13	
		광주 역동	-	2	
		광주 대쌍령리	-	10	
	탄천 중 · 상류 / 신갈천	용인 동천동	-	2	할미산성
		용인 죽전동	-	3	
		용인 마북동	-	1	
		용인 보정동	-	200 이상	
		용인 신갈동	-	7	
		용인 언남동	-	1	

권역	지역명	고분군	묘제		비고
			횡혈식석실	횡구식석(곽)실	
		용인 구갈동	-	1	
		용인 하갈동	-	3	
		용인 청덕동	2	-	
		용인 동백동	-	3	
		용인 마성리석실	1	-	
		용인 마성리	-	1	
		용인 역북동	-	2	

표 5. 경기지역 신라 고분 분포현황(남한강 · 북한강)

권역	지역명	고분군	묘제		비고
			횡혈식석실	횡구식석(곽)실	
남한강 수계권	복하천	이천 창전동	-	6	설봉산성
		이천 중리동	약 7	약 200 이상	
		이천 덕평리	-	15	
		이천 장암리	1	1	
		이천 이치리	-	12	
	금당천 · 흑천	여주 보통리	약 14	-	파사성
		양평 대평리	2	-	
		양평 단석리	-	약 5~6	
		양평 양근리	-	2	-
	양화천 하류 · 연양천	여주 매룡동	3	200 이상	북성산성
		여주 하거동	-	38 이상	
		여주 상거동	-	2	
	청미천 상류	용인 근삼리	-	1	죽주산성
		안성 장원리	2(재사용)	9(석개2)	
		안성 당목리	-	1	
	청미천 · 양화천 상류	음성 문촌리	2	8	설성산성
		음성 오궁리	-	2	
북한강 수계권	북한강 상류	가평 읍내리	-	2	-
		가평 대성리	-	2	
		가평 신천리	-	2	

표 6. 경기지역 신라 고분 분포현황(안성천 · 서해안 주변 수계권)

권역	지역명	고분군	묘제		비고
			횡혈식석실	횡구식석(곽)실	
안성천	황구지천	수원 광교	5	57	독산성
		수원 이의동	–	2	
		수원 인계동	–	4	
		용인 서천동	–	15(화장1)	
		화성 천천리	–	10	
		화성 상리	–	5	
		화성 분천리	–	2	
		화성 화산	–	4	
		화성 반송동	–	7	
		화성 청계동	–	11	
		화성 오산동	–	7(토1)	
		오산 가장동	–	2	
		오산 궐동	–	8	
		오산 내삼미동	–	9	
		오산 금암동	–	4	
		오산 세교동	–	1	
	진위천 · 오산천	오산 탑동 · 두곡동	–	7(토1)	무봉산성
		화성 장지동	–	28	
		용인 봉무리	–	1	
		용인 어비리	1(추가장)	–	
		용인 덕성리	–	2	
		평택 가곡리	–	3	
		평택 수월암리	–	21	
		평택 당현리	–	12	
		평택 서정동	–	4	
	안성천 상류	안성 당왕동	1	7	비봉산성
		안성 가사동	1	–	
		안성 동평리	–	3	
		도기동산성 內	–	3	
	안성천 중류	안성 반제리	3	15	무한성(무양산성)
		안성 이현리	–	1	

권역	지역명	고분군	묘제		비고
			횡혈식석실	횡구식석(곽)실	
		평택 장당동	–	4	
		평택 지제동	–	3	
		평택 동삭동	–	9(토2)	
		평택 죽백동	–	6	
		평택 용이동	–	3(화장1)	
	안성천 하류 · 발안천	화성 하길리	–	5	자미산성
		평택 율북리	–	8(토1)	
		평택 도곡리	–	4	
		평택 황산리	–	1(화장)	
서해안 수계권	승기천	인천 구월동	–	2	문학산성
	장현천 · 안산천	시흥 군자동 · 장현동	–	14	군자산성
		시흥 광석동 · 능곡동	–	4	
		시흥 금이동	–	1	

Ⅳ

고분의 형식

경기지역에서 신라 고분은 횡혈식석실묘와 횡구식석실묘, 수혈식석곽묘 등이 있으며, 간헐적으로 석개토광묘[1]와 목관묘도 확인된다. 본 장에서는 극소수인 석개토광묘와 목관묘를 제외하고 석실(곽)묘의 구조적 속성을 검토하여 형식을 설정하고 공간적 분포현황을 파악하여 지역적 특성을 파악하기 위한 기초자료로 삼고자 한다.

석실(곽)묘의 구조적 속성으로는 매장주체시설인 석실(곽)을 기준하여 봉분과 호석, 제의시설 등 외적속성과 석실(곽)과 관련된 석실(곽)의 평면 형태, 크기, 천장구조, 벽체 축조방법, 시상 및 관대의 구조와 공간배치, 연도와 횡구부의 위치와 구조 등 내적속성이 있다. 그러나 경기지역에서 조사된 석실(곽)묘 대부분은 매장주체부인 석실(곽)의 일부만 남아있는 경우가 많아 외적속성은 물론 천장과 벽체구조 등 명확한 내부구조 및 크기를 도출해 내는데 어려움이 있다. 하지만 여러 구조적 속성 중 평면 형태는 대체로 석실(곽)의 천장과 시상대의 공간배치 등을 결정짓는 기본 속성으로 이를 통해 석실(곽)의 대체적인 구조 파악이 가능하다.

따라서 본 장에서는 공통적으로 적용 가능하고 천장과 시상대의 공간배치

1 석개토광묘는 안성 장원리유적과 평택 소사벌유적, 서정리유적에서 확인된 바 있다.

등 내부구조와 관련성이 큰 평면 형태를 대기준으로 삼았고 평면 형태와 관련되는 시상대의 구조와 공간배치, 연도 및 횡구부의 위치를 소기준으로 삼아 각 무덤의 형식을 설정해 보도록 하겠다.

1. 횡혈식석실묘

횡혈식석실묘의 평면 형태는 〈도 55~56〉과 같이 장폭비에 따라 1.25:1 미만의 방형(Ⅰ), 1.25:1 이상 1.8:1 미만의 근방형(Ⅱ), 1.8:1 이상의 종장방형(Ⅲ), 0.8:1 이하의 횡장방형(Ⅳ)으로 구분된다.

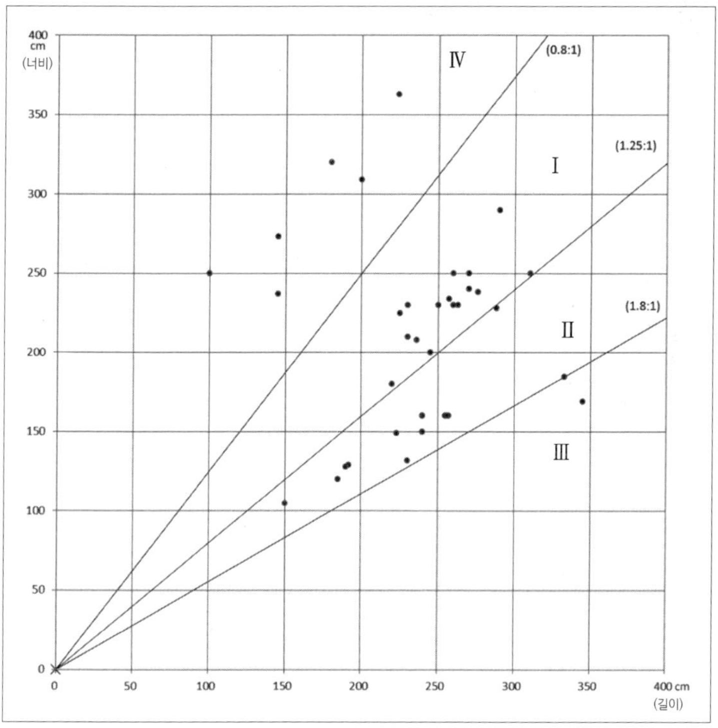

도 55. 장폭비에 따른 경기지역 신라 횡혈식석실묘 분포도

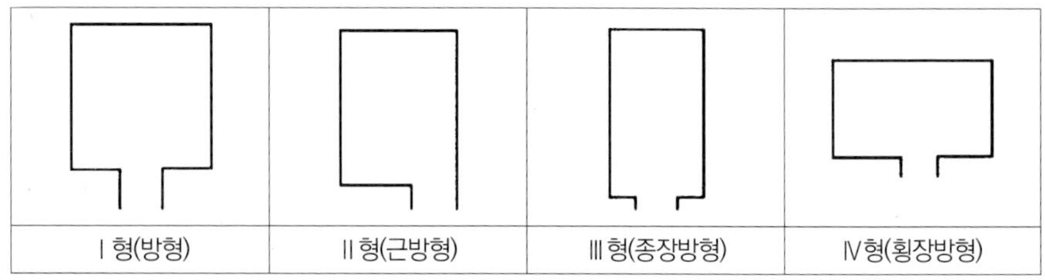

도 56. 횡혈식석실묘 평면형태 분류 모식도

시상(관)대는 축조방법과 공간배치에 따라 5식으로 구분된다.

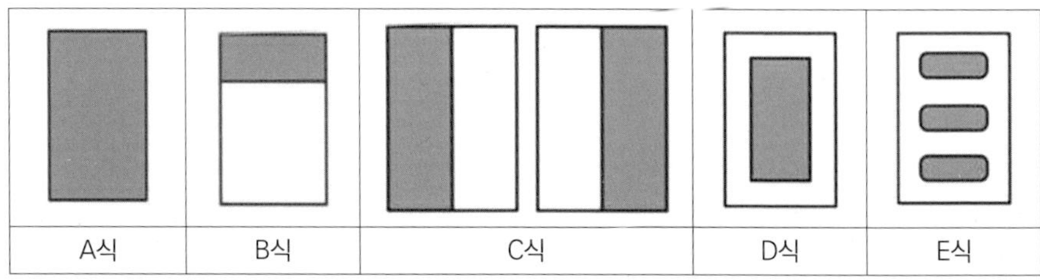

도 57. 횡혈식석실묘 시상(관)대 분류 모식도

A식은 소할석이나 역석을 전면에 두텁게 깔은 것으로 피장자를 부석된 상면에 안치하거나 바닥석보다 큰 석재나 판석형 석재를 1겹 정도 도드라지게 놓아 주검받침으로 사용한다. B식은 별도의 공간을 구획하여 할석재로 쌓은 단을 후벽에 배치한 것이며, C식은 좌·우 장벽에 배치한 것이다. D식은 양 벽면과 떨어져 바닥 중간에 배치한 것이고, E식은 바닥면에 석재를 이격시켜 놓아 관대를 마련하거나 별도의 시설 없이 생토면을 정지한 무시설식으로 목관이 사용된 경우가 일반적이다. 방형 석실은 A식과 B식, 근방형 석실은 C·D식, 횡장방형 석실은 C식, 종장방형 석실은 B식이 일반적이다.

연도의 위치는 석실의 입구 쪽에서 바라보았을 때를 기준으로 좌편재식(1),

중앙식(2), 우편재식(3)으로 구분된다. 방형 석실은 1, 2, 3식이 모두 나타나며,[2] 근방형 석실은 2·3식, 장방형과 횡장방형 석실은 2식으로만 나타난다.

1) Ⅰ형(방형계)

평면 장폭비가 1.25:1 미만으로 평면형이 방형을 이루는 궁륭형 천장을 갖춘 석실이다. 시상의 축조방법과 배치상태에 따라 A·B·C·D형의 4개 형식으로 구분된다.

• A형: 시상이 전면부석식인 A식이다. 연도는 좌편재식(1)과 중앙식(2), 우편재식(3)이 모두 나타나며, 연도길이는 1.5m 내외이다. 방이동 3호와 4호의 바닥상태로 볼 때 추장이 이루어진 다인장으로 판단된다. 벽면에 점토나 회바름 혹은 문미석과 문지방석을 갖춘 현문구조가 확인되기도 하며, 대부분의 석실 바닥면에는 연도를 통해 외부로 빠져나가는 배수로가 설치되는 특징이 있다. 침향은 연도방향과 직교하는 동향 혹은 서향으로 추정된다. 서울 방이동 3호, 4호, 6호·가락동 4호, 서울 세곡동유적 3호, 이천 중리동 A-18호 석실 등이 이에 해당된다.

• B형: 시상이 후벽 배치식인 B식이다. 연도는 좌편재식(1), 중앙식(2), 우편재식(3)이 모두 확인되는데 중앙식이 우세하다. 매장인 수는 2~3인 이상으로 다인장이 일반적이며, 침향은 연도 방향과 직교하는 동향 혹은 서향으로 추정된다.

높이 30cm 이상인 고시상에 벽면과 시상대에 점토나 회바름을 하고 문비석과 문미석, 문지방석, 문주석 등 정교한 현문구조를 갖추고 있으며, 연도 길이가 2m 이상으로 긴 것과 20cm 이하의 저시상에 벽체 하단에는 대형 석재

2 이 중 좌편재식인 1식은 서울 방이동 1호와 이천 중리동 A-18호 석실, 단 두 사례에 불과하여 일반적인 형식은 아닌 것으로 판단된다.

를 수적하고, 연도 길이가 1m 내외로 짧은 것이 있는데 전자에서 후자로 구조적 변천이 이루어지고 있다.

전자로는 서울 가락동 6호, 방이동 1호, 양평 대평리고분군 1호 · 2호, 여주 보통리고분군 석실묘 등이 해당되며, 후자로는 수원 광교유적 2지점 2호, 10지점 1호, 하남 덕풍골유적 석실묘, 하남 금암산고분군 1-1호 석실묘 등이 있다.

• C형: 시상을 연도 반대편인 좌측 벽에 잇대어 연도방향과 같은 북-남향으로 배치한 C식 시상대를 갖춘 것이다. 연도는 모두 우편재식(3)이며, 길이가 1m 내외로 짧다. 시상대는 할석재를 1~2단만 놓아 높이 10~20cm 내외로 낮으며, 너비는 1m 이상으로 넓어 2인장을 염두에 두고 조영된 것으로 판단된다. 이천 중리동유적에서만 확인되며, A-52호, B-20호 · 36호 석실이 이에 해당한다.

• D형: 판석형의 작은 석재를 한 겹 깔고 두침석을 놓은 저시상대를 네 벽에서 떨어져 배치한 것이다. 연도는 중앙식(2)이며, 길이가 1m 정도로 짧다. 매장인 수는 2~3인 이상으로 다인장이며,[3] 침향은 북향으로 나타난다. 군포 산본동 2호 석실묘 단 한 사례로 경기지역을 비롯한 신라 석실에서 일반적인 형식은 아니지만 계통과 관련되는 구조로 판단되기에 별도의 형식으로 분류하였다.

• E형: 바닥에 판석형 석재나 소할석을 양단측에 놓아 관 받침석으로 사용한 관대식 혹은 별도의 시설 없이 생토면을 정지한 무시설식인 것이다. 연도는 대부분 중앙식(2)이며, 우편재식(3)도 소수 있는데, 길이가 1m 정도로 짧다. 벽체 하단에 치석이 덜 된 대형 석재를 수적하여 전체적으로 조잡한 축조상태를 나타낸다. 하남 광암동 산71-1번지 유적 1호, 음성 문촌리 다-1호, 이천 장

3 D형식인 군포 산본동 2호 석실묘의 경우 바닥 중간과 우측에 치우쳐 2개의 시상대가 배치된 것으로 보고되었으나 사진과 도면을 검토하여 볼 때 좌측 벽 인근 바닥에 안정적으로 놓인 석재들이 관찰되어 모두 3인장일 가능성도 배제할 수 없다.

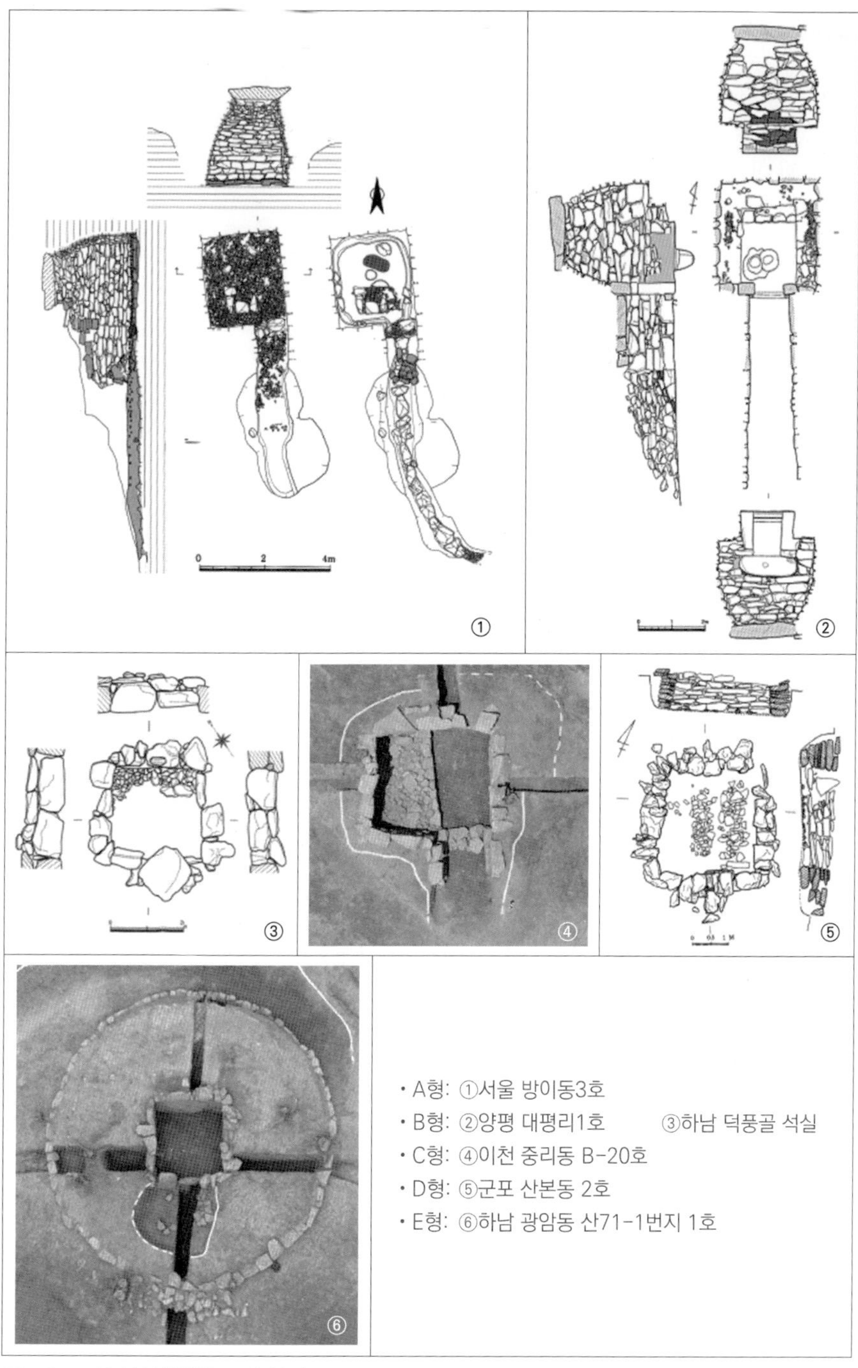

도 58. Ⅰ형 횡혈식석실묘 제 형식

암리 1호 석실[4]이 이에 해당한다.

출토유물 상 A·B·C·D형 모두 공존하다가 저시상에 단연도의 B형과 E형의 관대·무시설식으로 구조 변화가 이루지는 것이 관찰된다.

2) II형(근방형계)

평면 장폭비가 1.25:1 이상에서 1.8:1 미만으로 방형에 가까운 종장방형계 석실이지만 지금까지 조사된 것은 대개 1.4~1.6:1의 장폭비의 범위에 있다. 평천장 혹은 변형 궁륭형 천장에 연도는 대부분 우편재식(3)이며, 일부 중앙식(2)과 좌편재식(1)도 확인된다. 시상대의 배치와 축조방법, 연도위치 등에 따라 C·D·E형의 3개 형식으로 구분되고 전면부석식과 후벽배치식인 A·B형은 확인되지 않는다.

· C형: 높이 10~20cm 미만인 저시상대에 우편재식(3) 연도를 갖춘 석실이다. 시상대는 주로 연도의 반대쪽 벽면에 북남향으로 배치되어 있다. 군집을 이루지 않으며, 단독 혹은 2~3기 정도가 분포하고 고구려 석실에 연속 조영되는 사례가 많은 특징을 보인다. 평면크기에 따라 2개의 그룹으로 나뉘는데 길이 210~260cm, 너비 130~160cm 범위의 대형인 C1식과 길이 150~200cm, 너비 100~130cm 범위 내의 소형인 C2식으로 구분된다. 시상면에는 가공하지 않은 자연석을 활용한 두침석이 확인되기도 한다.

4 이천 장암리 1호 석실은 잔존상태 상 반지상식 구조이다. 부정형 할석재를 사용하여 벽석 간 틈이 많고 벽면이 고르지 못하는 등 벽체의 축조상태가 매우 조잡하다. 길이 230cm, 너비 210cm의 규모를 보이는데, 한성기 백제와 고구려 횡혈식석실에서 나타나는 규격이 아닌 신라 횡혈식석실의 규격에 해당한다. 또한 대부장경병과 유개식고배가 부장된 신라 횡구식석곽묘가 일정 거리를 두고 주축향을 같이하며 조영되어 있다. 부장유물은 출토되지 않았지만 석실의 잔존구조와 규격, 인접한 횡구식석곽묘와의 관계 등 여러모로 볼 때 신라 횡혈식석실묘로 보는 것이 타당하다.

대형인 C1식은 추장이 1회 행해져 2인장으로 나타나기도 하며, 배수시설이 설치되기도 한다. 광명 소하동고분군 2~3호, 서울 천왕동유적 1·2호, 서울 명륜동유적 1·2호, 용인 마성리유적 석실, 안성 당왕동유적 7호 석실 등이 이에 해당한다.

C2식은 평면비가 1.5:1 미만으로 방형에 더욱 가까우며, II유형 석실 중 소

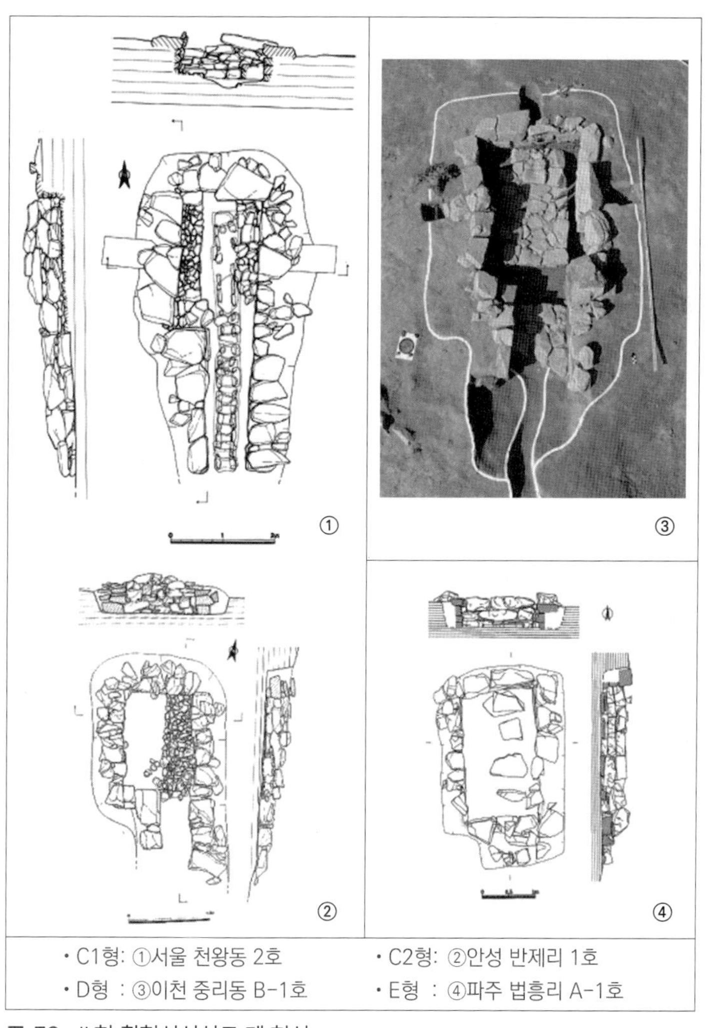

· C1형: ①서울 천왕동 2호	· C2형: ②안성 반제리 1호
· D형 : ③이천 중리동 B-1호	· E형 : ④파주 법흥리 A-1호

도 59. II형 횡혈식석실묘 제 형식

형에 속하는 것으로 추장이 없는 1인장이 기본이다. 서울 세곡동유적 1호, 안성 반제리유적 1~3호, 여주 매룡리 황학산 1호 석실 등이 이에 해당한다.

• D형: 평면형태 상 후벽부가 전벽부보다 약간 넓어 제형을 띠며, 중앙연도에 시상이 양 장벽에서 떨어져 바닥 중간에 배치된 D식으로 높이 30cm 내외의 고시상이 특징이다. 연도는 중앙식(2)과 좌편재식(1)으로 나타나나 중앙식(2)이 일반적이며, 길이는 1m 정도로 짧다. 시상대는 추장이 이루어져 보축되기도 하며, 너비 1m 이상으로 2인장하기에 무리가 없는 것도 있다. 일부 가공되지 않은 두침석이 놓이기도 하며, 피장자의 침향은 북향을 이룬다. 경기지역 신라 석실묘의 특징 중 하나로 이천 중리동유적에서만 확인되며, A-64호 · B-1호 · 5호 · 37호 석실 등이 이에 해당한다.

• E형: C2형과 같은 소형으로 추장이 없는 1인장이다. 우편재식의 짧은 연도에 바닥 중간에 석재를 일정간격으로 놓고 관대를 마련한 E식이다. 피장자의 침향은 북향이다. 파주 법흥리유적 A-1호 석실 단 한 사례로 경기지역을 비롯한 신라 석실에서 일반적인 형식은 아니지만 계통과 관련되는 구조로 판단되기에 별도의 형식으로 분류하였다.

Ⅱ형의 근방형계 석실은 출토유물로 볼 때 C형과 D형이 공존하며, 짧은 기간 조영되다가 목관사용이 일반화된 E형으로의 구조적 변화가 관찰된다.

3) Ⅲ형(종장방형계)

평면비가 1.8:1 이상으로 평천장에 종장방형을 이루는 석실로 길이 330~340cm, 너비 170~180cm 내외이다. 연도는 중앙식(2)이자 석실의 전벽부 3~4단 상부에 형성되어 있는 유단식이어서 석실과 연도의 천장 높이 차가 거의 없다. 연도 길이는 130cm 정도로 길지 않다. 시상대는 높이 50cm 내외로 고시상이며, 석실의 후벽에 잇대어 동서향으로 배치한 B형으로만 나타난다. 매장인 수는 추장이 활발히 이루어져 3인장 이상의 다장이다. 침향은 연도방

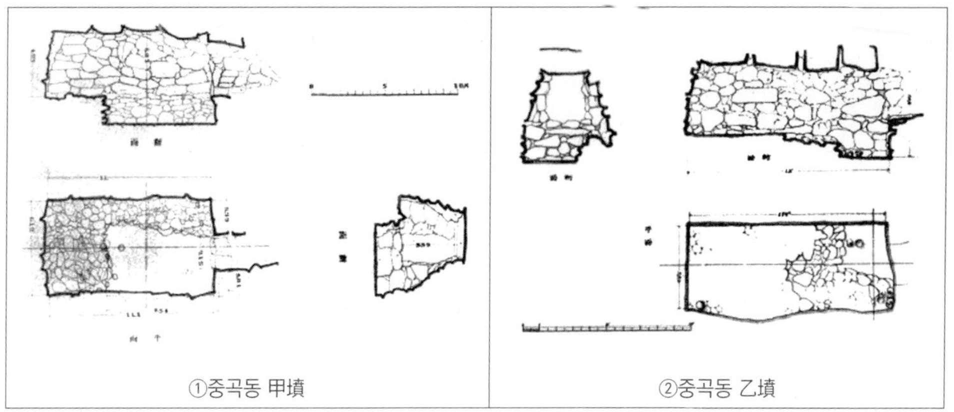

도 60. III형 횡혈식석실묘

향과 직교하는 동향 혹은 서향으로 추정된다. 서울 중곡동고분군의 甲·乙墳만이 이에 해당한다.

4) IV형(횡장방형계)

평면 장폭비가 0.7:1 미만인 횡장방형을 이루며, 정부에 3매 정도의 개석을 덮은 평천장 구조의 석실이다. 시상대의 배치와 축조방법, 연도위치 등에 따라 B·C형식으로 구분된다.

• B형: 시상대는 후벽 배치식이며, 좌편재식(1) 연도를 갖춘 것이다. 시상대는 높이 25cm 정도의 고시상에 속하며, 목관을 사용하였다. 신라 후기 횡혈식석실의 일반적인 형식 중 하나로 인천 불로동유적 II-1지점 석실이 유일하다.

• C형: 시상대는 좌·우벽에 배치된 3식이며, 높이가 20~50cm[5] 정도인

5 여주 상리 1호 석실의 경우 보고자는 시상의 높이를 10cm으로 보고하였다. 하지만 시상대는 본래 연도를 기준하여 좌·우 측벽에 배치하였고, 좌·우 시상대 사이는

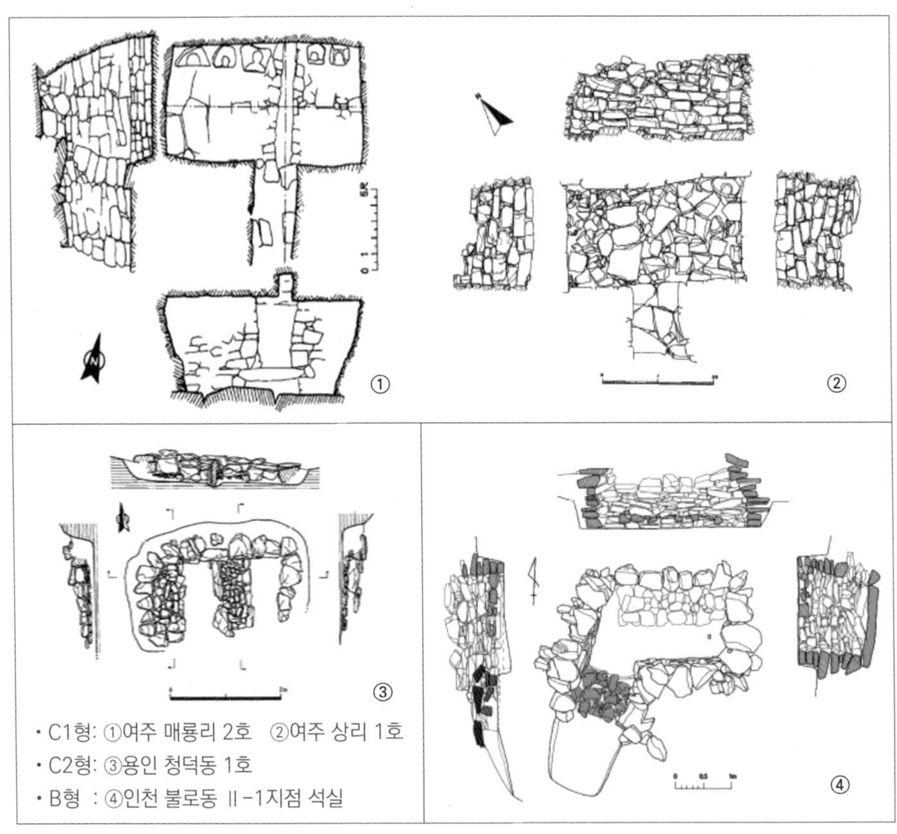

도 61. Ⅳ형 횡혈식석실묘 제 형식

고시상으로 연도는 중앙식인 2식이다. 2인 이상의 다인장이 기본이다. 평면 크기에 따라 두 개의 그룹으로 나뉘는데 길이 180~220cm, 너비 300cm 이상인 대형의 C1식과 길이 100~150cm, 너비 250cm 내외인 소형의 C2식으

빈 공간으로 두었던 것으로 판단된다. 이후 이 빈 공간에 할석재와 넓적한 판석재를 채워 시상대를 구축하여 추장이 이루어 진 것이다. 따라서 보고된 시상대의 높이는 최초 조성 시 바닥면 기준이 아닌 조사당시 시상대 상면에 드러난 시상대 간 상면 높이 차이가 측정된 것일 가능성이 높아 보인다. 사진과 도면, 석재 크기를 검토하여 볼 때 시상대의 높이는 최소 20cm 이상이었을 것으로 판단된다.

로 구분된다.

C1식은 경주 서악리 석침총에 비견될 만큼 대형에 속하는 것으로 남한강 수계의 여주지역에 국한되어 나타난다. 추장이 활발히 진행되어 2~5인까지 매장되는 다장묘이다. 연도의 길이는 130~200cm 정도로 긴 편이며, 석실 전벽부 2~4단 상단에 조성된 유단식으로 현실과 연도의 천장높이 차가 크지 않다. 시상면에는 두침석이 기본으로 확인되는데 머리모양으로 둥글게 파낸 정교한 가공석으로 단면 'U'자형을 이룬다. 여주 매룡리고분군 2호·8호, 여주 상리 1호 석실이 해당된다.

C2식은 소형에 속하는 것으로 연도는 1m 이내로 짧으며, 현실바닥과 연도바닥이 수평을 이루고 있다. 시상대 높이는 10cm 내외로 저시상에 해당된다. 용인 청덕동유적 1호 석실이 이에 해당하는데 현실 중간에 대형석재 세워 매장공간을 분할한 격벽이 확인되는 특징이 있다. 3개의 시상대가 조성된 것으로 보아 C1식과 마찬가지로 다인장이다. 수원 광교유적 2지점 4호 석실과 같이 단독장으로 후벽에 저시상대를 배치한 것도 있는데, 시상대의 배치와, 석실구조상 연도를 통한 횡납장을 할 수 없는 구조이다. 편병과 대부장경병 등 부장토기상 9세기 후반 무렵의 것이며, 이전 보다 더욱 작아지고 횡장방형 석실의 전통만이 남아있는 퇴화된 형식으로 일반적인 것은 아니다.

Ⅳ형인 횡장방형계 석실은 대형의 고시상 석실에서 소형의 저시상으로 변화하여 소멸해가는 양상을 보인다.

2. 횡구식석실(곽)묘

횡구식석실(곽)묘의 평면형태는 〈도 62〉와 같이 평면 장폭비율에 따라 1.25:1 미만의 방형(Ⅰ), 1.25:1 이상 1.8:1 미만의 근방형(Ⅱ), 1.8:1 이상의 종장방형(Ⅲ) 3가지 유형으로 구분된다. 종장방형은 다시 네 벽이 반듯이 각진

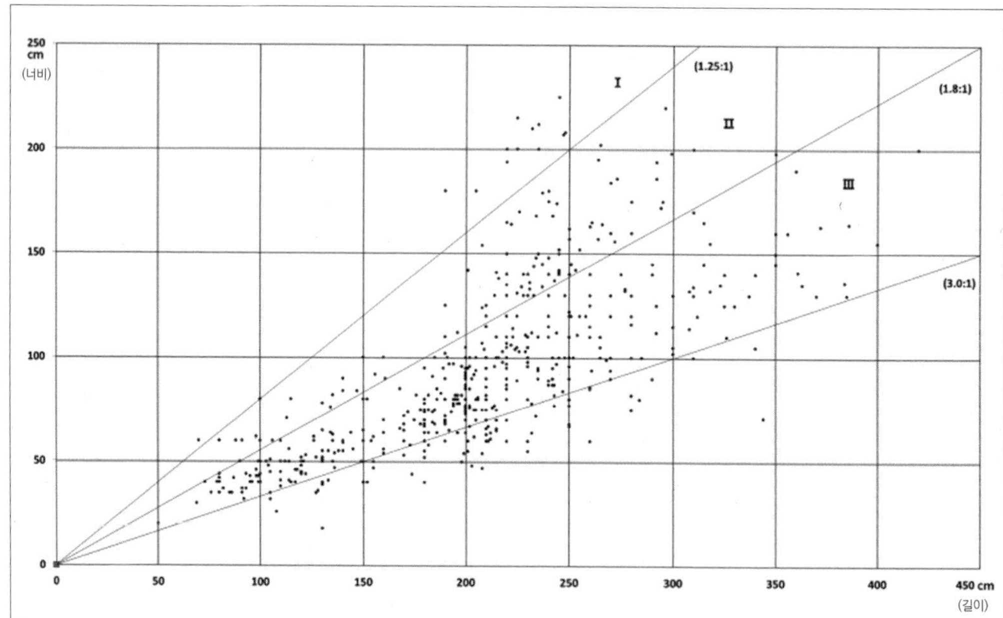

도 62. 평면 장폭비에 따른 경기지역 신라 횡구식석실묘 분포도

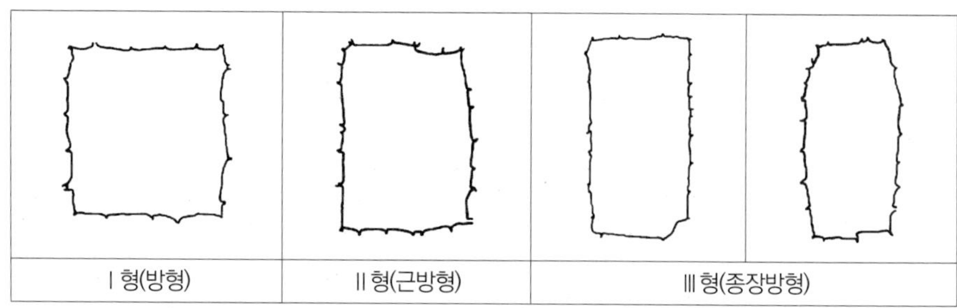

도 63. 횡구식석실묘 평면형태 분류모식도

형태와 양 장벽이 약간 배가 부른 동장식으로 구분할 수 있다. 3:1 이상의 세장방형 유형도 설정이 가능하나 구조적 변별성이 뚜렷하지 못한 관계로 종장방형에 포함시키고자 한다.

시상(관)대는 횡혈식석실과 같이 축조방법과 공간배치에 따라 5식으로 구분된다. 역석이나 판석형 석재 등 소형 할석재를 바닥 전면 혹은 한쪽 단벽 부근에 공간을 두고 깔은 A식, 별도의 공간에 할석재를 쌓아 단을 이루는 것으로 후벽에 잇대어 배치한 B식, 좌·우 장벽에 잇대어 배치한 C식, 중간에 배치한 D식, 할석재 혹은 판석형 석재를 이격시키거나 둘러놓아 관 혹은 주검받침을 마련하거나 별도의 시설 없이 굴착면에 정지토를 깔은 무시설식인 E식으로 나뉜다.

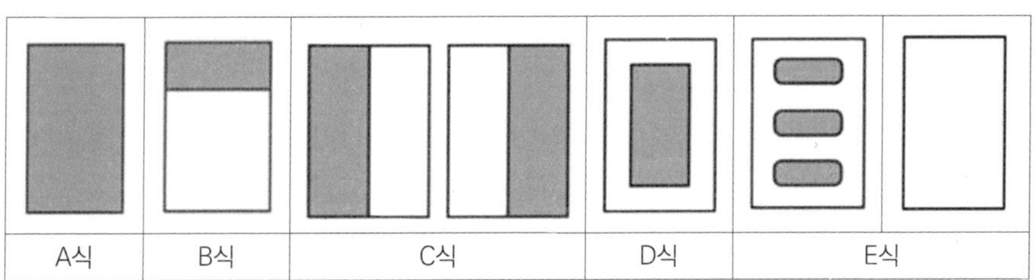

도 64. 횡구식석실(곽)묘 시상(관)대 분류 모식도

횡구부는 폐쇄방법에 따라 한쪽 단벽부 전면을 사용한 것(1), 1~3단 정도 벽체를 이루고 그 상단 전면을 사용한 반문구조(2), 1~3단 정도 벽체를 이루고 그 상단 일부를 사용한 창구조(3)인 것으로 구분되며, 창구조는 횡구부의 위치에 따라 좌편재식, 중앙식, 우편재식으로 세분된다.[6]

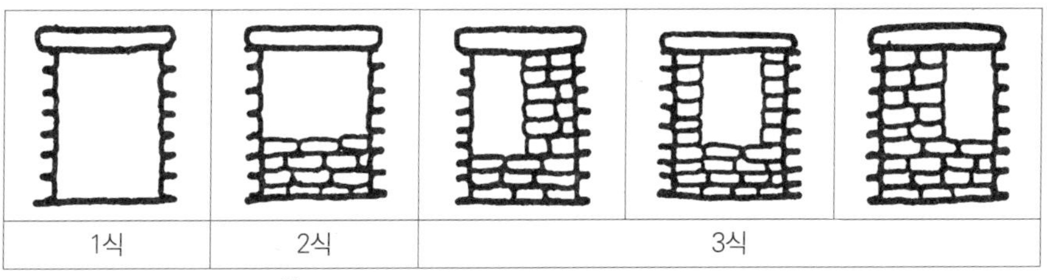

도 65. 횡구부 형식분류도[7]

6 창구조 횡구부의 좌·우 위치구분은 횡구부에서 바라볼 때를 기준으로 하였다.

7 홍보식, 2001, 『新羅 後期 古墳文化 硏究』, 춘추각, 128쪽, 〈표 21〉 전재.

1) Ⅰ형(방형계)

평면 장폭비가 1.25:1 미만으로 평면형이 방형을 이루는 것으로 천장은 궁륭형으로 추정된다. 시상대는 전면식인 A식과 별도의 구획된 시상을 후벽에 배치한 B식, 좌·우벽에 배치한 C식으로 나타나며, 횡구부는 창구조인 3식이다. 대체로 1~2회의 추장이 이루어진 2~3인장의 다인장이다. 시상의 축조방법과 배치상태에 따라 A·B·C형의 3개 형식으로 구분된다.

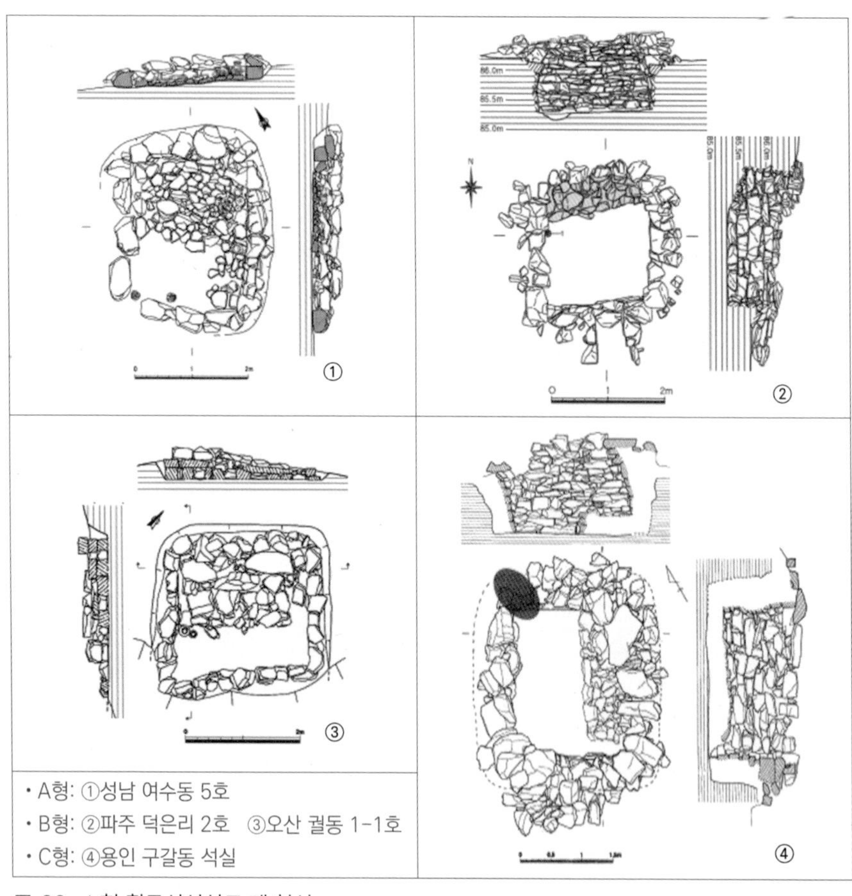

도 66. Ⅰ형 횡구식석실묘 제 형식

• A형: 바닥 전면에 판석형 석재를 깔아 시상을 마련한 것이다. 성남 여수동유적 5호 단 한 사례만이 확인되고 있어 Ⅰ형 석실에서 일반적인 예는 아닌 것으로 여겨진다.

• B형: 후벽에 붙여 석축한 B식 시상대로 대부분 30cm 내외 높이로 고시상을 이루며, 침향은 동향 혹은 서향을 이룬다. 성남 여수동유적 7호와 같이 석재를 1겹 깔은 저시상도 확인되나 일반적인 것은 아니다. 기존 시상 장측면에 연이어 '≡'자형으로 시상대를 설치하여 추장이 이루어지고 있으며, 2~3인장이다. 파주 덕은리유적 1호 · 2호 · 14호 · 19호, 인천 원당동유적 가6호 석실, 오산 궐동유적 1-1호 · 2호 석실이 이에 해당된다.

• C형: 좌 · 우 장벽에 붙여 석축한 C식 시상대로 높이 30cm 내외의 고시상과 20cm 미만의 저시상으로 구분된다. 전자가 일반적인 것으로 파주 덕은리유적 9호, 용인 구갈동유적 석실, 여주 하거리 방미기골 2호 석실이 이에 해당되며, 후자로는 여주 매룡리고분군 94-5호가 있다. 추장은 기존 시상 장측면에 연이어 시상대를 설치한 '‖'자형으로 행해지며, 2~3인장이다. 저시상의 석실에서 관정이 출토되는 것으로 보아 고시상에서 저시상으로의 구조적 변화 양상이 확인된다.

Ⅰ형의 방형계 석실은 부장 토기와 장법으로 볼 때 A · B · C형이 모두 공존하다가 C형의 저시상 석실로 변화해가는 양상을 확인할 수 있다.

2) Ⅱ형(근방형계)

평면 장폭비가 1.3:1 이상 1.8:1 미만으로 방형에 가까운 석실이며, 천장은 평천장 혹은 변형 궁륭형 구조로 추정된다. 시상대는 전면식인 A식과 별도의 구획된 시상을 후벽에 배치한 B식, 좌 · 우 장벽에 배치한 C식, 바닥 중간에 배치한 D식, 관대 혹은 무시설식의 E식이 모두 나타난다. 횡구부는 반문구조인 2식과 창구조인 3식이 확인되며 반문구조인 2식의 점유율이 우세하다. 시상대의 축조방법과 배치상태, 횡구부의 구조에 따라 A·B·C·D·E의 5개 형식으로 구분되며, 평면적에 따라 5㎡ 이상의 대형묘와 4㎡ 이하의 소형묘로 나눌 수 있다.

• A형: 판석형 혹은 소할석을 전면에 1~2겹 정도 부석한 A식 시상대를 갖춘 석실이다. 횡구부와 시상대 및 벽체의 축조방법에 따라 1·2·3식으로 구분할 수 있다.

A1식은 횡구부가 반문구조인 것이 일반적이며, 일부 창구조도 나타난다. 모두 소형묘이며 대부분 한강 본류와 안성천 주변지역에서 확인되고, 남한강 일대에서는 거의 확인되지 않는다. 추장은 별도의 시설 없이 기존 시상면을

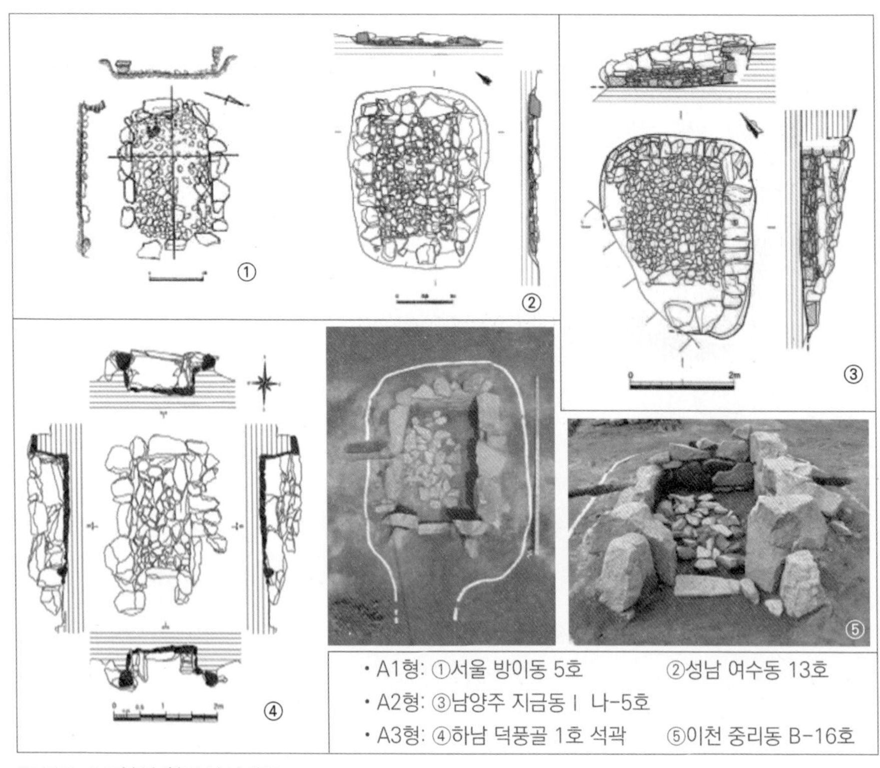

• A1형: ①서울 방이동 5호 ②성남 여수동 13호
• A2형: ③남양주 지금동 Ⅰ 나-5호
• A3형: ④하남 덕풍골 1호 석곽 ⑤이천 중리동 B-16호

도 67. ⅡA형식 횡구식석실묘

그대로 사용하거나 성남 여수동유적 9호 같이 소할석 혹은 강돌을 한 벌 새로 깔은 후 이뤄진 것으로 여겨진다. 침향은 북향이 많고 일부 동·서향도 나타난다.

인천 당하동유적 7-3지역 시대미상 2호 석곽, 서울 방이동 5호, 성남 여수동유적 1호·9호~11호·13호, 용인 보정동 삼막곡 109호, 광주 선동리유적 2호·7호·8호·14호, 용인 덕성리유적 1호 석실, 화성 장지동유적 2-6호 등이 이에 해당된다.

A2식은 남양주 지금동Ⅰ유적 나3·5호로 대표된다. 대형묘이며, 바닥 전면에 할석재를 1~2단 쌓고 상면에 역석을 깔아 30cm 이상의 고시상을 조성하고 있어 A1식과는 차이가 있다. 아직 단 두 사례뿐이어서 A형의 범주에 두고자 하나 후술할 ⅢA형에서도 확인되고 있다는 점에서 계통과 관련된 구조로 판단되기에 별도의 형식으로 세분하였다.

A3식은 평천장이고 한 쪽 단벽 양쪽에 문주석을 세우고 문지방석을 놓아 문틀식의 입구를 갖춘 것으로 벽체 하단을 수적하여 축조한 특징이 있다. 모두 소형묘이며, 이천 중리동유적 B-16·22호, 하남 덕풍동Ⅱ 1호 석곽이 이에 해당한다. ⅢA형에서도 확인되는 것으로 이 또한 계통과 관련되는 구조로 판단되어 별도의 형식으로 세분하였다.

• B형: 시상을 후벽에 붙여 석축한 것으로 대개 30~60cm 내외 높이의 고시상이다. 횡구부는 반문구조인 2식도 일부 확인되나 일반적으로 중앙에 배치된 창구조인 3식이 주를 이루고 있다. 추장은 기존 시상대에 '≡'·'ㄱ'·'ㅠ' 형으로 보축하여 이루어지며, 3인장이 다수이고 4인장까지 이루어지는 다인장이 특징이다. 침향은 동향 혹은 서향으로 동향이 우세하다. 여주 하거리 방미기골 3호의 경우 움푹 파이게 가공한 두침석이 확인되며, 용인 동백동유적 1호와 파주 덕은리유적 17호의 경우에는 자연석을 그대로 사용한 두침석이 확인되기도 한다.

여주 하거리 방미기골 3~5·8·11·15호, 하거리고분군 3호, 파주 덕은리유적 3·16·17호, 인천 원당동유적 가4·5·7호 석실, 시흥 장현유적 군자

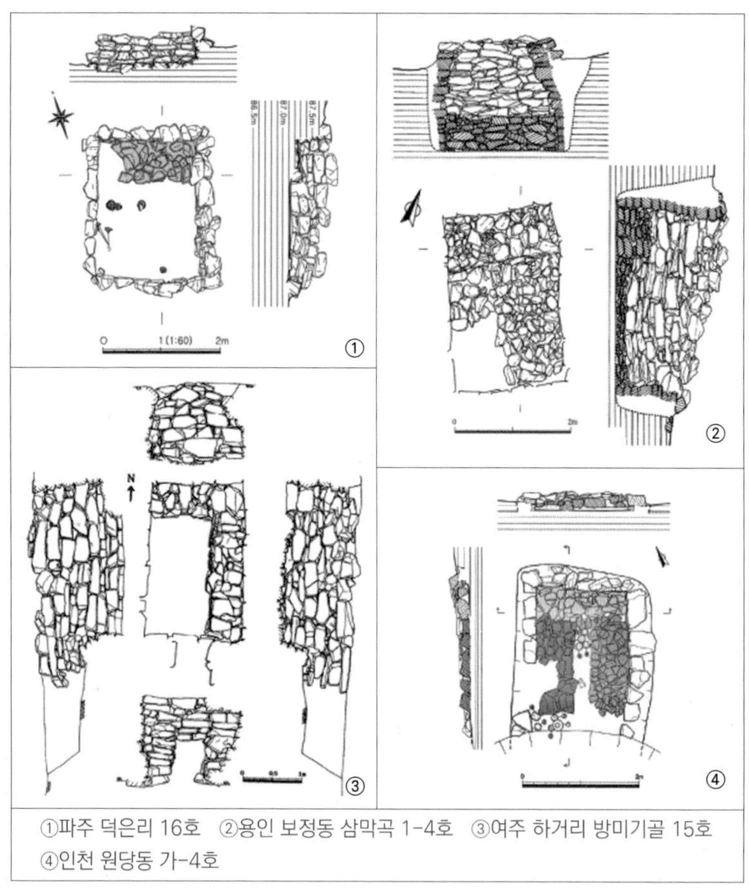

①파주 덕은리 16호 ②용인 보정동 삼막곡 1-4호 ③여주 하거리 방미기골 15호
④인천 원당동 가-4호

도 68. ⅡB형식 횡구식석실묘

동2-3호, 용인 보정동 삼막곡 1-4호 · 7호 · 10호 · 마40호, 용인 동백동유적 1호, 가평 읍내리유적 2호 등이 이에 해당한다. 하거리 3호와 방미기골 3호 · 4호, 용인 보정동 삼막곡 석실, 동백동 1호 등 여주와 용인지역의 석실은 대형묘이며, 나머지 지역은 소형묘로 나타난다.

• C형[8]: 시상을 좌 · 우 장벽에 잇대어 배치한 C식 시상대를 갖춘 것으로 횡

8 C형은 한쪽 장벽에 잇대 판석형의 석재를 한 겹 깔은 것도 있는데, 성남 여수동유적

구부는 반문구조인 2식과 창구조인 3식으로 나타난다. 시상 높이와 횡구부, 매장인 수에 따라 1 · 2 · 3식으로 구분된다.

C1식은 시상대 높이가 30~50cm 내외인 고시상대를 갖춘 것이다. 매장인 수는 2인장이 다수이며, 3인장도 일부 확인된다. 시상배치는 기존 시상면에 잇대어 보축하거나 이격하여 양 장벽에 배치한 '‖'자형이며, 전벽부에 공간을 두는 경우가 많다. 횡구부는 창구조(3)가 일반적이며, 반문구조(2)도 소수 나타난다.

용인 보정동 삼막곡 1-2호 · 9호, 여주 상리 · 매룡리 2호(가) · A4호 · B1호 · B2호, 94-4호, 여주 하거리 방미기골 1호, 12호, 14호, 18호, 30호, 31호 등이 이에 해당한다. 용인 보정동 삼막곡 1-2호, 9호, 여주 상리 · 매룡리 94-4호는 대형묘에 속하며, 나머지는 소형묘이다. 여주 매룡리 97-9호 묘의 경우 두침석이 확인된다.

C2식은 소할석을 1~2단 석축하여 20cm 내외 높이의 저시상대가 설치된 것이다. 모두 C1식보다 작은 소형묘이며, 간혹 2인장도 있지만 1인장이 일반적이다. 추장 시 시상배치는 기존 시상면에 덧붙인 '‖'자형이다. 횡구부는 대부분 반문구조(2)이며, 창구조(3)도 일부 확인된다.

파주 덕은리유적 4 · 11호, 김포 신곡리유적 1-1호, 인천 원당동유적 가-1호 석실, 광명 가학동유적 1호, 시흥 군자동유적 1호 석실, 서울 항동유적 2호, 성남 판교동유적 12-2호, 용인 보정동 삼막곡 1-1호 · 5호 · 16호 · 마41호, 마북동 산24번지 석실, 신갈동유적 2호, 하갈동유적 1호, 수원 광교유적 2-3호, 화성 반송동유적 3호, 상리유적 가-4-1호, 청계동유적 가-1호, 평택 지제동유적 2호, 이천 덕평리유적 1 · 3호 석실, 중리동 A-79호, 여주 매룡리 94-2 · 3호, 97-3 · 9호 등이 이에 해당한다.

C3식은 한 쪽 단벽 양쪽에 문주석을 세우고 문지방석과 문미석 놓아 문틀

---

2 · 4호 묘 단 두 사례뿐이어서 별도의 형식설정은 하지 않았다. 이와 유사사례로 김해 화정유적 7호 묘가 있다.

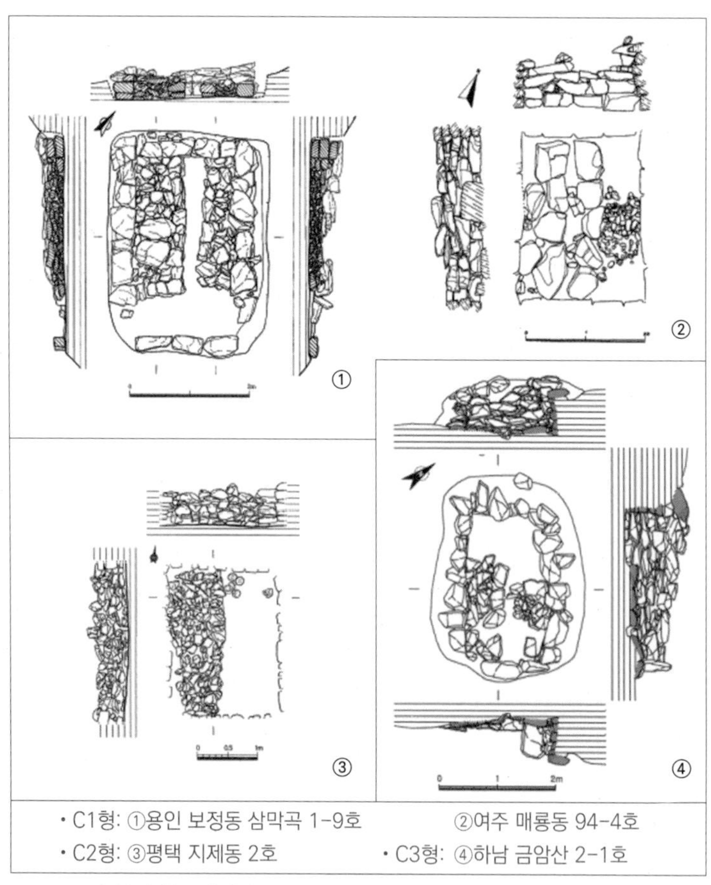

도 69. ⅡC형식 횡구식석실묘

식의 입구를 갖춘 것이 특징인 소형 석실이다. 장구로 목관을 사용하였으며, 2인장으로 시상(관)대 배치는 '‖'자형이다. 시상(관)대는 할석재를 1단 정도 놓아 10cm 남짓한 높이의 저시상(관)대이다. 하남 금암산 2-1호 석실이 이에 해당한다.

C형식은 수적형문 뚜껑이 출토된 용인 하갈동 1호, 청동과대가 출토되는 수원 광교유적 2-3호와 여주 매룡리 94-3호, 유개합과 점열문의 파수부호 등이 출토되는 용인 보정동 삼막곡 마41호 등을 통해 볼 때, C1・C2식이 서

로 병존하다가 소형의 저시상이며 단독장 중심의 C2식으로 구조가 변화하고, C3식이 새로이 출현하는 양상이 확인된다.

• D형: 시상을 바닥 중간에 배치한 D식 시상대를 갖춘 것으로 20cm 이상의 고시상과 20cm 미만의 저시상이 모두 확인된다. 횡구부는 창구조(1)인 것도 일부 있으나 대부분은 반문구조(2)이다. 벽체 하단에 수적이 가미되는 경우가 많다.

인천 불로동 II-1-7호, 오산 가장동유적 석실, 용인 청덕동유적 3호, 양평 양근리유적 석실, 이천 중리동유적 A-6 · 15 · 21 · 37 · 39 · 77호, B-3 · 4 ·

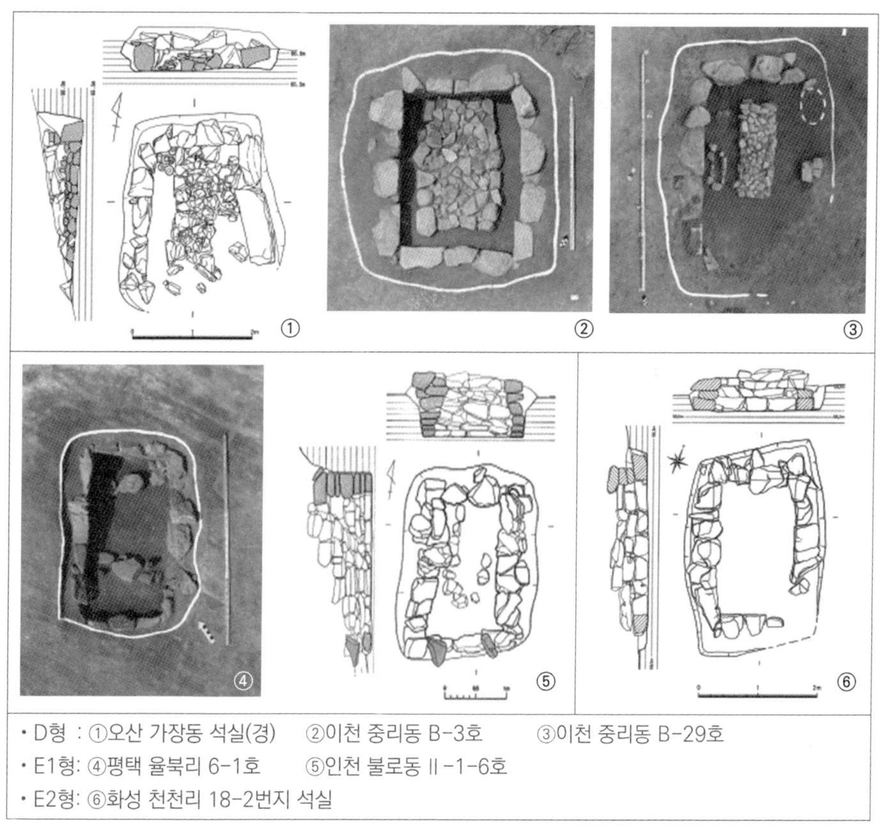

• D형 : ①오산 가장동 석실(경) ②이천 중리동 B-3호 ③이천 중리동 B-29호
• E1형: ④평택 율북리 6-1호 ⑤인천 불로동 II-1-6호
• E2형: ⑥화성 천천리 18-2번지 석실

도 70. II D · E형식 횡구식석실묘

17·24호 등이 이에 해당되며, 다른 지역과 달리 이천 중리동유적의 경우 주된 묘형으로 나타나는 특징이 있다. 가장동 석실(경)과 중리동 B-3호의 경우 성인과 소아로 추정되는 2인장이 확인되고, 중리동유적 석실의 시상이 대부분 1m 내외로 넓은 것으로 보아 단독장보다는 2인장을 목적으로 조영한 것으로 판단된다.

• E형: 목관사용이 일반적인 석실로 횡구부는 반문구조(2)이다. 목관 안치방법에 따라 바닥 중간에 할석재를 양단측에 이격하여 놓거나 소할석을 둘러놓아 관 혹은 주검받침을 마련한 E1식과 바닥에 별도의 시설 없이 굴착면에 정지토를 깔은 무시설식인 E2식으로 구분할 수 있다.

E1식으로는 인천 불로동유적 Ⅱ-1-6호, 평택 율북리유적 6-1호가 해당되며, E2식으로는 인천 원당동유적 가-10호 석실, 당하동유적 V-7-미상2호 석곽, 화성 천천리유적 1호(한), 2-6호(중), 수원 광교유적 11-3호, 용인 신갈동유적 5호, 양평 양근리유적 석곽묘가 이에 해당한다.

출토유물 상 E1식과 E2식이 서로 병존하다가 점차 E2식으로의 변화해간다.

3) Ⅲ형(장방형계)

평면 장폭비가 1.8:1 이상으로 종장방형을 이루며, 천장은 평천정을 이루는 석실(곽)묘다. 경기지역 종장방형 횡구식석실(곽)묘에서 가장 일반적인 것으로 시상의 축조방법과 공간배치, 평면적에 따라 B형식은 없는 A·C·D·E형식으로 구분된다.

• A형: 바닥 전면 혹은 한쪽 단벽부에 공간을 두고 판석형 또는 소할석을 깔아 시상을 마련한 것으로, 신라의 경기지역 진출 이래로 석실묘에서 석곽묘로의 묘제 변환을 거치며, 장기간 사용된 형식이다. 평면 장폭비가 1.8~3:1 미만인 것과 3:1 이상의 세장한 것으로 구분되며, 평면적에 따라 1㎡ 미만, 1~2㎡, 2~3㎡, 3㎡ 이상의 4개 그룹으로 나눌 수 있다. 규모와 시상대 높이, 횡구

부, 매장인 수에 따라 1·2·3식으로 구분된다.

A1식은 판석형 또는 소할석을 1~2겹 정도 깔은 저시상이며, 횡구부는 전면식(1)과 반문식(2) 구조이다. 소·유아묘로 판단되는 1㎡ 미만의 것을 제외하고 1~2㎡ 미만인 것과 2~3㎡ 미만의 소형급(A1b)과 대형급(A1a)에 속하는 3㎡ 이상의 세 그룹으로 출현한다. 3㎡ 이상의 대형급은 소수이며, 파주 성동리와 용인 보정동고분군 등 대부분 한강 본류 수계에서 확인된다. 매장인 수는 서울 우면동유적 8호, 가평 대성리유적 1호, 이천 창전동유적 2-6호와 같이 1회의 추장이 이루어진 것도 있으나[9] 기본적으로 너비가 60~120cm 전·후로 좁고 출토유물 상 뚜렷한 추장의 흔적이 간취되지 않는 것으로 보아 1인장이 일반적이었던 것으로 판단된다. 침향은 북향에 가까운 것이 대다수이나 동향과 서향도 함께 나타난다.

인천 불로동유적 Ⅱ-6지점 2호, Ⅱ-추가4지점 석곽, 부천 고강동유적 5차-4호, 서울 석촌동 석곽, 서울 우면동유적 3·6·8호, 파주 성동리고분군, 고양 식사동유적 4-1~3호, 광주 선동리유적 11~13호, 성남 여수동유적 3·6호, 화성 장지동유적, 오산 내삼미동 3호, 평택 율북리유적 6호, 안성 반제리 주정마을유적, 시흥 장현 군자동 2-5호, 가평 대성리유적, 이천 창전동유적 4~6호, 덕평리유적 1~4·6호 석곽, 중리동유적 A-2·7~9·12·17·32·36·45·47~49·51·59·63·78·83호, B-18·23·42·43호, 여주 매룡리 황학산 3·4호 등이 이에 해당된다. 주로 한강과 안성천 수계권에서 고르게 확인되며, 남한강 수계권에서는 이천지역에 집중되어 확인되는 특징이 나타난다.

이러한 석실묘는 점차 소형화가 진행되어 횡구부는 시신안치가 불가능한 흔적기관으로 남게 되며, 수혈식 묘제인 석곽묘로의 변환이 이루어진다. 이에 3㎡ 이상의 대형급인 A1a식은 점차 사라지고 1~2㎡ 미만으로 길이 160~210cm, 너비 60~100cm 내외인 것과 2~3㎡ 미만으로 길이 210~

9 서울 우면동유적 8호와 이천 창전동유적 2-6호의 경우 원 시상면에 소할석을 한 겹 깔거나 사질토로 정지하고 소할석을 깔아 추가장이 이루어진 것으로 판단된다.

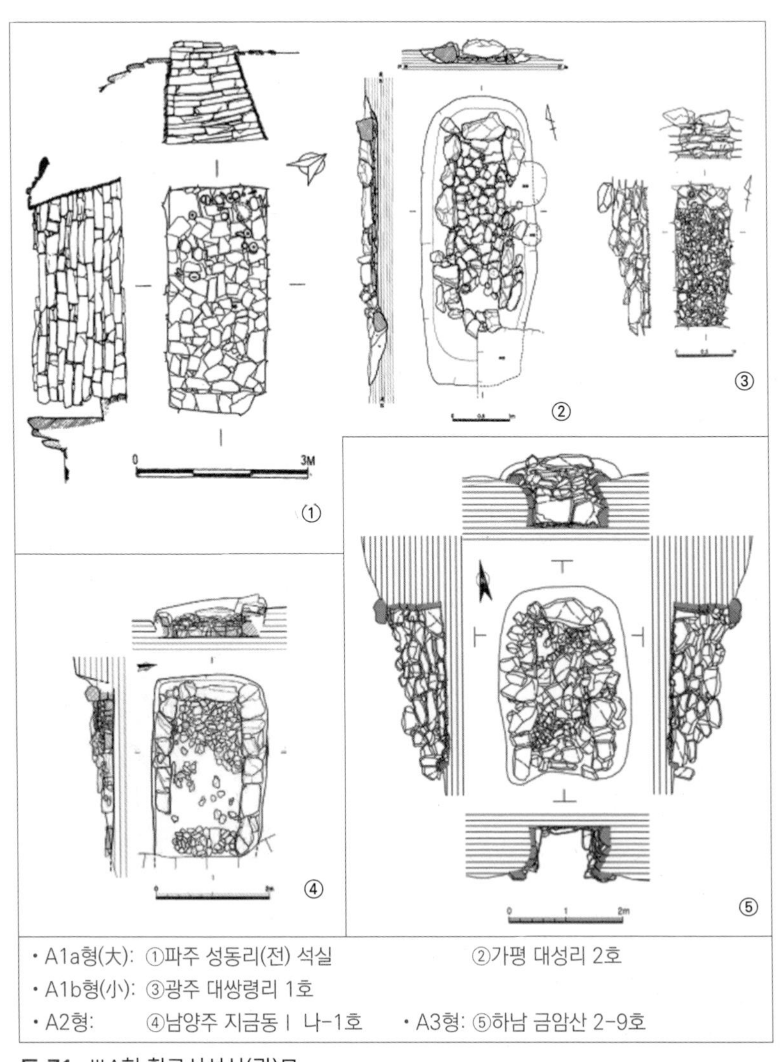

도 71. ⅢA형 횡구식석실(곽)묘

280cm, 너비 80~120cm 내외의 소형급인 A1b식이 주를 이루게 된다. 또한 1인장이 기본이고 침향은 북향으로 고정되며, 벽체 하단에 수적이 행해지거나 두침석 혹은 목관이 사용되기도 한다.

남양주 지금동Ⅱ유적 사-6·7호, 김포 운양동유적1-11지점 석곽, 인천 원당동유적 바-3호 석곽, 원당동유적 9-5·6호, 21-9호, 불로동유적 Ⅰ-7지점 1·2호, Ⅱ-1지점 8호, 파주 야당동유적 16-3호, 서울 천왕동 연지유적 석곽, 부천 고강동유적 5차-2·3호, 의왕 이동유적 2·3호, 안양 관양동유적 2호, 군포 산본동유적 5·6호, 성남 창곡동유적 1·2호, 수원 광교유적 1-2·3·9·13호, 2-3·5·6·10~13호 석곽, 10-4호, 11-1호, 12-1·2호, 15-2호, 하남 금암산 고분군 1-2·4호, 2-14·16호, 광암동 5호, 덕풍동 덕풍골 05-2·5호, 06-3호, 수리골 1호, 광주 대쌍령리유적 1·2·4·9호, 화성 반송동유적 13·14·20호, 분천리유적 1·2호, 오산 내삼미동유적 3호, 평택 서정리유적 3-3호, 장당동유적 1호, 동삭동 2-1·3·5·7호, 죽백동 2-2·3호, 4-1호, 안성 이현리유적 1호, 장원리유적 1-1호, 당목리유적 1호 등이 이에 해당한다.

A2식은 평면 장폭비가 2~2.5:1 남짓하며, 바닥에 할석재를 놓고 상면에 다시 소할석을 깔아 20~35cm 정도의 고시상을 이루는 것이다. 평면상 양 장벽이 약간 배가 부른 동장형을 이루는 특징이 있다. 평면적 3㎡ 이상의 대형급 석실묘에서만 확인된다. 남양주 지금동Ⅰ유적 나-1·3호, 서울 우면동유적 4호, 용인 보정동 삼막곡 109호, 보정리 소실유적 1호 석실이 이에 해당한다.

A3식은 평면 장폭비가 2~2.5:1을 이루며, 한 쪽 단벽 양쪽에 문주석을 세우고 문지방석을 놓아 문틀식의 입구를 갖춘 것이다. 벽체 하단의 수적과 목관안치가 일반적인 형식으로 추정된다. 하남 금암산 고분군 2-2·9·13호가 이에 해당한다.

·C형: 평면 장폭비가 1.8~3:1 미만에 속하며, 별도의 시상대를 석실의 좌·우장벽에 잇대어 배치한 것이다. A형과 마찬가지로 석실묘에서 석곽묘로의 묘제 변환을 거치며 장기간 사용되는 형식이다. 평면적에 따라 1㎡ 미만, 1~2㎡, 2~3㎡, 3~4㎡, 4~5㎡, 5㎡ 이상의 6개 그룹으로 나타난다. 평면적과 시상 높이, 횡구부, 매장인 수에 따라 1·3식[10]으로 나눌 수 있다.

---

10 ⅢC3형식 명은 ⅡA3형, ⅡC3형과 구조상 연결되는 것으로 독자의 이해를 돕기 위해 순차적으로 부여하지 않고 전자의 형식명에 따랐다.

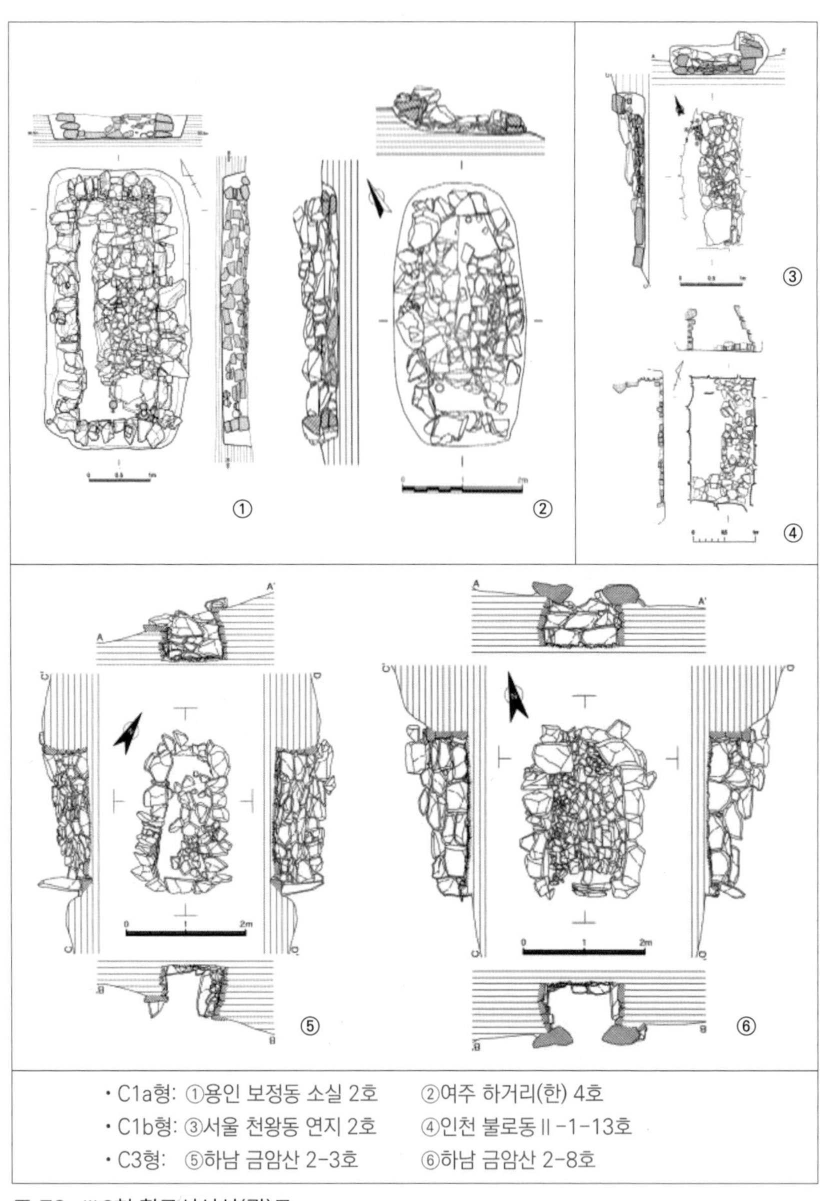

• C1a형: ①용인 보정동 소실 2호 ②여주 하거리(한) 4호
• C1b형: ③서울 천왕동 연지 2호 ④인천 불로동Ⅱ-1-13호
• C3형: ⑤하남 금암산 2-3호 ⑥하남 금암산 2-8호

도 72. ⅢC형 횡구식석실(곽)묘

C1식은 소·유아묘로 판단되는 1㎡ 미만의 것을 제외하고 5개 그룹으로 출현하며, 크게 3㎡ 미만인 소형급(C1b)과 3㎡ 이상의 대형급(C1a)으로 구분된다. 3㎡ 이상의 대형급이 다수를 점하며, 특히 5㎡ 이상의 그룹이 존재하는데 용인 보정동고분군, 여주 매룡리고분군, 여주 하거리고분군 등 주로 여주·용인지역의 대규모 고분군에서 나타나는 특징이 있다. 시상대는 대체로 20cm 이상의 고시상이 일반적이며, 횡구부는 반문(2)과 창구조(3)로 나타난다. 매장인 수는 2인장이 대부분이고 3~4인까지 다인장이 이루어지기도 한다. 추장 시 시상배치는 'Ⅱ'자 혹은 'Ⅲ'자형이며, 원 시상 상면에 배치되기도 한다. 두침석이 사용되는 예가 많으며, 침향은 동·서·북향으로 나타난다.

시상대의 배치와 높이, 횡구부의 위치에 따라 지역적 차이가 나타나기도 한다. 좌벽 배치에 높이가 30~70cm까지 이르는 고시상, 횡구부가 창구조인 것은 남한강 수계권인 여주 매룡리고분군에서 일반적이며, 우벽 배치에 높이가 20cm 전후로 낮고 횡구부가 전면 혹은 반문구조인 것은 한강·안성천 수계권인 용인 보정동고분군, 안성 당왕동유적 등에서 일반적인 것으로 고분군별 차이가 있다. 여주 하거리고분군의 경우 시상대 배치와 횡구부 구조는 매룡리고분군과 동일하나 시상 높이는 보정동고분군과 같이 낮은 편이며, 평면 형태에 있어 단벽부가 호상을 이루고 양장벽이 약간 배가 부른 동장형의 평면이 다수 확인되는 것이 특징이다.[11]

남양주 지금동Ⅰ유적 1호, 인천 원당동유적 가-3·8호 석실 1~6호 석곽, 당하동유적 V-7-3지역 1호, 구월동유적 2호, 김포 양촌유적 1L-4호, 서울 우면동유적 4호, 성남 판교동유적 12-1호, 용인 보정동 소실유적, 신갈동유적 1호 석실, 서천동유적1-2구역 2호, 동백동유적, 죽전 대덕골유적 1호, 화성 청

11 시상의 높이 차이와 관련하여 홍보식은 한강유역 석실분의 경우 저시상이 먼저 출현하고 6세기 4/4분기부터 고시상이 출현하기 시작하는 것으로 보고 있다. 이는 한강유역의 석실분 수용 및 구조적 변천과정 정립에 중요한 요소로 보다 면밀한 비교·검토가 필요할 것으로 여겨진다.(홍보식, 2005, 「한강유역 신라 石室墓의 受容과 展開」『畿甸考古』 제5호, 畿甸文化財硏究院, 300쪽.)

계리유적 가-2 · 나B-11호, 화성 상리유적 가4-1호, 반송동 3호 석실, 1호 석곽, 오산 내삼미동유적 4 · 5호, 탑동 13-3호, 평택 가곡리유적 1호, 안성 당왕동유적 1~6호 · 8호, 반제리유적 9호, 이천 덕평리유적 6호 석실, 여주 매룡리고분군 1 · 3~8호, A1 · A6 · A7 · D1 · D2 · E1~3호, 하거리고분군 1 · 2 · 4~6호, 방미기골 16 · 20~25 · 28 · 29호, 이천 덕평리유적 2 · 4~6호 석실, 음성 문촌리유적 2호 석실, 나-1 · 2호 등이 이에 속한다.

시기적으로 석실묘는 A1식과 같이 소형화가 진행되어 수혈식 묘제인 석곽묘로의 변환이 이루어진다. 이에 3㎡ 이상의 대형급인 C1a식은 점차 사라지고 1~2㎡ 미만으로 길이 180~210cm, 너비 60~100cm 내외인 것과 2~3㎡ 미만으로 길이 200~260cm, 너비 80~120cm 내외의 소형급인 C1b식이 주를 이루게 된다. 또한 시상대는 20cm 미만으로 낮아지고 침향은 북향으로 고정되는 변화과정을 보인다. 1인장이 기본이고 소수 추가장이 이루어지기도 하지만 원 시상대 상면에 정지토를 깔고 시상석을 놓은 구조로 횡구부를 통한 것이 아닌 개석을 열고 이루어진 수직장이다.

인천 불로동 Ⅱ-1지점 13호, 서울 천왕동 연지유적 2호 석실, 광주 역동유적 1호, 수원 광교유적 1-5 · 11호, 2-2 · 4호, 11-2호, 용인 서천동유적 1-2구역 7호, 화성 오산리유적 1 · 4호, 동탄2 38지점 석곽, 오산 궐동유적 5-4호, 내삼미동유적 7호, 안성 반제리유적 5호, 하남 광암동 7 · 8호, 금암산 고분군 6 · 7 · 12 · 17호, 덕풍동 덕풍골 05-4호 · 06-2호, 수리골 4호, 이천 이치리유적 2 · 11호 등이 이에 속한다.

C3식은 평면 장폭비가 2~2.2:1을 이루며, 한 쪽 단벽 양쪽에 문주석 기능을 하는 길쭉한 석재를 세우고 문지방 기능을 하는 석재를 바닥에 놓아 문틀식의 입구를 갖춘 것이다. 벽체 하단에 수적이 이루어지기도 한다. 일반적으로 목관이 사용되는 것으로 추정된다. 침향은 북향이며, 일부 추장이 이루어지기도 한다. 하남 광암동유적 7 · 9호, 금암산 고분군 2-3 · 4 · 8 · 18호가 이에 해당한다.

• D형: 평면 장폭비가 1.8~3.5:1 내외로 별도의 시상대를 바닥 중간에 장축 방향으로 배치한 것이다. 횡구부는 전면식과 반문식 구조로 1인장을 기본으로 조영된 형식이다. 석실묘에서 석곽묘로의 변환이 이루어지며, 평면적에 따라 1㎡ 미만, 1~2㎡, 2~3㎡, 3~4㎡, 4㎡ 이상의 5개 그룹으로 출현한다.

초현기의 석실묘는 평면 장폭비가 2~3:1 미만의 것으로 평면적 6㎡를 넘는 한 사례가 있으나[12] 대체로 2~3㎡, 3~4㎡의 2개 그룹으로 존재하는데, 3㎡ 이상의 대형급인 Da식과 그 미만의 소형급인 Db식으로 세분되어 진다. 시상은 20cm 이상의 고시상과 20cm 미만의 저시상이 병존하며, 침향은 동향과 북향으로 나타난다. 용인 보정동 소실유적 10 · 15 · 20호, 보정동 삼막곡 107 · 110호, 화성 청계리유적 나B-3호, 장지동유적 Ⅰ-2지구 8~10호, 이천 중리동유적 A-10 · 20 · 33 · 41 · 56 · 58 · 60 · 62 · 69 · 70 · 82호, B-21 · 32호, 가평 읍내리유적 1호 석실이 Da식에 해당한다.

시기적으로 석실묘는 3㎡ 이상의 대형급인 Da식은 점차 사라지고, 대체로 1~2㎡ 미만으로 길이 170~220cm, 너비 60~100cm 내외인 것과 2~3㎡ 미만으로 길이 200~260cm, 너비 80~120cm 내외인 소형급으로 규모가 작아진 Db식으로 구조가 변화한다. 또한 평면 장폭비가 2~3.5:1 이상으로 세장해지고 시상대 높이는 20cm 미만으로 낮아지며, 벽체 하단에 석재를 수적하는 경우가 많아진다. 두침석과 목관안치가 빈번해지며, 침향은 북향으로 고정된다. 일부 추가장이 이루어지기도 하지만 C1식과 같이 원 시상대 상면에 정지토를 깔고 시상석을 놓은 구조로 횡구부를 통한 것이 아닌 개석을 열고 이루어진 수직장이다.

김포 유현리유적 3 · 17 · 25 · 26호, 신곡리유적 3 · 6 · 7 · D1호, 인천 원당동유적 바-1호 석실, 2호 석곽, 당하동유적 V-4-4-1호 · V-4-5-1 · 2호, 불로동유적 Ⅰ-7-3호 · Ⅱ-1-16 · 20호, 구월동유적 1호, 파주 목동동유적 4-2호 · 5-6호, 야당동유적 16-2 · 4 · 7 · 8호, 남양주 지금동Ⅱ유적 7호, 부천 고

12 용인 보정동고분군 110호 석실이 해당한다.

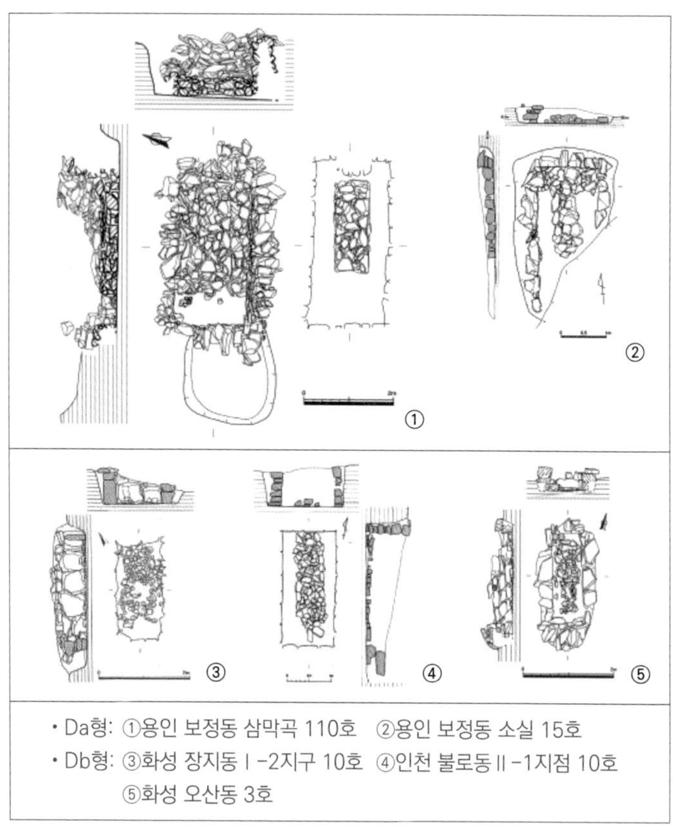

• Da형: ①용인 보정동 삼막곡 110호 ②용인 보정동 소실 15호
• Db형: ③화성 장지동 Ⅰ-2지구 10호 ④인천 불로동 Ⅱ-1지점 10호 ⑤화성 오산동 3호

도 73. ⅢD형 횡구식석실(곽)묘

강동유적 5차-1호, 서울 천왕동 연지유적 1호 석곽, 궁동유적 석곽, 군포 산본동유적 1·3·4호, 하남 금암산고분군 1-3·6호, 덕풍골유적 05-1·3·6·06-5~7호, 성남 판교동유적 19-1·2호, 도촌동유적 4·7호, 수원 광교유적 1-10·12·14·13-1호·15-4호, 용인 하갈동유적 2호 석곽, 서천동유적 2-2구역 1·2호, 광주 대쌍령리 7·11호, 화성 천천리유적 1-2·5호·2호(한), 하길리유적 1-1호·3-1~3호, 상리유적 가-2~5호, 장지동 Ⅰ-1지구 5·10·17호, 시흥 능곡동유적 5·6호, 장현유적 장현동 6-2~4호, 오산 궐동유적 4-1호·5-3·4호, 가장동유적(서) 5-1호 석실, 내삼미동유적 1·6·7호,

탑동유적 13-1호 · 14-1 · 3호, 오산리유적 1~3 · 6 · 7호, 평택 수월암리유적 2-1 · 4-5호, 가곡리유적(삼) 9호, 지제동유적 1 · 3호, 장당동유적 4호, 당현리유적 4호, 동삭동유적 2-3지점 1 · 2호, 도곡리유적 1~3호, 안성 반제리유적 11호, 이현리유적 2 · 3호 묘 등이 Db식에 해당한다.

· E형: 목관사용이 일반적인 석실로 횡구부는 전면 혹은 반문구조이다. 목관 안치 방법에 따라 바닥 중간에 할석재를 양단측에 이격하여 놓거나 소할석을 둘러놓아 관 혹은 주검받침을 마련한 E1식과 바닥에 별도의 시설 없이 굴착면에 정지토를 깔은 무시설식인 E2식으로 구분된다.

E1식은 평면 장폭비가 2~3:1 미만에 속하며, 관 혹은 주검 받침석을 놓은 석실이다. 1인장을 기본으로 조영된 것으로 평면적에 따라 1~2㎡, 2~3㎡, 3㎡ 이상의 3개 그룹으로 나타난다. 평면적상 3㎡ 이상의 대형급인 E1a식과 그 미만의 소형급인 E1b식으로 구분될 수 있다. 횡구부는 전면식과 반문구조인 1 · 2식이다. 관대석의 배치방법과 평면적, 침향 등을 통해 변천양상을 확인할 수 있다.

초현기의 석실은 좌 · 우 장벽에 붙여 양단에 길쭉한 할석재를 놓아 관 받침석으로 사용하였으며, E형식 내에서 3㎡ 이상의 대형급인 E1a식으로 나타난다. 침향은 동향과 서향으로 나타나고 여주 하거리고분군에서만 확인된다. 하거리 6호와 방미기골 26호 석실이 해당된다.

시기적으로 석실묘는 3㎡ 이상의 대형급인 E1a식은 점차 사라지고 소형급의 E1b식으로 대체된다. 즉 높이가 낮아져 횡구부는 시신안치가 불가능한 흔적기관으로 남게 되고, 크기는 대체로 1~2㎡ 미만으로 길이 190~210cm, 너비 60~80cm 내외인 것과 2~3㎡ 미만으로 길이 210~250cm, 너비 90~110cm 내외의 것으로 작아져 수혈계 묘제인 석곽묘로의 전환이 이루어지는 것이다. 아울러 침향은 기존의 동 · 서향에서 북향으로 고정된다. 관 받침석의 배치는 바닥면 중간배치로 일관되며, 판석재 혹은 소할석을 횡대와 같이 양단 혹은 상 · 중 · 하의 등간격으로 놓은 것, 소할석을 목관의 외곽에 하나씩 놓은 것, 소할석을 타원형으로 길게 둘러놓은 것 등 다양하게 나타난다.

파주 법흥리유적 A-2 · 4 · 5호 · B-3호, 동패동(교하)유적 4-1지구 1호, 김포 유현리유적 6 · 11 · 13호, 고양 도내동유적 3-1호, 서울 중계동유적 석곽묘, 인천 불로동유적 Ⅰ-7-4호 · Ⅱ-1-14호 · Ⅱ-2-1-17호 · Ⅱ-6-1호, 수원 광교유적 15-1호, 평택 동삭동유적 2-6 · 9호, 안성 장원리유적 3-8호가 이에 해당한다.

E2식은 바닥에 별도의 시설 없이 정지토를 깔은 무시설식 석곽묘이다. 횡구부는 대부분 전면식으로 남아있으나 실 기능을 못하는 선 묘제의 축조방법이 이어질 뿐이다. 극히 일부 석곽에서 두침석이 확인되기도 하지만 피장자의 목관 안치가 기본이다. 침향은 북향이 일반적이며, 극히 일부가 동 · 서향을 이루기도 한다. 벽체는 하단에 수적하여 쌓아올리는 예가 많다. 평면적은 1㎡ 미만, 1~2㎡, 2~3㎡, 3㎡ 이상의 4개 그룹으로 나타난다. 소 · 유아묘로 추정되는 1㎡ 미만을 제외하고 대체로 1~2㎡ 미만의 길이 180~220cm, 너비 60~

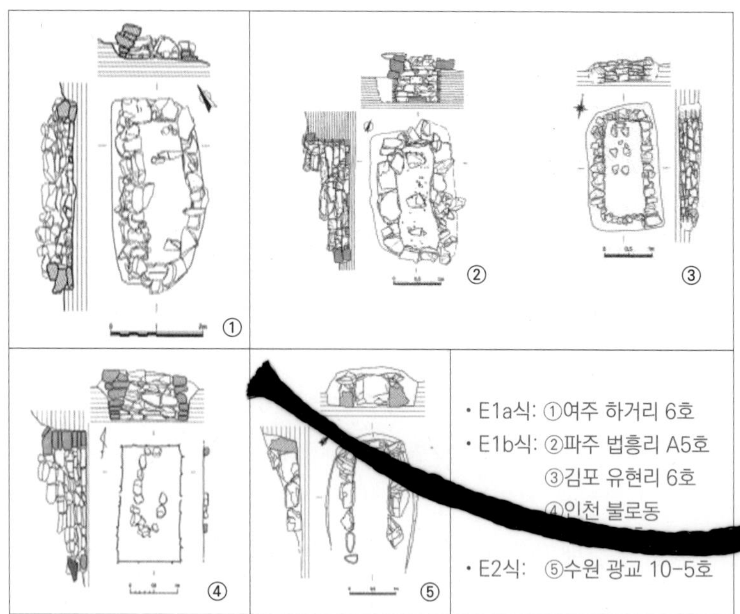

도 74. ⅢE형 횡구식석실(곽)묘

100cm 내외인 것과 2~3㎡ 미만의 길이 210~260cm, 너비 80~120cm 내외인 소형급이 대부분이다. 3㎡ 이상의 대형급도 소수 확인되는데 시간서열상 가장 늦은 라말여초기에 등장하는 것이다.

파주 야당동유적 16-5호, 김포 유현리유적 2·10호, 신곡리유적 5호, 인천 불로동유적 Ⅱ-1-1·3호, 군포 산본동유적 8호, 남양주 지금동Ⅱ유적 사-1·3호, 하남 금암산고분군 1-5호, 2-5·10·15호, 덕풍골유적 06-2호, 광주 대쌍령리유적 10호, 성남 도촌동유적 1호, 용인 하갈동유적 1호 석곽, 신갈동유적 6호 석곽, 수원 광교유적 9-1·3호, 10-1·5호, 11-3~7호, 화성 화산고분군 1호, 청계리유적 나-1호, 시흥 군자동유적 3호, 장현유적 군자동지점 1·6호, 평택 죽백동유적 2-1호, 가곡리유적(삼) 4호, 당현리유적 2·5·9호, 이천 이치리유적 5·7호 등이 이에 해당한다.

이와 같이 경기지역 신라 고분은 횡혈식과 횡구식석실(곽)묘로 대별되며, 〈표 7〉과 같이 횡혈식석실묘는 12개 형식, 횡구식석실(곽)묘는 20개 형식으로 다양하게 분류된다. 점차 다양성이 소멸되고 규모가 소형화되는 변화과정이 관찰되고 있어 무덤의 성격과 더불어 변천과정을 규명할 수 있는 시간성이 반영되었음을 알 수 있다.

표 7. 경기지역 신라 석실(곽)묘 제 형식분류표

묘제	형식		구조	대표고분
횡혈식	Ⅰ	A	A식 전면시상, 배수로	서울 방이동 3·4·6호, 가락동4호, 이천 중리동 A-18호
		B	B식 고시상, 2식연도 중심 문틀식	서울 가락동 6호, 양평 대평리 1·2호, 여주 보통리 석실, 수원 광교 10-1호, 하남 덕풍골 석실, 금암산 1-1호
		C	C식 저시상, 3식연도	이천 중리동 A-52호, B-20·36호
		D	D식 저시상, 2식연도	군포 산본동 2호
		E	E식 관대·무시설식, 2식연도	하남 광암동 산71-1번지 1호, 음성 문촌리 다-1호, 이천 장암리 1호
	Ⅱ	C1	C식 저시상, 3식연도(大) 2인장·배수로 有	광명 소하동 2·3호, 서울 천왕동 1·2호, 명륜동 1·2호. 용인 마성리 석실, 안성 당왕동 7호
		C2	C식 저시상, 3식연도(小)	서울 세곡동 1호, 안성 반제리 1~3호, 여주 매룡리 황학산 1호

묘제	형식		구조	대표고분
		D	D식 고시상, 2식연도 多	이천 중리동 A-64호, B-1 · 5 · 37호
		E	E식 관대, 2식연도, 1인장	파주 법흥리 A-1호
	Ⅲ	B	B식 고시상, 2식연도	서울 중곡동 甲 · 乙墳
	Ⅳ	B	B식 고시상, 1식연도(小)	인천 불로동 Ⅱ-1지점 석실
		C1	C식 고시상, 2식연도(大)	여주 매룡리 2 · 8호, 상리 1호
		C2	C식 저시상, 2식연도(小)	용인 청덕동 1호
횡구식	Ⅰ	A	A식 전면 저시상	성남 여수동 5호
		B	B식 고시상	파주 덕은리 1 · 2 · 19호, 인천 원당동 가6호, 오산 궐동 1-1호
		C	C식 고시상	파주 덕은리 9호, 용인 구갈동 석실, 여주 하거리 방미기골 2호
	Ⅱ	A1	A식 전면 저시상(小)	서울 방이동 5호, 성남 여수동 1 · 9~11호, 광주 선동리 2 · 7 · 8 · 14호, 용인 덕성리 1호, 화성 장지동 2-6호
		A2	A식 전면 고시상(大)	남양주 지금동 Ⅰ 나3 · 5호
		A3	A식 전면 저시상, 문틀식	이천 중리동 B-16 · 22호, 하남 덕풍동Ⅱ 1호 석곽
		B	B식 고시상, 3식입구多	파주 덕은리 16 · 17호, 인천 원당동 가4호, 용인 보정동삼막곡 1-4 · 7 · 10호, 동백동 석실, 여주 하거리 방미기골 3~5 · 15호, 가평 읍내리 2호
		C1	C식 고시상, 3식입구多(大)	용인 보정동 삼막곡 1-2 · 9호, 여주 매룡리 2호(기) · A4 · B1 · 94-4호, 여주 하거리 방미기골 1 · 12 · 14 · 18호
		C2	C식 저시상, 2식입구(小)	인천 원당동 가1호, 광명 가학동 1호, 시흥 군자동 1호, 용인 보정동삼막곡 1-1 · 5 · 16호, 신갈동 2호, 수원 광교 2-3호, 평택 지제동 2호, 이천 덕평리 1 · 3호, 중리동 A-67 · 69호, 여주 매룡리 94-2 · 3호
		C3	C식 저관대, 문틀식입구	하남 금암산 2-1호
		D	D식 시상, 2식입구多	인천 불로동 Ⅱ-1 7호, 오산 가장동 석실, 양평 양근리 석실, 이천 중리동 A-6 · 15 · 21 · 37 · 39, B-3 · 4 · 17 · 24호
		E1	관대, 2식입구	인천 불로동 Ⅱ-1 6호, 평택 율북리 6-1호
		E2	무시설, 2식입구	수원 광교 11-3호, 화성 천천리(한) 1호, 양평 양근리 석곽
	Ⅲ	A1	A식 전면 저시상, 1 · 2식입구	파주 성동리, 고양 식사동 4-1~3호, 서울 우면동 3 · 6 · 8호, 하남 금암산 1-2 · 4호, 의왕 이동 2 · 3호, 광주 선동리 11~13호, 대쌍령리 1 · 2호 화성 장지동, 분천리, 안성 반제리 주정마을, 가평 대성리, 이천 창전동 4~6호, 중리동 A-2 · 7~9 · 12 · 17 · 48 · 51호,

묘제	형식		구조	대표고분
		A2	A식 전면 고시상	남양주 지금동Ⅰ 나1 · 3호, 서울 우면동 4호, 용인 보정동 소실 1호
		A3	A식 전면 저시상, 문틀식	하남 금암산 2-2 · 9 · 13호
		C1	C식 고시상, 2 · 3식입구	인천 원당동 가3 · 8호 석실, 1~6호 석곽, 구월동 2호, 서울 천왕동 연지 2호 석실, 하남 광암동 7 · 9호, 수리골 4호, 광주 역동 1호, 용인 보정동 소실, 화성 오산동 1 · 4호, 오산 내삼미동 4 · 5호, 안성 당왕동, 여주 매룡리 1 · 3~8호(기), 하거리(한) 1 · 2 · 4~6호, 방미기골 20~25호, 이천 덕평리 4~6호, 이치리 2 · 11호, 음성 문촌리 나1 · 2호
		C3	C식 저시상, 문틀식입구	하남 광암동 7 · 9호, 금암산 2-3 · 4 · 8 · 18호
횡구식	Ⅲ	D	D식 시상, 1 · 2식입구	인천 불로동 Ⅱ-1 16 · 20호, 김포 유현리 17호, 시흥 능곡동 5 · 6호, 하남 금암산 1-3호, 군포 산본동 1 · 3 · 4호, 성남 판교동 19-1 · 2호, 수원 광교 13-1호, 용인 보정동 소실 15호, 광주 대쌍령리 7 · 11호, 화성 장지동 2-10호, 천천리 2호, 평택 지제동 1 · 3호, 이천 중리동 A-10 · 20 · 33 · 41 · 56호, 가평 읍내리 1호
		E1	관대, 1 · 2식입구	파주 법흥리 석곽, 서울 중계동 석곽, 김포 유현리 6 · 11호, 인천 불로동 Ⅱ-1 17호, 평택 동삭동 2C-1호, 여주 하거리 6호, 방미기골 26호
		E2	무시설, 1식입구	파주 운정 16-5호, 인천 불로동 Ⅱ-1 1 · 3호, 김포 유현리 2 · 10호, 하남 금암산 2-5 · 10 · 15호, 용인 하갈동 1호, 수원 광교 10-1 · 5 · 11-7호, 평택 당현리 2 · 5호, 가곡리(삼) 4호, 이천 이치리 5 · 7호

V

고분의 계통과 위계

1. 고분의 계통

앞 장에서 살펴본 바와 같이 경기지역 신라 고분은 각 묘제별로 다양한 형식의 석실묘가 존재하고 있음을 확인하였다. 출토유물로 볼 때 석실묘의 제 형식은 구조적 변천과정이 가늠되는 시간성이 반영된 것도 있지만 대부분 시기적으로 병존하는 형식의 석실임을 확인하였다. 이는 경기지역 신라 고분의 전개와 관련하여 여러 계통의 횡혈계 묘제가 수용되었음을 의미하며, 더 나아가 신라의 신 편입지역에 대한 지배방식과도 관련된다. 이와 관련하여 영남지역 석실묘와의 구조적 속성비교를 실시한 바 있다.[1] 본장에서는 기존 연구를 토대로 새롭게 발견된 자료를 추가하여 다양한 형식을 나타내는 석실묘의 계통관계를 구체적으로 추적해 봄으로서 경기지역 신라 고분의 특징과 지방사회 집단의 구성과 성격을 파악하는 근거를 마련하여 보고자 한다.

1 김진영, 2007, 「한강유역 신라 석실묘의 구조와 성격」 『先史와 古代』 第27號, 韓國古代學會; 2011, 「한강 주변지역 신라 횡혈식석실분의 변천과정」 『기호문화재연구원 개원5주년기념 학술발표회 자료집』, 기호문화재연구원.

1) 횡혈식석실묘

횡혈식석실묘의 형식에 따른 계통관계를 살펴보면, 먼저 평면 방형의 ⅠA 형식에 속하는 서울 가락동 4호와 방이동 3호, 4호, 6호 등은 편재식 연도 중심에 시상은 연도 바닥까지 전면에 걸쳐 소할석이나 판석, 역석과 흙으로 두텁게 깔고, 배수로를가 설치한 구조적 특징이 나타난다. 이와 같은 구조의 석실은 신라 왕경인 경주 방내·조전리고분군[2] 1·6·9호, 방내리고분군[3], 건천휴게소유적[4] 30호, 사라리 525번지유적[5] 1·3·4·6·14·18·19호, 월산리유적[6] B11호, 이조리 929번지유적[7] 1호, 황성동 590번지유적[8] 10호, 봉길고분군[9] 3호 등 주로 경주 외곽지역에서 주로 확인된다. 특히 건천읍 방내리와 사라리, 내남면 월산리 등 경주 서·남부지역에서 6세기 중엽의 이른 시기에 출현하여 유행하던 석실 형식이다.

경주 외곽에서 확인되는 석실 역시 연도는 중앙식도 일부 확인되나 편재식이 다수이고, 모두 소할석 혹은 역석을 점토와 섞어 바닥 전면에 20cm 내외의 두께로 깔고 있으며, 배수로를 갖춘 것이 다수이다. 시상면에는 시상석과 같은 크기의 역석을 약간 도드라지게 한 벌 더 깔거나 시상석보다 큰 석재를 등 간격으로 놓아 동서향의 시상 혹은 관대를 마련하고 있다. 추장 시에는 다시 기존 시상의 두께만큼 전면에 역석을 다시 깔았다. 보고 자료가 간략하여

2 國立慶州文化財研究所, 1998,「慶州 芳內·棗田里 古墳群」『文化遺蹟發掘調査報告書』-緊急發掘調査報告書Ⅲ-.

3 한빛문화재연구원, 2018,『경주 조전리~율동유적Ⅰ -방내리 고분군-』.

4 慶州文化財研究所, 1995,『乾川休憩所月新築敷地 發掘調査報告書』.

5 嶺南文化財研究院, 2005,『慶州 舍羅里 525番地遺蹟』.

6 國立慶州文化財研究所, 2003,『慶州 月山里蹟蹟』.

7 부경문물연구원, 2018,『慶州 伊助里 929番地 遺蹟』.

8 신라문화유산연구원, 2017,『경주 황성동 590번지 유적Ⅴ』.

9 蔚山大學校博物館, 2000,『경주 봉길고분군Ⅰ』.

명확한 구조를 파악 할 순 없지만 서울 가락동·방이동과 같은 A형 석실도 이와 같은 방법으로 피장자의 안치와 추장이 행해졌던 것으로 판단된다. 가락동 4호의 경우 도면을 통해 보면, 역석을 깔은 후 다시 역석을 한 벌 더 깔고 판석을 놓았으며, 다시 그 상면에 역석을 깔은 구조를 보여주고 있다. 방이동 3

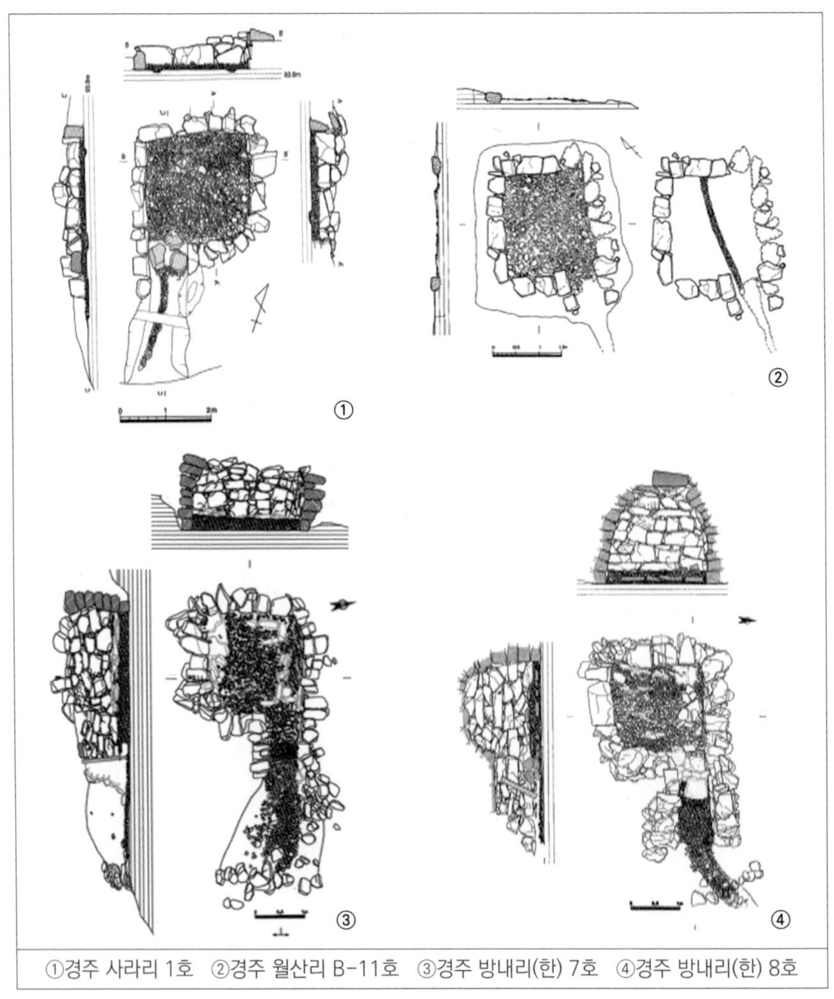

①경주 사라리 1호 ②경주 월산리 B-11호 ③경주 방내리(한) 7호 ④경주 방내리(한) 8호

도 75. 경주지역 Ⅰ A형 횡혈식석실묘

호도 역석 상면에 수 매의 판석형 할석재가 확인되고 있어 수차례의 추장이 이루어졌음을 설명해 주고 있다.

경주 이외 지역에서 이와 유사한 구조를 보여주는 석실로는 진주 가좌동고분군[10] Ⅱ-13·15호, 대구 욱수동고분군[11] 가-41호, 나-15·20호 등이 있다. 다만 가좌동고분군 석실은 바닥 전면이 아닌 빈 공간을 두고 있으며, 한 번에 바닥부석이 이루어진 것이 아니다. 최초 시상대는 한 쪽 벽면에 붙여 판석재를 와수적하여 외곽 구획 후 마련한 것이며, 추장 시 연이어 넓적한 소할석을 깔아 전면식과 유사하게 보이는 것일 뿐이다. 욱수동 석실은 짧은 연도와 벽체 하단에 수적이 행해지는 특징이 있으며, 배수시설은 확인되지 않는다. 또한 바닥면은 입구부 주변을 빈 공간으로 두고 한 겹 정도로 얇게 부분 부석이 이루어지고 있다. 일정 범위별로 석재의 크기가 다르게 나타나기도 하여 주변 석실의 시상배치와 같이 구획된 시상이 연이어 조성되었던 것으로 판단된다.

이와 같이 경주 이외 지역에서도 일부 유사한 구조가 확인되기도 하나 주된 묘형은 아니며, 구조와 장법상 ⅠA형 석실과는 확연한 차이를 보이고 있다. 따라서 축조시기 및 구조와 장법상 ⅠA형 석실은 왕경인 경주 서남부지역의 석실과 계통상 연결됨을 알 수 있다.

ⅠB형식은 구획된 시상을 후벽에 배치한 것으로 주로 중앙식⑵과 우편재식⑶ 연도를 갖춘 것이다. 높이 30cm 이상의 고시상대와 벽면에 점토 혹은 회바름이 이루어지며, 정교히 가공한 문주석과 문비석 등을 활용한 현문구조를 갖추고 있기도 한다. 이러한 구조의 석실은 경주 월산리유적 B1·B9호, 용강동 82번지 석실[12], 충효동 2·6·7·10호[13], 서악동 석실, 손곡동 경마장부지

10 慶南發展硏究院 歷史文化센터, 2018, 『진주 가좌동고분군과 취락』.

11 嶺南大學校博物館, 2002, 『大邱 旭水洞 古墳群』.

12 국립경주문화재연구소, 2009, 『경주시 용강동 82번지 석실분 발굴조사보고』.

13 朝鮮總督府, 1937, 「慶州 忠孝里石室古墳調查報告」『昭和七年度古蹟調查報告』第二冊.

C1지구 2-9호[14], 방내리고분군[15] 16호, 구어리고분군[16] 6호 등이 있으며, 주로 현 경주 시가지 일대, 즉 왕경의 중심지역에서 확인된다. 월산리와 손곡동, 구어리 같이 경주 외곽지역의 석실은 면치석이 덜 된 부정형의 할석재로 축석하고 낮은 시상대와 문틀시설도 갖추어지지 않은 반면, 경주 중심지역인 서악동과 충효동 석실의 경우 치석이 잘된 할석재와 고시상대, 정교한 가공석을 활용한 문틀시설을 갖추고 있어 차이를 보이고 있다.

전자에서 후자로의 구조적 변천과정을 보이며, 축조 시기는 7세기 이후로 보는 견해도 있으나[17] 기왕의 논고와[18] 부장된 토기를 검토하여 볼 때, 충효동 2호, 월산리 B1호, 손곡동 경마장부지 C1지구 2-9호, 구어리 6호 등과 같이 적어도 6세기 후반 이전에는 도입되어 8세기 대까지 장기간 사용된 것이다.

이와 같이 ⅠB형식은 경주지역 석실에서 조형을 찾을 수 있다. 이 중 남한강 수계권인 양평 대평리와 여주 보통리고분군 석실 같이 치석이 잘 된 할석재로 축석한 벽체와 고시상대, 벽면과 시상대의 회바름, 문비석과 문미석, 문지방석, 문주석 등 정교한 문틀시설을 갖춘 것은 경주 중심지역, 그 중에서도 중핵부인 서악동, 충효동 석실과 관련이 깊고 부정형 할석으로 조잡하게 쌓고 문틀시설이 없는 서울 가락동·방이동과 충주 루암리·하구암리 석실 등은 경주 외곽지역 석실에서 영향을 받아 축조되었을 가능성이 높아 보이며, 시기적으로 차이를 두고 도입되었을 것으로 판단된다. 이후 수원 광교유적, 하남 덕풍골유적, 금암산고분군 석실과 같이 짧은 연도와 벽체 하단의 수적, 괴석재의 사용 등 축조수법이 조잡해지는 지방화의 과정이 점진적으로 나타

14 韓國文化財保護財團, 1999,『慶州 競馬場 豫定敷地 C-1地區 發掘調査 報告書』.

15 嶺南文化財硏究院, 2009,『慶州 芳內里 古墳群』.

16 嶺南文化財硏究院, 2002,『慶州 九於里 古墳群 Ⅰ』.

17 홍보식, 2002,『新羅 後期 古墳文化 硏究』, 춘추각.

18 최병현, 2012,「경주지역 신라 횡혈식석실분의 계층성과 고분 구조의 변천」『韓國考古學報』第83輯, 韓國考古學會, 116~117쪽; 金俊植, 2019,「伽倻 橫穴式石室 硏究」, 慶北大學校 大學院 博士學位論文, 144쪽.

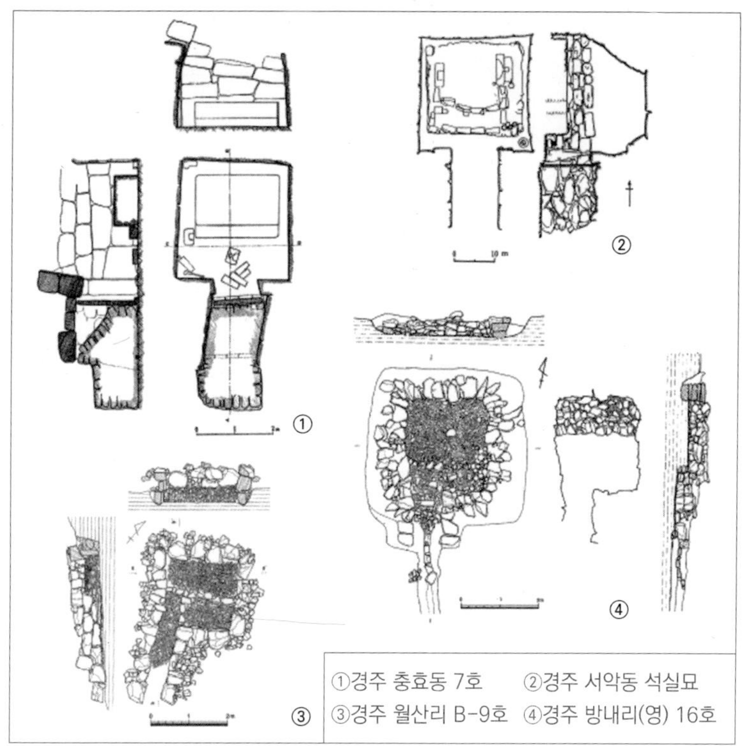

도 76. 경주지역 ⅠB형 횡혈식석실묘

나고 있다.

ⅠC형식은 시상대를 연도 반대편인 좌측 벽에 잇대어 북남향으로 배치한 3식 시상대를 갖춘 것이다. 연도는 모두 우편재식이며, 길이 1m 내외로 짧다. 시상대는 할석재를 1~2단만 놓아 10~20cm 내외 높이의 저시상이며, 너비는 1m 이상으로 넓어 2인장을 염두에 두고 조영된 것으로 판단된다. 이천 중리동유적에서만 확인되며, A-52호, B-20호 · 36호가 이에 해당한다.

이와 유사한 석실구조는 경주지역과 합천과 김해 등 영남 서남부지역에서 주로 확인되며, 대구지역도 일부 나타난다. 경주지역은 헌강왕릉[19], 충효동 4

19 慶州文化財研究所, 1995, 『憲康王陵補修收拾調査報告書』.

·8·9호 등 경주 중심지역에서만 확인되며, 6세기 후반 무렵에 출현하여 7세기 전반에 본격적으로 사용된다. 연도는 대개 1.5m 이상으로 길고, 헌강왕릉을 제외하고는 모두 좌편재식 연도이며, 현문부에는 정교히 가공한 문주석, 문미석 등을 갖춘 문틀시설이 설치되어 있다. 시상대는 한 쪽 벽체에 치우쳐 있으나 벽체에 붙지 않고 30~40cm 정도 높이에 이르는 고시상대이며, 너비는 80~110cm 정도로 넓은 편은 아니다. 시상대는 정교히 가공한 대형 판석재를 사용하거나 바깥쪽 면을 회미장한 특징이 있다. 구조와 축조방법상 고구려 석실의 영향을 받은 것으로 경주 중심지역에서 사용된 위계가 높은 석실이다. 대구지역은 욱수동고분군 가-15·34·35호, 나-14호 등이 있는데 짧은 연도에 시상은 역석을 한 겹 깔아 10cm 미만으로 낮고 90~120cm 정도의 너비를 이룬다.

영남 서남부지역은 주로 김해지역에서 나타나는데 화정유적[20] 30-1·74·78호, 대성동유적[21] 1호, 봉황동유적[22] 11호, 망덕리유적[23] Ⅱ-3호 등이 있다. 연도는 일부 좌편재식도 확인되나, 대부분 우편재식이며, 1m 안팎의 짧은 연도를 갖추고 있다. 시상대는 벽체에 붙여 소할석이나 역석을 1~2단 쌓아 높이가 10~20cm 내외로 저시상이며, 너비는 90~140cm 정도로 넓은 편이다. 특히 대성동과 봉황동유적 석실의 경우 120~140cm의 넓은 시상대 너비를 이루고 있으며, 화정유적의 경우 벽체 하단에 수적이 행해져 경기지역 석실과 유사성이 깊다. 합천지역은 저포리유적에서 소수 확인되나 일반적인 형식은 아니다. C지구[24] 6호, E지구[25] 8-1호 등이 해당되는데, 연도는 좌·우편재식

20 福泉博物館, 2004, 『金海花亭遺蹟 I』.
21 慶南考古學硏究所, 2006, 『金海 大成洞遺蹟』.
22 慶南考古學硏究所, 2007, 『金海 鳳凰洞遺蹟』.
23 東西文物硏究院, 2015, 『金海 望德里遺蹟Ⅳ』.
24 曉星女子大學校博物館, 1987, 『陜川 苧浦里C·D地區遺蹟』.
25 釜山大學校博物館, 1987, 『陜川 苧浦里E地區遺蹟』.

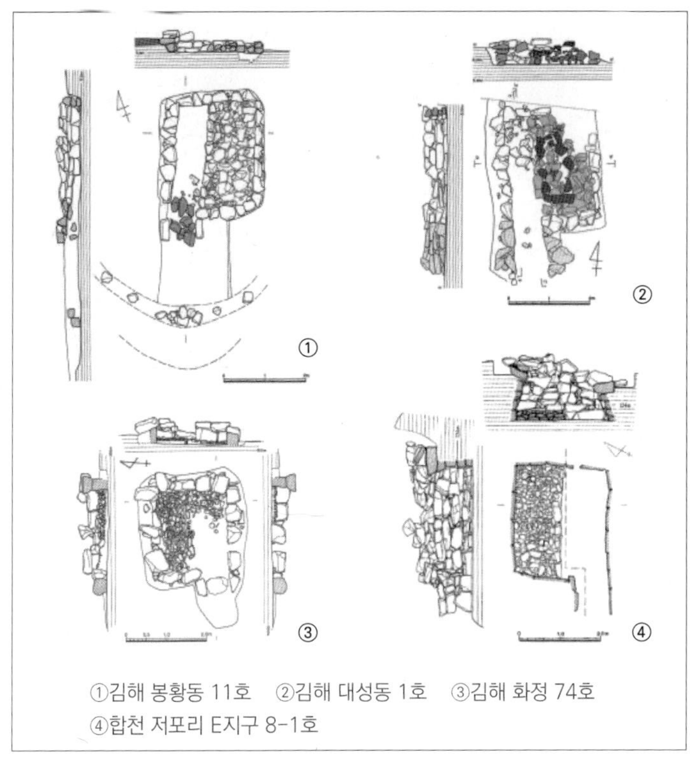

①김해 봉황동 11호 ②김해 대성동 1호 ③김해 화정 74호
④합천 저포리 E지구 8-1호

도 77. 영남 서남부지역 ⅠC형 횡혈식석실묘

모두 나타나고 시상대도 역석을 한 겹 깔은 저시상과 소할석으로 여러 단을 쌓아 30cm 이상 높이의 고시상이 함께 나타난다.

모두 6세기 후반 무렵에 등장하여 경주와 합천·김해 등 영남 서남부지역에서 하나의 형식으로 자리를 잡은 것으로 판단된다. 구조와 축조방법상 경주와 대구지역 석실과는 확연한 차이를 보이는 반면, 영남 서남부지역의 석실과는 친연성을 확인할 수 있다. 특히 금관가야 고지인 김해지역 석실과 관련성이 커 보인다.

ⅠD형식은 군포 산본동 2호 석실 단 한 사례이다. 복수의 시상대가 네 벽에서 떨어져 바닥 중간 부근에 배치된 것으로 장축향이 좌우측벽 방향과 나란한 것이다. 판석형의 작은 석재를 한 겹 깔은 저시상으로 시상대간 연접하지 않으

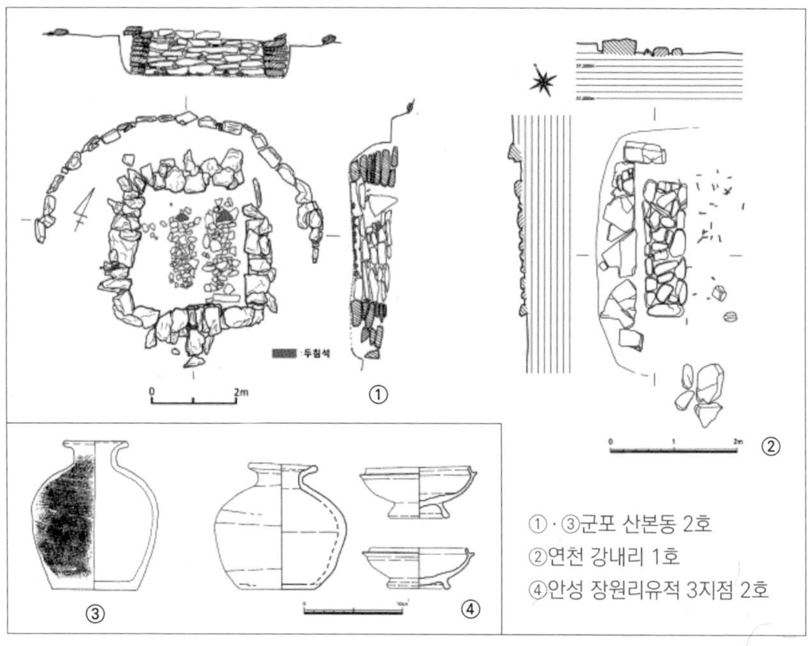

도 78. 군포 산본동유적 2호 석실묘

며, 시상대 북단측 상면에는 모두 두침석이 놓여 있다. 2개의 시상대가 배치된 2인장이지만 사진과 도면을 자세히 보면 좌측 벽 인근 바닥에 시상석과 같은 석재들이 안정적으로 놓여있는 것이 일부 관찰되어 모두 3인장일 가능성도 배제할 수 없다. 연도는 한쪽으로 약간 치우쳐있지만 중앙식으로 보는 것이 맞다.

석실은 호석을 설치한 원형분의 반지상식 구조로 벽체 중·하위부터 바깥으로 할석재를 엇물려 확장해가는 방식이 엿보인다. 벽체는 네 모서리의 벽석이 서로 엇물리도록 동시에 쌓아 양 벽석이 걸치도록 하여 쌓아 올라갔다. 벽석은 덜 치석된 부정형의 할석재를 거칠게 쌓아 벽면이 고르지 못하고 벽석간 틈도 많아 요철이 심하다. 이에 네 모서리의 각이 분명치 않고, 접합부의 상하가 지그재그식으로 직선적이지 못하다.

봉분 외연의 호석 설치와 벽석재와 축석상태, 두침석의 사용 등은 신라 석실의 특징을 잘 보여주고 있지만 시상의 구조와 배치방법은 영남지역을 비롯한 신라 석실에서 유사성을 찾기 어렵다. 오히려 이러한 시상대 배치는 연접하여 보축하는 신라 석실의 시상대와는 달리 고구려 석실에서 흔히 확인되는 것으로 장법상 상통하는 면이 있다. 남한지역에서 벽체와 이격되어 배치된 저 시상대를 갖춘 석실로는 연천 강내리유적 1호 석실이 있다.

부장유물은 병 1점이 출토되었는데, 잔석립이 혼입된 회색계 경질소성에 가까운 것으로 동 최대경은 동체상부에 형성된 각진 유견형이며, 경부는 확연히 형성되어 직경하고 구연부는 수평에 가깝게 외반하며, 구연단은 둥글게 처리되었다. 이러한 기형은 백제 및 고구려 토기에서는 비교대상을 찾기 어려우며, 안성 장원리유적 3-2호 석실, 보은 상장리유적[26] 1호 석곽 출토 병과 유사한 신라 후기양식 토기이다. 병과 매납 동시성이 인정되는 단각고배와 대족하부돌대 고배는 6세기 후반대로 보아도 이견이 없는 것이다. 하지만 군포 산본동 2호 석실 병은 비교 제시한 병과 전체 기형은 같지만 장신화된 모습을 보이고 있어, 한 단계 늦은 시기로 판단되지만 형식 상 신라 통일기인 7세기 후반대로 시기가 내려가지는 않는다. 이에 주변의 석곽묘와 관련시켜 통일신라기 이후로 보았던 기존의 견해는 재고되어야 할 것이다.

따라서 I D형식의 군포 산본동 2호 석실은 신라와 고구려 석실의 묘·장제 속성이 복합적으로 나타나는 점, 군집을 이루지 않고 외따로 분포하는 점과 신라토기가 부장되는 점으로 보아 고구려 석실의 기반 하에 신라 장법이 도입되어 현지에서 창출된 복합계통의 석실로 보는 것이 타당하다.

근방형인 II형 석실은 경주지역과 합천, 고령, 의령, 진주, 김해 등 영남 서남부지역에서 주로 확인된다. 경주지역에서 근방형은 장폭비 1.8:1 이상의 종장방형과 구조차이가 없는 것으로 서로 별개의 형식이 아니다. 대부분 1.3~1.7:1 미만 사이에 드는 것이지만 1.7:1 이상의 것도 적지 않아 경기지역보다 세장한 면이 있다. 보문동 합장분[27] 석실을 비롯하여 동천동 343-4번

26 中央文化財硏究院, 2004, 『報恩 上長里遺蹟』.

27 國立慶州博物館, 2011, 『慶州 普門洞合葬墳』.

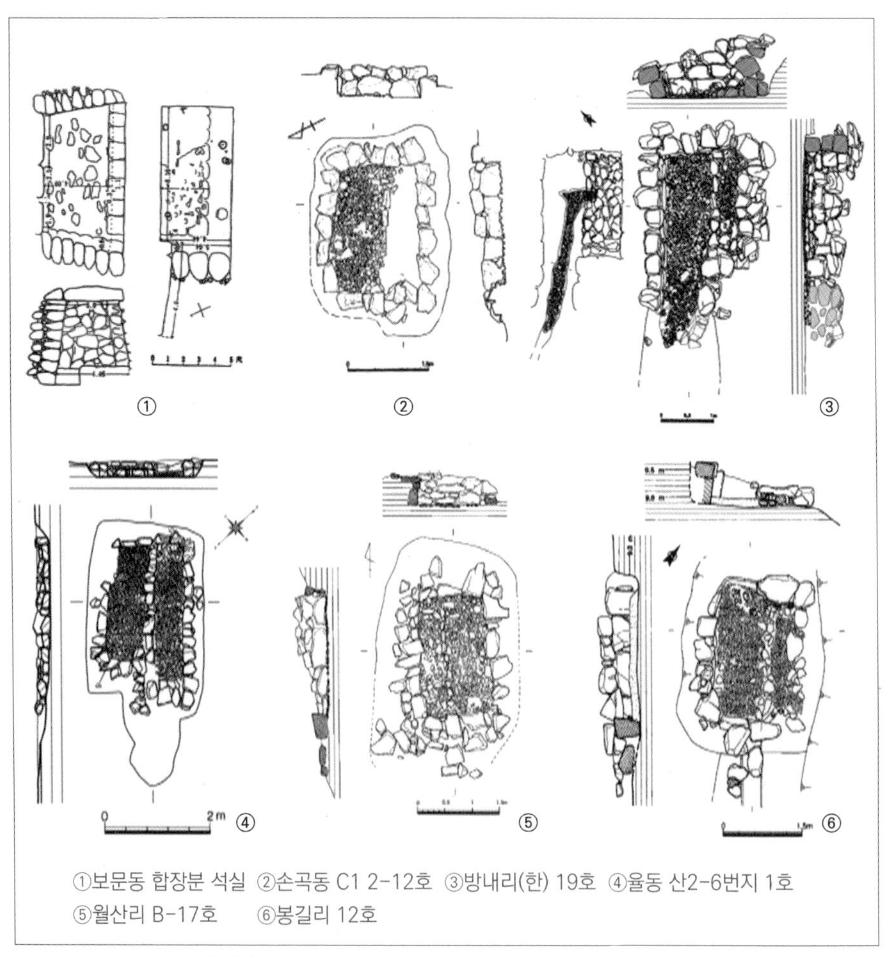
①보문동 합장분 석실 ②손곡동 C1 2-12호 ③방내리(한) 19호 ④율동 산2-6번지 1호
⑤월산리 B-17호 ⑥봉길리 12호

도 79. 경주지역 ⅡC형 횡혈식석실묘

지 유적[28] 4·5·11·13·20·22호, 동천동 산13-2번지 유적[29] 2·3·5·10호, 보문동 338번지유적[30] 4호, 황성동 906-5번지 석실, 율동 산2-6번지유

28 금오문화재연구원, 2020, 『慶州 東川洞 343-4番地 遺蹟』.

29 계림문화재연구원, 2013, 『경주 동천동 산13-2번지 유적』.

30 韓國文化財財團, 2015, 「경주 보문동 338번지 유적」『2013년도 소규모 발굴조사

적[31] 1·2호, 율동 산2-19번지 유적[32] 8·10·13호, 망성리고분군Ⅳ[33] B-2호, 방내리고분군(경)[34] 6·7·11·16·18·37·57호, 방내리고분군(한) 12·17-1·19호, 손곡동 경마장부지 C-Ⅰ-2지구 8·12호, 봉길고분군 1·2·12호와 월산리 B-19호 석실 등과 같이 다수 확인되며, 시기 및 지역에 따라 구조적 차이를 보인다.

시상대의 구조에 따라 전면부석식인 A형과 석축시상을 장측벽에 배치한 C형으로 구분되며, 동천동 와총과 같이 대형묘는 석축시상을 후벽 배치한 B형으로 나타나기도 한다. 6세기 전반 무렵 보문동 합장분 석실과 방내리고분군에서 A형과 C형으로 출현하지만 경주 중심지역보다는 방내리와 월산리, 봉길리 등 외곽지역에서 먼저 유행하며, 동천동고분군으로 보아 7세기에 들어서야 중심지역으로 확산된다.

6세기 후반부터 유행하는 경주 외곽지역의 방내리, 손곡동, 율동, 망성리, 월산리 일대 석실은 좌·우 편재식 연도가 비슷한 비율로 혼재하며, 문틀식의 현문구조는 없다. 대부분 바닥 전면에 역석 혹은 역석과 점토를 섞어 부석한 A형이 일반적이다. 석축시상을 장벽에 배치한 C형도 적지 않게 확인되는데, 20cm 미만의 저시상대이며, 시상대 이외 바닥면까지 역석을 부석하였고 배수시설이 설치되기도 한다.

반면 7세기에 이르러서야 집단으로 조영되기 시작하는 경주 중심지역 석실

보고서Ⅸ -경북2-』.

31 화랑문화재연구원, 2017, 「경주 율동 산2-6번지 유적」 『2017년도 소규모 발굴조사 보고서Ⅸ』.

32 금오문화재연구원, 2016, 「경주 율동 산2-19번지 유적」 『2016년도 소규모 발굴조사 보고서ⅩⅢ -경북4-』.

33 嶺南文化財硏究院, 2017, 『慶州 望星里古墳群Ⅳ·栗洞古墳群Ⅲ』.

34 國立慶州文化財硏究所, 1997, 『慶州 芳內里 古墳群』.
방내리고분군의 경우 석실의 크기가 벽면의 크기만이 보고되고 도면과 일치하지 않는 부분이 있다. 이에 보고된 석실 크기와 도면 축척을 비교하여 재측정 수치로 평면형을 파악하였음을 밝힌다.

은 거의 대부분이 좌편재식 연도이며, 입구는 가공된 장대석으로 문주석을 세워 현문을 마련한 경우가 많다. C형이 일반적이고, 20~30cm 정도로 고시상을 이루며, 상면에는 작은 역석을 부석하여 조정하는 특징을 보이고 있어 외곽지역과 차이가 있다.

영남 서남부지역은 합천 저포리유적 D지구 4호, E지구 1-3 · 15-1 · 16 · 19 · 20 · 24호, 삼가고분군[35] 9A · 9C호, 고령 지산동고분군[36] 1 · 3-1호, 지산동 산115유적[37] 2 · 4호, 의령 운곡리고분군[38] 2호, 운곡리유적[39] 21 · 27~29호, 진주 가좌동유적 Ⅲ-1 · 2 · 5호, 김해 망덕유적 Ⅰ-1 · 2 · Ⅱ-1, 우계리유적[40] 11호 석실 등이 있는데, 주로 낙동강 서안의 합천과 의령지역에 분포하고 있다. 이러한 근방형에 가까운 석실은 고령 고아동유형의 석실이 종래의 수혈식 석곽과 결합되면서 중 · 소형묘로 나타나는 것으로 보고 있기도 하다.[41]

좌 · 우편재식 연도가 모두 나타나나 우편재식이 다수이다. 시상대 구조에 따라 합천 저포리 D지구 4호, E지구 25호, 김해 망덕유적 Ⅰ-2호와 같이 바닥 전면에 역석을 부석한 A형과 진주 가좌동유적 석실과 같이 판석을 세워 구획하여 후벽에 배치한 B형이 일부 확인되나 대부분은 경기지역과 같이 석축시상을 장벽면에 잇대어 배치한 C형이다.

C형의 석실은 시상대 높이와 내부시설에 있어 지역적 차이가 있는데 의령지역은 시상대 높이가 25~30cm 내외로 높고 배수시설이 설치되기도 하는 반면 합천 · 김해지역은 20cm 이하의 저시상대이며, 배수시설은 설치되지 않

35 東亞大學校博物館, 1982,『陜川 三嘉古墳郡』.

36 慶尙北道文化財硏究院, 2000,『高靈 池山洞古墳群』.

37 大東文化財硏究院, 2018,『高靈 池山洞 산115 遺蹟』.

38 慶尙大學校博物館, 2000,『宜寧 雲谷里古墳群』.

39 慶南發展硏究院 歷史文化센터, 2007,『宜寧 雲谷里遺蹟』.

40 慶南文化財硏究院, 2012,『김해 우계리유적』.

41 金俊植, 2013,「가야 횡혈식석실분의 성립과 전개」, 慶北大學校 大學院 碩士學位論文, 17쪽.

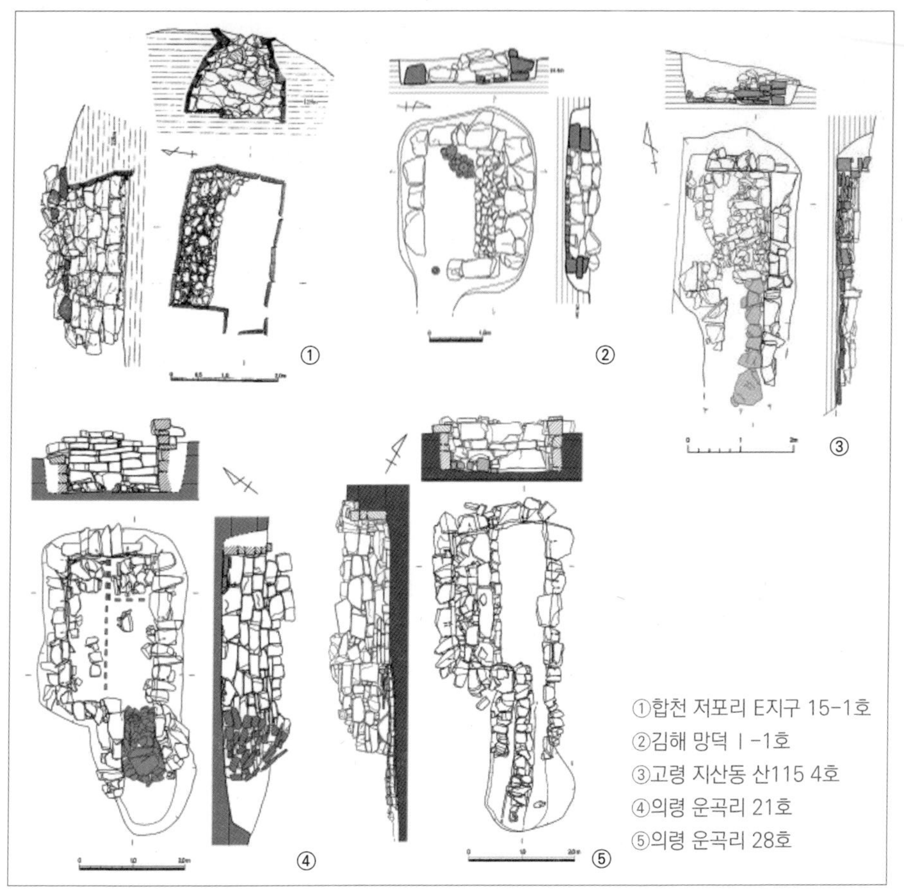

도 80. 영남 서남부지역 Ⅱ형 횡혈식석실묘

는다. 고령지역은 근방형의 장폭비 범위에 드는 것은 드물고 대부분 2:1 이상으로 세장하며, 경주 외곽지역과 같이 시상이 배치된 이외의 바닥면에도 부석하였고 배수시설이 설치되기도 하여 차이가 있다. 이밖에 영남 서남부지역 ⅡC형 석실은 시상 단측부에 잇대어 제단과 같은 유물부장공간을 석축하여 시상대와 '「'자형을 이루며, 외적 속성으로 주변에 배묘가 조영되는 특징이 있다.

이상의 영남지역의 Ⅱ형 석실의 분포와 특징을 살펴보았고 이를 경기지역 석실과 비교하여 보면 다음과 같다. 소형에 1인장을 기본으로 하는 ⅡC형식

석실은 우편재식 연도와 C식 시상대 일색이며, 문틀식의 현문구조는 없다. 시상대 높이는 소할석을 1단 정도 놓은 10cm 정도의 저시상과 2단 이상 놓아 20~30cm 높이의 고시상이 모두 나타난다. 용인 마성리 석실, 서울 천왕동 2호와 같이 시상면에 두침석이 놓이기도 하며, 안성 당왕동 7호, 음성 문촌리 나-3호와 같이 시상면에 잇대어 유물부장공간을 마련하여 시상대와 '「'자형을 이루는 것도 있다. 천왕동유적 석실에는 배수로가 설치되기도 하였다.

우편재식 연도 일색인 점과 시상배치 이외 공간의 부석 및 문틀식 현문구조의 부재, 배수로와 유물 부장공간의 존재 등 이러한 구조적 속성은 앞서 언급한 경주지역 석실과는 확연한 차이를 보이고 있으며, 6세기 후반 무렵 경주지역 II형 석실은 A식 중심이어서 서로 맞지 않다. 이와 다르게 낙동강 서안의 합천과 의령지역 등 영남 서남부지역 석실과는 여러모로 관련성이 있어 보인다.

그러나 경기지역 IIC형식 석실은 산록완사면에 단독 혹은 2~3기씩 분포하거나 광명 소하동, 서울 천왕동, 세곡동, 음성 문촌리유적과 같이 고구려 석실이 함께 분포하는 소위 고구려-신라 연속조영 고분군에 해당한다. 고구려 석실과 연속하여 조영되면서 신라유물이 부장되고 구조적 변천을 거치는 특징을 보이는 것이다. 이와 같은 입지와 분포적 특징, 그리고 우편재식 연도 일색인 점, 배묘가 조영되지 않는 점, 단독장이 주류인 점 등은 영남 서남부지역과 차이가 있으며, 고구려 석실과 통하는 면이 있다. 따라서 IIC형식은 현지의 고구려 석실에 영남 서남부지역 석실이 일부 수용되어 창출된 복합계통의 석실로 판단된다.

IID형식은 평면이 제형을 이루기도하며, 전벽 중앙에 달린 유단식 연도에 시상대는 양 장벽과 떨어져 바닥 중간에 석축한 30cm 내외 높이의 고시상대가 기본인 석실이다. 영남지역에서는 그 조형을 찾을 수 없는 독특한 구조로 경기지역, 특히 남한강 수계의 이천지역에서만 나타나고 있다.

한성기 백제 석실인 하남 광암동 1호와 논산 표정리 81-6호[42]에서도 이러

42 국립중앙박물관, 1984,「表井里 百濟廢古墳調査」『中島』.

한 시상(관)대 배치가 확인되지만 배치만 같을 뿐 시기적 · 구조적으로 연관시키기는 어렵고 백제 석실에서도 일반적이지 않다. 오히려 시상(관)대의 중간배치는 평양 호남리 19호[43], 신대동 10호[44], 청계동 4 · 7호, 전 동명왕릉 주변 11 · 16호[45], 집안 우산하 1041호, 환문총[46] 등 집안과 평양 일대에서 주로 확인된다. 평면형태는 방형과 장방형으로 나타나 차이가 있으나 연도는 중앙식에 문턱이 있어 단이 지는 점은 같다. 시상(관)대는 방형의 경우 2인장이 가능한 넓은 시상(관)대이며, 외면에 회미장을 하였고 장방형은 할석조도 있지만 대개 네 모퉁이에 받침석을 두고 판석재를 올린 탁자식 구조이며, 20cm 미만으로 낮아 차이를 보인다.

ⅡD형 석실은 평면 형태와 시상(관)대의 축조방법에 있어 차이는 있으나 제형 평면과 넓은 시상대의 중간배치 등은 고구려 석실의 기본구조에 바탕을 둔 것으로 판단되며, 할석조의 고시상대와 두침석의 존재, 신라유물의 부장 등으로 보아 신라의 장법이 일부 채용되었음을 알 수 있다. 따라서 ⅡD형 석실은 평양 혹은 집안일대의 고구려 석실에서 그 계통을 구할 수 있으며, 신라 영역기에 신라 장법이 일부 채용되어 현지에서 창출된 것으로 판단된다.

ⅡE형식은 C2형과 같은 소형으로 추장이 없는 1인장이다. 우편재식의 짧은 연도에 바닥 중간에서 우측으로 치우친 곳에 판석재를 일정 간격으로 놓아 관대를 마련한 E식이다. 인화문토기가 성행하는 3단계에 출현하는 것으로 경기지역, 그 중 파주지역의 법흥리유적만 확인되고 있다.

신라와 백제 횡혈식석실에서는 그 조형을 찾기 어려우며, 집안 노호초 5호,

43 박찬규 · 정경일, 2014, 「평양시 삼석구역 호남리에서 새롭게 조사된 고구려 석실봉토묘의 발굴정형에에 대하여」 『통일인문학』 제60집, 건국대학교 인문학연구원.

44 정경일, 2018, 「신대동 고구려고분군 발굴 정형에 대하여(중)」 『韓國史學報』 제70호, 고려사학회.

45 중앙문화재연구원, 2013, 『고구려의 고분문화 Ⅰ -한반도-』, 진인진.

46 중앙문화재연구원, 2015, 『고구려의 고분문화Ⅱ -길림성 집안시 통구고분군-』, 진인진.

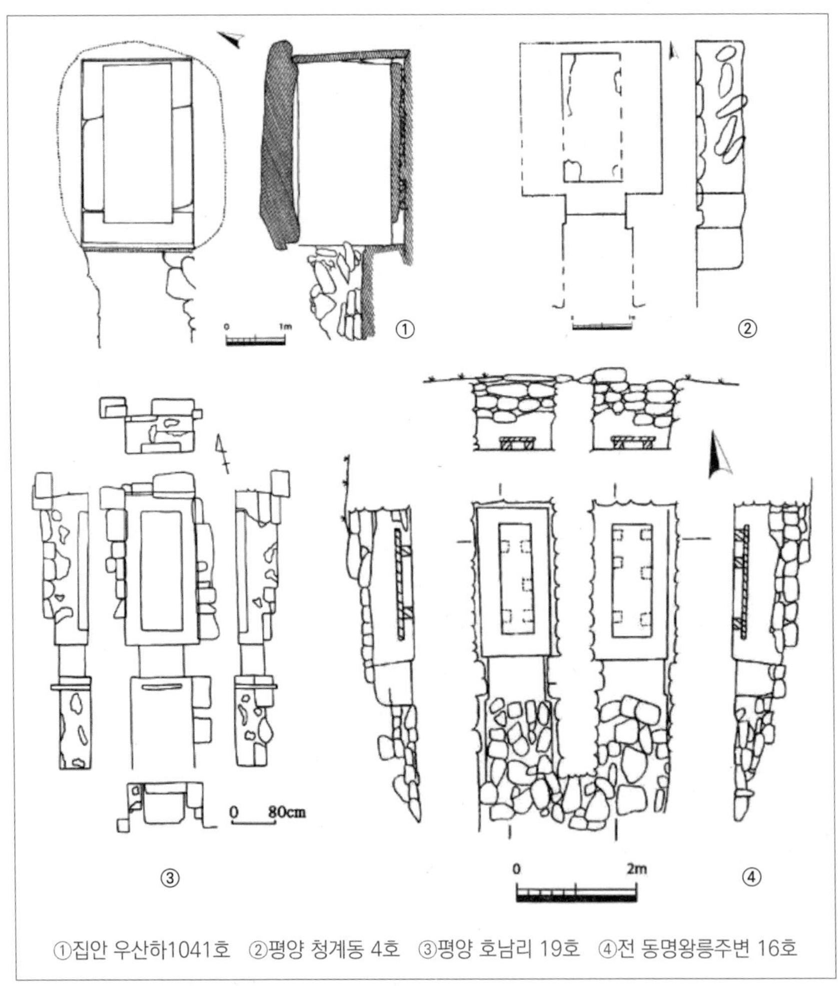

도 81. ⅡD형 관련 고구려 석실묘

자강도 시중군 로남리 남파동 88·114·115·119·127호, 심귀리 81·115호, 평양 호남리 20호, 황해북도 연산 공포리고분군 7호, 남한지역에서는 경기도 광주 오향리유적 3호 등 고구려 석실에서 다수 확인된다. 이들 석실은 위계상 최하위 그룹에 속하는 것으로[47] 주로 집안 주변인 자강도 지역에서 유

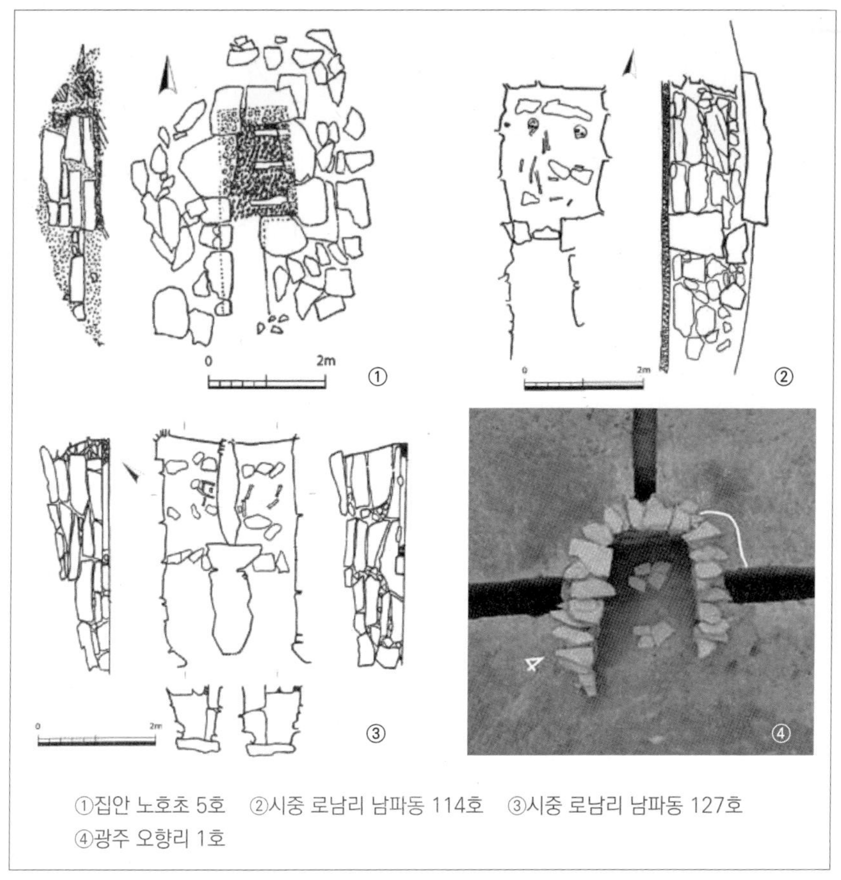

①집안 노호초 5호 ②시중 로남리 남파동 114호 ③시중 로남리 남파동 127호
④광주 오향리 1호

도 82. ⅡE형 관련 고구려 석실묘

행하는 형식이다. 평면 형태는 근방형과 장방형으로 나타나고 연도는 좌·우편재식이 모두 확인되나 좌편재식이 다수를 점하고 있다. 관대석은 바닥 중간 혹은 장벽면 쪽에 치우쳐 배치되며, 바닥 전면에 부석을 하고 놓는 경우가 많아 법흥리유적 석실과 약간의 차이를 보인다.

47 이동규, 2015, 「고구려 횡혈식석실묘의 지역성과 위계연구」『중앙고고연구』 제16호, 중앙문화재연구원, 58~61쪽.

그러나 관 받침석을 둔 관대식의 기본구조에 신라 통일기 이후에 석곽묘와 외따로 분포하는 점, 비교적 치석이 잘된 균일한 크기의 장방형 할석재로 벽체를 쌓아 벽면이 고르고 모서리각이 분명하며, 접합면이 직선적인 점 등은 고구려 석실의 구조적 속성과 상통한다. 고구려 석실의 경우 대개 출토유물이 없어 축조시기가 불분명한 관계로 법흥리유적 석실과의 구체적인 관련성은 접근할 수 없으나 기본구조상 백제와 신라 석실에서는 그 사례가 없는 것으로 고구려 석실에서 그 계통을 찾을 수 있다.

다음으로 서울 중곡동 석실묘 두 사례만 확인된 ⅢB형 석실묘는 도면으로만 간략히 보고되어 그 구조와 시기를 가늠하기 어려운 면이 있으나 고시상대가 후벽에 연속하여 배치되어 추장이 이루어졌음을 알 수 있으며, 중앙식 연도가 전벽 상부에 존재하고 있어 현실과 연도의 천장 높이 차가 크지 않았음을 알 수 있다. 고시상대의 후벽배치, 다인장, 유단식의 중앙식 연도의 구조와 장법상 영남 서남부지역의 (세)장방형 석실과는 시기적으로나 구조적으로 현

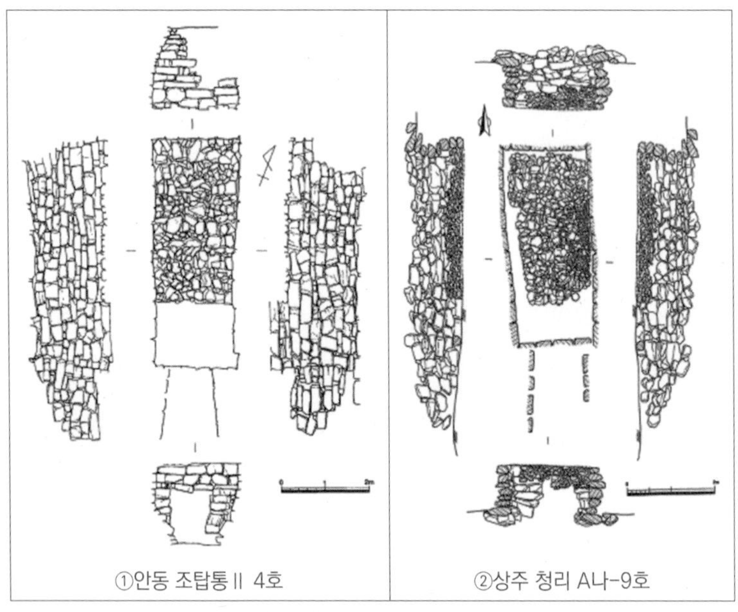

도 83. 영남 서북부지역 ⅢB형 횡혈식석실묘

저한 차이가 있는 반면 영남 서북부지역의 상주 청리유적[48] A나9 · 다9호와 안동 조탑동고분군II[49] 4호 등과 유사한 점이 확인된다. 이들 석실은 평면 형태와 추장 횟수 등을 고려할 때 적어도 6세기 후반 이전에 출현하는 석실로 계통상 중곡동 석실과 연결된다.

횡장방형의 ⅣC1형식 석실은 평면 형태와 고시상대를 단벽에 붙여 북-남향으로 배치한 점, 유단식 연도로 현실과 연도 천장 높이가 비슷한 점 등 구조와 장법상 영주 순흥지역의 석실묘와 상통한다. 그러나 편재연도식인 영주지역과는 다르게 중앙식⑵의 연도에 머리 모양을 견고하게 가공한 두침석이 일관되게 확인되는 특징이 있다. 중앙식 연도는 경주 서악리 석침총과 같으며, 견고하게 가공한 두침석은 경주지역에서도 상위 위계에 속하는 방형과 횡장방형 석실에서 주로 사용되는 것이다. 다만 서악리 석침총은 무단식 연도이며, 시상대의 배치에 있어 3벽면에 붙여 'ㄇ'자형을 이루지만, 두침과 족침석의

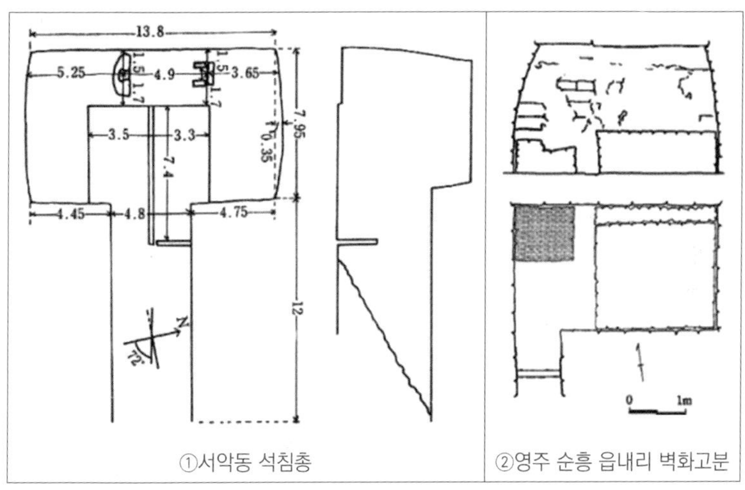

①서악동 석침총 ②영주 순흥 읍내리 벽화고분

도 84. ⅣC1형식 관련 경주 및 영주지역 횡혈식석실묘

48 韓國文化財保護財團, 1999,『尙州 靑里遺蹟 I ~IX』.

49 慶北大學校博物館, 1996,『安東 造塔里古墳群II』.

위치상 중심 매장공간은 연도 방향과 직교하는 방향으로 연도 방향과 나란한 북-남 방향으로 일관되는 ⅣC1형식 석실과는 약간의 차이가 있다.

이상의 내용을 종합해 볼 때 ⅣC1형식 석실은 평면 형태와 중앙식 연도, 견고히 가공한 두침석의 존재 등 기본구조와 장법상 서악동 석침총을 조형으로 하는 경주 중심지역 석실과 밀접한 관련성이 있으며, 연도방향과 동일한 시상대의 단벽 배치와 유단식 연도가 확인되어 영남 서북부지역 횡장방형 석실의 구조와 장법도 일부 잔존하는 것이다. 따라서 ⅣC1형식 석실은 왕경인 경주지역 석실의 기본 바탕에 영남 서북부지역 횡장방형 석실의 구조와 장법이 일부 잔존하는 석실로, 이는 축조주체의 성격과 관련이 깊은 것으로 판단된다.[50]

반면 소형인 ⅣC2형식인 용인 청덕동 2호 석실은 C1형식과 같은 중앙식

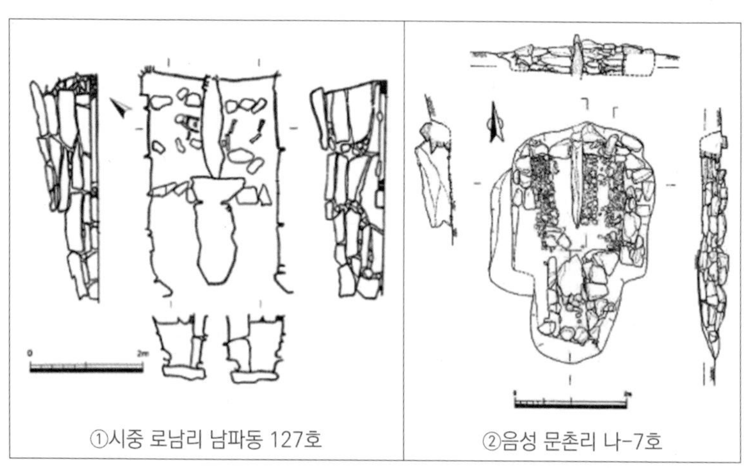

①시중 로남리 남파동 127호

②음성 문촌리 나-7호

도 85. ⅣC2형식 관련 고구려 횡혈식석실묘

50 석실의 세세한 차이점은 석실의 수용과 확산과정에서 일부 변용되는 자연스러운 결과로 이해될 수도 있다. 하지만 상술한 시상대의 배치와 연도의 위치는 영남 서북부의 영주지역 횡장방형 석실에서 전통적으로 유지되고 있던 피장자의 안치방법과 석실구조로 조묘집단의 차이에 따른 자연스런 결과로 받아들이기 어렵고 석실 축조주체의 성격과 관련성이 있어 보인다.

연도로 기본구조는 같으나 연도는 1m 정도로 짧고, 현실과 연도 바닥이 수평을 이루며, 시상대 높이는 10cm 내외의 저시상으로 차이가 있다. 특징적인 것은 현실 중간에 대형석재 세워 매장공간을 분할한 격벽시설이 확인되는 것이며, 격벽을 기준하여 동서 양측에 각각 1개의 시상대가 조성된 2인장이다. 평면과 중앙식 연도는 C1형식과 같이 경주지역 서악리 석침총과 상통하나 격벽시설은 신라와 백제 석실에서는 확인되지 않는 것이다.

이는 고구려 석실에서 유행하는 소위 쌍실묘와 유사한 것이다. 쌍실묘 중에서도 독립된 두 석실이 한쪽 벽을 공유하며 각각의 연도를 갖추거나 단실을 공간분할하고 연도를 공유하는 것과 유사한데 청덕동유적의 C2형은 후자의 구조이다. 이러한 구조는 요령성 봉성 호가보 1호, 봉성 맹가 3호, 자강도 만포 연상리고분군 1무덤떼 2호, 시중군 로남리 남파동고분군 96 · 99 · 127호 등과 음성 문촌리 나-7호 석실에서도 확인되는 것으로 고구려 석실의 특징으로 보아도 무리가 없다. 따라서 ⅣC2형식은 경주지역과 연결되는 신라 석실의 기본바탕에 고구려 석실의 묘 · 장제가 일부 투영된 복합계통의 석실로 현지에서 창출된 것으로 판단된다.

나머지 ⅣB형식은 소형묘로 할석조의 구획된 시상대가 후벽에 배치되고, 좌편재식 연도를 갖춘 것이다. 경주와 대구 · 경산지역 등 경주와 영남 서부지역에서 유행하는 형식이며, 6세기 후반부터 8세기 대에 이르기까지 장기간 사용된 형식으로 신라 횡혈식석실 중 가장 많은 수를 차지한다. 특히 경주지역의 경우 망성리고분군Ⅳ, 방내리고분군 등 서남부의 외곽지역에서 유행하는 것으로 경주 서부외곽 및 대구지역 석실과 계통이 같은 것이다.

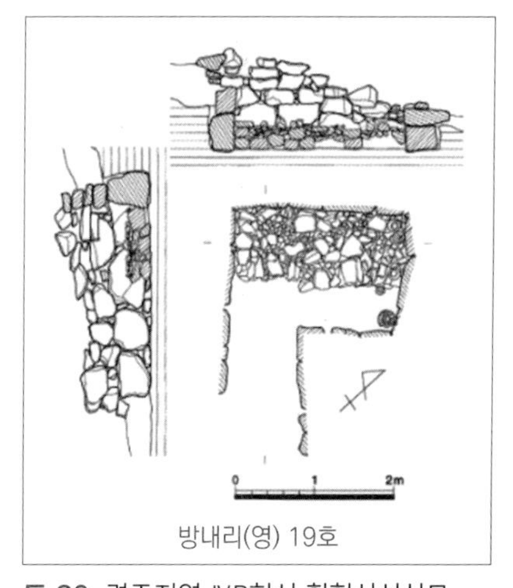

도 86. 경주지역 ⅣB형식 횡혈식석실묘

2) 횡구식석실(곽)묘

경기지역 횡구식석실묘는 구조적 속성상 평면 형태 보다는 시상의 축조방법과 공간배치에 따라 그 구조적 계통을 달리 하는 것으로 파악된다.

전면부석식 시상인 ⅠA, ⅡA1, ⅢA1형식의 석실묘는 창녕과 합천, 김해, 양산지역 등의 영남 서남부지역 석실묘에서 일반적인 형식으로 구조나 장법상 동일한 계통으로 볼 수 있다. ⅠA형식은 성남 여수동유적 7호 단 한 사례로, 영남 서남부지역의 창녕과 울산 남부지역에서 소수 확인된다. 창녕 계성고분군[51] B43호, 교리유적[52] 13호, 합리고분군[53] A-6호, 울주 발리유적[54] 4·5·7호 등이 이에 속한다. 6세기 후반 무렵에 일시적으로 나타나 사라지는 것으로

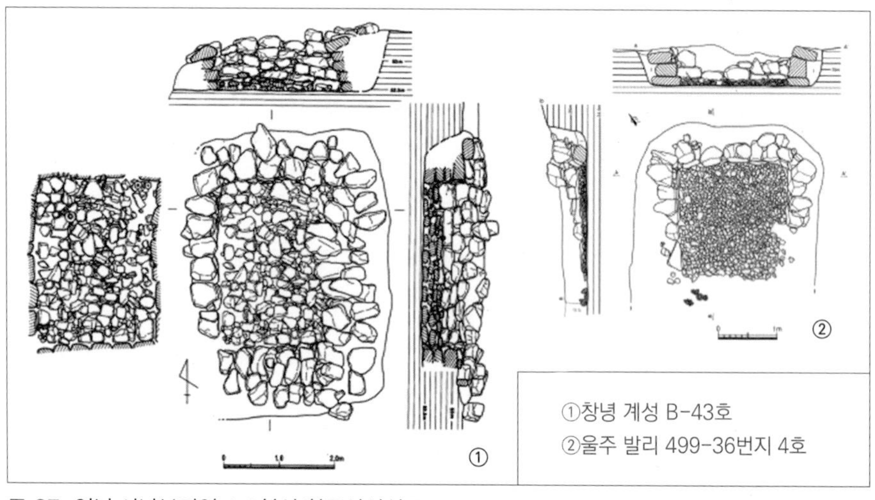

도 87. 영남 서남부지역 ⅠA형식 횡구식석실묘

51 釜山大學校博物館, 1995, 『昌寧 桂城古墳群』.

52 慶南文化財硏究院, 2007, 『昌寧 校里遺蹟』.

53 頭流文化硏究院, 2019, 『창녕 합리고분군』.

54 동북아문화재연구원, 2020, 『울주 발리 499-36번지 유적』.

영남 서남부지역에서도 일반적인 형식은 아니었던 것으로 판단된다. 시상석에 있어 창녕지역은 넓적한 소형 판석재나 천석재를 사용하는 반면, 울산지역은 잘게 깬 역석을 사용하고 있어 차이를 보인다. 이로 볼 때 경기지역 ⅠA형식 석실은 영남 동남부의 울주지역보다는 낙동강 중류역의 창녕지역 석실과 구조적으로 가깝다.

ⅡA1형식은 창구조도 있으나 반문식 횡구부가 일반적인 것으로 한강 본류와 안성천 주변지역에서 주로 확인되며, 남한강 주변지역에서는 거의 확인되지 않는다. 이러한 형식은 창녕 계성고분군 Ⅰ-7·28·Ⅱ-9·Ⅲ-5호, 명리고분군[55] 1·2호, 청도 송서리유적[56] 1·2호, 양산 하북정유적[57] 1·2·4·8·9-1·10호, 물금 가촌리유적[58] 2호, 김해 화정유적[59] 17-1·84-1호, 대성동 219-2번지유적[60] 1호, 우계리유적 13호, 망덕유적 Ⅰ-3호 석실, 예안리고분군[61] 50호, 진해 두동유적[62] 4-1지점 1·4호, 기장 동부리유적[63] 2호, 울주 발리 499-10번지 유적[64] 3호 석실 등 낙동강 중·하류지역에서 비교적 많은 수가 확인된다. 주된 분포구역은 낙동강 중류역의 창녕과 청도 서부지역, 낙동강 하류역의 양산과 김해지역으로 구분되는데, 이들 지역은 신라 진출 이전인 5세기 전반 무렵에 창녕과 청도 서부지역을 중심으로 성립된 창녕양식 토기

55 頭流文化硏究院, 2017, 『창녕 명리고분군』.
56 경상북도문화재연구원, 2014, 『청도 송서리유적』.
57 東亞大學校博物館, 1992, 『梁山 下北亭遺蹟』.
58 慶南發展硏究院 歷史文化센터, 2006, 『梁山 勿禁 佳村里遺蹟』.
59 福泉博物館, 2004, 『金海 花亭遺蹟』.
60 강산문화재연구원, 2019, 『김해 대성동 219-2번지 유적』.
61 釜山大學校博物館, 1985, 『金海 禮安里古墳群Ⅰ』.
62 三江文化財硏究院, 2019, 『鎭海 頭洞遺蹟Ⅱ』.
63 慶南文化財硏究院, 2008, 『機張 東部里遺蹟』.
64 한국문화재연구원, 2019, 『울주 발리 499-10번지 유적』.

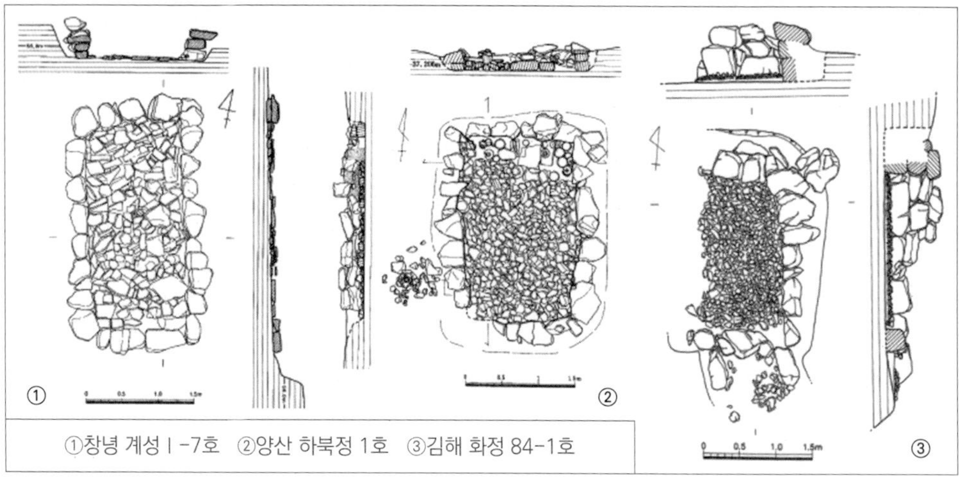

①창녕 계성 I-7호 ②양산 하북정 1호 ③김해 화정 84-1호

도 88. 영남 서남부지역 II A1형식 횡구식석실묘

분포권에 해당하며[65] 양산과 부산 · 김해지역까지 시 · 공간적 변천상을 함께 하는 문화적 동질성이 강한 지역이다.

부장 토기로 보아 창녕과 청도 서부지역에서 6세기 전반 무렵에 출현하여 후반 대에 유행하고, 7세기대까지 추장이 이루어지면서 지속적으로 사용된 것으로 파악되는데, 지역별로 약간의 구조적 차이가 나타난다. 낙동강 중류역의 창녕과 청도 서부지역은 벽체 하단에 수적이 없고, 넓적한 소형 판석재 혹은 천석재를 시상석으로 사용하는 반면, 낙동강 하류역의 양산 · 김해 일대는 대개 벽체 하단에 수적이 이루어지고 잘게 깬 소할석이나 역석을 시상석으로 사용하고 있는 차이를 보인다. 이러한 구조와 비교하여 볼 때 경기지역 IIA1형 석실의 대부분은 창녕지역을 중심으로 한 낙동강 중류역의 석실과 관련성이 깊으며, 일부 낙동강 하류역의 특징도 함께 나타난다.

IIIA1형식은 대개 평면 장폭비가 3:1 미만에 해당하고, 횡구부는 전면식과 반문구조인 것으로 너비는 1m 내외로 좁아 구조적으로 1인장이 기본이었을

65 박천수, 2010, 『가야의 토기』, 진인진, 89쪽.

것으로 판단되는 석실이다. 종래의 세장한 수혈식석곽묘에 횡혈계 묘제 개념이 도입된 것으로 횡구식석실에서 일반적인 형식 중 하나이다. 영남지역에서는 6세기 전후 무렵에 등장하여 후반기에 유행하고 있다. 경기지역 석실과 시기상 이르거나 병존하는 것으로는 경주와 영남 서북부지역, 영남 서남부지역까지 폭넓게 확인되며, 구조와 장법상 약간의 지역상을 나타낸다.

경주와 영남 서북부지역의 경우 경주지역에 집중되고, 영남 서북부지역에서는 소수만 확인되어, 일반적인 형식에서 벗어나 있다. 대표유적으로는 김천 신음동고분군 1호 석실, 대신리 산96-1번지 유적 석실, 경주 방내리고분군[66], 사라리 525번지 유적, 율동 산2-19번지 유적, 용장리유적[67], 월산리유적, 신원리유적[68] 등이 있다. 경주지역 석실은 전면식 횡구부와 벽체 하단에 수적, 그리고 밤톨 크기로 잘게 깬 율석을 시상석으로 사용하는 것이 기본구조이며, 대개 길이 250cm, 너비 100cm 미만의 것이 절대 다수로 영남 서남

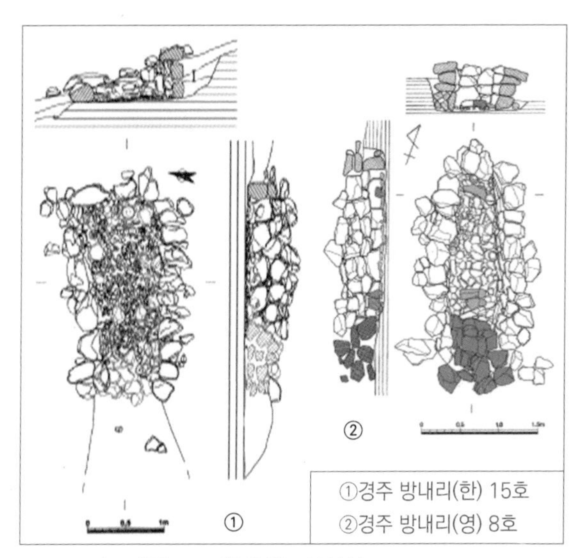

도 89. 경주지역 ⅢA1형식 횡구식석실묘

66 國立慶州文化財硏究所, 1997, 『慶州 芳內里 古墳群』; 嶺南文化財硏究院, 2009, 『慶州 芳內里 古墳群』; 한빛문화재연구원, 2018, 『경주 조전리~율동유적Ⅰ -방내리 고분군-』; 신라문화유산연구원, 2018, 『경주 방내리 185번지 유적』.

67 世宗文化財硏究院, 2015, 『慶州 茸長里 567-16番地 遺蹟』.

68 慶北大學校博物館·慶南大學校博物館, 1991, 『慶州 新院里 古墳群 發掘調査報告書』.

부지역보다 소형이다.[69] 이와 더불어 시상 상면에는 시상석보다 큰 석재를 둘러놓아 관대 혹은 피장자를 받치는 기능을 하거나 바닥면에 배수시설이 설치되기도 하는 특징이 있다.

영남 서남부지역은 낙동강 중류역의 창녕지역, 낙동강 하류역의 밀양과 김해지역을 중심으로 분포한다. 대표유적으로는 창녕 계성고분군[70] 대부분의 석실묘, 교리유적 2·3·6·11호, 교동유적[71] 5호, 달성 성하리유적[72] 63-4·79·91-1·104호, 청도 송서리유적 3호, 합천 저포리 E지구 A3·A4-1호, 의령 죽전리고분군[73] 8-1호, 밀양 사포리유적[74] 다-2·3호, 임천유적[75] 2-8·23·36·46·3-40·44호, 양산 하북정유적 7호, 김해 화정유적 9·26·32-1·40·45·48·54·59·66호, 우계리유적 1~5·7~9호, 진해 두동유적 4-1지점 2·5호, 4지점 13호, 기장 가동고분군[76] Ⅰ-1호 석실, 울주 화산리유적[77] 3-10·20·23호, 4-5호 석실 등이 있다.

석실의 횡구부는 대개 벽체 1단 이상에 설치되는 반문구조가 일반적이며, ⅡA1형과 마찬가지로 시상석과 벽체 축조방법에 따라 지역별로 약간의 차이

69 경주 월산리유적 석실(곽)묘의 경우 보고서에 기술된 크기상 길이 250cm, 너비 100cm를 초과하는 대형급이 존재하는 것으로 보고되기도 한다. 그러나 경주 월산리유적 석실(곽)의 크기는 내부가 아닌 외부 크기를 측정한 수치로 실제 크기는 현저히 작음을 확인하였다.

70 慶尙南道, 1977, 『昌寧 桂城古墳群 發掘調査報告』; 釜山大學校博物館, 1995, 『昌寧 桂城古墳群』; 湖巖美術館, 2000, 『昌寧 桂城古墳群』; 慶南考古學硏究所, 2001, 『昌寧 桂城新羅高塚群』.

71 三江文化財硏究院, 2013, 『昌寧 校洞 新羅墓群』.

72 大東文化財硏究院, 2015, 『達城 城下里遺蹟Ⅳ』.

73 慶南發展硏究院 歷史文化센터, 2012, 『의령 죽전리 고분군』.

74 慶南發展硏究院 歷史文化센터, 2010, 『密陽 沙浦里 遺蹟』.

75 頭流文化硏究院, 2016, 『밀양 임천·금곡유적』.

76 부경문물연구원, 2014, 『機張 佳洞 古墳群 中』.

77 가야문물연구원, 2018, 『울주 화산리유적』.

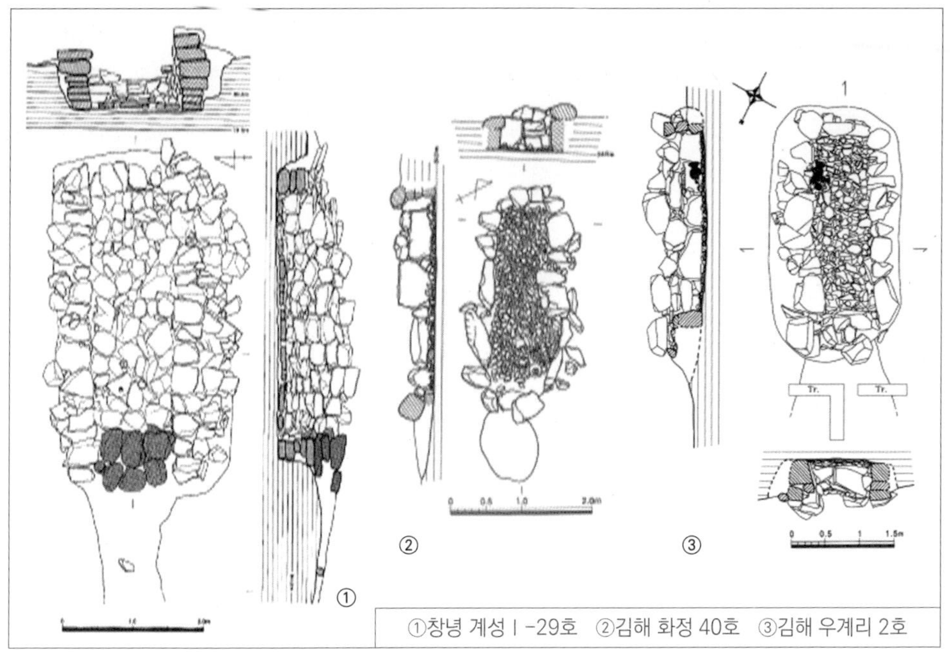

도 90. 영남 서남부지역 ⅢA1형식 횡구식석실묘

가 나타난다. 낙동강 중류역의 창녕과 달성 현풍지역은 벽체 하단에 수적이 없고, 넓적한 소형 판석재 혹은 천석재를 시상석으로 사용하는 반면, 낙동강 하류역의 김해지역과 그 주변인 울주지역은 대부분 벽체 하단에 수적이 이루어지고 잘게 깬 소할석이나 역석을 시상석으로 사용하는 경우가 많다는 점에서 차이를 보인다.

이러한 영남지역 석실의 구조와 장법상 경기지역 ⅢA1형 석실은 경주지역보다는 영남 서남부지역과 계통적으로 연결된다. 영남 서남부지역 중에서도 파주 성동리와 성남 여수동, 광주 선동리, 안성 반제리유적 등 한강과 안성천 수계권은 낙동강 중류역의 석실과 가깝고, 남한강 수계권의 이천 중리동유적은 벽체의 축석과 시상석, 횡구부로 보아 낙동강 하류역의 석실과 상통하여 계통상 지역차가 있음을 알 수 있다.

ⅡA2형과 ⅢA2형은 평면적 3㎡ 이상의 대형급이며, 시상의 공간배치는 A1

형과 같으나 입구 부근에 일부 공간을 두고 20~30cm 정도 높이의 고시상대를 설치한 것이 특징으로 석실 크기와 시상 구조상 A1형과는 확연히 구분된다.

이러한 구조의 석실은 상주, 예천, 영주, 울진, 대구 달성 등 영남 북부와 서북부지역의 세장방형과 장방형 석실에서 다수 나타나는데, 상주와 예천, 영주를 중심으로 한 서북부지역이 중심 분포구역이고 서부와 북부지역에서는 소량 확인된다. 5세기 후반 대에 평면 장폭비 4.5:1 이상의 세장방형 석실로 처음 축조되기 시작하여 6세기 중엽 경에 이르면 점차 세장도가 떨어져 이전보다 크기가 작고 2:1 미만의 장방형 석실로 변화하는 구조적 특징을 보이고 있다.[78] 이를 통해 보면 경기지역 ⅡA2형과 ⅢA2형 석실은 축조시기와 구조상 6세기 중엽 무렵 장방형화 되는 영남 서북부지역의 세장방형 석실과 계통적으로 연결시킬 수 있다.

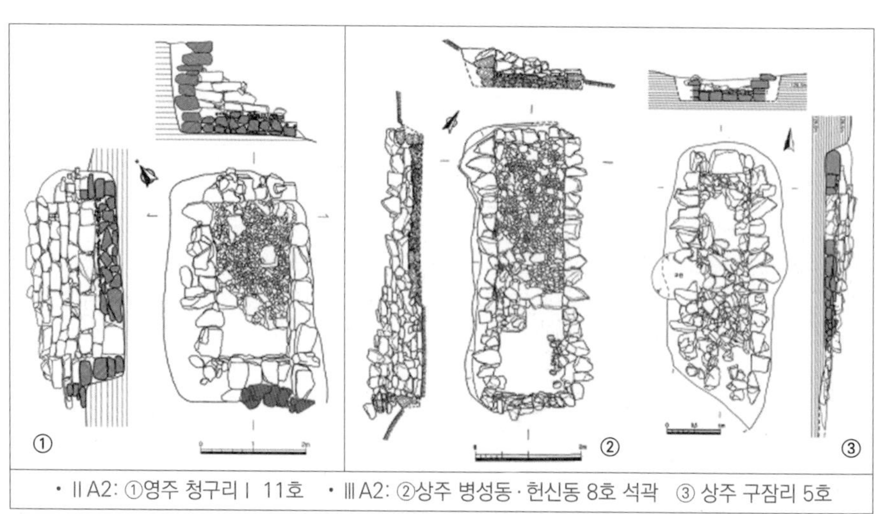

• ⅡA2: ①영주 청구리 Ⅰ 11호 • ⅢA2: ②상주 병성동·헌신동 8호 석곽 ③ 상주 구잠리 5호

도 91. 영남 서북부지역 ⅡA2·ⅢA2형 횡구식석실묘

78 李辰赫, 2016, 「5~6세기 소백산맥 동북부일대 신라고분 연구」, 嶺南大學校 大學院 碩士學位論文, 87쪽.

ⅡA2형에 속하는 대표유적으로는 영주 순흥 청구리고분군1[79] 7 · 10 · 11호, 상주 헌신동고분군[80] 13호, 문경 오룡리 1호[81] 석실이 있으며, ⅢA2형은 상주 병성동 · 헌신동고분군[82] 8 · 20호 석곽, 병성동고분군[83] 14 · 16 · 20 · 24 · 25호, 상촌리고분군Ⅱ[84] 4-1 · 7호, 구잠리고분군[85] 5 · 8호, 예천 덕율리고분군[86] 7-1 · 18-2 · 19 · 21 · 23 · 27호, 황지리유적[87] 1 · 5호 봉토분, 영주 순흥 태장리고분군2[88] 2호, 울진 덕천리 신라묘군[89] 29호 석실, 달성 성하리유적[90] 224호 석실 등이 있다.

ⅡA3형과 ⅢA3형은 전면부석식의 바닥과 한 쪽 단벽부에 문틀식의 입구를 갖추고 벽체 하단을 수적하여 축조하는 것이 특징인 석실구조이다. 문틀식의 입구부는 문주석과 문지방석으로 구성되며, 상부가 유실되어 알 수 없지만 별도의 문미석 없이 개석이 문미석 역할을 하였을 것으로 추정된다.

이러한 문틀식의 입구를 갖춘 Ⅱ · ⅢA3형 석실은 신라 석실에서는 찾아 볼 수 없는 특이 구조로 백제 사비기 석실과 상통하는 면이 있다. 소위 '능산리형 석실'로 대표되는 사비기 석실은 장폭비 2:1 안팎의 장방형 평면과 단면 육각

---

79 동국문화재연구원, 2018, 『영주 청구리 고분군1』.

80 慶尙北道文化財硏究院, 2003, 『尙州 軒新洞 古墳群』.

81 화랑문화재연구원, 2020, 『문경 오룡지구 신규마을 조성사업부지 내 유적』.

82 韓國文化財保護財團, 2001, 『尙州 屛城洞 · 軒新洞 古墳群』.

83 慶尙北道文化財硏究院, 2001, 『尙州 屛城洞 古墳群』.

84 世宗文化財硏究院, 2017, 『尙州 上村里 · 九潛里 · 長谷里遺蹟Ⅰ -上村里古墳群Ⅰ · 上村里古墳群Ⅱ』.

85 世宗文化財硏究院, 2017, 『尙州 上村里 · 九潛里 · 長谷里遺蹟Ⅱ -九潛里古墳群 · 九潛里산93番地遺蹟-』.

86 中央文化財硏究院, 2010, 『醴泉 德栗里古墳群』.

87 慶尙北道文化財硏究院, 2010, 『醴泉 黃池里遺蹟』.

88 世宗文化財硏究院, 2014, 『榮州 順興 台庄里 古墳群Ⅰ』.

89 聖林文化財硏究院, 2014, 『蔚珍 德川里 新羅墓群』.

90 大東文化財硏究院, 2015, 『達城 城下里遺蹟Ⅶ』.

형의 평사식 천장, 치석도가 높은 판석재 혹은 할석재를 축석하여 만든 정교한 벽체, 짧은 연도와 문주석, 문지방석, 문미석 등을 갖춘 문틀식의 입구 구조를 갖춘 것을 전형으로 한다. 그리고 소위 '능산리 규격'으로 특정되는 길이 250cm, 너비 125cm에 근접하는 현실 바닥의 규격성이 정착되는 것이 특징적이다.[91] 이를 표본으로 하여 백제 각지에 수용되는데 시간의 흐름상 7세기 이후에는 현실의 규모가 이전보다 축소되고 너비가 좁아져 평면형태가 세장화되고 벽석의 치석도 조악해지며, 연도가 사라져 문틀식의 현문구조만 남는다. 아울러 문틀식의 현문구조도 문주석이 작아지거나 일부 생략되는 등 흔적기관으로 남게 되는 구조적 변천을 거친다.[92]

이와 관련하여 경기지역 ⅡA3형과 ⅢA3형 석실은 연도가 없고 바닥과 벽체, 문틀식의 현문 구조상 7세기 무렵에 등장하는 것으로 이남석의 횡구식석실묘[93], 山本孝文의 Ⅲ유형, 최영주의 FⅨ2형식의 사비기 백제 석실과 큰 차이가 없다. 이러한 문틀식 입구를 갖춘 형식은 별도의 시상대를 한 쪽 장벽에 잇대어 배치한 ⅡC3형과 ⅢC3형도 확인되는데, 시상대의 배치만 다를 뿐 구조상 차이는 없다. 이러한 무덤들은 모두 사비기 백제 석실에 신라의 장법이 채택된 것으로 현지에서 일부 변용된 결과로 볼 수 있다. 특징적인 점은 ⅡA3형 및 ⅢA3형 석실과 더불어 목관에 사용된 관정이다. 관정은 백제 한성기와 달리 두부 단면이 납작하고 평면 방형인 것과 두부가 원주형인 것이 있는데 모두 길이 10cm에 가까운 대형이다. 두부 원주형의 경우 신라 석실에서도 사용되기는 하지만 이러한 관정은 백제 웅진기 석실이래로 방두정과 함께 흔히 사용되는 것으로 석실구조와 계통적으로 연결 지을 수 있는 근거가 된다.

---

91 山本孝文, 2005, 「泗沘期 石室의 基礎編年과 埋葬構造」『百濟硏究』第43輯, 忠南大學校 百濟硏究所, 148~149쪽.

92 최영주, 2013, 「百濟 橫穴式石室의 型式變遷과 系統關係」『百濟文化』第48輯, 公州大學校 百濟文化硏究所, 246쪽.

93 李南奭, 2002, 『百濟墓制의 硏究』, 서경, 158~168쪽.

따라서 문틀식 입구부를 특징으로 하는 ⅡA3형과 ⅢA3형, ⅡC3형과 ⅢC3형 석실은 신라 석실에는 없는 백제 사비기 석실 계통으로 보아도 무리가 없다. 이천 중리동유적의 예로 보아 7세기 전·후 무렵에 전형의 ⅡA3형과 ⅢA3형 석실이 먼저 도입된 후 신라식 시상대가 일부 채용된 ⅡC3형과 ⅢC3형 석실이 현지에서 창출되어 병존하였던 것으로 판단된다. 석실의 규격성이 없고 소형인 점, 벽석이 치석이 조악한 점으로 보아 백제 중앙보다는 중앙의 영향력이 적은 지방석실과 관련이 깊다.

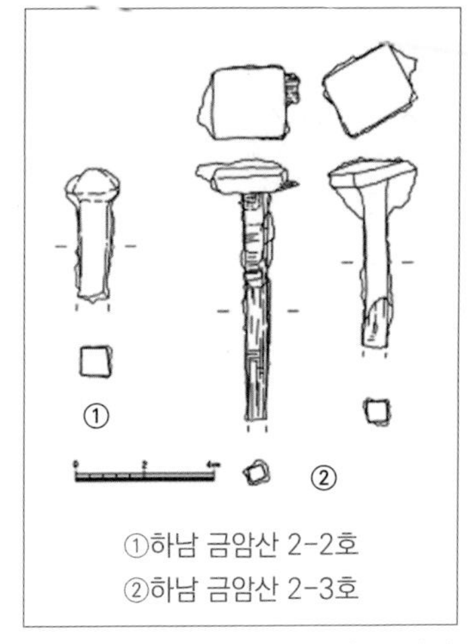

도 92. ⅢA3 · C3형 석실 출토 관정

이와 관련하여 신라와의 접경지역인 안성천 이남의 당진 대운산리 호구마루유적[94], 채운리 한우물유적[95], 채운동 다리목유적[96], 자개리유적Ⅱ[97]과 예산 목리유적[98], 천안 장산리유적[99], 대전지역의 궁동유적[100], 용계동유적[101], 복용동유적[102] 등의 석실묘 축조집단이 주목된다.

방형석실에 별도의 구획된 석축 시상대를 후벽 혹은 좌우 측벽에 배치한 Ⅰ

94 忠淸文化財研究院, 2005,『唐津 大雲山里 호구마루 遺蹟』.

95 錦江文化遺産研究院, 2011,『唐津 彩雲里 한우물 遺蹟』.

96 東邦文化財研究院, 2017,『唐津 彩雲洞 다리목 遺蹟』.

97 忠淸文化財研究院, 2005,『唐津 自開里遺蹟Ⅱ』.

98 忠淸文化財研究院, 2014,『禮山 沐里 · 新里遺蹟』.

99 忠南大學校博物館, 1996,『天安 長山里遺蹟』.

100 忠南大學校博物館, 2006,『弓洞』.

101 中央文化財研究院, 2011,『大田 龍溪洞遺蹟』.

102 中央文化財研究院, 2005,『大田 伏龍洞遺蹟』.

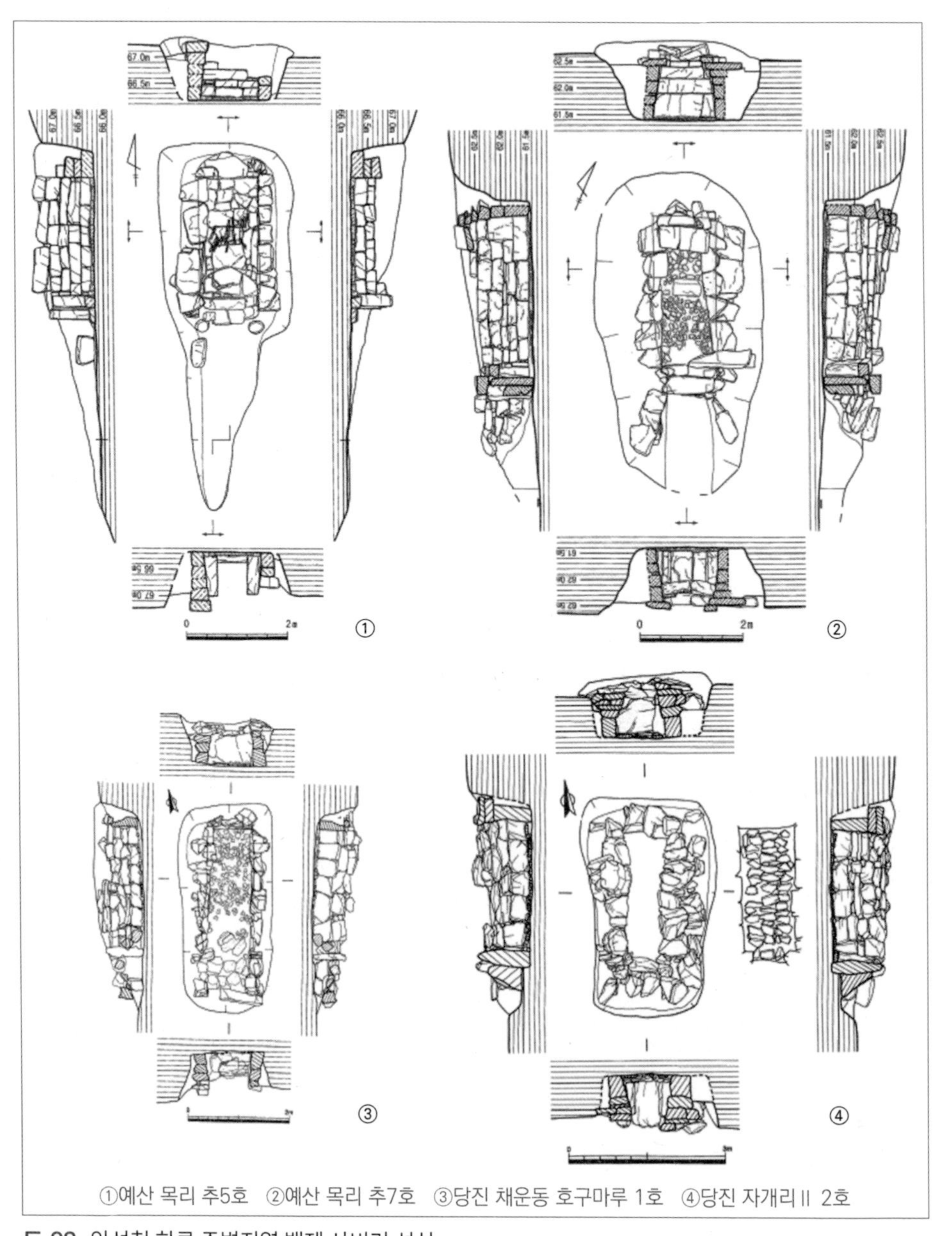

①예산 목리 추5호 ②예산 목리 추7호 ③당진 채운동 호구마루 1호 ④당진 자개리Ⅱ 2호

도 93. 안성천 하류 주변지역 백제 사비기 석실

B · C형식은 영남 서남부지역과 서북부지역에 나뉘어 분포한다. 세장 · 장방형 석실에 후행하는 것으로 6세기 중엽 경 출현하여[103] 7세기 후반대까지 조영되며, 후벽배치인 B형이 좌 · 우벽 배치인 C형보다 일반적이다.

영남 서북지역은 상주 마공리분묘군[104] 3 · 4호, 신흥리고분군 라-40호, 안동 조탑동고분군Ⅱ[105] 37 · 39 · 50호, 안동 평팔리고분군[106] 1 · 2호, 군위 화계리고분군Ⅰ 2 · 21호, 화계리고분군Ⅱ 46-1 · 52 · 53-1호, 화계리고분군Ⅲ 8-1 · 10호[107], 성주 명포리분묘군[108] 7호 석실 등에서 그 예를 찾을 수 있다. 상주지역은 소수에 불과하여 일반적이지 않고 부장된 토기상 장방형 석실에 후행하는 7세기 전반에 출현하여 후반 대까지 조영되는 것으로 6세기 후반대의 경기지역 석실과 시기적으로 차이가 있다. 안동지역 역시 소수로 일반적인 형식은 아니며 고시상대도 있지만 군위, 성주지역과 같이 10~20cm 미만의 저시상대 혹은 횡구부가 편재된 창구조로 나타나 중앙식의 경기지역 ⅠB · C형 석실과는 구조적 차이가 있다.

영남 서남부지역은 달성 성하리유적[109] 201 · 220 · 234 · 235 · 243~245 · 250 · 253 · 257호, 밀양 임천유적 48~50호 석실, 김해 화정유적 72 · 73호, 예안리고분군[110] 78호, 마산 덕곡리유적[111] A-5 · 6 · 7 · 8호, B-1호, C-1

103 조영현, 2012, 「金泉 古墳의 分布相과 內部構造」『啓明史學』 第二十三輯, 啓明史學會, 103쪽.

104 大東文化財硏究院, 2013, 『尙州 馬孔里墳墓群』.

105 慶北大學校博物館, 1996, 『安東 造塔里古墳群Ⅱ(94)』.

106 東亞細亞文化財硏究院, 2017. 『安東 坪八里遺蹟』.

107 大東文化財硏究院, 2015, 『軍威 花溪里古墳群Ⅰ』; 2017, 『軍威 花溪里古墳群Ⅱ』; 『軍威 花溪里古墳群Ⅲ』.

108 大東文化財硏究院, 2019, 『星州 明浦里墳墓群』.

109 大東文化財硏究院, 2015, 『達城 城下里遺蹟Ⅵ』; 『達城 城下里遺蹟Ⅶ』.

110 釜山大學校博物館, 1993, 『金海 禮安里古墳群Ⅱ』.

111 慶南發展硏究院 歷史文化센터, 2011, 『마산 진북 덕곡리유적』.

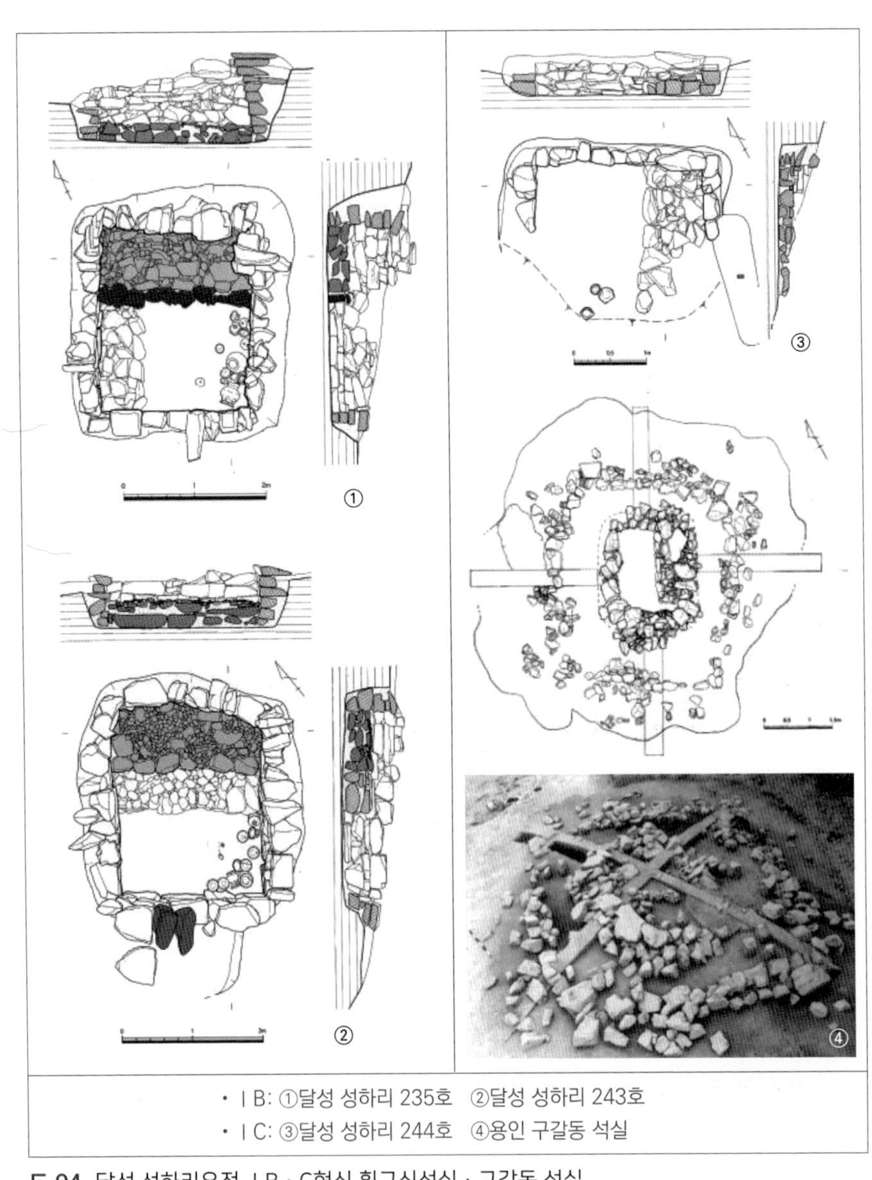

• ⅠB: ①달성 성하리 235호 ②달성 성하리 243호
• ⅠC: ③달성 성하리 244호 ④용인 구갈동 석실

도 94. 달성 성하리유적 ⅠB · C형식 횡구식석실 · 구갈동 석실

· 11호, 진해 두동유적 4-1지점 8호, 거제 아주동고분군[112] 08-2호, 기장 교리유적[113] 1호, 울주 화산리유적 3구역 8 · 17호, 4구역 3호, 주전동 중마을 고분군[114] 10 · 14호, 울산 발리 499-36번지 유적 3호 석실, 약사동 북동유적[115] 13호 석실 등이 있다. 이들 석실 중 낙동강 중류역의 달성 성하리유적을 제외하고는 대개 벽체 하단에 수적이 이루어지며, 횡구부는 창구조 중 중앙식보다 좌 · 우 편재식이 일반적이다. 또한 울산지역 석실의 경우 시상 상면에 밤톨 크기의 율석을 깔아 조정하며, 시상대 이외의 바닥 전면에 부석이 행해지는 등 구조적으로 경기지역 ⅠB · C형 석실과 차이가 있다.

이에 반해 낙동강 중류역의 달성 성하리유적 석실은 6세기 후반대부터 조영되며, 고시상에 창구조의 중앙식 횡구부, 벽체 하단에 수적이 없는 구조로 경기지역 ⅠB · C형 석실과 차이가 없다. 따라서 경기지역 ⅠB · C형 석실은 낙동강 중류역의 달성 현풍지역 석실과 계통적으로 연결되는 것으로 판단된다. 다만 군집 없이 외따로 분포하는 ⅠC형의 구갈동 석실은 봉분 기저부에 방형의 호석이 잔존하는 것으로 보아 방대형 봉분으로 추정된다. 이는 원형분이 전형인 신라 석실과 대조적이고, Ⅲ장에서 언급한 바와 같이 연천 신답리와 춘천 천전리, 춘천 방동리 등 고구려 석실 봉분의 형태적 특징이다. 따라서 구갈동 석실은 입지와 분포, 석실과 봉분의 축조기술상 복수의 계통이 현지에서 결합된 양상을 보이는 것이다.

다음으로 별도의 시상을 높게 쌓고 한 쪽 벽면에 잇대어 배치한 ⅡB형 · C1형, ⅢC1형은 주로 상주와 안동, 문경, 영주 등 영남 서북부지역과 구조적 계통이 연결된다. 먼저 시상대를 후벽에 붙여 설치한 ⅡB형은 3인장이 다수이고 4인장까지 행해지는 다인장의 석실이며, 시상대도 가장 높게 나타난다. 상주

112 慶南文化財硏究院, 2008, 『巨濟 鵝州洞 古墳群 · 昌原 新方里遺蹟』.

113 福泉博物館, 2006, 『機張 校里遺蹟』.

114 蔚山文化財硏究院, 2009, 『蔚山 朱田洞 중마을古墳群』.

115 蔚山文化財硏究院, 2013, 『蔚山 藥泗洞遺蹟Ⅴ -石室墓 및 기타-』.

성동리고분군[116] 169호, 신상리고분군[117] Ⅱ-1호, 청리유적 A나-1호, 안동 조탑동고분군Ⅱ 35·45-1·46·49호, 예천 덕율리고분군[118] 26호 등이 해당되며, 상주 청리유적 A다-1호, 상주 병성동·헌신동고분군[119] 2·5호, 안동 조탑동고분군Ⅱ 2·3-1·36-1·38호, 영주 청구리 석실묘[120], 영주 읍내리 파괴석실[121] 등과 같이 평면형은 장방형이지만 너비가 2m 이상인 대형급 석실에서도 기본적으로 사용되고 있다.

이러한 석실은 세장방형 석실에 후행하는 것으로 6세기 전반의 이른 시기

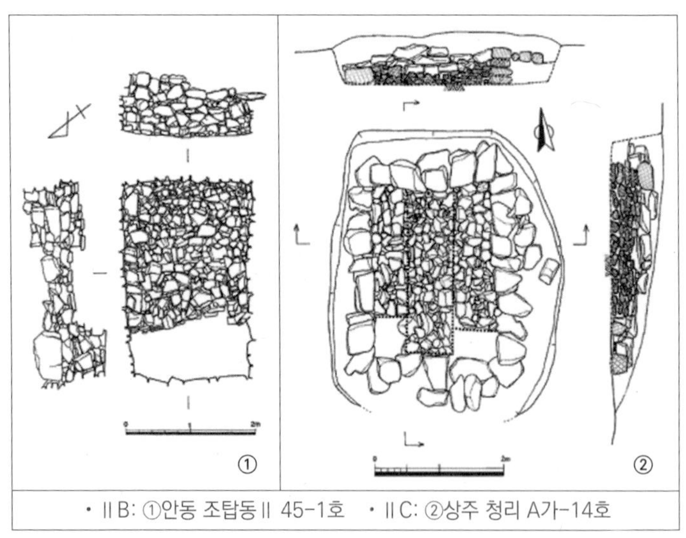

• ⅡB: ①안동 조탑동Ⅱ 45-1호 • ⅡC: ②상주 청리 A가-14호

도 95. 영남 서북부지역 ⅡB·C형 횡구식석실묘

116 韓國文化財保護財團, 1999, 『尙州 城洞里古墳群』.

117 韓國文化財保護財團, 1998, 『尙州 新上里古墳群』.

118 中央文化財硏究院, 2010, 『醴泉 德栗里古墳群』.

119 韓國文化財保護財團, 2001, 『尙州 屛城里·軒新洞古墳群』.

120 東洋大學校博物館, 2008, 『順興 飛鳳山城 周邊 古墳 發掘調査報告書』.

121 세종문화재연구원, 2017, 『榮州 邑內里古墳群1』.

에 안동 조탑리고분군에서 대형급 석실로 나타나며, 6세기 후반대에 이르러서는 상주지역 등 주변지역으로 확산되고 있다.[122] 이로 보아 IIB형 석실은 영남 서북부지역에서도 안동과 영주지역 일대에서 6세기 전반 무렵 이래로 유행한 후벽배치 고시상대 석실과 계통적으로 연결된다.

반면, 별도 구획된 시상대를 좌우 장벽에 잇대어 배치하는 IIC형은 상주 신흥리고분군[123] 다1호, 라109 · 119호, 마공리분묘군 1 · 2호, 청리유적 A 가-11 · 13 · 14 · 16 · 17 · 다-3 · H가 8호, 성주 명포리 분묘군 5-1호, 9호 석실 등이 있는데 주로 영남 서북부의 상주지역에서 유행하는 것으로 이와 계통적으로 연결된다. 김해 예안리고분군 I 5 · 7 · 30 · 33호, 본산리 · 여래리유적 II-8호, 화정유적 13 · 65 · 82호, 울산 주전동 중마을 고분군 6 · 9호, 울주 화산리 3-2 · 4 · 6 · 13호 등 영남 남부지역에서도 확인되나 10cm 안팎의 저시상대를 갖추고 벽체 하단에 수적이 이루어지는 등 구조적으로 차이가 있다.

IIIC1형식은 A형과 함께 일반적인 것으로 석곽묘로의 묘제 변환을 거치며 장기간 사용되는 형식이다. 시상대는 좌 · 우 장벽에 배치하는 것을 기본으로 하여 시상대의 단측면과 석실 양단벽 사이에 공간을 두거나 한쪽 단벽만 공간을 두는 것, 공간 없이 장벽길이에 맞게 배치한 것으로 구분되어진다.

이러한 석실은 상주와 문경 등 영남 서북지역에서 가장 기본적으로 확인되는 형식으로 대표유적으로는 상주 신흥리고분군 나-2 · 다-1 · 라-2 · 44 · 68 · 80 · 84 · 96 · 104 · 142호, 헌신동고분군[124] 1 · 6~12호, 청리유적 A 가-8 · 12 · 20 · 24 · 25 · 29 · 나-11 · 15 · 16 · 19 · 다-5 · 10 · H가-10호, 오대동고분군[125] 다-2 · 22호, 가장리고분군[126] 3 · 13호, 문경 신현리고분

122 李在煥, 2007, 「洛東江 上流地域 橫口式石室 硏究」, 慶北大學校 大學院 碩士學位論文, 64~67쪽.

123 韓國文化財保護財團, 1998, 『尙州 新興里古墳群』.

124 慶尙北道文化財硏究院, 2003, 『尙州 軒新洞古墳群』.

125 中央文化財硏究院, 2004, 『尙州 午臺洞遺蹟』.

126 韓國文化財保護財團, 2002, 『尙州 佳莊里古墳群』.

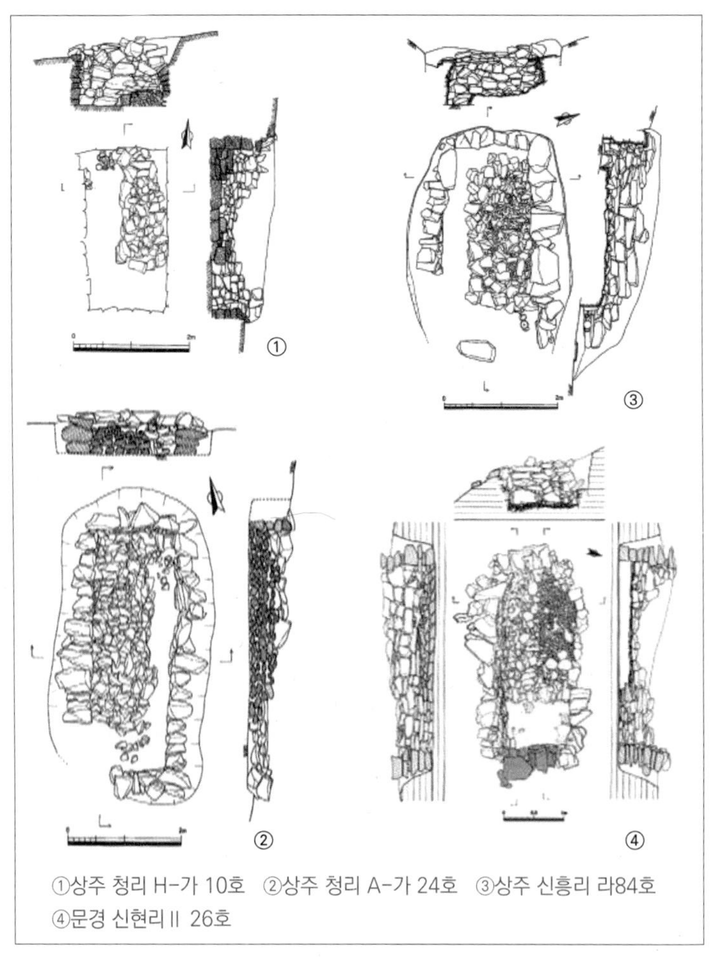

①상주 청리 H-가 10호 ②상주 청리 A-가 24호 ③상주 신흥리 라84호
④문경 신현리 II 26호

도 96. 영남 서북부지역 IIIC1형 횡구식석실묘

군[127] Ⅰ-7 · 16호, Ⅱ-18 · 22 · 26호 등이 있다. 6세기를 전후한 시기에 영강 주변의 상주 신흥리와 문경 신현리고분군 등에서 출현하기 시작하여 6세기 전반 무렵 주변지역으로 확산되면서 7세기 전반대까지 유행하는 형식이다.

127 中原文化財硏究院, 2007,『聞慶 新峴里古墳群 Ⅰ』; 2008,『聞慶 新峴里古墳群 Ⅱ』.

특히 문경 신현리고분군의 경우 동장형의 평면에 저시상을 이루고 있는 것이 일부 확인되는 것이 있어 여주 하거리고분군과 구조적으로 상통하는 면이 더 크다.

시상대를 석실 장축방향과 맞게 바닥면 중간에 배치한 ⅡD와 ⅢD형식은 단독장을 기본으로 하는 형식이다. 이러한 형식의 석실은 대략 영남 서북부의 상주와 문경, 영남 서남부의 창녕과 청도지역을 중심으로 분포하는데[128] 6세기 전반의 이른 시기에 출현하여 6세기 후반 무렵에 유행하며, 7세기 전반대까지 조영되고 있다.

영남 서북부지역은 문경 신현리고분군Ⅱ 24·32호, 상주 신흥리고분군 라 2·22호, 청리유적 D-4호, 헌신동고분군 14호 등이 있는데 ⅡD형인 신흥리고분군 라94호를 제외하고는 모두 ⅢD형이다. 넓고 낮은 시상대의 바닥면에는 역석을 부석한 것으로 나타나 높은 시상대에 바닥면에 부석이 없는 것으로 변천하며, 소수만 확인되고 있어 일반적인 형식은 아니다.

영남 서남부지역의 ⅡD형 석실로는 창녕 계성고분군 Ⅰ-26·27·Ⅲ-3·4·7(2차), 양산 하북정유적 4(2차)·5호, 울주 화산리유적 30·31·33호, 발리 499-10번지 유적 9호 석실과 ⅢC형의 달성 성하리고분군 42·61·262호, 창녕 계성고분군 Ⅱ-9·28호, Ⅲ-2·7(2차)·8·11·13(2차)·14·16·21호, 무솔고분군[129] 7호, 교리유적 7·9호, 청도 송서리 710번지 유적[130] 1~3·6호, 밀양 양동리고분군 3·8호, 부산 두구동 임석유적[131] 5호, 기장 가동고분

128 이외 논산 표정리고분군 1호와 모촌리고분군 4·5호 등 백제 웅진기의 석곽묘에서도 이러한 시상대 배치가 확인된다. 모두 5세기 후반에서 6세기 초반으로 편년되는 세장방형의 수혈식석곽묘로 논산지역에 국한되어 극소수로 나타나는 것으로 일반적인 형식이 아니며, 시상대의 배치만 같을 뿐 축조시기와 구조상 경기지역 석실과 연관시키기 어렵다.

129 慶南發展硏究院 歷史文化센터, 2005, 『Ⅰ.昌寧 武率 古墳群 Ⅱ.金海 古幕里 古墳群』.

130 경상북도문화재연구원, 2014, 『청도 송서리유적』.

131 釜山直轄市博物館, 1990, 『釜山 杜邱洞 林石遺蹟』.

군 Ⅱ-1호, 울주 화산리유적 3-14 · 19 · 28호, 발리 499-10번지 유적 4 · 6 · 14호, 거제 아주동고분군[132] 06(경)-4 · 5 · 7 · 10 · 11 · 08(경)-1호 석실 등이 있다. ⅢA1형식과 같이 창녕양식 토기문화권인 창녕과 청도 서부지역 등 낙동강 중류지역을 중심으로 교류권에 속하는 낙동강 하류역의 부산, 김해 일대의 구 금관가야 고지까지[133] 폭 넓게 분포하고 있다. 다만 영남 서북부지역과는 달리 고분군 내에서 소군집을 이루며, 별도의 묘역을 형성하는 등 주된 형식 중 하나로 조영되고 있다.

지역 별로 약간의 구조적 차이를 보이는데 낙동강 중류역의 창녕과 청도, 달성 현풍, 남해 도서의 거제지역은 15~30cm 정도의 고시상과 10cm 안팎의 저시상이 병존하고,[134] 벽체 축석 시 수적이 없으며, 단측 양쪽에 부장공간을 두어 시상대와 'T'자형을 이루기도 하는 반면, 낙동강하류와 그 주변지역인 밀양과 양산, 기장, 울주지역은 벽체 하단에 수적을 하는 경우가 많고 소할석을 1~2겹 깔은 10cm 안팎의 저시상이 일반적이다.

이러한 영남지역 석실의 구조와 장법상 경기지역 ⅡD형과 ⅢD형식 석실은 영남 서북부지역보다는 영남 서남부지역과 계통적으로 연결된다. 영남 서남부지역 중에서도 이천 중리동유적 석실과 같이 벽체 하단의 수적과 저시상대를 갖춘 것은 낙동강 하류지역 일대 석실, 용인 보정동고분군과 이천 중리동유적 석실 같이 벽체 하단에 수적이 없고 고시상인 것은 낙동강 중류지역 일

132 慶南文化財硏究院, 2006,『巨濟 鵝州洞 古墳群』; 2008,『巨濟 鵝州洞 古墳群 · 昌原 新方里遺蹟』.

133 하승철, 2013,「창녕 계성고분군의 성격과 정치체의 변동」『야외고고학』 제18호, (사)한국매장문화재협회, 88쪽.

134 하승철은 창녕 계성고분군 석실의 구조적 변천과 관련하여 중간 배치식 시상대의 석실은 6세기 2/4분기에 10cm 내외의 저시상대로 출현하여 6세기 3/4분기에는 15cm 이상의 고시상대로 변천하는 것으로 보고 있다(하승철, 2013,「창녕 계성고분군의 성격과 정치체의 변동」『야외고고학』 제18호, (사)한국매장문화재협회, 87~88쪽).

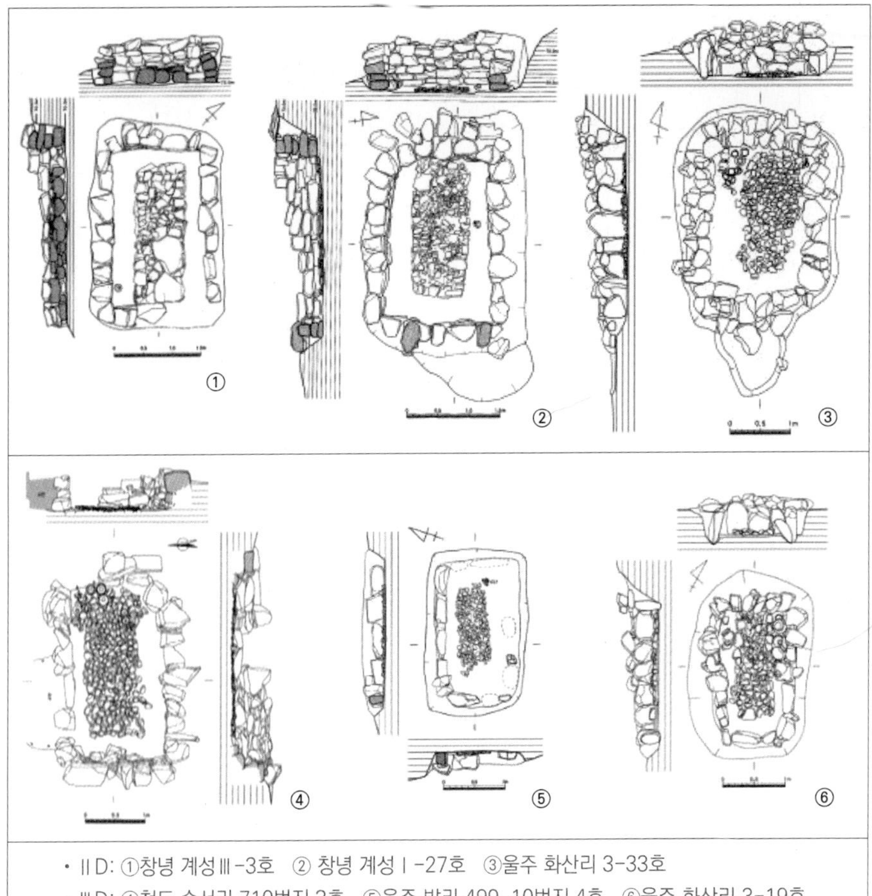

• ⅡD: ①창녕 계성Ⅲ-3호 ② 창녕 계성Ⅰ-27호 ③울주 화산리 3-33호
• ⅢD: ④청도 송서리 710번지 3호 ⑤울주 발리 499-10번지 4호 ⑥울주 화산리 3-19호

도 97. 영남 서남 및 동남부 지역 ⅡD · ⅢD형식 횡구식석실묘

대 석실과 관련이 깊은 것으로 지역에 따라 차이가 있으며, 두 지역의 구조적 속성이 복합적으로 나타나기도 한다.

목관 혹은 주검 받침석을 둔 ⅡE1형식과 ⅢE1형식은 표본이 적고 뚜렷한 지역상도 관찰되지 않아 계통관계를 규명하기에 어려움이 있다. 다만 ⅡE1 · ⅢE1형식 중 인천 불로동유적 Ⅱ-1-6호와 같이 소할석을 타원형으로 길게 둘러놓은 위석식의 주검받침은 달성 성하리유적 98-1 · 191 · 193-2 · 207-2호

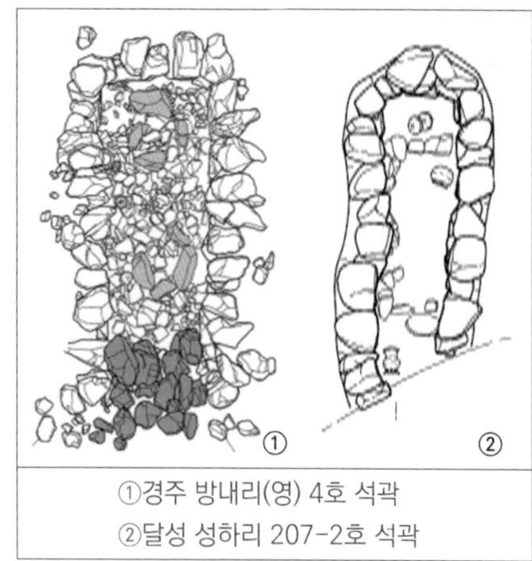

①경주 방내리(영) 4호 석곽
②달성 성하리 207-2호 석곽

도 98. 위석식 관 · 주검받침 사례

석곽과 상주 오대동유적 다-15호, 경주 방내리고분군(영) 4호 석곽, 4호 석실, 동천동 산13-2번지 유적 16 · 17 · 46호 석실 등 경주지역 횡혈식과 횡구식석실묘, 낙동강 중 · 상류역의 달성 현풍지역과 상주지역의 석곽묘에서 소수 확인된다.

6세기 전반 무렵 무시설식 혹은 전면 부석식 바닥면에 설치되다가 6세기 후반에 이르러 횡혈식석실의 시상대 상면에도 설치된다. 영남 서남부지역에서는 그 사례를 찾기 어렵고 왕경인 경주와 상주지역은 시상대 혹은 바닥 전면부석 후 설치되는 반면 낙동강 중류역의 달성 현풍지역은 무시설식 바닥면에 설치되는 것이 함께 나타나는 차이가 있다. 표본이 적긴 하지만 경주와 영남 서북부지역보다는 낙동강 중하류역 일대의 영남 서남부지역 석곽묘와 계통적으로 관련성이 깊어 보인다.

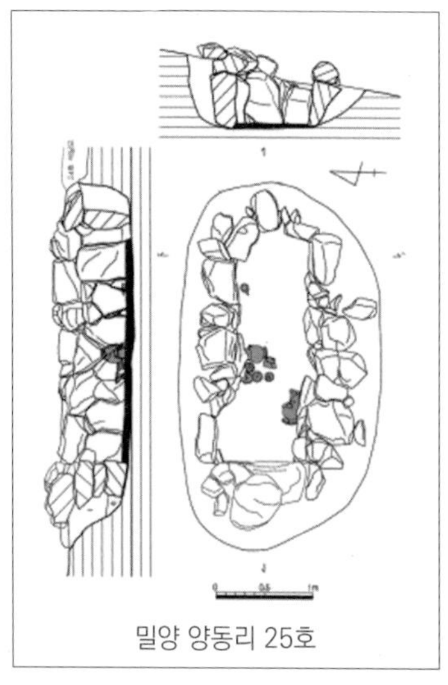

밀양 양동리 25호

도 99. 영남 서남부지역 ⅡE2형 횡구식석실묘

이밖에도 ⅡE1형식 중 평택 율북리유적 6-1호와 같이 바닥 중간 양단에 관대석을 두고 벽체 하단에 수적을 한 것은 영남 서남부지역인 밀양 · 양산 · 김해지역 등 낙동강 하류역 일대 석실의 벽체 축조 방식에 관대가 도입된 것으로 판단된다. 이러한 수적을 통한 벽체의 구축 방법은 6세기 전반대의 가야권역의 석곽묘부터 주로 활용되었다.[135] ⅢE1형식 중 바닥 중간에 판석재를

일정 간격으로 놓은 파주 법흥리유적 석곽은 동일 고분군인 ⅡE형식 횡혈식 석실과 연도만 없을 뿐 같은 구조로 고구려 석실과 관련이 있어 보인다.

마지막으로 무시설식의 ⅡE2형식 중 벽체 하단에 수적이 이루어진 양평 양근리유적 석실과 같은 것은 밀양 양동리고분군 1·2·5·18·19·25호, 김해 우계리유적 3호 등 영남 서남부지역 석실과 평면 형태만 장방형으로 다를 뿐 나머지이 구조적 속성은 동일하다.

이상 각 형식별 구조적 속성에 따라 그 계보를 추적해 보았는데, 이를 정리하면 〈표 8〉과 같다.

표 8. 경기지역 신라 석실(곽)묘의 형식별 계통

묘제	형식		계통
횡혈식	Ⅰ	A형	왕경 (경주 외곽 서남부지역)
		B형	왕경 (경주 중심지역)
		C형	영남 서남부지역
		D형	복합 (고구려+신라)
		E형	현지화 된 형식
	Ⅱ	C형	복합 (고구려+영남 서남부지역)
		D형	고구려
		E형	고구려
	Ⅲ	B형	영남 서북부지역 (낙동강 상류역)
	Ⅳ	C1형	왕경 (경주 중심지역)
		C2형	복합 (고구려+신라)
		B형	왕경 (경주 외곽지역)
횡구식	Ⅰ	A형	영남 서남부지역 (낙동강 중류역)
		B형	영남 서남부지역 (낙동강 중류역)
		C형	영남 서남부지역 (낙동강 중류역) / 일부 복합 (고구려+신라)
	Ⅱ	A1형	영남 서남부지역 (낙동강 중류역)
		A2형	영남 서북부지역 (낙동강 상류역)

135 홍보식, 2010, 「수혈식석곽과 조사방법」 『중앙고고연구』 제6호, 중앙문화재연구원, 52쪽.

묘제	형식		계통
		A3형	사비기 백제
		B형	영남 서북부지역 (낙동강 상류역)
		C1 · 2형	영남 서북부지역 (낙동강 상류역)
		C3형	사비기 백제
		D형	영남 서남부지역 (낙동강 중류역 / 낙동강 하류 및 주변지역)
		E형	영남 서남부지역
	Ⅲ	A1형	영남 서남부지역 (낙동강 중류역 / 낙동강 하류 및 주변지역)
		A2형	영남 서북부지역 (낙동강 상류역)
		A3형	사비기 백제
		C1형	영남 서북부지역 (낙동강 상류역)
		C3형	사비기 백제
		D형	영남 서남부지역 (낙동강 중류역 / 낙동강 하류 및 주변지역)
		E1 · 2형	영남 서남부지역

이와 같이 경기지역 석실묘는 묘형에 따라 횡혈식 ⅠA · B, ⅣC1 · B형은 왕경인 경주지역, 횡혈식 ⅢB형과 횡구식 ⅡA2 · B · C1 · 2, ⅢA2 · C1형은 상주와 안동을 중심으로 한 영남 서북부지역, 그리고 횡혈식 ⅠC, 횡구식 ⅠA · B · C, ⅡA1 · D · E형, ⅢA1 · D · E형은 창녕과 김해를 중심으로 한 영남 서남부지역, 횡혈식 ⅡD · E형은 고구려, 횡구식 ⅡA3 · C3 · ⅢA3 · C3형은 사비기 백제 석실묘에서 계보를 구 할 수 있다. 이밖에도 횡혈식 ⅠD, ⅡC, ⅣC2형, 횡구식 ⅠC형 석실 중 일부는 고구려 석실에 기반하여 신라의 구조적 속성이 일부 채용된 복합적인 계통 양상이 나타나고 있으며, 횡혈식 ⅠE형은 현지화 된 형식이다.

표 9. 계통관계에 따른 석실(곽)묘의 형식

묘제	계통	형식	대표 고분군
횡혈식	왕경	ⅠA	서울 가락동 · 방이동
		ⅠB	양평 대평리, 여주 보통리
		ⅣC1	여주 매룡동
		ⅣB	인천 불로동 Ⅱ-1

묘제	계통	형식	대표 고분군
	영남 서남부	ⅠC	이천 중리동
	영남 서북부	ⅢB	서울 중곡동
	고구려	ⅡD	이천 중리동
		ⅡE	파주 법흥리
	복합 · 재지	ⅠD	군포 산본동
		ⅡC	서울 천왕동, 안성 반제리
		ⅣC2	용인 청덕동
		ⅠE	하남 금암산, 음성 문촌리(한)
횡구식	영남 서남부	ⅠA, ⅡA1, ⅢA1	파주 성동리, 성남 여수동, 화성 장지동
		ⅠB, ⅠC	파주 덕은리
		ⅡD, ⅢD	이천 중리동
		ⅡE, ⅢE	양평 양근리, 여주 하거리
	영남 서북부	ⅡA2, ⅢA2	남양주 지금동Ⅰ, 서울 우면동
		ⅡB	용인 보정동, 여주 하거리
		ⅡC1 · C2, ⅢC1	용인 보정동, 여주 매룡동, 하거리
	사비기 백제	ⅡA3, ⅢA3	이천 중리동, 하남 금암산
		ⅡC3, ⅢC3	하남 금암산
	복합 · 재지	ⅠC	용인 구갈동

왕경인 경주지역 계통, 낙동강 중하류의 영남 서남부지역 계통, 낙동강 상류의 영남 서북부지역 계통, 고구려와 사비기 백제 계통, 현지에서 복합되어 창출된 계통으로 구분되는 다양한 석실 계통은 신라의 경기지역 진출과 더불어 동시다발적으로 나타나 급속히 확산되고 있다. 이는 신라의 경기지역 진출과 더불어 경기지역 내에 급격한 사회구조적 변화가 발생하고 있음을 짐작케 한다. 즉 이질적인 묘 · 장제의 출현과 급속한 확산은 현지 사회집단의 교류나 문화접변에 따른 수용이 아닌 타 집단에 의한 강제적 문화이식의 결과로 볼 수 있다. 경기지역 내 출현하고 있는 다양한 계통의 석실은 이 지역에 다양한 사회집단의 존재하고 있었음을 설명해주는 근거가 되며, 특히 신라의 왕경과 구 가야세력, 그리고 상주를 중심으로 한 영남 서북부의 지방세력이 유입되었을 가능성을 상정해 볼 수 있으며, 이들 사회집단들을 중심으로 경기지역에 신라의 문화이식이 급속히 진행되었던 것으로 판단된다.

2. 고분의 위계

고분의 위계구조 분석과 관련하여서는 장례에 소요되는 에너지의 총 투여량, 즉 상·장의례와 고분의 구조, 부장품의 재질과 수량 등으로 표출되는 노력소모원리(effort-expenditure principle)에 기반 한다.[136] 이는 상식적으로 위계가 높은 신분일수록 장례에 많은 사회·경제적 비용이 투여된다는 것이다.

그러나 상·장의례 행위의 흔적이 고고학적 자료로 밝혀지는 사례는 매우 단편적이고 사례도 적어 이를 적용하기는 불가하며, 부장유물의 질적·양적 특징과 고분의 축조에 소요되는 경제적 비용 등을 고려해 적용할 수 있다. 다만 부장유물을 통한 위계분석의 경우 신라 후기에 들어서면 사회적으로 박장이 이루어지고, 다인장이 이루어져 개개의 부장유물 수량 파악이 어려우며, 피장자의 사회적 신분을 파악할 수 있는 위세적 성격의 부장유물 역시 출토사례가 극히 드문 관계로 적용이 쉽지 않다. 또한 이러한 유물들의 부장이 피장자가 생전에 누렸던 사회적 지위와 신분에 근거하여 결정된 것인지 아니면 출생에 따라 세습된 신분 혹은 특수한 환경 속에서 개인의 우월한 능력에 의해 습득되어 부장된 것인지 불분명한 면도 있다.[137]

따라서 본 절에서는 부장유물보다는 고분 축조에 소요되는 경제적 비용을 반영하는 속성을 중심으로 고분의 위계를 분석해 보도록 할 것이다. 고분 축조에 소요되는 경제적 비용은 석축묘의 특성상 크기와 석재의 가공도, 회바름, 배수시설, 궁륭상의 고난도 기술을 요하는 천장구조 등 위계성을 드러내는 축조기법 등이 고려될 수 있다. 그러나 이러한 축조기법 또한 상부구조가 유실된 사례가 대부분이라 분석에 어려움이 있다.

---

136 Tainter, J. A., 1977, Modeling change in prehistoric social systems, L. R. Binford (ed.) *For theory building in archaeology*, Academic Press.

137 권학수, 2003,「清堂洞遺蹟의 考古學的 特徵과 社會的 性格」『湖西考古學』第8輯, 湖西考古學會, 4쪽.

이에 석실(곽) 바닥면의 길이와 너비를 곱한 평면크기를 기준으로 삼고자 한다. 앞장에서 살펴본 바와 같이 제 형식의 석실은 각각 일정한 평면크기 범위 내에 몇 개의 그룹으로 결집하는 분포상을 보이고 있으며, 각 형식별로 결집 양상의 차이가 확인되기 때문이다. 각 석실형식의 평면적 차이는 시간성도 엿보이지만 앞서 언급한 위계성을 드러내는 축조기법의 차이를 반영하고 있기에 분석 결과에 큰 문제가 없을 것으로 판단된다. 특히 이러한 연구방법은 최병현에 의해 이미 사용된 예가 있는데,[138] 그는 평면적에 근거하여 경주지역 횡혈식석실묘의 위계구조를 구명하였다. 이 자료를 토대로 경기지역과 비교 분석해 왕경과 지방의 차이점을 살펴볼 수 있다.

1) 횡혈식석실묘

횡혈식석실묘는 표본 수가 적어 오류를 범할 수 있기에 지역을 확대하여 인접한 지방고분군인 충주지역의 석실묘를 포함하여 살펴보았다. 그 결과 〈도 100〉과 같이 평면적상 방형(Ⅰ)과 근방형(Ⅱ)은 2개 군, 종장방형(Ⅲ) 석실은 1개 군, 횡장방형(Ⅳ)은 3개 군으로 설정할 수 있다. 이를 상대적 크기 차이에 따라 분류하여 평면적 7.5㎡ 이상의 가군, 4~7㎡ 미만의 나군, 3~4㎡인 다군, 3㎡ 미만의 라군으로 분류하고자 한다.

먼저 방형인 Ⅰ형 석실은 길이 290~310cm, 너비 250~290cm 범위에 있는 가군과 그 하위에 길이 215~290cm, 너비 180~250cm 내외 범위에 결집하는 나군으로만 나타난다. 가군은 양평 대평리 2호와 서울 방이동 1호 석실, 두 사례뿐이어서 군 설정에 무리가 따를 수 있으나 나군과 명백한 차이가 있고 이를 경주지역에 대입하여 볼 때 서악동 석실, 충효동 5호·7호와 같이 초대형 그룹에 해당하는 것으로 각각의 그룹으로 나누어도 큰 무리는 없을 것으

138 최병현, 2012, 「경주지역 신라 횡혈식석실분의 계층성과 고분구조의 변천」『韓國考古學報』第83輯, 韓國考古學會.

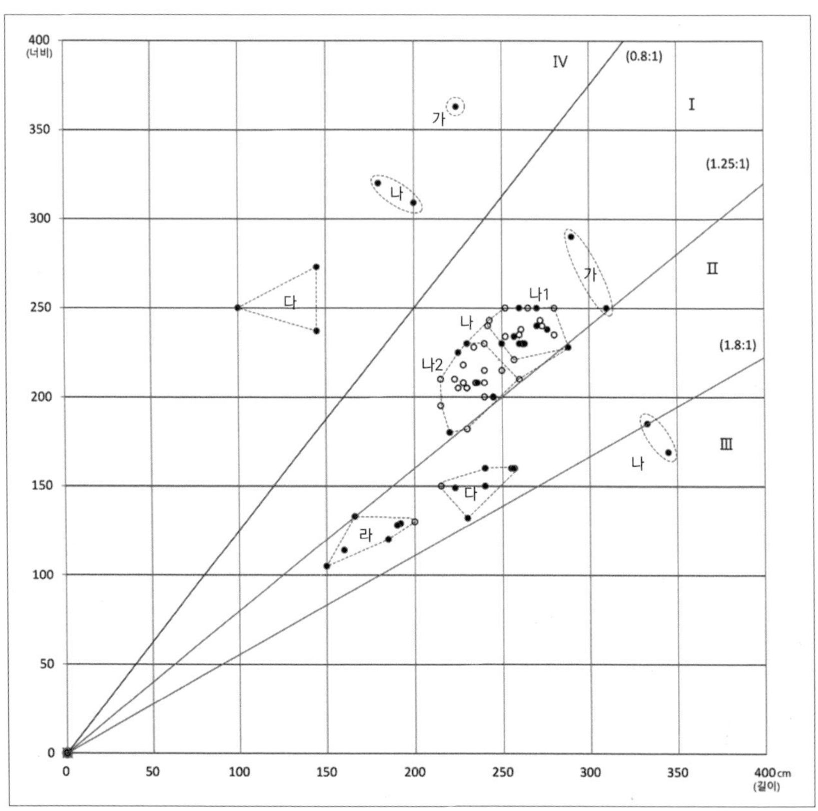

도 100. 경기지역 신라 횡혈식석실묘 크기비교(충주지역 포함)(-경기지역: ●, -충주지역: ○)

로 보인다.

나군은 길이 240~290cm, 너비 220~250cm 내외 범위에 결집하는 평면적 5.6~7㎡ 이하의 나1군과 길이 215~260cm, 너비 180~230cm 범위에 결집하는 평면적 4~5.5㎡ 미만의 나2군으로 세분될 수 있다. 점 분포상 작위적인 구분일 수 있겠으나 나1군의 경우 벽면이나 시상대에 점토나 회바름을 하는 경우가 많고 내부에 배수로가 설치되기도 한다. 또한 가공된 문지방석과 문미석은 물론 양평 대평리 석실과 같이 문비석과 문주석까지 갖춘 정교한 문틀식의 현문구조를 보이기도 하고 묘도부까지 석축이 이루어지고 있다. 금제

이식, 금동과대 등 위세적 성격이 강한 착장형 유물이 출토되는 특성도 있어 축조수법이나 출토유물 상 나2군과는 뚜렷이 구분되는 상위의 계층성이 인정되어 별도의 군으로 설정이 가능하다. 가군은 나1군과 축조수법이나 출토유물 상에서 큰 차이는 없으나 크기상 현저한 차이가 있어 우선 이 보다 한 등급 높은 위계를 설정할 수 있다.

이상 평면 방형의 Ⅰ형 석실은 가, 나1, 나2군의 세 계층으로 설정 가능한데 위계가 높은 가군과 나1군에서는 A형식도 일부 있으나 경주지역 석실에 비추어 볼 때 대부분 중앙연도의 B형식이며, 나2군에서는 중앙연도의 B형식이 확인되지 않는 것으로 보아 최병현의 지적처럼 중앙연도의 B형식은 방형석실 내에서도 위계성이 강한 석실임을 알 수 있다. 이러한 위계성은 초대형급인 가군은 점차 사라지고 나1군과 나2군의 두 계층으로 나타나는데 중앙연도의 E형식인 음성 문촌리 다-1호, 하남 광암동 산71-1번지 석실을 제외하고는 모두 중앙연도의 B형식이며, 대부분 청동제의 당식과대가 출토된다.

근방형인 Ⅱ형 석실은 길이 210~260cm, 너비 130~160cm 범위의 다군과 길이 150~200cm, 너비 100~130cm 범위의 라군으로 구분되나, 이천 중리동유적의 경우 도면에 제시되지 않았지만 Ⅰ형의 나2군에 대각선 방향으로 상응하는 결집군의 존재가 확인되어 나군의 설정이 가능하다.[139] Ⅱ형 나군은 모두 유단식 중앙연도 중심의 D형식으로 C·E형식보다 석재의 치석도가 높고 부장유물이 풍부한 편이며, 위계성을 상징하는 과대가 출토되기도 한다. 반면 다군은 우편재 연도의 C1형식으로 위계성을 상징하는 유물은 없고 소량의 토기만이 부장되며, 배수시설이 설치되기도 한다. 라군은 우편재 연도의 C2형식으로 부장유물은 거의 없는 박장이며, 단순한 구조를 나타낸다.

---

139 이천 중리동유적은 발굴조사 보고서 미발간 상태로 명확한 수치는 알 수 없지만 기 보고된 학술자문회의 자료를 통해 검토한 결과 모두 너비 200cm 안팎인 것으로 Ⅱ유형 석실의 다·라군 보다는 확연히 큰 결집군에 해당함이 확인된다.

평면적과 축조기법, 부장유물 등을 고려할 때 II형 석실은 D형식의 나2군, C1형식의 다군, C2형식의 라군의 순으로 세 계층으로 구분되며, I형 석실보다 하위의 계층성을 나타내고 있다. 이러한 계층성은 점차 I형 나군의 하위인 다군 한 계층으로 단순화되는데 청동제의 당식과대가 출토되는 E형식으로 나타난다.

종장방형인 III형 석실은 길이 330~340cm, 너비 170~180cm 내외 크기로 서울 중곡동고분군 석실 두 사례뿐이나 경주지역에서 대형급에 해당하는 동천동 와총, 손곡동 경마장부지 C1지구 1-5호의 분포범위와 겹치고 있어 이 또한 대형급에 속하는 별도의 군으로 설정할 수 있다. I형 석실 나1군에 대각선 방향으로 대응하여 위치하는 군으로 부장품의 전모를 파악할 수는 없으나 크기상 같은 범위에 포함되는 군으로 위계상 큰 차이는 없을 것으로 판단된다.

마지막으로 횡장방형인 IV형 석실 또한 6기에 불과하지만 일정 간격으로 3개 군으로 분포하고 있다. C1형식인 여주 매룡리 2호는 길이 224cm, 너비 363cm 크기인 가군, 매룡리 8호와 상리 94-1호는 길이 180~200cm, 너비 310~320cm 범위의 나군, C2형식인 용인 청덕동 1호와 B형식의 인천 불로동 II-1A구역 석실은 길이 145cm, 너비 230~270cm 범위의 다군으로 구분 가능하다.[140]

C1형식인 가군의 매룡리 2호는 경주지역 중 초대형에 속하는 서악리 석침총의 범위에 포함될 수 있으며, I형 석실 가군의 상단에 대각선상으로 대칭되게 분포하여 비슷한 크기를 보인다. 금제이식이 출토되고 시상면에는 경주지역과 같이 머리 혹은 어깨모양으로 정교하게 파내어 가공한 두침석이 확인

140 나머지 길이 100cm, 너비 250cm 크기인 수원 광교유적 2지점 4호 묘의 경우 II유형 라군에 대각선상으로 대응하는 군으로 설정이 가능할 수도 있겠으나 5단계에 해당하는 석실로 타 석실과 시기적 차이가 크고 연속성도 없으며, 단 한 사례로 현 단계에서 별도의 군으로 설정하기에는 무리가 따라 열외로 하였다.

되는 특징이 있다. 크기나 축소수법, 출도유물을 고려할 때 Ⅰ유형 석실 가군과 동등한 위계를 가진 군으로 여겨진다. 나머지 가군 하위에 위치하는 매룡리 8호과 94-1호는 Ⅰ유형 석실 나1군의 상단에 대각선상으로 대칭을 이루며, 서로 비슷한 크기를 보이고 Ⅳ형 석실 가군과 같이 정교하게 가공한 두침석이 확인되는 것으로 보아 Ⅰ형 석실 나1군에 상응하는 위계를 설정해 볼 수 있다. 나머지 C2·B형식으로 나타나는 다군의 용인 청덕동 1호, 인천 불로동 Ⅱ-1A구역 석실은 부장유물이 없고 위계성을 표출하는 축조기법 상의 특징도 확인되지 않아 Ⅱ형 석실 다군과 같은 위계로 판단된다.

이상의 내용을 종합하면 경기지역 횡혈식석실묘는 5개의 계층으로 설정할 수 있는데 이는 최병현의 4개 계층[141] 구분보다는 1계층이 더 설정된 구조로 크게 방형(Ⅰ)·횡장방형(Ⅳ) → 장방형(Ⅲ) → 근방형(Ⅱ) 석실 순으로 위계가 설정되고 계통상으로는 왕경 → 영남 서북부 → 복합·재지·고구려 순으로 위계성이 나타나게 된다. 표본이 적긴 하지만 1~3계층인 나군까지는 금제와 금동제의 착장품이 확인되고 금제는 2계층까지만 확인되는 특징을 보여 계층간 위계성을 확인할 수 있다. 또한 양평 대평리 2호와 여주 보통리 석실과 같이 상위 계층군 내에서도 견고한 문틀식 현문구조와 금제이식·과대 등의 위세성이 짙은 축조기법과 유물이 나타나는 중앙연도의 ⅠB형 석실이 가장 위계가 높았던 것으로 판단된다. 이러한 계층구조는 점차 3개 계층으로 단순해지며, 청동제 당식과대가 출토되는 방형(ⅠB)과 청동제+철제의 복합재질의 당식과대가 출토되는 근방형(Ⅱ) 석실 순으로 위계가 설정된다. 이를 정리하면 〈표10〉과 같다.

141 본고의 Ⅰ나1군은 최병현의 a그룹과 b1그룹 상단의 빈 공간에 결집하는 것으로 a그룹과는 크기 차이가 있다. 결집된 분포상 그의 b1그룹은 다시 상·하로 구분되는 결집양상이 관찰되고 있어 이에 대한 검토여지가 있다(최병현, 2012, 「경주지역 신라 횡혈식석실분의 계층성과 고분구조의 변천」『韓國考古學報』第83輯, 韓國考古學會, 91쪽).

표 10. 경기지역 횡혈식석실묘의 계층구분

계층	해당군	석실형식	크기(cm) 평면적(㎡)	고분군	비고
1계층 (초대형)	가 (7.5 이상)	ⅠA(1식연도) ⅠB(2식연도)	길이 290~310 너비 250~290 7.75~8.41	서울 방이동 양평 대평리	회미장 묘도부 석축 문틀식 현문구조
		ⅣC1 (2식연도)	길이 180~200 너비 310~320 8.13	여주 매룡동	두침석(가공석) 금제이식
2계층	나1 (5.6~7 미만)	ⅠA·C (3식연도 중심) ⅠB·D·E (2식연도 중심)	길이 240~290 너비 230~250 5.67~7	서울 가락동·방이동, 이천 중리동, 여주 보통리, 군포 산본동, 하남 덕풍골	회미장, 문틀식 현문구조 배수시설 금(동)제이식·과대 청동제 과대
		ⅢB (2식연도)	길이 330~340 너비 170~180 5.83~6.16	서울 중곡동	-
		ⅣC1 (2식연도)	길이 180~200 너비 310~320 5.76~6.18	여주 매룡동	두침석(가공석)
3계층	나2 (4~5.5 미만)	ⅠB (3식연도)	길이 215~260 너비 180~230 4~5.5	서울 가락동, 하남 금암산	다량의 부장토기 금동제 과대
		ⅡD (2식연도)	최소 4 이상	이천 중리동	청동제 과대
4계층	다 (3~4 이하)	ⅡC1·E (3식연도 중심)	길이 210~260 너비 130~160 3~4	광명 소하동, 서울 천왕동·명륜동, 안성 당왕동, 파주 법흥리	배수시설 소량의 부장토기 청동+철제 과대
		ⅣC2·B	길이 145 너비 230~270 3.4~4	용인 청덕동, 인천 불로동 Ⅱ-1	부장유물 없음
5계층	라 (3 미만)	ⅡC2 (3식연도)	길이 150~200 너비 100~130 1.5~2.6	서울 세곡동, 안성 반제리, 여주 매룡동 황학산	부장유물 극소량/없음

2) 횡구식석실(곽)묘

횡구식석실(곽)묘는 〈도 101〉과 같이 평면적상 방형(Ⅰ)은 2개 군, 근방형(Ⅱ)과 종장방형(Ⅲ) 석실(곽)묘는 각각 6개 군으로 설정할 수 있다. 이를 상대적 크기 차이에 따라 분류하면 평면적 5.6~7㎡ 남짓의 a군, 4~5.5㎡ 미만의 b군, 3~4㎡인 c군, 2~3㎡ 미만의 d군, 1~2㎡ 미만의 e군, 1㎡ 미만의 f군으로 나눌 수 있는데 1㎡ 미만의 f군과 Ⅱ유형의 e군은 대부분이 길이 150cm 미만의 초소형이다. 크기상 성인을 신전장하기 어려운 소·유아 무덤으로 판단되어 계층성을 논하기에 적절치 못하므로 본 분석에서 제외하였다.[142]

먼저 방형인 Ⅰ형 석실은 표본이 적긴 하지만 최상단에 뚜렷이 결집양상을 보이고 그 아래로 밀집도가 현저히 떨어지지만 일정 간격을 두고 분포하고 있다. 규모에 따라 길이 220~250cm, 너비 190~225cm 내외 범위에 있는 b군, 길이 190~205cm, 너비 180cm 범위에 결집하는 c군으로 구분할 수 있다. A형인 성남 여수동 5호를 제외하고는 모두 B형과 C형 석실로 나타나지만 B형 석실이 절대 다수를 점한다. 일부 금동제 이식과 동령 같은 착장품이 출토되기도 한다.

근방형인 Ⅱ형 석실은 Ⅰ형에 대각선상으로 대응하는 a, b, c군 이외에 길이 190~210cm, 너비 110~140cm 범위에 결집하는 하위의 d군이 분포한다. 대형인 a군에서 소형인 e군으로 갈수록 B형이 적어지고 C형 석실이 많아진다. a군과 b군은 B형과 C형, c군은 A형과 C형, d군과 e군은 C형과 E형 석실이 주된 형식으로 나타나 Ⅰ형과 마찬가지로 B형 석실의 위계가 높음을 알 수 있다.

---

142 초소형인 f군 석곽 중 길이 1m 미만인 것은 7세기 후반 무렵부터 폭증하는 경향을 보이며, 하남 광암동고분군과 같이 별도의 공간에 모여 분포하는 경향이 있다. 장골기만 없을 뿐 석곽형의 화장묘와 크기가 비슷하기도 하다. 현재로선 적극적인 근거는 없으나 일정 시점부터 그 수가 급증하고 별도 공간에 분포하는 점으로 보아 소·유아묘에 특정하여 분류할 사안만은 아닌 것 같다. 원주 법천리 2호와 같이 2차장의 가능성도 있으므로 향후 조사 시 토양 분석 등 자연과학적 방법도 시도해 볼 만 하다.

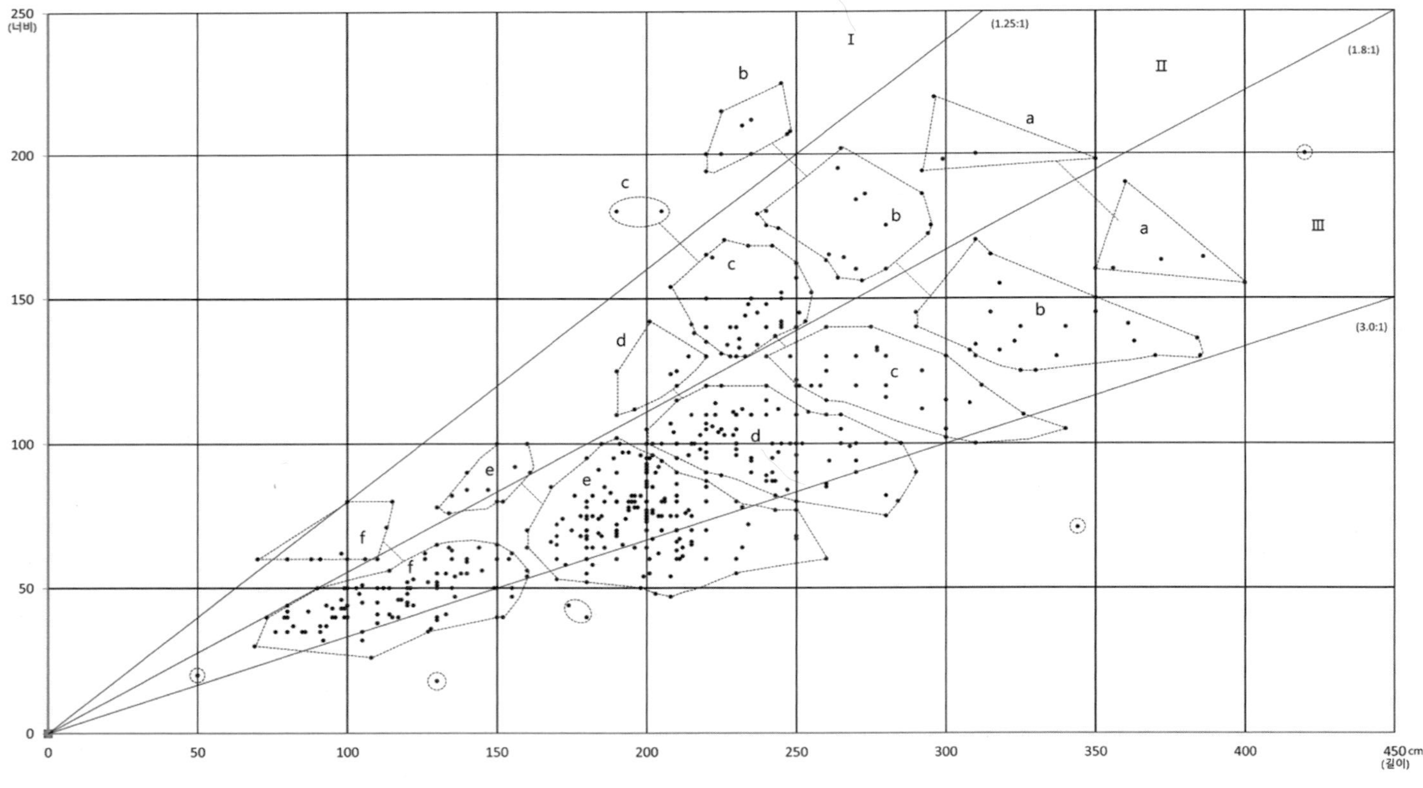

도 101. 경기지역 신라 횡구식석실(곽)묘 크기비교

종장방형 Ⅲ형 석실은 Ⅱ유형에 대각선상으로 대응하는 a, b, c, d군 이외에 길이 160~260cm, 너비 50~100cm 범위에 결집하는 하위의 e군이 분포한다. 소형급에 속하는 d군과 e군에 강한 결집을 보이며, 대형급인 a군으로 갈수록 결집이 약해진다. 대형급인 a군과 b군은 A형과 C형 석실로만 나타는데 A형은 소수이고 대부분 C형 석실이다. 나머지는 c군부터는 모든 형식의 석실이 분포하는 것으로 보아 종장방형에서는 C형 석실의 위계가 가장 높았던 것으로 판단된다.

이상의 내용을 종합하면 경기지역 횡구식석실은 크기상 Ⅰ·Ⅱ·Ⅲ형의 a군에서 e군 순으로 5개의 계층군으로 나누어지며, Ⅰ·Ⅱ·Ⅲ형 순으로 갈수록 하위 계층군이 설정되는 것으로 보아 방형과 근방형의 Ⅰ·Ⅱ형 석실의 위계가 가장 높았던 것을 알 수 있다.[143] 아울러 여러 석실 중에서도 Ⅰ·ⅡB형식과 ⅢC형식 석실의 위계가 가장 높았던 것으로 판단된다.

이와 같이 경기지역 횡구식석실은 모두 5개 계층군으로 구분되는데 이를 다시 횡혈식석실의 분포와 겹쳐 계층관계를 살펴보면 〈도 102〉와 같다. 〈도 102〉를 살펴보면 횡구식석실의 최상위 계층군인 a군은 횡혈식 2계층에 해당하는 Ⅰ유형 나1군과 Ⅲ유형 나군과 대각선상으로 대응하여 분포하고 있다. 나머지 횡구식 b군은 횡혈식 3계층인 Ⅰ유형 나2군, 횡구식 c군은 횡혈식 4계층인 Ⅱ유형의 다군, 횡구식 d군은 횡혈식 5계층인 Ⅱ유형의 라군의 분포와 겹치거나 대각선상으로 대응하여 분포하고 있다. 또한 횡구식 Ⅰ·Ⅱ유형인 방형과 근방형 석실은 횡혈식 분포범위와 서로 겹치는 반면 횡구식 Ⅲ유형의 장방형 석실은 횡혈식 묘제와 확연히 구분된다. 이로 보아 횡구식 방형과 근방형 석실은 연도의 유무차이만 있을 뿐 횡혈식 묘제와의 구분이 모호할 수 있어 향후 묘제 구분에 있어 고민이 필요하다.

143 Ⅰ형 석실의 경우 Ⅱ·Ⅲ형 석실과 달리 최상위 계층인 a군이 확인되지 않으나 상위 계층그룹인 b·c군으로만 나타나 Ⅱ·Ⅲ형 석실과 마찬가지로 a군 석실이 존재하였을 것으로 판단된다.

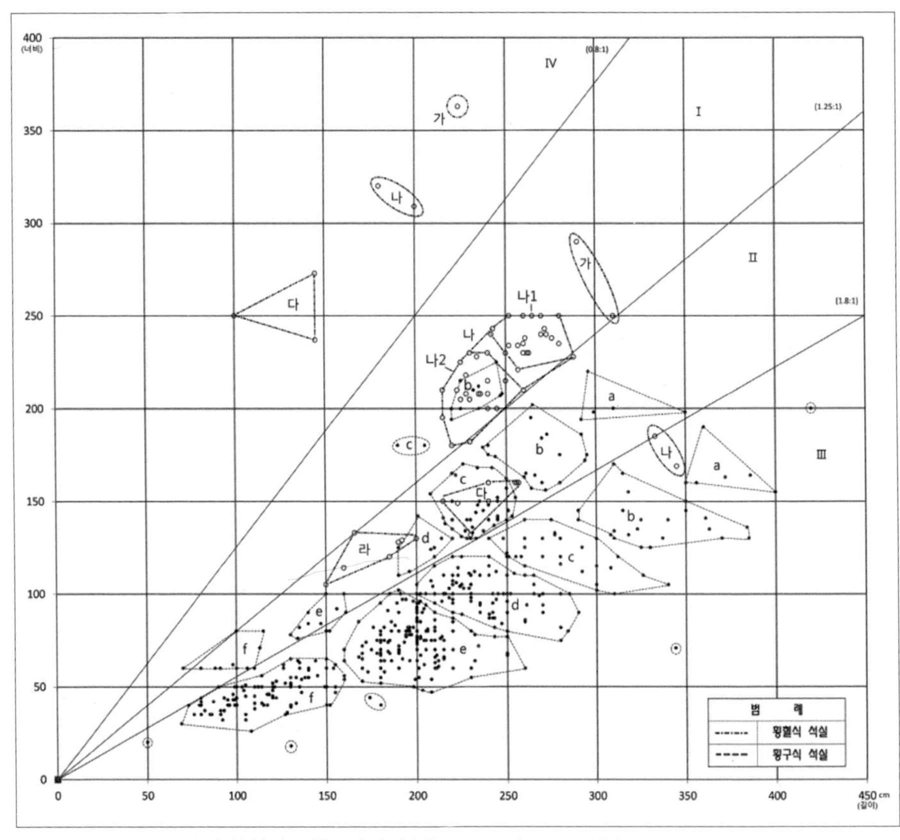

도 102. 경기지역 신라 횡혈식 · 횡구식석실(곽)묘 크기비교(○ : 횡혈식, ● : 횡구식)

표 11. 경기지역 횡구식석실묘의 계층구분

계층	해당군	석실형식	크기(cm) / 평면적(㎡)	대표 고분군	비고
2계층	a (5.6~7 미만)	ⅡA · B (B형 중심)	길이 290~350 너비 190~220 / 5.66~6.93㎡	성남 여수동, 용인 보정동, 동백동, 여주 하거동	-
		ⅢA · C (B형 중심)	길이 350~400(420) 너비 150~190(200) / 5.60~6.84㎡(8.4㎡)	용인 보정동, 여주 매룡동, 하거동	금동관

계층	해당군	석실형식	크기(cm) 평면적(㎡)	대표 고분군	비고
3계층	b (4~5.5 미만)	ⅠB·C·A (B형 중심)	길이 220~250 너비 195~225 4.27~5.51㎡	파주 덕은리, 김포 신곡리(중), 성남 여수동, 용인 구갈동, 오산 궐동, 여주 매룡동, 하거동	금동이식
		ⅡB·C (A형 소수)	길이 240~295 너비 155~200 4.14~5.43㎡	용인 보정동, 남양주 지금동Ⅰ, 성남 여수동, 평택 지제동, 이천 덕평리, 여주 매룡동, 하거동	-
		ⅢC (A·C·D형 소수)	길이 240~295 너비 125~170 4.06~5.27㎡	파주 성동리, 용인 보정동, 여주 매룡동, 하거동	금동과대
4계층	c (3~4 미만)	ⅠB·C	길이 190~230 너비 180 내외 3.42~3.69㎡	파주 덕은리, 오산 궐동	-
		ⅡA·C (B·D·E형 소수)	길이 210~225 너비 130~170 3~4㎡	파주 덕은리, 성남 여수동, 광주 선동리, 용인 보정동, 화성 장지동, 오산 가장동, 여주 매룡동, 하거동, 양평 양근리	-
		ⅢA~E (C형 중심)	길이 240~340 너비 100~140 3~3.9㎡	용인 보정동, 이천 덕평리, 여주 매룡동, 하거동	금동관 금동이식 은제과대
5계층	d (2~3 미만)	ⅡC (A·D·E형 소수)	길이 190~220 너비 110~140 2.1~2.85㎡	서울 석촌동, 방이동, 인천 당하동, 용인 신갈동, 화성 상리, 천천리(중), 여주 매룡동, 하거동	-
		Ⅲ (A~E형)	길이 200~290 너비 75~120 2~2.6㎡	하남 금암산, 성남 도촌동, 광주 대쌍령리. 용인 서천동, 화성 장지동, 청계동, 분천리, 오산 내삼미동, 안성 반제리	금제·은제이식
6계층	e (2 미만)	Ⅲ (A~E형)	길이 160~260 너비 50~100 1~1.98㎡	인천 불로동, 김포 유현리, 남양주 지금동Ⅱ, 수원 광교, 용인 서천동, 화성 천천리, 평택 수월암리, 당현리, 여주 상거동	금동과대

이상의 결과를 토대로 기 설정한 횡혈식 묘제 계층을 기준하여 횡구식석실묘에 대입해 보면 〈표 11〉과 같이 횡구식 a~d군은 횡혈식 2~5계층과 대응되는 군이고 횡구식 e군은 최하위의 6계층으로 설정될 수 있다.

그러나 이 결과를 무덤에서 출토된 부장유물과 관련시켜 보면, 또 다른 해석이 요구된다. 기 설정한 계층 기준을 통해 볼 때 2계층에 해당하는 파주 성동리 석실묘(전)에서 금동관이 출토되었고 3계층에 해당하는 파주 성동리 1·2호, 여주 매룡리 5호(기), 여주 하거리 방미기골 26호에서는 금동관과 과대, 금동 및 은제이식이 출토되고 있다. 또한 하위 위계의 5·6계층에 해당하는 화성 장지리 Ⅰ-7호, 가평 읍내리 1호, 서울 우면동 8호, 파주 성동리 3호에서도 금제와 은제 이식, 금동과대 등 상위 계층의 석실에서도 흔치 않는 위세품이 확인되고 있어 무덤의 위계를 결정하는데 혼란을 주고 있다. 이러한 금제, 금동제 이식과 과대 등의 위세품은 횡혈식석실의 경우 모두 3계층 이상에서만 확인되고 있어 양 묘제 간 차이를 보이고 있다.

이와 관련하여서는 지방의 유력자를 국가권력에 포섭시키기 위해 이용되었던 外位制[144]에서 그 근거를 찾을 수 있다. 신라는 고구려·백제와 대치하고 있어 군사적으로 매우 불안정한 경기지역을 신속하게 안정화시키기 위해 현지세력은 물론 구 가야와 영남 서북부의 지방세력을 이용하였던 것으로 판단된다. 이에 외위제를 통하여 이들을 적극 회유·편입시켰을 것이며, 이로 인해 하위 계층의 석실에서 금제, 금동제 등의 위세품이 출토되는 점은 이와 관련된 것으로 파악된다.

따라서 왕경의 횡혈식 묘제와 달리 지방의 횡구식석실에 있어 부장유물이 반드시 피장자가 생전에 누렸던 사회적 지위를 반영한다기 보다는 당대의 특

144 外位制는 중앙의 관등체계인 京位와는 다른 것으로 지방인에 대한 왕경인의 집단적이고 배타적인 권력독점의 표현 형태이면서 지방의 유력자를 국가권력이 포섭하는데 이용되었던 관위체계이다(李昌勳, 1999, 「7세기 신라 民의 재편과정」『韓國古代史硏究』 16, 한국고대사학회).

수한 정치·사회적 환경에서 기인한 일시적인 결과로 보여 진다. 이러한 외위제를 통한 지방민의 편입은 서울 가락동 3호, 안성 장원리 2·3호 석실, 청원 주성리 1호, 청주 신봉동 92-1호와 같은 한성백제 축조-신라 재사용 석실[145]의 예에서 볼 수 있듯이 백제 재지세력이 강하게 자리하고 있는 지역의 편입에도 적용되고 있음을 알 수 있다.[146]

이상 석실의 평면크기를 중심으로 경기지역 석실의 계층구조를 파악해 보았는데 〈표 12〉와 같이 횡혈식석실과 횡구식석실은 모두 5개 계층으로 구분되고, 양 묘제의 상관관계를 볼 때 횡구식은 횡혈식석실 2계층에 상응하는 단계부터 존재하였던 것으로 여겨지며, 횡혈식석실보다 하위의 1계층이 더 존재하여 모두 6개 계층군으로 나눌 수 있다. 이러한 위계구조는 점차 상위 계층이 사라지며, 단순해지는 양상을 보인다.

표 12. 경기지역 석실묘의 계층구분

계층	묘제	해당군	석실형식	평면적(㎡)	비고
1계층 (초대형)	횡혈식	가	ⅠA(1식 연도) ⅠB(2식 연도)	7.5 이상	회미장, 묘도부 석축 문틀식 현문구조
			ⅣC1(2식 연도)		두침석(가공석) 금제이식
2계층	횡혈식	나1	ⅠA·C(3식 연도 중심) ⅠB(2식 연도 중심)	5.6~7 미만	회미장, 문틀식 현문구조 배수시설, 금(동)제이식·과대
			ⅢB(2식 연도)		-
			ⅣC1(2식 연도)		두침석(가공석)
	횡구식	a	ⅠB[147]		-
			ⅡA·B(B형 중심)		-
			ⅢA·C(C형 중심)		금동관

145 최병현, 2015, 「중부지방 백제한성기 축조·신라 재사용 석실분과 고구려·신라 연속조영 고분군」 『고고학』 14-2, 중부고고학회.

146 金晉榮, 2007, 「漢江流域 新羅古墳 硏究」, 檀國大學校 大學院 碩士學位論文, 63~64쪽.

계층	묘제	해당군	석실형식	평면적(㎡)	비고
3계층	횡혈식	나2	ⅠB(3식 연도)	4~5.5 미만	부장토기 다량, 금동과대
			ⅡD(2식 연도)		
	횡구식	b	ⅠB · C · A(B형 중심)		금동이식
			ⅡB · C(A형 소수)		
			ⅢC(A · D · E형 소수)		금동과대
4계층	횡혈식	다	ⅡC1 · ⅡE(3식 연도 중심)	3~4 미만	배수시설, 부장토기 소량
			ⅣB		
	횡구식	c	ⅠB · C		-
			ⅡA · C		-
			ⅢA~E		금동관,금동이식 · 은제과대
5계층	횡혈식	라	ⅡC2(3식 연도)	3 미만	부장유물 극소량 · 없음
	횡구식	d	ⅡC(D · E형 소수)	2~3 미만	-
			ⅢA~E		금제 · 은제이식
6계층	횡구식	e	ⅢA~E	2 미만	금동과대

147 앞서 언급하였듯이 방형(Ⅰ)의 횡구식석실묘에서는 상위계층 그룹인 a군이 확인되지 않았지만 계층구성상 3계층 미만인 하위계층으로는 나타나지 않고 있어 a군 석실의 존재하였을 것으로 판단하였고, 구조형식은 위계가 높은 B형일 것이다.

VI

고분의 변천단계

본 장에서는 앞서 분류한 각 묘제의 형식을 기초로 하여 고분의 분포와 구조적 속성의 변화에 따라 변천단계를 설정하였고, 각 단계의 연대를 추정해봄으로써 경기지역 신라 묘제의 흐름을 파악해 보았다. 경기지역 석실묘는 평면형태 및 시상대의 구조와 배치방법에 따라 횡혈식석실묘는 12개 형식, 횡구식석실(곽)묘는 20개 형식으로 다양하게 구분됨을 확인하였고, 제 형식은 계통적으로 축조집단의 성격이 강하게 반영되어 있으며, 시기적으로 구조적 변천을 거치거나 유행시기가 다른 시간성도 반영되었음을 확인하였다. 이에 석실구조나 계통관계상 유사성을 나타내는 제 형식의 조합을 통한 유형 설정은 고분의 변천과정과 지배구조의 일면을 이해하는데 용이할 것으로 판단된다.

고분의 유형은 시상대의 구조와 공간배치 방법에 따라 구분되는 계통관계상 〈표 13〉과 같이 횡혈식석실묘는 12개 유형, 횡구식석실묘는 10개 유형으로 설정된다. 유형명칭은 계통관계상 연결되는 지역의 대표성을 고려하여 부여하였고 횡혈식석실묘와 같이 유형을 대표하는 고분군이 있을 경우 그 명칭을 부여하였다.

표 13. 계통관계에 따른 석실묘의 유형설정과 형식

묘제	유형			형식	대표 고분군
횡혈식	왕경	방내리	1	ⅠA	서울 가락동 · 방이동
			2	ⅣB	인천 불로동Ⅱ-1
		충효동		ⅠB	양평 대평리, 여주 보통리
		서악동		ⅣC1	여주 매룡동
	영남 서남부			ⅠC	이천 중리동
	영남 서북부			ⅢB	서울 중곡동
	고구려		1	ⅡD	이천 중리동
			2	ⅡE	파주 법흥리
	복합 · 재지		1	ⅠD	군포 산본동
			2	ⅡC	서울 천왕동
			3	ⅣC2	용인 청덕동
			4	ⅠE	하남 광암동(산71-1) · 음성 문촌리
횡구식	영남 서남부		1	ⅠA, ⅡA1, ⅢA1	파주 성동리, 성남 여수동
			2	ⅠB, ⅠC	파주 덕은리
			3	ⅡD, ⅢD	이천 중리동
			4	ⅡE, ⅢE	양평 양근리, 여주 하거리
	영남 서북부		1	ⅡA2, ⅢA2	남양주 지금동Ⅰ
			2	ⅡB	용인 보정동, 여주 하거리
			3	ⅡC1 · C2, ⅢC1	용인 보정동, 여주 매룡동
	사비기 백제		1	ⅡA3, ⅢA3	이천 중리동, 하남 금암산
			2	ⅡC3, ⅢC3	하남 금암산
	복합 · 재지			ⅠC	용인 구갈동

이와 같이 다양한 유형과 형식으로 분류되는 경기지역의 신라 묘제는 고분군의 분포와 구조적 속성의 변화에 따라 크게 5단계의 변천단계가 설정된다. 각 단계의 연대설정은 절대연대 자료가 없는 바 출토유물 중 절대다수를 점하며, 편년에 용이한 신라 후기양식 토기를 통해 이루어질 수밖에 없겠다. 신라 후기양식 토기 편년안은 최병현에 의해 제시된 바 있다.[1] 그는 경주지역 신라

1 최병현, 2012, 「신라 후기양식토기의 편년」 『韓國考古學報』 59號, 韓國考古學會.

후기양식 토기를 크게 4기, 이를 다시 13소기로 세분하고 6세기 전반부터 8세기 중엽까지의 연대를 부여한 편년안을 수립하였다. 이 편년안에 필자는 대체로 공감하며, 특별한 이견이 없는 바 이를 기준으로 각 단계의 연대를 설정할 것이다.

그러나 경기지역 신라토기는 조잡하게 모방한 토기가 많아 제작기술의 미숙함에 기인한 것인지 시간적 속성이 반영된 것인지 혼동되는 것도 많고, 고배와 같이 일부 기종과 문양 등은 중앙양식과 존속기간이 다른 차이점도 확인된다. 이에 중앙양식 토기와 직접적인 비교가 어려울 수 있지만 본 연구의 목적이 지방토기의 세부편년안을 제시하는 것이 아니며, 전체적인 토기의 기종 구성과 변화과정은 중앙양식과 큰 차이가 없으므로 고분의 변천단계를 이해하는 데에는 무리가 없을 것이다. 다만 이 편년안은 고분의 소멸기로 지칭되는 8세기 후반 이후 토기의 편년안은 제시되지 않아 경기지역 신라 고분의 시간적 위치를 모두 담아내지 못한다. 이에 8세기 후반 이후의 고분 연대는 변영환의 연구[2]와 기존의 조사사례 등을 참조하여 설정하였다.

석실의 초축 연대는 1차 시상 부장토기로 설정하였고, 편년비교의 기준자료는 가급적 경주지역 토기양식에 충실한 것으로 삼았다. 1차 시상 부장토기가 없을 경우 시상대의 개수와 부장토기와의 관계를 고려하여 초축 연대를 설정하였으며, 부장토기가 없을 경우 대체적인 시간성을 반영하는 과대 등의 금속유물도 활용하였다.

1. 1단계

1) 유물(토기) 형식과 연대

1단계 석실(곽)묘에 부장된 토기는 유개식 고배, 무개식 고배, 대부완, 구형

2 邊永煥, 2007, 「羅末麗初土器 硏究」, 忠南大學校 大學院 碩士學位論文.

병, 대부장경호, 완, 뚜껑 등이 주된 기종이며, 대부직구호, 대부발, 컵형토기, 단경호, 연질소호 등이 소수 확인된다. 다양한 기종의 토기 부장이 성행하며, 삼각집선문과 원문류의 문양구성이 특징적인 단계이다. 편년에 용이한 주요 기종을 중심으로 살펴보면 다음과 같다.

유개식 고배는 2단 투공과 대족하부돌대, 단각고배로 나타나는데, 2단 투공고배와 대족하부돌대고배는 소수이고 대부분 단각고배이다. 구연은 뚜껑받이 턱보다 확연히 길고 약간 내경하거나 수직에 가까우며, 뚜껑받이 턱은 수평 혹은 짧게 올라와 단면이 'L'자형에 가깝다. 대각단부는 반전하여 'V'자형을 이루거나 둥글게 말린 것, 반전 없이 둥글게 처리한 것으로 나타난다. 2단 투공고배는 대각 중위에 2줄의 돌대가 있고 대각 상경이 좁고 투공이 큰 것과 외줄 돌대에 대각 상경이 넓고 투공은 작거나 생략되는 것이 있는데, 전자에서 후자로 변화한다. 대족하부돌대 고배도 배신 바닥이 둥글고 대각은 길고 상경이 좁으며, 투창이 큰 것과 배신 바닥이 편평해 넓고 납작하며, 대각은 짧은 편이며, 투공이 작거나 생략되고 돌대도 퇴화된 것이 있는데 전자에서 후자로 변화한다.

단각고배는 크게 대족하부돌대 고배와 같이 대각이 길고 반전하는 단부가 형성된 것(1형), 배신에 환형의 짧은 굽이 붙은 것(2형), 2형과 같이 대각이 매우 짧지만 반전하는 단부가 형성된 것(3형)으로 나타난다. 배신 바닥이 둥글어 깊은 것이 대부분이고 일부 바닥이 편평해 납작해진 것도 공존하며, 투창과 투공이 뚫린 것도 있다. 1형은 다시 대각의 너비와 기울기에 따라 대각상경이 좁아 '八'자형으로 벌어지는 것, 대각 상경이 넓어 제형에 가까운 것이 공존하며, 각각 대각이 낮아지고 상경이 넓은 것으로 변화한다. 뚜껑은 구연이 'ㅏ'형으로 신부는 꼭지에서 약한 곡률을 이루며 내리뻗고 높은 것이 대부분이며, 신부가 낮고 반구형을 이루는 것도 있다. 꼭지는 단부가 반전하는 대각형, 단추형, 꼭지경이 넓은 환형이 다수이다. 이 밖에 보주형 꼭지가 달린 '入'자형 뚜껑도 소수 존재한다.

무개식 고배는 대부분 배신에 여러 줄의 침선이 돌아가고 대략 기고 10cm

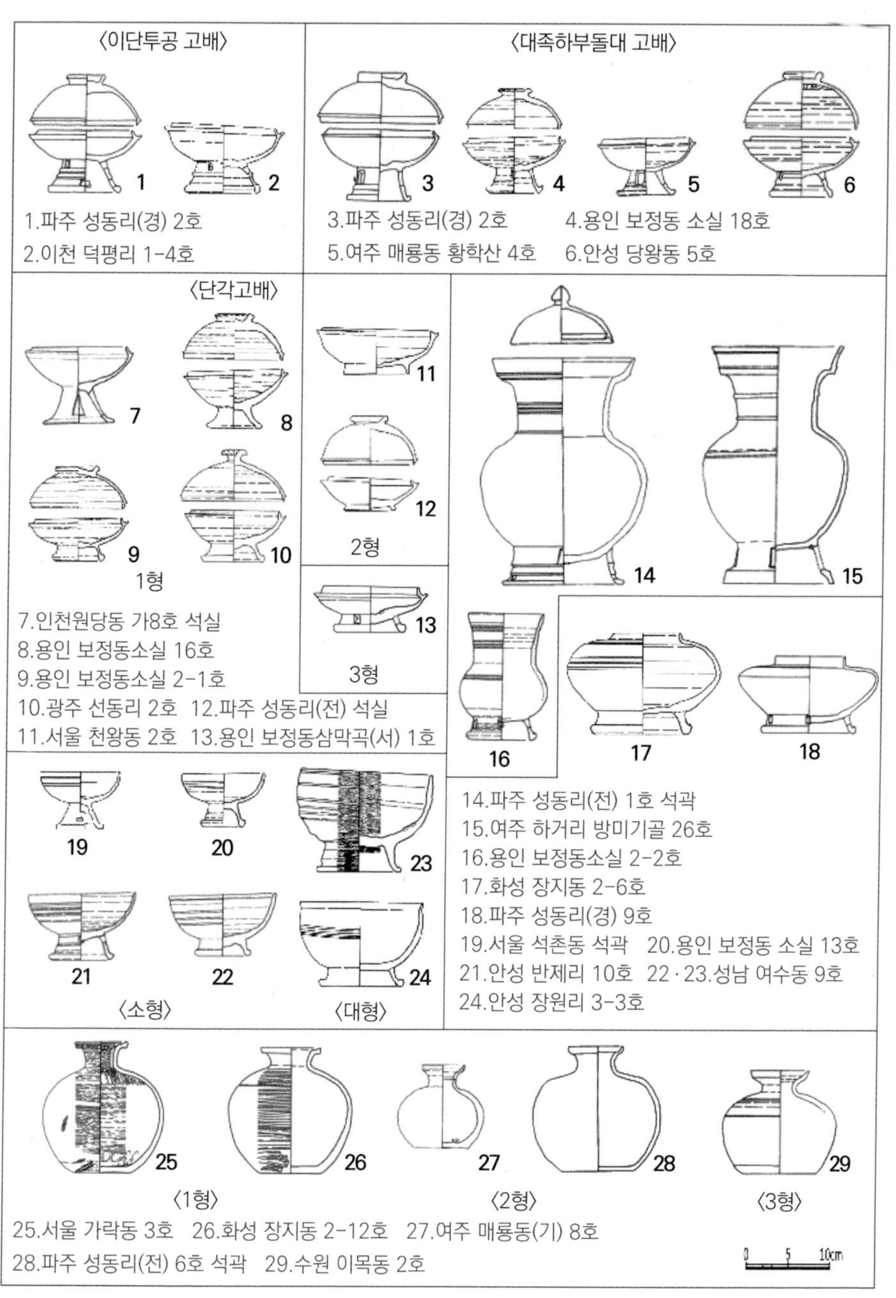

〈이단투공 고배〉
〈대족하부돌대 고배〉
1.파주 성동리(경) 2호
2.이천 덕평리 1-4호
3.파주 성동리(경) 2호
4.용인 보정동 소실 18호
5.여주 매룡동 황학산 4호
6.안성 당왕동 5호
〈단각고배〉
1형
2형
3형
7.인천원당동 가8호 석실
8.용인 보정동소실 16호
9.용인 보정동소실 2-1호
10.광주 선동리 2호
11.서울 천왕동 2호
12.파주 성동리(전) 석실
13.용인 보정동삼막곡(서) 1호
14.파주 성동리(전) 1호 석곽
15.여주 하거리 방미기골 26호
16.용인 보정동소실 2-2호
17.화성 장지동 2-6호
18.파주 성동리(경) 9호
19.서울 석촌동 석곽
20.용인 보정동 소실 13호
21.안성 반제리 10호
22·23.성남 여수동 9호
24.안성 장원리 3-3호
〈소형〉
〈대형〉
〈1형〉
〈2형〉
〈3형〉
25.서울 가락동 3호
26.화성 장지동 2-12호
27.여주 매룡동(기) 8호
28.파주 성동리(전) 6호 석곽
29.수원 이목동 2호
0 5 10cm

도 103. 1단계 부장(토기)유물

를 기준삼아 소형과 대형으로 구분된다. 소형은 대각 중하위에 1~2줄의 돌대를 돌리고 상단에 투공을 뚫은 것과 없는 것으로 나타난다. 배신은 내저면이 부드러운 곡률을 이루고, 대각은 상경이 좁고 긴 것과 배신이 깊고 내저면은 각이 지며 신부로 이어져 넓고, 대각은 상경이 넓고 짧은 것이 있는데, 전자에서 후자로 변화한다. 대형은 본래 깊은 배신과 넓고 짧은 대각을 지녔으며, 구연은 직립하거나 짧게 외반하는 형태로 나타난다.

구형병은 구경부에 따라 짧은 경부에서 구연부가 수평에 가깝게 외반하는 것(1형), 구연부에서 구순이 수직으로 짧게 솟은 것(2형), 구경부가 나팔상으로 길게 벌어진 것(3형)으로 구분되며, 각각 구형 혹은 구형에 가까운 것과 약간 납작해진 편구형의 동체로 나타난다. 전자에서 후자로의 변화과정을 보이며, 일부 견부에 1~2조의 횡침선을 돌린 것도 있다.

대부장경호는 대부분 부가구연형이며, 용인 보정동소실 2-2호와 같이 경부가 '11'형에 가까운 직립형도 있다. 동체가 구형인 것과 편구형인 것으로 나타나지만 대부분 편구형이며, 대각이 높은 편인데, 점차 대각이 낮아지고 투공이 작아지는 형태로 변화한다. 대부직구호는 동체 최대경이 상부에 있어 역삼각형을 이루는 것과 최대경이 동체 중위에 형성되어 횡타원형인 것이 있는데, 견부에 침선을 그어 문양대를 구성하기도 하였다.

이와 같은 부장토기의 기형적 특징과 문양구성을 경주지역 토기와 비교해보면 최병현의 1c기에서 2c기에 나타나는 토기양상과 차이가 없는 것으로 1단계의 연대는 6세기 후반에서 7세기 전반 전기로 설정된다.

2) 고분형식과 위계

(1) 횡혈식석실묘

횡혈식석실은 왕경 방내리 1유형 ⅠA형식, 충효동유형 ⅠB형식, 서악동유형 ⅣC1형식, 고구려 1유형 ⅡD형식, 영남 서남부유형 ⅠC형식, 영남 서북부유형 ⅢB형식, 복합·재지 1유형 ⅠD형식, 2유형 ⅡC형식, 3유형 ⅣC2형식

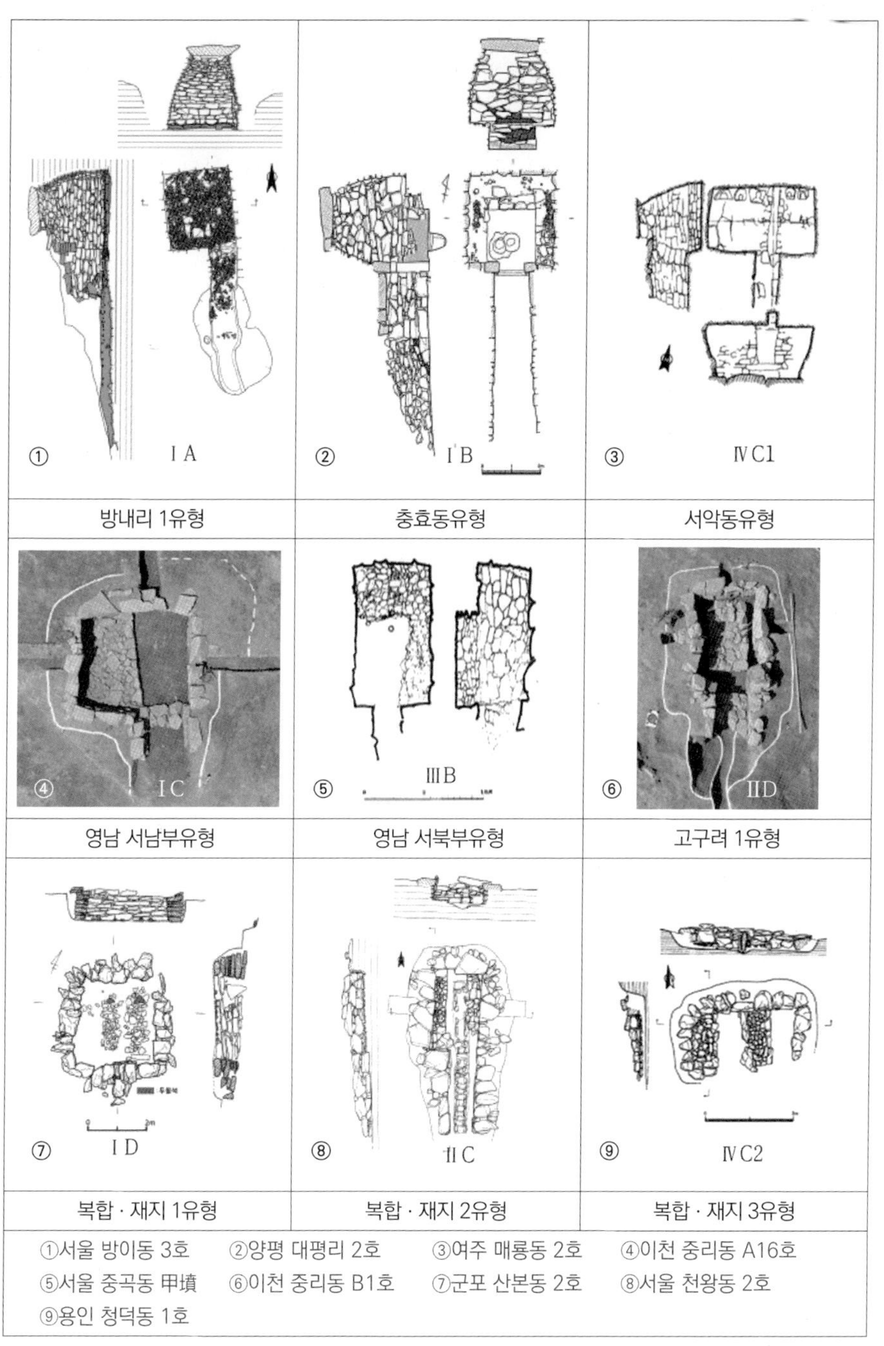
①
ⅠA
②
ⅠB
③
ⅣC1
방내리 1유형
충효동유형
서악동유형
④
ⅠC
⑤
ⅢB
⑥
ⅡD
영남 서남부유형
영남 서북부유형
고구려 1유형
⑦
ⅠD
⑧
ⅡC
⑨
ⅣC2
복합 · 재지 1유형
복합 · 재지 2유형
복합 · 재지 3유형
①서울 방이동 3호 ②양평 대평리 2호 ③여주 매룡동 2호 ④이천 중리동 A16호
⑤서울 중곡동 甲墳 ⑥이천 중리동 B1호 ⑦군포 산본동 2호 ⑧서울 천왕동 2호
⑨용인 청덕동 1호

도 104. 1단계 횡혈식석실묘 유형

등 방내리 2유형 ⅣB형식과 고구려 2유형 ⅡE형식, 복합·재지 4유형 ⅠE형식을 제외한 다양한 석실 유형이 공존하는 점이 특징적이다.

주된 석실 유형은 방내리1과 충효동, 복합·재지 2유형이다. 방형에 전면부 석식과 고시상대가 특징인 방내리1과 충효동유형 석실은 대부분 1·2계층의 최상위급에 해당한다. 탄천하류역의 서울 가락동·방이동고분군, 금당천·흑천유역의 여주 보통리고분군, 양평 대평리고분군, 안성천 상류역의 안성 가사동유적 등 한강 본류와 남한강, 안성천 수계권에 각 한 개 구역씩 분포하는데 한강 수계권은 주로 방내리 1유형이며, 남한강 수계권은 충효동유형으로 나타난다. 모두 긴 연도와 벽면의 점토나 회바름, 문틀식의 현문구조, 배수시설 등을 갖추고 있으며, 벽체는 정형성은 없지만 장방형의 할석재를 사용하여 쌓아올렸는데, 이후 단계보다 면치석이 잘되어 벽면이 고르고, 축석 시 점토를 덧대어 벽석 간 틈이 적은 편이다.

근방형에 저시상대가 특징인 복합·재지 2유형은 서울 천왕동, 명륜동, 세곡동, 광명 소하동, 용인 마성리, 안성 반제리, 당왕동, 여주 매룡동고분군 등 고분군의 분포구역마다 1개소씩 고르게 분포한다. 이밖에 소수 확인되는 서악동유형은 골내근정이 설치되는 양화천 하류역의 여주 매룡동고분군, 고구려 1유형과 영남 서남부유형은 남천주가 설치되는 복하천유역의 이천 중리동유적 등 모두 남한강 수계권에서만 확인되며, 짧은 연도에 북-남향의 저시상대가 특징인 복합·재지 1유형은 안양천 상류역의 군포 산본동유적, 횡장방형에 격벽을 갖춘 복합·재지 3유형은 탄천 하류역의 용인 청덕동유적에서 확인된다. 이러한 석실 유형은 소수이며, 계기적으로 연결되는 석실이 나타나지 않는 것으로 보아 지배국가의 변동에 따른 특수한 환경속에서 비롯된 일시적인 현상으로 판단된다.

피장자의 침향은 동·서향과 북향으로 나타나는데, 방내리1과 충효동, 영남 서북부유형은 동·서향, 서악동과 영남 서남부, 고구려, 복합·재지 1·2·3유형은 북향이며, 충효동유형과 복합·재지 2유형의 경우 일부 목관이 사용된다.

(2) 횡구식석실묘

횡구식석실 또한 영남 서남부 1유형의 ⅠA · ⅡA1 · ⅢA1형식, 2유형의 ⅠB · C형식, 3유형의 ⅡD · ⅢD형식, 4유형 ⅡE2 · ⅢE1형식, 영남 서북부 1유형의 ⅢA2형식, 2유형의 ⅡB형식, 3유형의 ⅡC1 · ⅢC1형식, 사비기 백제 1유형의 ⅡA3형식, 복합 · 재지 유형 ⅠC형식 등 영남 서남부 4유형의 ⅡE1 · ⅢE2형식, 영남 서북부 1유형 ⅡA2형식, 3유형 ⅡC2형식, 사비기 백제 1유형의 ⅢA3형식, 2유형의 ⅡC3 · ⅢC3형식을 제외한 다양한 석실 유형이 나타난다.

주된 석실 유형은 파주 성동리와 덕은리, 성남 여수동유적으로 대표되는 영남 서남부 1 · 2유형과 용인 보정동, 여주 하거동, 매룡동고분군으로 대표되는 서북부 2 · 3유형이며, 이 중 서북부 3유형 ⅡC형식은 파주 덕은리 3호와 인천 원당동 가1호와 같이 소형급이 일부 있지만 대부분 대형급인 ⅡC1형식이다. 영남 서남부 1 · 2유형은 파주 성동리와 덕은리, 성남 여수동, 광주 선동리, 화성 장지동유적, 서북부 1유형은 서울 우면동과 용인 보정동고분군 등 한강과 안성천 수계권에 주로 조영되며, 영남 서남부 3유형과 사비기 백제 1유형은 남한강 수계권인 이천 중리동유적에서 주로 나타나는 지역성을 나타난다. 방대형의 봉분이 특징인 복합 · 재지 유형은 용인 구갈동 석실 한 사례로 지배국가의 변동에 따른 특수한 환경에서 비롯된 것으로 판단된다.

2~3인장의 다인장이 많으며, 피장자의 침향은 북향이 많으나 일부 동 · 서향도 있다. 목관은 관대식인 영남 서남부 4유형 일부를 제외하고는 사용되지 않고 두침석이 사용되는 예가 많다.

(3) 위계구조

1단계 무덤의 위계구조를 살펴보면 횡혈식석실은 모두 5개 계층으로 구분되며, 1 · 2계층이 대부분인 방내리1유형, 충효동유형, 서악동유형과 2계층인 영남 서남부 · 서북부유형, 복합 · 재지 1유형, 3계층인 고구려 1유형, 4 · 5계층인 복합 · 재지 2 · 3유형 순으로 위계구조가 결정된다. 횡구식석실 또한 5

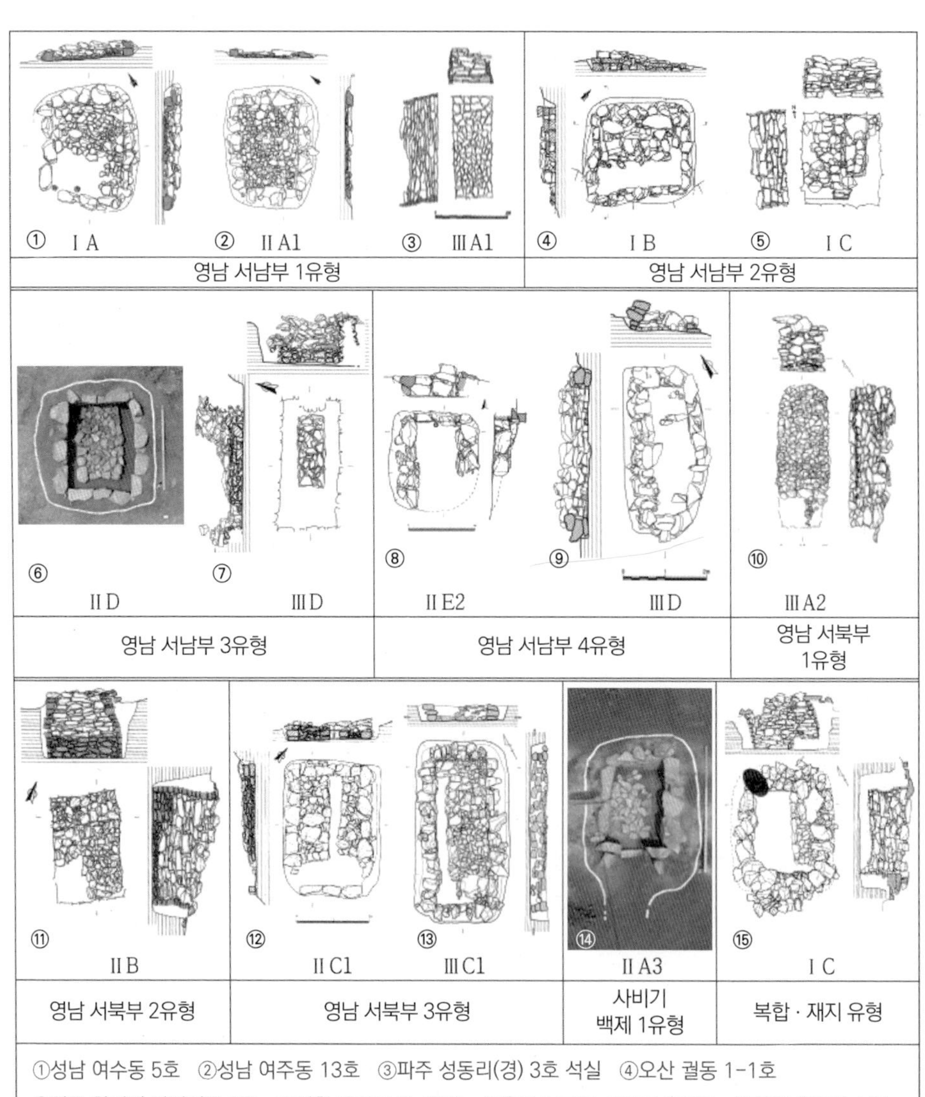

①성남 여수동 5호 ②성남 여주동 13호 ③파주 성동리(경) 3호 석실 ④오산 궐동 1-1호
⑤여주 하거리 방미기골 2호 ⑥이천 중리동 B-29호 ⑦용인 보정동 삼막곡 110호 ⑧양평 양근리 석곽
⑨여주 하거동 6호 ⑩용인 보정동 소실 1호 ⑪용인 보정동 삼막곡 1-4호 ⑫용인 보정동 삼막곡 1-9호
⑬용인 보정동 소실 2-1호 ⑭이천 중리동 B-22호 ⑮용인 구갈동 석실

도 105. 1단계 횡구식석실묘 유형

개 계층으로 나타나는데 최상위인 1계층은 없고 횡혈식석실 2계층에 상응하는 단계부터 존재하여 횡혈식석실보다 하위의 1계층이 더 존재한다. 이에 1단계 무덤의 위계는 모두 6개 계층으로 나타난다.

이와 같이 1단계는 한강과 안성천 일대를 경계로 서해안 일대를 제외한 경기지역 대부분 지역에 고분군이 형성된다. 다양한 고분군과 석실 유형이 병존하는 복잡한 양상을 나타내며, 6개의 계층구조를 이루는 특징이 있다.

3) 고분군의 유형

고분군의 분포구역은 북으로는 임진강 하류와 고령산, 천보산 일대, 남으로는 안성천을 경계로 하며, 서해안 일대를 제외한 경기지역 대부분 지역에 고분군이 형성된다. 즉 남한강 수계를 비롯하여 한강 본류와 광주산맥, 안성천 수계를 따라 분포하여 경기만을 'ㄷ'자형으로 감싸고 있는 형국을 이루고 있다. 이러한 고분군은 무덤의 수량과 묘제의 조합에 따라 〈표 14〉와 같이 8개 유형으로 다양하게 나타나는데, 분포특징을 살펴보면 다음과 같다.

표 14. 1단계 고분군 유형

유형		내용	해당 고분군
대규모	병존	횡구식석실(곽)묘 중심이며, 소수의 횡혈식석실이 병존하는 200기 이상의 고분군	서울 중곡동[3], 여주 매룡동 이천 중리동
	단일	횡구식석실(곽)묘로 구성된 200기 이상의 고분군	용인 보정동
중소규모	병존A	왕경유형 횡혈식석실묘 중심이며, 소수의 횡구식석실(곽)묘가 분포하기도 하는 15기 내외의 고분군	서울 가락동 · 방이동 여주 보통리

3 횡혈식석실묘 2기 만이 발굴되어 전모를 알 수 없으나 계통상 연결되는 상주를 중심으로 한 영남 서북부지역의 고분군으로 볼 때 횡혈식과 횡구식석실묘가 병존하였을 것으로 판단된다.

유형		내용	해당 고분군
	병존B	횡구식석실(곽)묘 중심이며, 소수의 복합 · 재지 유형 횡혈식석실묘가 병존하는 15~40기 내외의 고분군	안성 당왕동, 반제리[4]
	단일	15~40기 내외의 횡구식석실(곽)묘로 구성된 고분군	파주 성동리, 덕은리, 인천 원당동, 성남 여수동, 광주 선동리, 화성 장지동, 이천 덕평리, 여주 하거동
단독 · 소군집	단일A	1기 혹은 2기의 왕경유형 횡혈식석실묘로 구성된 고분군	양평 대평리, 안성 가사동
	단일B	1기 혹은 2~3기의 복합 · 재지 유형 횡혈식석실묘로 구성된 고분군	서울 천왕동, 명륜동, 세곡동, 광명 소하동, 군포 산본동, 용인 마성리, 청덕동
	단일C	1기 혹은 10기 미만의 무덤이 2~3기씩 소군집을 이루며, 묘역을 형성하는 것으로 횡구식석실(곽)묘로 구성된 고분군	고양 식사동, 서울 우면동, 석촌동, 용인 구갈동, 동백동, 덕성리, 오산 궐동, 내삼미동, 평택 가곡리(한), 이천 창전동[5], 양평 양근리, 단석리, 음성 문촌리, 가평 대성리, 읍내리

1단계 고분군의 특징은 다양한 유형의 고분군이 존재하며, 대부분 계통이 같은 유형의 무덤으로 구성되는 점이다. 이 중 탄천 중·상류의 용인 보정동 고분군, 중랑천하류역의 서울 중곡동고분군, 복하천유역의 이천 중리동유적, 양화천 하류역의 여주 매룡동고분군 등 4개 구역에는 최소 200기 이상의 무덤이 조영되는 대규모 고분군이 한강과 남한강 수계에 각각 2개 구역씩 동일하게 분포한다. 구체적으로 살펴보면 횡혈식석실이 존재하는 병존유형인 서울 중곡동과 이천 중리동, 여주 매룡동고분군은 北漢山州, 南川州, 骨乃斤亭 등

4 안성 당왕동유적은 8기가 발굴되었으나 조사지역 대부분이 경작지 개간과 건물조성 등으로 삭평이 많이 진행된 점과 석실묘가 비교적 훼손이 덜한 능선 상단과 최하단부에서 바닥면 부근만이 잔존한 상태로 확인되는 점으로 볼 때, 본래 능선 사면부 전면에 걸쳐 발굴된 것보다 많은 다수의 석실묘가 분포하였을 것이 분명하다. 반제리유적 또한 도로구간에 대한 제한적인 발굴조사로 석실(곽)묘의 분포상태 상 주변에 더 많은 석실(곽)묘가 존재할 가능성이 높다 판단하였다.

5 이천 창전동유적은 6기가 확인되었으나 공원부지에 대한 제한된 발굴 조사범위와 발굴된 석실(곽)묘이 분포상태 등을 고려할 때 보다 많은 신라 석실(곽)묘가 주변에 분포할 가능성이 매우 높다.

과 같이 州治나 군사거점인 亭이 설지되는 구역이고 횡혈식석실이 없는 단일유형인 용인 보정동고분군은 교통로상 한강과 남한강, 안성천 수계를 연결하는 요지에 해당하고, 후대 漢山州의 영현이 되는 구역이다. 주치와 북-남 혹은 동-서 교통로상 연속되는 하나의 지역권으로 설정이 가능하고, 무덤의 수량으로 보아 양 수계권에서 인구밀도가 가장 높았음을 짐작케 하며, 2계층에 해당하는 상위 위계의 무덤이 다수 확인되고 최상위의 1계층 무덤도 존재하는 바 양 수계권의 핵심지역이자 중심고분임을 알 수 있다.

왕경유형의 횡혈식석실묘 중심으로 구성된 중소규모 병존A유형과 단독소군집 단일A유형 고분군은 1·2계층의 상위 위계 무덤 위주로 구성되며, 서울 송파와 여주, 안성 등 각 수계를 대표하는 지역에 한정되어 분포하며, 인접지역에 대규모 고분군이 병존한다. 나머지 중소규모 단일유형과 병존B유형, 단독·소군집 단일B·C유형은 일부 상위위계의 2계층 무덤도 소수 존재하나 대부분 3계층 이하의 무덤으로 구성된다. 중소규모 단일유형과 병존B유형은 대부분 군현의 치소지로 비정되는 산성 주변에 분포하며, 단독·소군집 단일B·C유형은 산성과 동떨어져 분포하는 사례가 많다. 이와 같이 1단계 고분군은 다양한 유형으로 나누어지고, 고분군의 위치와 무덤의 위계로 보아 1단계 고분군은 단독소군집 단일A와 중소규모 병존A유형 → 대규모유형 → 중소규모 단일, 중소규모 병존B, 단독·소군집 단일B·C유형 고분군 순으로 위계성이 반영되어 있다.

아울러 동일 고분군 내에서도 안성 반제리유적과 같이 묘제와 계통이 다른 무덤은 서로 뒤섞이지 않고 별도의 소규모 묘역을 이루며, 인천 원당동, 용인 보정동, 화성 장지동, 이천 덕평리, 여주 하거동, 매룡동고분군 경우와 같이 무덤의 계통은 같더라도 여러 형식의 무덤이 서로 뒤섞이지 않고 형식별로 소규모 묘역을 이루는 경향이 짙다. 이는 동일 고분군 내에서도 각기 다른 묘제와 축조방식 등의 규범을 공유하는 복수의 소규모 집단이 존재하였음을 짐작할 수 있으며, 이들이 모여 공동의 고분군을 형성하는 특징을 보이고 있어 공동체적 결속력이 강한 집단이었음을 알 수 있다.

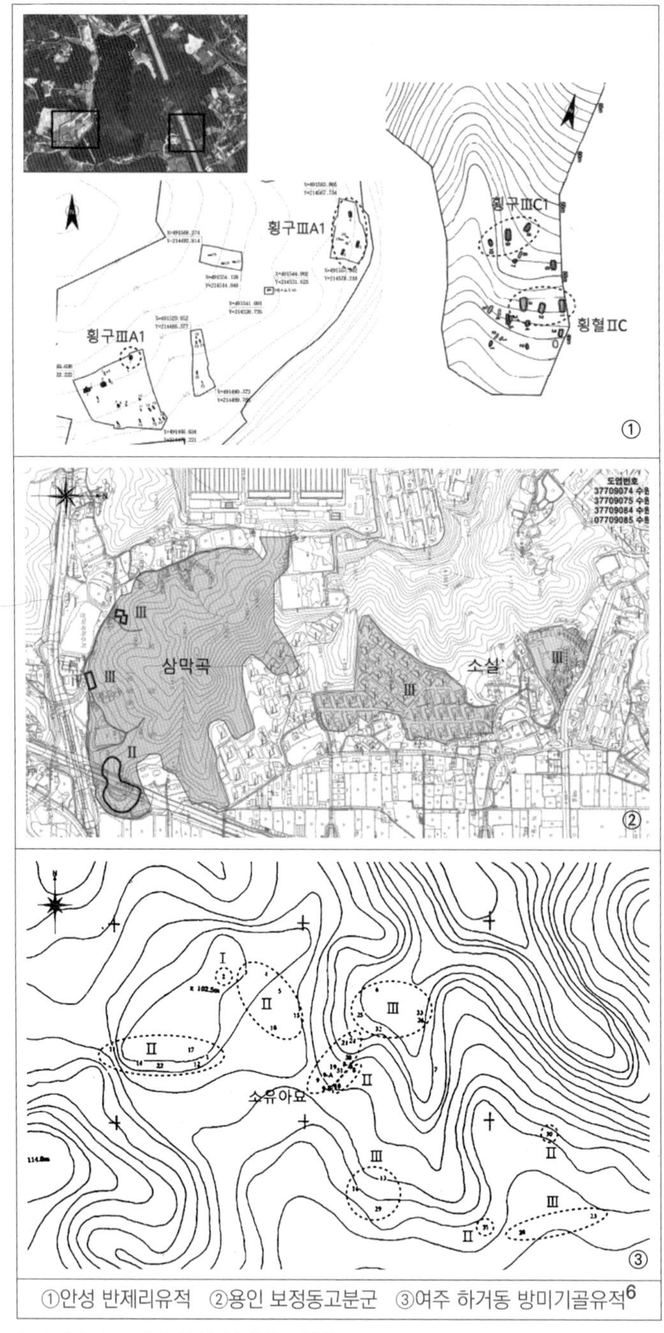

도 106. 1단계 고분군 무덤 분포현황

2. 2단계

1) 유물(토기) 형식과 연대

이 단계의 부장토기는 고배와 부가구연대부장경호, 대부직구호 등 전단계의 주요 부장기종은 급감하거나 사라지며, 구형병과 대부장경병, 유개합, 완, 뚜껑 등이 주된 부장기종으로 대체된다. 부장기종이 전단계보다 단순해지고 수량도 현저히 줄어들며, 이와 함께 당식과대가 출현하기 시작한다. 뚜껑과 대부장경병, 유개합 등에는 이전보다 문양이 활발히 시문되기 시작하는데 수적형문과 원문류 중심이며, 일부 삼각집선문과 능형문, 다엽화문, 이중반원점문을 연속으로 배치한 마제형문도 확인된다.

유개식 고배는 단각고배가 대부분이고 이단투공과 대족하부돌대 고배는 이른 시기에 극히 소수만 확인된다. 공통적으로 구연은 현저히 짧아지거나 내경이 심하며, 뚜껑받이 턱은 배신에서 외절하지 않고 자연스레 올라와 'V'자에 가깝거나 높이가 같아진다. 배신은 납작해지고 대각단부는 반전형은 드물고 대부분 둥글게 처리하였다. 이밖에 이단투공고배는 약해진 외줄돌대로 나타나고 대각은 낮고 상경이 넓으며, 투공은 더욱 작은 것이며, 1단계보다 현저히 소형화 되었다. 대족하부돌대도 대각 상경이 넓어져 수직화 경향이 나타나고 돌대는 흔적만 남으며, 투공이 생략되기도 한다. 다수를 점하는 단각고배는 구연과 대각단의 변화 이외에 배신이 납작해지는 형태로 나타나며, 굽형(2형)은 나타나지 않는다. 무개식 고배는 배신이 중위에 침선대가 돌아가고 바닥면에서 한 번 꺾여 신부로 이어지고 신부는 직립하여 배신이 깊고 바닥이 넓은 것이 특징이다.

구형병은 전체적으로 동체가 편구화가 진행되어 1단계보다 납작해지고 견부에 2조의 침선대를 그어 문양대를 마련하였다. 수평구연의 1형은 견부가

6 고려시대 석곽묘는 삭제하여 편집하였음을 밝힌다.

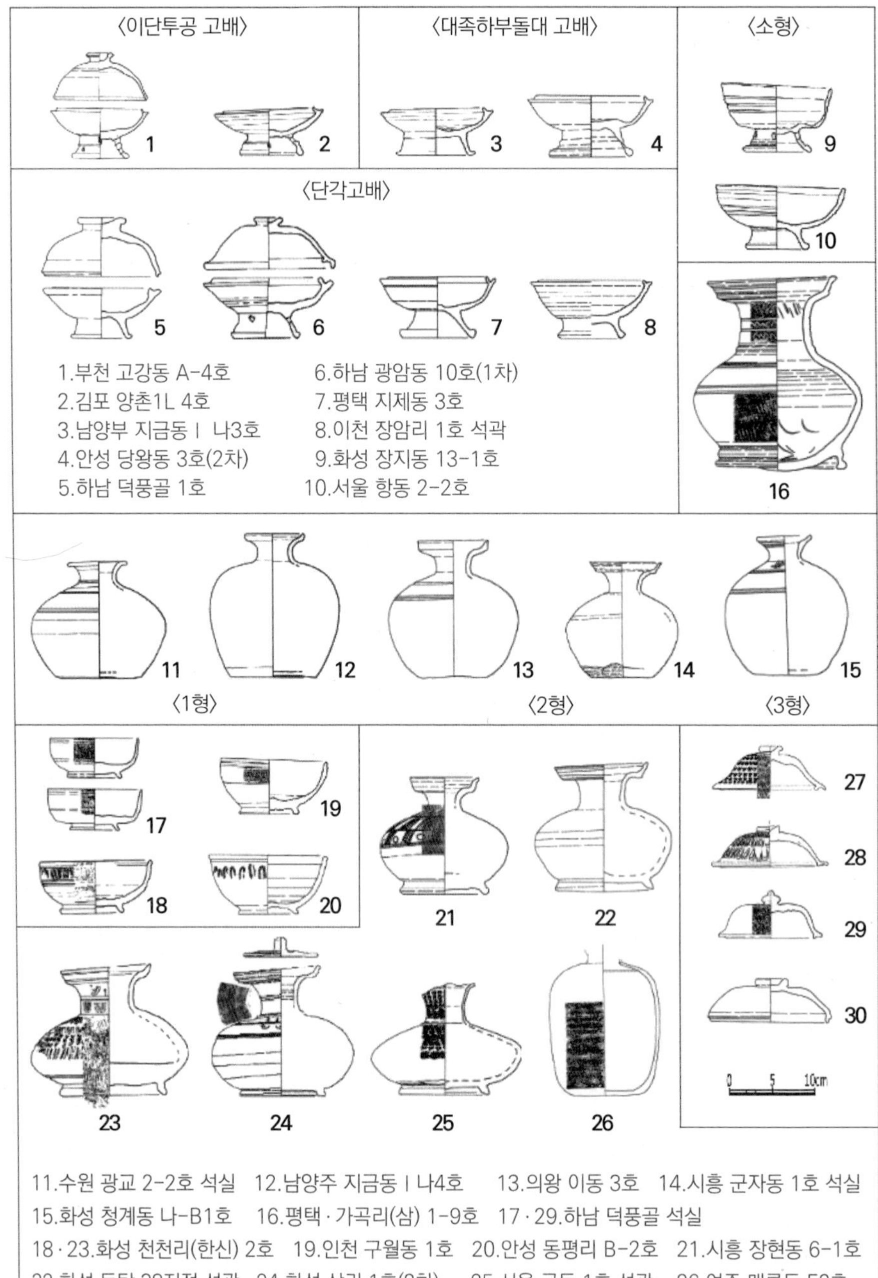
〈이단투공 고배〉
〈대족하부돌대 고배〉
〈소형〉
〈단각고배〉
1.부천 고강동 A-4호
2.김포 양촌1L 4호
3.남양부 지금동 I 나3호
4.안성 당왕동 3호(2차)
5.하남 덕풍골 1호
6.하남 광암동 10호(1차)
7.평택 지제동 3호
8.이천 장암리 1호 석곽
9.화성 장지동 13-1호
10.서울 항동 2-2호
〈1형〉
〈2형〉
〈3형〉
11.수원 광교 2-2호 석실 12.남양주 지금동 I 나4호 13.의왕 이동 3호 14.시흥 군자동 1호 석실
15.화성 청계동 나-B1호 16.평택 · 가곡리(삼) 1-9호 17 · 29.하남 덕풍골 석실
18 · 23.화성 천천리(한신) 2호 19.인천 구월동 1호 20.안성 동평리 B-2호 21.시흥 장현동 6-1호
22.화성 동탄 38지점 석곽 24.화성 상리 1호(2차) 25.서울 궁동 1호 석곽 26.여주 매룡동 E2호
(2차) 27.이천 덕평리 8호 석곽 28.인천 불로동 I -7 2호 30.용인 근삼리 1호

도 107. 2단계 부장(토기)유물

발달하여 각지거나 신부가 길어지는 형태이고 2형과 3형은 경부가 길어지고 구연의 반구화도 뚜렷하다. 부가구연대부장경호는 소멸기로 소수이지만 경부와 대각이 짧아지고 동체는 납작해지는 등 작아지고 형식화 된 기형을 보여준다. 뚜껑은 신부 하단에서 굴절된 '入'자형이 다수를 점한다. 대부분 안턱과 구연이 수평을 이루며, 비교적 기고가 높고 소환형 혹은 2단 보주형 꼭지가 붙는다.

유개합은 모두 직립구연형으로 나타나며 구연부와 신부 중위에 침선을 그어 기면분할 한 것이 다수이고, 구연부에만 침선을 긋거나 생략된 것도 있다. 대부장경병은 아직 경부가 짧고 좁으며, 동체의 편구화가 심하지 않아 외면이 둥근 횡타원형을 이루는 것이 많다. 이 밖에 소수이지만 원통형 병도 나타나는데, 아직 장신화가 이루어지지 않았고 문양도 없다.

이와 같은 부장토기의 문양구성과 기형적 특징은 경주양식과 비교하여 볼 때 최병현의 2d기에서 3c기에 나타나는 후기양식 토기에 해당하는 것으로 2단계의 연대는 7세기 전반 후기에서 7세기 중엽으로 설정된다.

2) 고분형식과 위계

(1) 횡혈식석실묘

횡혈식석실은 1단계의 석실 유형의 다양성이 사라지고, 조영 수도 급격히 줄어든다. 대부분 독립된 고분군을 형성하거나 동일 고분군이더라도 횡구식석실과 별도의 묘역을 형성하던 1단계와는 달리 횡구식석실과 짝을 이루며, 병존하기 시작한다. 충효동유형 ⅠB형식 석실이 주된 형식이며, 방내리 2유형의 ⅣB형식과 복합·재지 4유형 ⅠE형식 석실이 새롭게 등장한다.[7] 나머지 1

7 ⅣB형 횡혈식석실은 인천 불로동유적 Ⅱ-1A구역의 석실이 유일한데, 출토유물이 없어 조영시기를 가늠하기 어렵다. 그렇지만 석실이 소형화되고 박장화와 더불어 당식과대가 출토되는 횡구석실(곽)묘와 함께 고분군을 이루는 점과 고분군의 위치

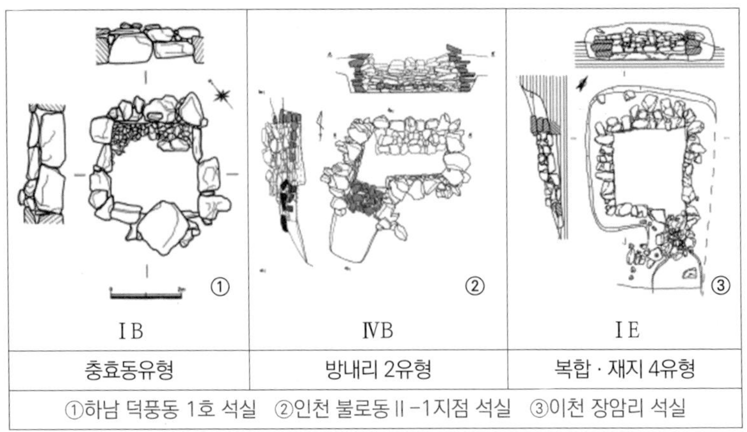

도 108. 2단계 횡혈석실묘 유형

단계의 석실 유형은 일부 추가장만이 이루어질 뿐 새로이 조영되는 것은 없다. 충효동유형인 ⅠB형식은 한산주의 주치인 하남 이성산성 일대 덕풍골고분군과 영현인 수원 광교유적에서 확인된다. 1단계의 양평 대평리, 여주 보통리고분군 석실보다 규모가 작아지고 연도는 1m 내외로 짧으며, 시상대는 20cm 내외 높이로 낮아졌다. 벽체는 축석 시 하단에 치석이 덜 된 대형석재를 수적하여 벽석 간 틈이 많고 벽면의 점토나 회바름, 배수시설 등은 나타나지 않는다. 전체적으로 조잡하고 단순한 구조로 지방화 된 양상을 보인다. 피장자의 침향은 이전의 동 · 서향이 유지되고 있으며, 추가장도 지속된다.

복합 · 재지 4유형 석실은 우편재의 짧은 연도에 시상대가 없는 무시설식 바닥으로 이천 장암리유적에서 확인된다. 기반층을 단이 지게 굴착하여 벽체로 사용하거나 부정형 할석재로 축석하여 벽석 간 틈이 많아 조잡한 양상을 보이는 것으로 영남 서남부유형(ⅠC형식)에서 시상대가 사라진 현지화 된 석실

로 볼 때 1단계의 중심고분군인 원당동유적에 후행하여 새로이 조영된 고분군으로 판단되는 점, 경주지역의 경우 7세기 후반대에는 소멸하기 시작하는 점 등을 고려할 때 7세기 중엽 경에 두고자 한다.

유형으로 판단된다.[8] 방내리 2유형 ⅣB형식 석실은 소형에 좌편연도이며, 목관이 안치된 것으로 계양천유역의 인천 불로동 Ⅱ-1지점에서 단 한 사례만이 확인된다.

(2) 횡구식석실묘

횡구식석실묘 또한 다양성이 사라지고 규모가 소형화되어 석실에서 추가장이 불가능한 석곽묘로의 변화가 급속히 진행된다. 1단계에 유행하였던 방형(Ⅰ)의 영남 서남부 2유형은 소형에 저시상대의 퇴화된 구조인 김포 신곡리(중부) 석실 1례가 있지만 더 이상 지속되지 못한다. 이 밖에 1단계의 주된 형식이었던 서남부 1·3유형, 서북부 2유형의 근방형(Ⅱ) 석실도 대부분 사라지며, 1단계의 서북부 3유형 ⅡC1형식이 소형에 저시상대로 변화한 C2형식으로 잔존한다. 많지 않지만 서북부 1유형은 1단계의 대형급 ⅢA2형식에서 현저히 작아진 소형급으로 나타나고 근방형인 ⅡA2형식이 새롭게 출현하여 공존하는데 공반되는 단경병과 고배로 볼 때 ⅢA2형식보다 조금 늦은 시기의 것이다. 이밖에 서남부 4유형 ⅡE1형식이 새롭게 출현하지만 소수이고, 이른 시기에 나타나는 일시적 현상이다. 즉 방형과 근방형 석실이 사라지고, 소형의 장방형 석실(곽)묘로의 변화가 급속히 이루어지는 단계이다.

따라서 영남 서남부 1유형 ⅠA·ⅡA1형식, 2유형 ⅠB형식, 3유형 ⅡD형식, 영남 서북부 2유형 ⅡB형식 등의 방형과 근방형 석실이 사라진 영남 서남부 1·2·3·4유형과 영남 서북부 1·3유형으로 나타난다. 이중 소형화 된 영남 서남부 1유형 ⅢA·D, 서북부 3유형 ⅡC2와 ⅢC1 형식이 대부분을 차지하고

8 부장유물이 없어 조영시기를 가늠하기 어렵지만, 동일선상에 일정간격을 두고 동일 주축향으로 조영된 횡구식석곽묘에서 유개식고배와 수적형문+이중원문이 찍힌 대부병이 출토되었다. 아울러 두 무덤사이에서 외반구연합이 출토된 외줄구들이 위치하고 있다. 병존하는 석곽묘와 두 무덤사이의 구들시설을 고려할 때 8세기 전후의 것으로 보기 어렵고, 석곽묘와 비슷한 시기에 조영된 것으로 판단되어 2단계로 편년하였다.

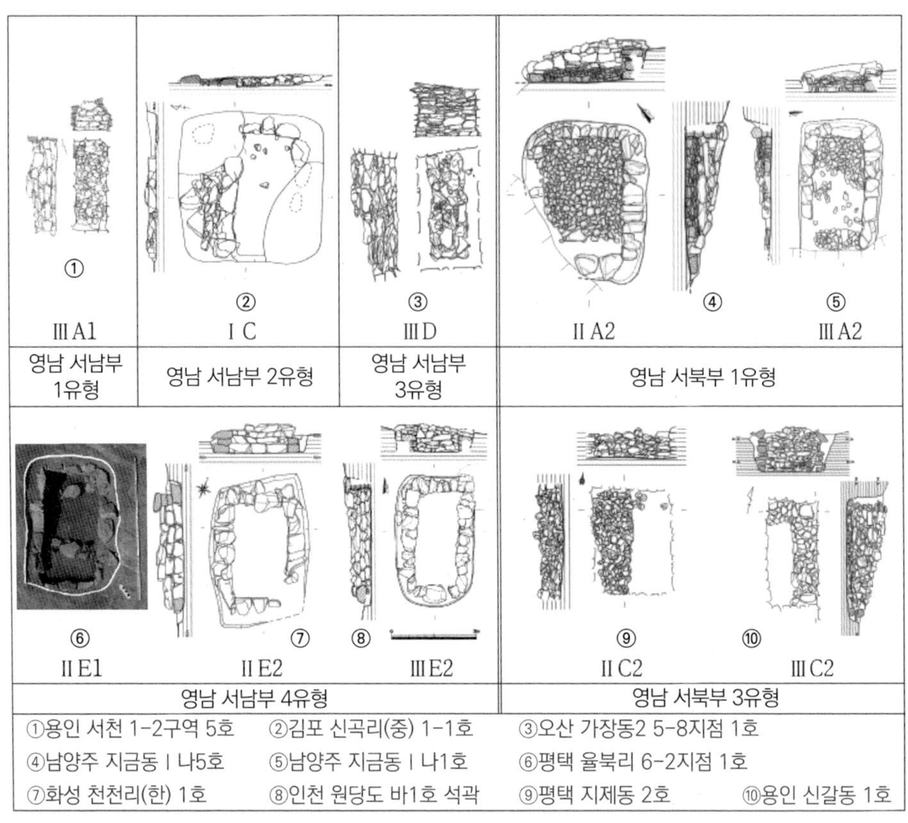

도 109. 2단계 횡구석실(곽)묘 유형

각지에 고르게 분포하는 반면, 소수인 영남 서북부 1유형과 서남부 4유형은 1단계와 같이 한강 본류와 안성천 수계권에서 주로 나타나는 지역성이 일부 유지된다.

각 유형의 장방형(Ⅲ)은 대부분 3㎡ 미만의 ⅢA1b · C1b · Db형, 근방형(Ⅱ)은 4㎡ 미만 크기로 소형화되었고, 분포상 서로 혼재하지 않고 별도의 묘역을 형성하던 것에서 본 단계에 이르러 근방형과 장방형이 혼재하여 묘역을 형성한다. 축조방법에 있어서는 치석도가 상당히 떨어지는 부정형 할석의 사용빈도가 높고 하단에 수적이 많아져 벽면의 굴곡이 심한편이다. 피장자의 침향은 이전의 동·서향은 대부분 사라지고 북향으로 고성되기 시작하며, 일부 목곽이 사용되지만 주된 안치방법은 시상대에 직장하는 것으로 시상대에 자연석의 두침석이 확인되는 경우가 많다. 아울러 추가장이 사라져 대부분 단독장이며, 일부 추가장이 이루어지더라도 3인장 이상은 이루어지지 않는다.

(3) 위계구조

무덤의 위계구조를 살펴보면 횡혈식석실묘는 1계층은 없고 2~4계층으로 나타나는데, 충효동유형은 2~3계층, 방내리 2유형과 복합·재지4유형은 4계층으로 충효동유형의 위계가 가장 높다. 횡구식석실묘는 이전의 2계층이 사라져 횡혈식석실묘보다 한 단계 낮은 3~6계층으로 나타나는데, 대부분 근방형(Ⅱ)은 3~5계층, 장방형(Ⅲ)은 4~6계층으로 나타나 근방형이 장방형 석실보다 위계가 높음을 알 수 있다. 이와 같이 2단계에 이르면 1단계의 6계층에서 최상위의 1계층이 사라진 5계층 군으로 위계구조가 단순해지며, 횡혈식석실, 횡구식 근방형 석실, 횡구식 장방형 석실 순으로 위계구조가 결정된다.

3) 고분군의 유형

고분군은 봉성포천·호동천의 김포 양촌·유현리유적, 승기천의 인천 구월동유적, 장현천의 시흥 군자동유적, 안성천하류·발안천의 평택 율북리, 화성 하길리유적 등 1단계에 고분군이 형성되지 못한 서해안 주변지역으로 확산되어 안성천 이북과 임진·한탄강 이남의 대부분 지역에 고분군이 형성된다. 1단계와 마찬가지로 새로이 형성된 고분군 주변에는 수안산성, 문학산성, 군자산성 등 신라 산성이 위치한다. 아울러 1단계에 형성된 고분군 분포구역 내에서도 산성 중심에서 벗어나 주변으로 고분군이 확산되기 시작한다.

고분군의 유형은 1단계의 대규모와 중소규모로 대별되는 다양한 고분군 유형은 사라지고 전체 무덤 수가 10기 미만인 단독·소군집 유형으로 나타난다. 단독 혹은 2~3기의 횡구식석실(곽)묘로 구성된 1단계의 단일 C유형이 대부분을 차지하고,[9] 횡혈식과 횡구식석실이 짝을 지어 분포하는 병존유형도 새롭게 나타난다.

표 15. 2단계 고분군 유형

<table>
<tr><th colspan="2">유형</th><th>내 용</th><th colspan="2">해당 고분군</th></tr>
<tr><td colspan="2">대규모</td><td rowspan="2">新 고분군으로 이동</td><td colspan="2">하남 이성산성 일대 고분군(덕풍골, 광암동)</td></tr>
<tr><td colspan="2">중소규모</td><td colspan="2">인천 불로동(Ⅱ-1), 수원 광교(1 · 2지점)</td></tr>
<tr><td rowspan="5">단독
·
소군집</td><td>병존</td><td>횡혈식석실묘 단독 혹은 횡구식석실(곽)묘와 짝지어 구성된 고분군</td><td>1~2기</td><td>인천 불로동Ⅱ-1지점, 이천 장암리, 수원 광교 2 · 10지점, 하남 덕풍골</td></tr>
<tr><td rowspan="4">단일C</td><td rowspan="4">1기 혹은 10기 미만의 무덤이 2~3기씩 소군집을 이루며, 묘역을 형성하는 것으로 횡구식석실(곽)묘로 구성된 고분군</td><td>단독</td><td>서울 궁동, 용인 마북동, 언남동, 하갈동, 근삼리, 화성 동탄38지점, 천천리(한강), 천천리(한신), 천천리 2지점, 오산 가장동, 오산동, 세교동, 평택 동삭동</td></tr>
<tr><td>2기</td><td>인천 구월동, 불로동 Ⅰ-7지점, 김포 양촌1G지점, 의왕 이동, 수원 광교 1 · 12 · 15지점, 성남 판교동 12구역, 하남 광암동, 광주 대쌍령리, 용인 동백동(06), 신갈동, 시흥 군자동(경기), 화성 청계동 가지구, 천천리 4지점, 여주 상거동</td></tr>
<tr><td>3기</td><td>김포 유현리, 신곡리(중부), 광명 가학동, 서울 항동, 수원 광교 9지점, 용인 죽전동, 서천 4-3지역, 화성 청계동 나지구, 오산 탑동, 평택 지제동, 당현리, 안성 동평리</td></tr>
<tr><td>4기 이상</td><td>남양주 지금동Ⅰ, 김포 양촌1D · J · L지점[10], 시흥 장현동(6지점), 군자동(2지점), 용인 서천 1-2구역, 화성 상리, 반송동, 평택 율북리, 서정동</td></tr>
</table>

9 5기 이상의 고분군도 별개의 산능선에 단독 혹은 2~3씩 별도의 묘역을 형성하는 것이다.

10 김포 양촌유적 1D · J · L지점에서 확인된 무덤은 모두 13기이다. 이중 소 · 유아묘로 추정되는 길이 1m 미만의 소형 석곽은 7기로 다른 고분군보다 차지하는 비율이 월등히 높다. 양촌유적만의 특수한 환경에서 비롯된 사례라 판단되므로 10기 미만의 소군집 고분군으로 분류하여도 무리가 없을 것이다.

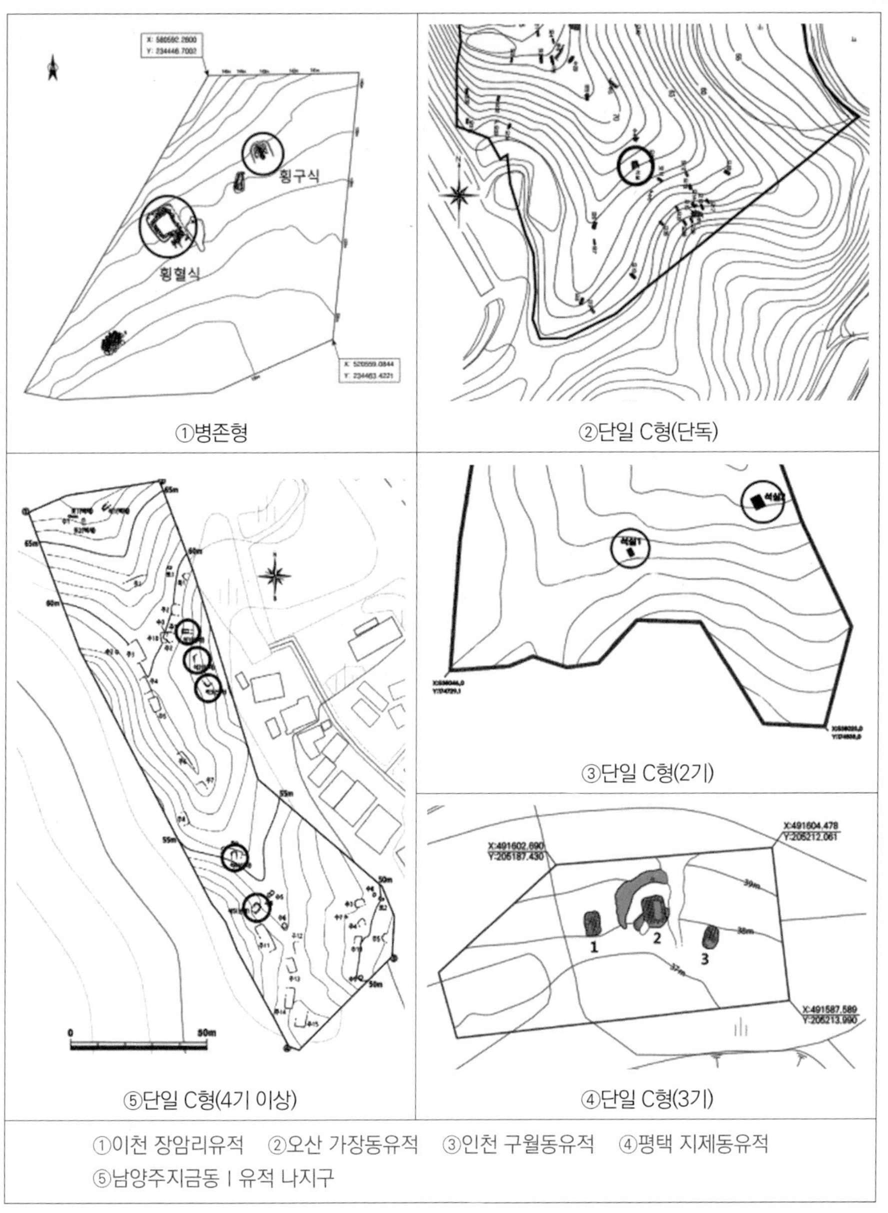

도 110. 2단계 고분군 유형

이 밖에 파주 성동리와 용인 보정동, 여주 매룡동 등 1단계 지역거점의 중심고분군들은 새로운 무덤조영이 급격히 줄고 일부 추가장만이 이루어져 소멸의 길로 들어서고, 새로운 중심고분군이 등장하기 시작한다. 계양천 유역의 인천 원당동유적 → 불로동유적, 서울 가락동 · 방이동고분군 → 하남 이성산성 일대 고분군(덕풍골 · 광암동), 서울 중곡동고분군 → 남양주 지금동유적Ⅰ, 용인 보정동고분군 → 수원 광교유적이 대표적이며, 본 단계부터 무덤이 조영되기 시작하여 다음단계에 지역의 중심고분군인 중 · 대규모 고분군으로 성장한다. 2단계에서 중 · 대규모 고분군 유형이 확인되지 않는 이유는 상기한바와 같이 지역 중심고분군의 이동에 따른 결과로 이해된다.

이와 같이 2단계는 서해안 일대까지 고분군이 확산되고 1단계에 형성된 각지의 고분군 분포구역 내에서도 산성 중심에서 벗어나 주변으로 고분군이 확산되기 시작한다. 1단계의 고분군 유형은 대부분 사라지고 전체 무덤 수가 10기 미만인 단독 · 소군집 유형으로 나타나며, 지역 중심고분군의 이동이 시작되다. 묘제도 구조적 다양성이 사라지고 소형화되어 다인장인 석실묘에서 단독장인 석곽묘로의 전환이 이루어지기 시작한다. 위계구조 또한 6계층에서 5계층으로 단순해지는 등 여러 방면에서 급격한 변화가 이루어지고 있어 본 단계에 이르러 획기할만한 지방사회 지배구조에 대한 변화가 일어났음을 짐작할 수 있다.

3. 3단계

1) 유물(토기) 형식과 연대

3단계의 부장토기는 대부장경병과 유개합, 완 등이 주된 부장기종이며, 유개식 고배와 유개파수부발, 구형병, 단경병, 원통형병 등이 소수 확인된다. 부장수량은 많지 않고 당식과대가 확산·보급되이 출토되는 사례가 많다. 문양 구성은 종장점열문 위주이며, 한 번씩 찍는 것과 'ㅅ'자형의 연속 찍기로 나타나는데 전자가 다수이다. 이 밖에 종선문과 이중반원문의 변형인 마제형문과 손톱무늬(爪文)가 종장연속의 형태로 소수 잔존한다.

유개식 고배는 대족하부돌대 고배는 확인되지 않고 이단투공고배와 단각고배로 나타난다. 공통적으로 배신이 납작해지고 구연과 뚜껑받이 턱은 극도로 짧아져 수평을 이루거나 퇴화되어 흔적기관화 되었다. 대각은 수직에 가까운 것과 '八'자상으로 내리뻗는 것으로 구분되며, 모두 전단계보다 상경이 넓어지고 높이가 낮아졌다. 이단투공고배의 경우 대각 중위의 돌대는 흔적만이 남고 작은 투공이 상부에만 뚫리거나 생략되었다.

구형병 중 반구형의 2형과 3형은 대부분 동체가 편구화되고 경부가 길어져 대부장경병로 전환되었고, 일부 굽이 붙지 않는 것도 있다. 수평구연의 1형은 이른 시기에 극소수만이 확인되는데, 평택 수월암리 5호와 출토품과 같이 견부의 침선대만 사라졌을 뿐 기형상 큰 변화는 확인되지 않는다. 이 밖에 단경병과 원통형병도 소수 확인된다. 단경병은 시흥 능곡동 5호와 성남 도촌동 4호와 같이 짧고 구경이 좁은 평저 병이다. 이러한 기형은 1단계부터 소수 확인되는 병으로 구형에 짧게 직경하는 것, 견부가 발달하고 구연이 짧게 외반하며 신부에 침선대가 있는 것, 신부가 장신화되고 침선대가 사라지는 것으로

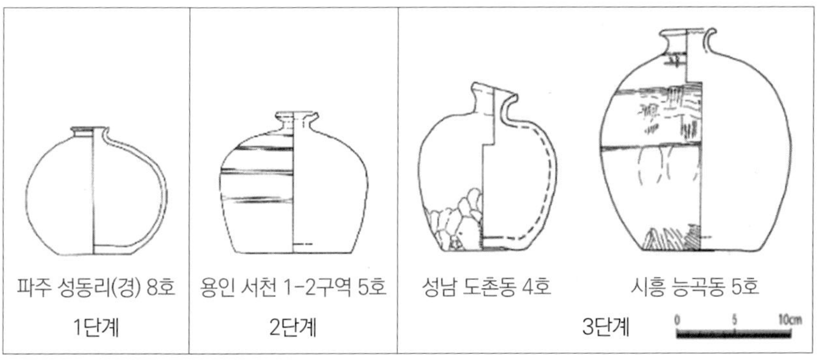

도 111. 단계별 단경병

의 변화과정이 상정된다.

원통형병은 평택 도곡리 1호 출토품이 본 단계에서 가장 이른 것이다. 2단계의 여주 매룡동 E2호(2차) 출토품보다 장신화가 이루어졌고, 중위에는 돌대를 돌려 기면분할한 후 상위에는 퇴화형의 종장마제형문을 시문하였다. 이후 신부는 세장해지고 둥근 견부는 직각에 가깝게 각이 지며, 신부에는 여러 줄의 침선을 그은 후 전면에 종장점열문을 시문하는 것으로 변화과정이 엿보인다.

다수를 차지하는 유개합은 대부분 직립구연형으로 나타나고 외반구연형도 출현하여 공존한다. 직립구연형은 전단계보다 배신이 깊어졌으며, 구연부와 신부 중하위에 침선을 그어 문양대를 구성한 것이 지속되고 구연부에만 침선을 긋거나 생략된 것도 많아졌다. 외반구연형은 소수이며, 구연이 길고 신부에 여러 줄의 침선이 그어진 것도 있다. 대부장경병은 경부 직경이 넓은 것과 좁은 것으로 나타난다. 2단계보다 경부가 길어지고 신부는 더욱 납작해져 동최대경이 넓고 끝이 뾰족한 형태를 나타낸다. 뚜껑은 신부 하단에서 굴절된 '入'자형이 대부분이고, 비굴절형인 'ㅏ'자형도 소수 잔존한다. 공통적으로 2단계보다 납작해졌으며, '入'자형의 경우 2단계와 같이 안턱과 구연이 수평을 이루는 것도 있지만 대부분은 안 턱이 짧아지거나 흔적기관화 되어 들린 형태를 이룬다.

이 밖에 안성 이현리유적 석곽의 경우 연질의 광구소호가 출토되었다. 대형과 소형으로 구분되는데, 견부가 발달하고 침선대가 그어진 것에서 더욱 견부

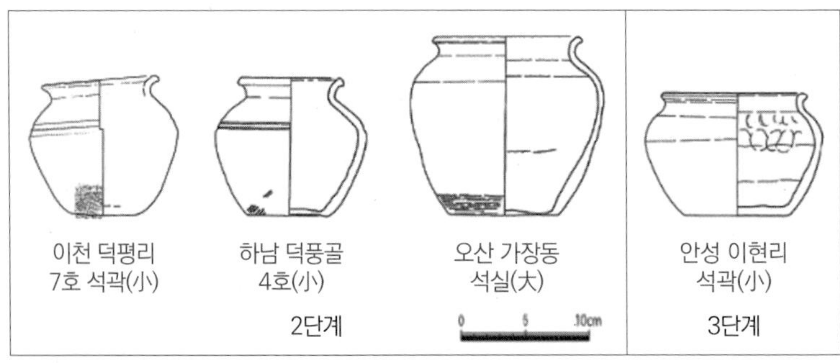

도 112. 단계별 광구소호

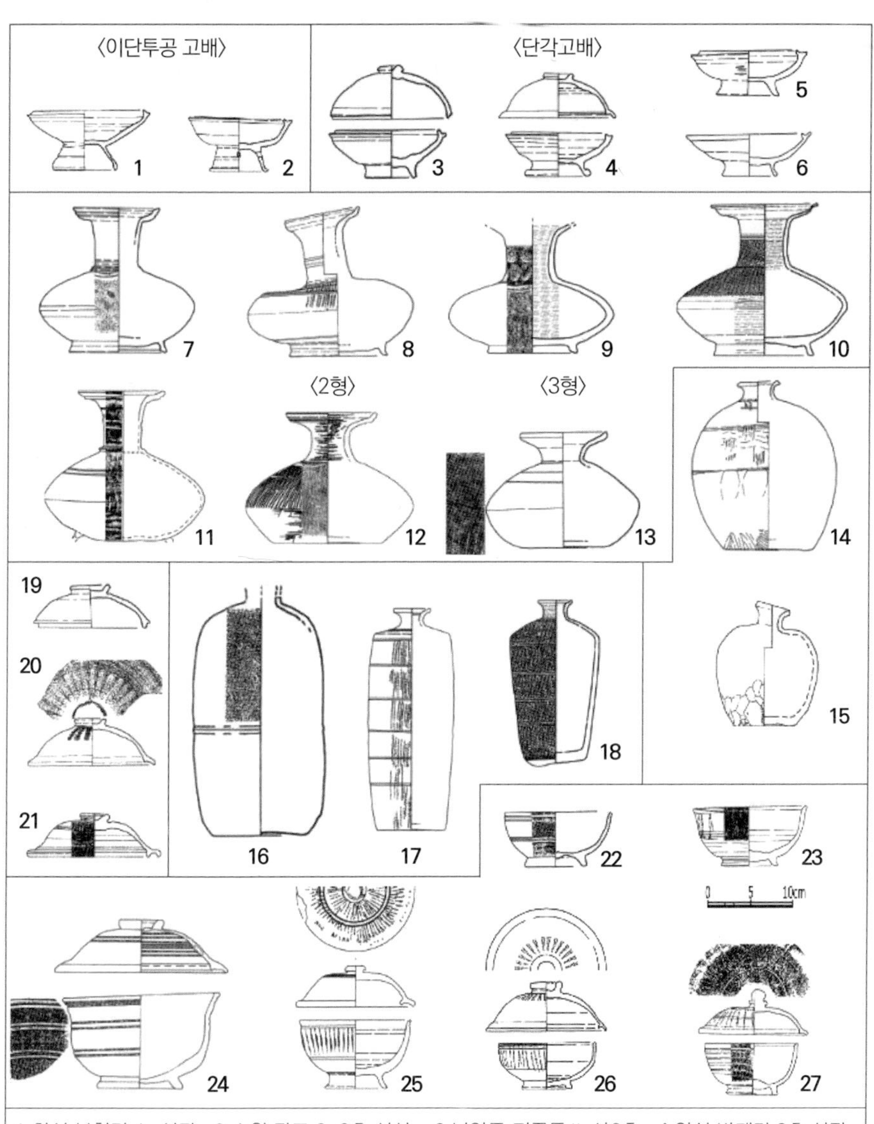

1.화성 분천리 A-석곽 2.수원 광교 2-2호 석실 3.남양주 지금동Ⅱ 사6호 4.안성 반제리 3호 석곽
5.오산 내삼미동 7호 석곽 6.수원 광교 10-5호 7.광주 대쌍령리 1호 8.시흥 능곡동 4호
9.평택 당현리 10호 10.수원 광교 2-4호 석곽 11.안성 당목리 석곽 12.인천 당하동Ⅴ-4-4 1호
13.화성 오산동 5호 14.시흥 능곡동 5호 15.성남 도촌동 4호 16.평택 도곡리 1호
17.수원 광교 13-1호 18.수원 광교 2-10호 석곽 19.하남 광암동 10호(2차) 20.시흥 능곡동 5호
21.화성 하길리 3-3호 22.하남 광암동 7호 23.서울 천왕동연지 2호(1차) 24.군포 산본동 1호 석실
25.수원 광교 13-1호 26.화성 장지동 2-2호 27.파주 법흥리 A-석실

도 113. 3단계 부장(토기)유물

가 발달하고 침선대가 사라지며 기고가 낮아져 납작해진 형태로의 변화 과정이 상정되는 바 2단계보다 늦은 3단계의 것으로 판단하였다.

이와 같은 부장토기의 문양구성과 기형적 특징은 경주양식과 비교하여 볼 때 최병현의 후기양식 토기 4a기에서 4b기에 해당하는 것으로 3단계의 연대는 7세기 후엽에서 8세기 전반으로 설정된다.

2) 고분형식과 위계

(1) 횡혈식석실묘

횡혈식석실은 현지화된 충효동유형의 ⅠB형 석실이 지속되고 무시설식과 관대식이 특징인 복합·재지 4유형과 고구려 2유형 석실이 새롭게 등장하며, 전단계의 방내리 2유형 석실은 나타나지 않는다. 충효동유형 석실은 주치인 하남 이성산성 일대의 금암산, 객산[11], 덕풍동고분군 등 주치지에서만 조영되

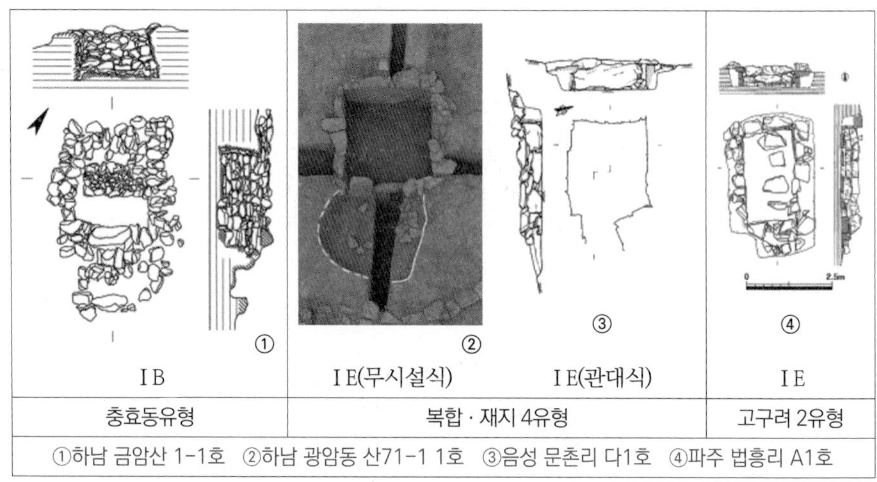

도 114. 3단계 횡혈식석실묘 유형

11 하남 이성산성 일대 고분군 중 객산고분군은 아직 발굴조사가 이루어지지 않았지

며, 영현지역인 수원 광교유적에서는 추가장만 이루어진다. 최상위급 위계의 석실로 이성산성 일대 고분군은 2계층, 광교유적은 3계층으로 나타나는 차이를 보인다.

복합 · 재지 4유형은 하남 금암산고분군과 음성 문촌리유적 다지구에서 확인되는데 충효동유형 석실의 위계와 차이가 없다. 중앙식 연도이며 벽체 하단에 대형 괴석재를 수적하여 벽체의 축석상태가 조잡하다. 시상대가 생략되었을 뿐 충효동유형 석실과 구조상 큰 차이가 없어 현지화 된 충효동유형 석실의 종말기 형식으로 판단된다.[12] 이밖에 1단계 이후 고구려 계통의 석실이 재등장하게 되는데, 관대식으로 나타난다. 위계상 4계층에 해당하는 중위급 석실에 해당하며, 다른 석실과 달리 비교적 균일한 크기로 치석이 잘된 장방형 할석재로 벽체를 쌓아 반듯하고 면이 고른 차이가 있다. 파주 법흥리유적 A1호가 유일한 것으로 일시적이고, 특수한 사례로 볼 수 있다.

피장자의 침향은 방형인 충효동과 복합 · 재지 4유형은 전단계의 동 · 서향이 유지되며, 근방형인 고구려 2유형은 북향으로 나타나는 차이점이 있으며, 본 단계에 이르러 목관 사용이 일반화되기 시작한다.

(2) 횡구식석실묘

횡구식석곽(실)묘는 〈도 115〉와 같이 영남 서북부 1유형 ⅡA2 · ⅢA2형식은 사라지고 서북부 3유형 ⅡC2형식은 ⅢC2형식, 서남부 4유형의 ⅡE형식은 ⅢE형식으로만 나타나는 등 근방형 석실(곽)묘에서 장방형의 수혈식 묘제로

지표에 노출된 무덤의 구조와 수습된 유물로 볼 때 마주하는 금암산고분군의 무덤 구성과 구조면에서 차이가 없을 것으로 판단된다.

12 다만 음성 문촌리유적 다지구 석실의 경우 주치와는 먼 지방이고 지역의 특수성을 찾기 어려운 충북 음성(음죽현)지역에 위치하는데, 주치에서나 볼 수 있는 최상위급의 석실이 존재하는 점에서 다소 이례적이다. 관대의 위치상 다른 석실과 달리 연도 방향과 같은 방향으로 피장자를 안치하였고, 연도의 평면위치가 약간 편재한 중앙식으로 복합 · 재지 1유형의 ⅠD형과 유사하며, 규격 또한 동일하여 계통관계와 조영배경을 달리 생각해 볼 여지가 있다.

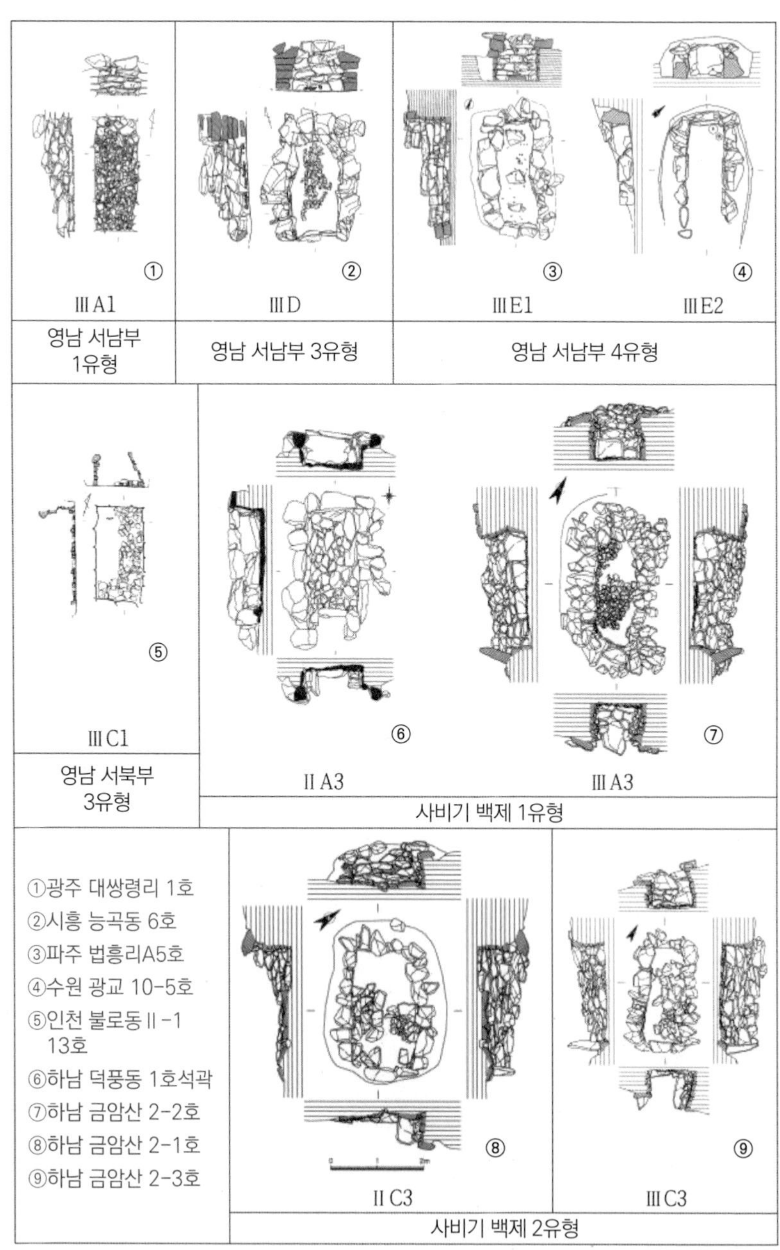

①
ⅢA1
②
ⅢD
③
ⅢE1
④
ⅢE2
영남 서남부 1유형
영남 서남부 3유형
영남 서남부 4유형
⑤
ⅢC1
⑥
⑦
영남 서북부 3유형
ⅡA3
ⅢA3
사비기 백제 1유형
①광주 대쌍령리 1호
②시흥 능곡동 6호
③파주 법흥리A5호
④수원 광교 10-5호
⑤인천 불로동Ⅱ-1 13호
⑥하남 덕풍동 1호석곽
⑦하남 금암산 2-2호
⑧하남 금암산 2-1호
⑨하남 금암산 2-3호
⑧
ⅡC3
⑨
ⅢC3
사비기 백제 2유형

도 115. 3단계 횡구식석곽(실)묘 유형

전환이 완료된다. 전단계까지 무덤의 특징 중 하나인 횡구부는 출입의 제 기능을 상실하고 흔적기관화 되었다. 대부분 3㎡ 미만의 규모로 더욱 작아지고, 규모의 편차가 줄면서 규격화 현상이 심화된다. 이와 더불어 부장유물의 수량도 급감하는 동시에 당식과대가 확산 · 보급되어 출토되는 사례가 많아지는데 파주 법흥리, 인천 불로동 Ⅱ-1지점, 안성 반제리유적 등 대부분 치소지로 비정되는 산성 주변 고분군에 한정된 것이며, 이와 거리가 있는 경우 출토빈도는 상당히 떨어진다.[13]

시상대의 중간배치가 특징인 영남 서남부 3유형 ⅢC형식이 주류이고, 소형화된 서남부 4유형 ⅢD · E형식의 사례가 증가하면서 목관이 장구로 사용되는 사례가 점차 증가한다. 아울러 1단계에 소수 출현하였던 사비기 백제유형 석실이 재등장하는 점이 특징이다. 1단계 사비기 백제유형 무덤이 모두 주치인 이천 중리동유적에서만 확인되었듯이 본 단계도 주치인 하남지역에서만 확인되는 공통점이 있다. 구조형식은 하남 덕풍동Ⅱ 1호 석곽과 같이 1단계의 1유형 ⅡA3형식이 남아있지만 소형화되고 입구부도 한쪽 문주석이 생략되는 등 퇴화된 구조이다. 이와 함께 장방형화 된 1유형 ⅢA3형식과 신라화 된 2유형 ⅡC3 · ⅢC3형식이 새로이 등장하여 병존하며, 목관을 사용한 주검안치가 일반적이고 대부분 당식과대가 확인된다. 이 밖에 전 단계까지 유행하였던 영남 서남부 1유형과 서북부 3유형은 소수만이 나타나 사라지기 시작하며, 서북부 3유형의 경우 소할석을 1겹 깔은 저시상대로만 나타난다.

축조방법에 있어서는 부정형 할석의 사용빈도가 높고 하단에 수적이 많아지는 등 2단계와 별다른 차이는 확인되지 않는다. 피장자의 침향은 대부분 북쪽을 향하는 경향을 보이며, 횡혈식석실과 같이 목관이 사용되는 경우가 많아진다. 대부분 단독장이며, 일부 1회의 추가장이 이루어지기도 하지만 구조상 횡구부를 통한 주검안치가 불가능한 것으로 개석을 열고 주검을 안치하는 수혈식 묘제의 방법으로 이루어진다.

13 이는 고분군 및 피장자의 성격을 구명하는데 유의미한 요소로 판단된다.

(3) 위계구조

무덤의 위계구조를 살펴보면 횡혈식석실은 1계층은 없고 전단계의 2~4계층이 유지되고 있는데, 충효동과 복합 · 재지 4유형은 2~3계층, 고구려 2유형은 4계층으로 나타나 유형간 위계차가 있다. 횡구식석실은 횡혈식석실의 최하위 계층과 대응하는 4계층부터 최하위의 6계층까지 나타나는데, 사비기 백제유형의 경우 대부분 4~5계층에 해당하여 다른 유형보다 위계가 좀 더 높았던 것으로 판단된다. 이와 같이 3단계는 2단계와 같이 5개 계층군이 유지된다. 다만 횡구식의 경우 최상위인 4계층 무덤이 이천 이치리 4호와 인천 불로동 Ⅱ-1지점 10호, 하남 금암산 2-1호 등 단 세 사례뿐이고 나머지는 5~6계층의 하위그룹으로 횡혈식석실의 하위 위계로 종속되는 양상을 보여 차이가 있다.

3) 고분군의 유형

본 단계에 이르러 각 분포지역은 인천 불로동, 하남 금암산, 수원 광교유적 등 기존 고분군에 무덤이 연속 조영되거나 주변으로 새로운 고분군이 형성되는 2차 확산이 일어난다.

고분군의 유형을 살펴보면 2단계와 같이 10기 미만인 단독 · 소군집 병존유형과 단일 C유형이 이어지며, 후자가 대부분을 차지한다. 파주 법흥리와 수원 광교유적과 같이 횡혈식석실이 병존하는 유형은 치소지로 비정되는 산성 인근에 조영된 지역중심 고분군으로 주변 고분군에는 없는 중 · 상위 위계인 3 · 4계층 무덤이 존재한다. 반면 단일유형은 대부분 5 · 6계층에 해당하는 하위 위계의 무덤으로 구성되며 광범위하게 분포한다.[14]

14 음성 문촌리유적 다지구의 경우 본 단계에서 최상위급인 2계층에 해당하는 횡혈식석실묘가 나타나 이례적인데, 아직 단 한 사례만이 확인되어 당대의 특수한 정치 · 사회적 환경 속에서 비롯된 일시적 현상으로 판단된다.

표 16. 3단계 고분군 유형

<table>
<tr><th colspan="2">유형</th><th colspan="2">내용</th><th>해당 고분군</th></tr>
<tr><td>대규모</td><td>병존</td><td colspan="2">주묘제가 횡구식석실(곽)묘이며, 소수의 횡혈식석실묘가 병존하는 200기 이상의 고분군</td><td>하남 이성산성 일대 고분군
(금암산, 객산, 덕풍동고분군)</td></tr>
<tr><td rowspan="2">중소 규모</td><td>병존B</td><td colspan="2">주묘제가 횡구식석실(곽)묘이며, 소수의 횡혈식석실묘가 병존하는 15기 이상의 고분군</td><td>수원 광교 2지점</td></tr>
<tr><td>단일</td><td colspan="2">15~40기 내외의 횡구식석곽묘로 구성된 고분군</td><td>인천 불로동Ⅱ-1지점, 수원 광교 1지점, 평택 수월암리</td></tr>
<tr><td rowspan="5">단독
·
소군집</td><td>병존</td><td colspan="2">주묘제가 횡구식석곽묘이며, 소수의 횡혈식석실묘가 병존하는 10기 미만의 고분군</td><td>파주 법흥리, 수원 광교 10지점</td></tr>
<tr><td rowspan="4">단일C</td><td rowspan="4">1기 혹은 10기 미만의 무덤이 2~3기씩 소군집을 이루며, 묘역을 형성하는 것으로 횡구식석실(곽)묘로 구성된 고분군</td><td>단독</td><td>파주 능산리, 고양 도내동, 인천 당하동 V-4-1,4,5지점, 시흥 금이동, 남양주 별내동, 용인 마성리, 안성 당목리, 음성 문촌리 다지구(횡혈식)</td></tr>
<tr><td>2기</td><td>파주 운정 4·5지점, 광주 역동 성남 창곡동, 수원 광교 13지점, 15지점, 이의동(한), 안성 장원리 1지점</td></tr>
<tr><td>3기</td><td>서울 천왕동 연지, 시흥 능곡동, 용인 하갈동, 오산 두곡동, 화성 청계동 외고지골, 분천리</td></tr>
<tr><td>4~8기</td><td>남양주 지금동Ⅱ 사지구, 김포 신곡리(중부), 운양동, 인천 원당동 바지구, 파주 운정 16지점, 부천 고강동, 안양 관양동, 군포 산본동, 성남 도촌동, 판교동 19구역, 광주 대쌍령리, 하남 덕풍동 수리골, 화성 하길리, 천천리 1지점, 상리, 오산동, 용인 신갈동, 서천 2-2구역, 오산 궐동 5-1지점, 평택 죽백동 2-1지점, 동삭동, 장당동, 도곡리, 안성 반제리, 장원리 3지점, 이천 이치리</td></tr>
</table>

이 밖에 인천 불로동, 하남 금암산, 수원 광교유적 등 2단계부터 조영되기 시작한 고분군은 대규모와 중·소규모 고분군으로 나타나는 특징이 있는데, 대규모 고분군은 횡혈식석실이 병존하는 유형으로 한산주의 주치인 하남 이성산성 일대에만 존재한다. 무덤의 수량으로 보아 경기지역 중 가장 높은 인구밀도를 보이고 있으며, 본 단계에서 최상위 위계인 2계층의 무덤이 존재하고 있어 주치와 관련된 중심고분군임을 알 수 있다. 중·소규모 고분군 중 횡

혈식석실이 병존하는 유형은 주치의 영현지역인 수원 광교유적에서만 확인되는데, 하남지역보다 한 계층 낮은 3계층의 무덤이 존재한다. 단일유형은 2단계에 새로이 조영된 지역중심 고분군이며, 당식과대가 다수 출토되는 안양천 유역의 군포 산본동유적, 진위천 일대의 평택 수월암리유적과 같이 지역중심 고분군의 이동도 지속되고 있다.

이와 같이 3단계의 고분군은 2단계의 단독·소군집 유형이 그대로 이어져 주변으로 2차 확산이 이루어진다. 대규모 고분군이 형성되지만 1단계와 달리 주치인 하남 이성산성 일대에 한정된다. 고분군의 위치와 무덤의 위계로 보아 대규모 병존→중소규모 병존, 단독·소군집 병존→단독·소군집 단일유형 고분군 순으로 위계성이 나타난다.

이상 3단계는 각 지역별로 기존 고분군의 연속조영과 더불어 주변에 새로운 고분군이 형성되는 2차 확산이 일어나며, 지역중심 고분군의 이동도 지속된다. 고분군 유형은 전단계와 마찬가지로 단독·소군집유형이 대부분이며, 대규모 고분군이 형성되는 특징도 있는데, 이는 횡혈식석실이 병존하는 유형으로 한산주의 주치인 하남 이성산성 일대에 한정된다. 묘제는 다양성이 한층 단순화되고 규격화와 현지에서 변용된 지방화 현상이 보다 명확해진다. 고구려와 사비기 백제유형 무덤이 재등장하는 특징이 있으며, 횡구식의 경우 석실이 사라지고 석곽묘로의 전환이 이루어진다. 무덤의 위계구조는 전 단계와 같지만 횡혈식석실의 위계와 상응하지 않고 뚜렷한 차이를 보이며, 하위 위계로 종속되는 양상을 보인다.

4. 4단계

1) 유물(토기) 형식과 연대

4단계는 신라 후기양식 토기의 마지막 단계로 외반구연의 유개합과 대부장경병, 뚜껑이 주된 부장기종이며, 이밖에 유개파수부발, 완, 원통형병, 대부호,

고배형 토기 등도 소수 나타난다. 문앙구성은 종장점열문 위주로 단순하며, 지그재그식으로 번갈아 찍은 것이 많다. 이 밖에 종・횡장의 파상문과 다엽화문이 결합된 것도 일부 확인되지만 인화문이 쇠퇴기에 접어들어 문양이 없는 것이 많다.

유개합은 대부분 외반구연합이다. 신부 중위부근에는 침선을 그어 기면을 분할하고, 이를 기준으로 각이 지게 한 번 꺾여 올라가 뾰족한 것이 많다. 이 밖에 비교적 높은 굽이 붙고 기면분할이 없는 직립구연 합도 소수 확인된다. 뚜껑은 전단계보다 현저히 납작해진 굴절형으로 안턱은 거의 퇴화하여 흔적만 남거나 없어져 '一'자형을 이룬다. 완은 세부적인 형식변천을 가늠하기 어렵지만 수평구연에 기심이 얕고 소형인 것에서 구연이 짧고, 구경은 넓어지며 기심이 깊어져 대형화되는 경향이 나타난다.[15] 이상희의 Ⅲ형식 완과 큰 차이가 없는 것으로 이러한 완은 3단계부터 나타나기 시작하여 본 단계에 이르면 일반화된 형식으로 자리 잡고 10세기대까지 지속되는 것으로 판단된다.[16]

병류를 살펴보면 대부장경병은 동체 단면이 주판알과 같이 너비가 좁은 능형을 띠며, 경부는 이전보다 너비가 좁고 길어진 세경형으로 나타나 라말여초기 대부장경병으로의 변화과정을 보이고 있다. 원통형 병은 김포 신곡리(겨레) 석곽이 유일한데, 3단계 늦은 시기로 판단되는 수원 광교 13-1호의 것과 기형상 차이는 없지만 인화문이 사라지고 격자타날 후 지운 소문으로 나타나는

15 이상희는 구경/기고 값에 근거하여 평균값인 0.4 이하는 A형, 그 이상은 B형으로 분류하였는데, 이를 수용하여 살펴보았다(이상희, 2010, 「신라시대 한주지역 토기 완 연구」, 세종대학교 대학원 석사학위논문, 19쪽). 다만 이 기준의 일괄적용은 무리가 있어 보인다. 완의 경우 이른 단계부터 기고가 낮고 수평 외반구연형인 것과 이보다 기고가 높은 직립구연형 등 여러 형식으로 구분되며, 각 형식별로 기심이 깊고 구경이 넓어지는 경향성은 인정되는 것으로 판단되지만 그 기준은 각기 다른 것으로 감지되기 때문이다. 이 부분에 대해서는 추후 분석의 기회를 갖고자 한다.

16 라말여초기 토기가마와 주거지에서도 많이 출토되지만 대표적으로 고려시대 전기 사찰유적인 안성 상중리유적 건물지㉯ 1호 연지 출토품을 들 수 있다(기호문화재연구원, 2015, 『안성 상중리유적』).

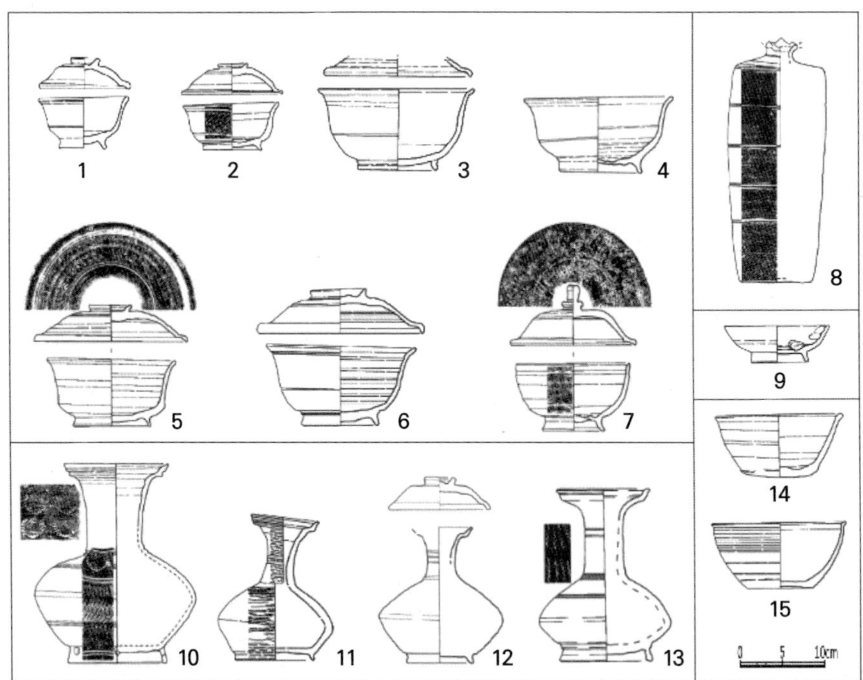

1.수원 광교 1-14호 석곽 2·14.용인 보정동 삼막곡 1-7호(3차) 3.용인 보정동 소실 8호(2차) 4.용인 보정동 소실 17호(3차) 5·7.용인 보정동 삼막곡 1-4호(추장) 6·15.용인 보정동 삼막곡 마-41호(2차) 8.김포 신곡리(겨레) 1호 9.파주 동패동 4-2지점 석곽 10.용인 보정동 삼막곡 1-10호(3차) 11.수원 광교 2-12호 석곽 12.서울 중계동 석곽 13.여주 매룡동 97-3호(2차)

도 116. 4단계 부장(토기)유물

차이가 있다. 이 밖에 파주 동패동 석곽에서는 대부장경병과 고배형 토기 1점이 출토되었다. 이전 단계에는 없는 신기종으로 라말여초기 토기가마터인 안성 조일리유적에서도 출토되었다.[17] 기형상 단각고배보다는 자기를 모방한 신출식 접시로 보는 것이 타당할 것으로 판단된다.

이와 같은 부장토기의 기종과 문양구성, 각 기종의 기형을 살펴본 결과 최

17 토기가마를 조성하기 위해 터파기하다 중단하고 토기의 폐기장으로 전환한 유물산포지2 통일신라 32호 수혈에서 다량의 완류와 토제 솥 등과 함께 1점이 출토되었다(기남문화재연구원, 2017, 『安城 照日里遺蹟』).

병현의 후기양식 토기 4c기 이후와 변영환의 라말여초토기 2·3단계에 견주어 볼 수 있는 것으로 그 연대는 8세기 후반에서 9세기 전반으로 설정하는 것이 타당하다.

2) 고분형식과 위계

횡혈식석실묘는 확인되지 않으며, 음성 문촌리 다-1호와 같이 추가장만이 이루어진다. 횡구식석곽은 전단계의 영남 서남부 3·4유형의 ⅢD·E형식이

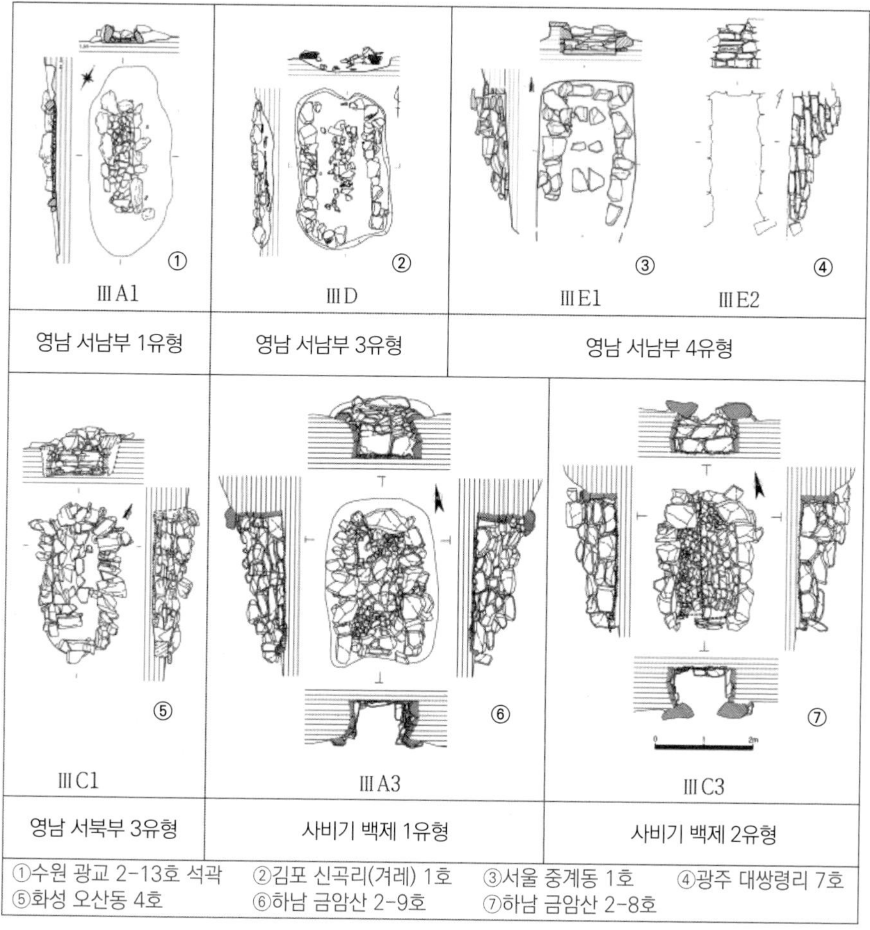

도 117. 4단계 횡구식석곽(실)묘 유형

주류이며, 목관을 통한 주검안치가 일반화된다. 서남부 1유형 ⅢA1형식과 서북부 3유형 ⅢC1형식은 극소수이다. 이 밖에 사비기 백제유형 석실이 지속되며, 근방형(Ⅱ)이 사라진 장방형(Ⅲ) 일색이다. 이전 같이 주치인 하남지역에서만 확인되며, 주변지역으로 확산되지 않는다. 피장자의 침향과 축조방법은 이전과 차이가 없다. 다만 크기가 제각인 부정형 할석재를 성글게 축석하여 벽석 간 틈 많고 벽면의 굴곡이 심해 매우 조잡한 양상을 보이는 것이 많아진다.

무덤의 위계구조는 전단계의 횡혈식석실에 추가장이 이루어져, 2~3계층이 존재하며, 횡구식석곽은 횡혈식석실의 위계와 겹치지 않는 하위의 4·5·6계층으로만 나타나 이전의 5개 계층이 유지된다. 횡구식석곽은 사비기 백제유형이 4계층이 존재하고 나머지 유형은 5·6계층으로만 나타나 3단계와 같이 사비기 백제유형이 다른 횡구식석곽 유형보다 위계가 좀 더 높았던 것 같다.

3) 고분군의 유형

무덤의 조영이 급감하는 단계로 김포 유현리 4·7·14호, 파주 운정 16-5호, 하남 금암산 2-7~9호, 수원 광교 1-14호, 2-12·13호, 화성 오산동 4호 등과 같이 기존 고분군에 연속 조영되는 경우가 많다. 아울러 서울 중계동, 파주 동패동, 김포 신곡리(겨레), 인천 당하동 4-5지점, 불로동Ⅰ Ⅱ-2지점 6호, 수원 광교 11-다지점과 같이 새로이 조영되어 소규모의 지역 확산이 일어나는데, 모두 단독 혹은 2기씩 짝을 이루며 분포하는 단독·소군집 유형이다.

특징적인 것은 무덤조영이 종료된 1단계 고분군의 무덤에 추가장이 다수 이루어진다는 점이다. 용인 보정동 소실 6·8·17호, 442-1번지 1호, 삼막곡 1-4·7·10·16·마-40·41호, 여주 매룡동 97-3호,인천 불로동 Ⅱ-1지점 10호 등 대부분 용인 보정동고분군에서 확인된다.[18] 기존 시상대에 연이어 보

18 홍보식은 보정동 소실 6호에서 출토된 유개합을 추가장의 결과가 아닌 독립된 매장유구, 즉 장골기를 사용한 화장묘로 판단하였다(홍보식, 2005, 「한강유역 신라 石

축하는 것도 있지만 대부분 흙을 두텁게 깔고 천석이나 소할석을 한 겹 깔아 시상대를 마련하거나 목관을 통해 주검을 안치한 것이다. 이러한 매장 방법은 안성 장원리유적 3호, 서울 명륜동, 서울 천왕동 연지 2호, 남양주 지금동II 사지구 고구려 석실 등 1~3단계에서도 일부 확인되지만 본 단계에서 일시적인 유행양상을 보인다.

이전 매장시기와는 약 1세기 내외로 큰 차이가 있는 것으로 기존에 매장자와 혈연관계에 있는 집단의 추가장인지, 이와 무관한 집단의 재사용인지 여부는 가늠하기 어렵다. 다만 무덤의 조영이 급감과 더불어 장기간 매장이 종료된 무덤에 매장행위가 다시 이루어지는 점은 본 단계에 이르러 무덤조영에 있어 보다 엄격한 제약조건이 있었던 것은 아닐까한다. 이를 가정할 때 기존의 고분군에서 분화한 집단이 특수한 상황에서 혈연관계가 있는 석실로 회귀하여 매장행위가 이루어진 일시적인 현상일 가능성이 높아 보인다.

5. 5단계

1) 유물(토기) 형식과 연대

이 단계는 신라 후기후기양식 토기가 소멸하고 대부장경병, 주름문병과 편

室墓의 受容과 展開」『畿甸考古』 제5호, 기전문화재연구원, 308쪽). 하지만 유개합과 같은 높이에서 당식 과대장식구가 동떨어져 출토되었고, 상부를 좁혀 쌓은 석실의 중하위 벽면에 인접하여 있어 그가 주장하는 장골기 매납수혈은 존재하기 어렵고, 조성하더라도 석실이 벽이 되는 등 일반적인 형태는 될 수 없다. 필자가 조사에 참여한 바로는 백제 석곽묘 가능성을 두고 매장주체부 확인을 위한 수평 발굴을 진행한 결과 수혈이나 목관의 윤곽은 확인되지 않았다. 유물의 출토위치와 조사결과를 받아들일 때 우연히 석실 내부에 화장묘가 조성되기는 어려운 환경이며, 흙바닥과 천석을 깐 시상대의 차이가 있을 뿐 이러한 매장 패턴이 다수 확인되어 석실과 관련된 매장행위로 보는 것이 합당하다 판단된다.

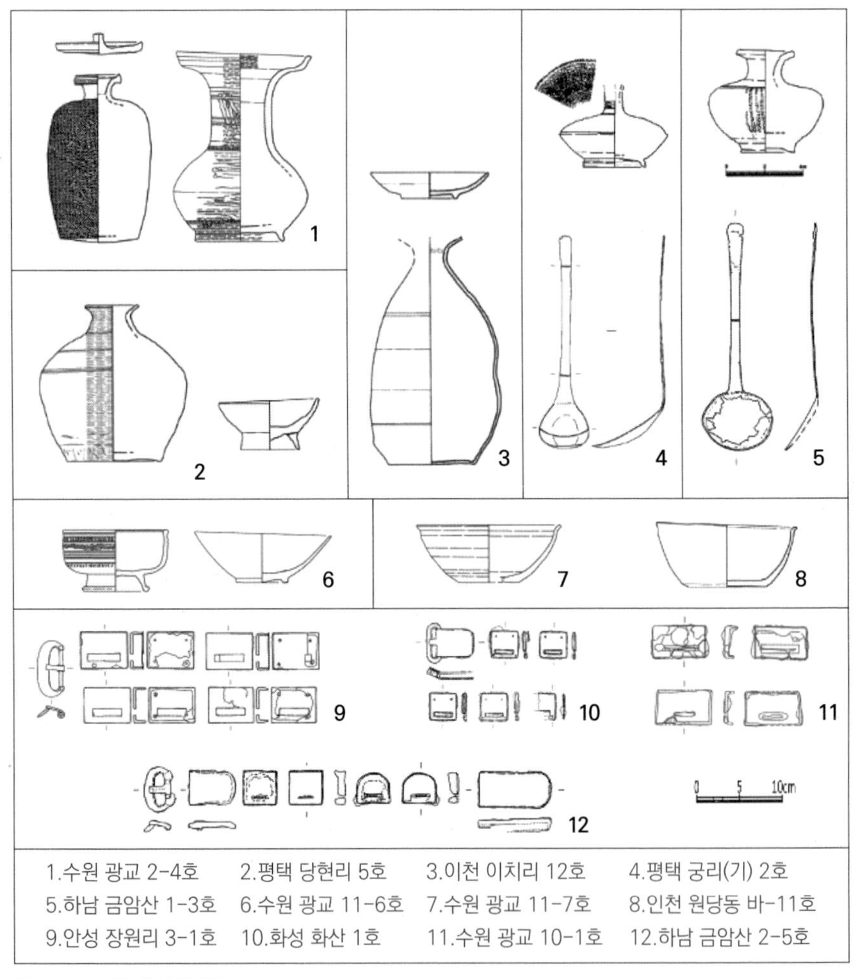

도 118. 5단계 부장유물

병, 고배형 토기, 청자 완, 접시 등 라말여초 전환기 토기와 자기가 나타나 부장유물의 기종조합이 완전히 달라지지만 일부 신라후기양식 토기의 전통이 잔존하기도 한다.

수원 광교유적 11-6호 석곽에서 출토된 유개합은 길게 직립하는 대각과 수평면을 이루는 내저면에서 직각에 가깝게 꺾여 직립하는 신부의 형태 등에서 볼 때 전형의 신라 후기양식 유개합과는 다르지만 신부에 여러 줄의 침선을 둘러 기면을 분할하고 구연부에는 원문, 신부 중위에는 밀집파상문, 하위에는 종장점열문을 찍었다. 이와 함께 공반된 청자 완은 내저곡면에 굽 깎음새가 예리한 선해무리굽 유형으로 시흥 방산대요[19]와 1면 편병이 공반된 천안 불당동 Ⅲ-5호 석곽묘[20] 출토품과 유사하다. 이 밖에 토기 완은 수량은 많지 않지만 4단계부터 유행하는 대형의 완의 지속되고 있다. 당현리 5호에서 출토된 고배형 토기는 단 1점뿐이지만 자기의 접시를 모방한 것으로 전단계보다 대각이 높아지고 신부도 깊어졌다.

광교 2-4호 석실에서는 경부와 신부, 구연의 비율이 맞지 않는 조잡한 대부장경병이 편병과 함께 출토되었다. 대부장경병은 매우 형식적이지만 주판알 형태의 신부와 긴 경부는 전 단계 대부장경병의 형태를 유지하고 있다. 반면 궁리(기) 2호 토광묘에서 출토된 대부장경병은 경부는 한층 세경해지고 신부는 납작해져 양 끝이 뾰족한 것으로 영암 구림리요지[21]와 보령 진죽지요지 출토품과 비교된다. 주름문병은 점토대 없이 점열문이 시문된 것으로 동경과 청동 숟가락이 공반되며, 이치리 12호에서도 1면 편병과 청자 접시가 공반되었다.

마지막으로 다수의 무덤에서 출토되는 철제 당식과대는 전체적인 크기가 제각이고 형식적인 수공, 과판 단면의 직각화. 세장한 대단장식 등 규격성이 떨어지는 최정범의 3단계[22] 과대장식의 모습을 보이고 있다.

이와 같은 토기와 자기의 기종구성과 기형, 당식과대를 모방한 과대 등을 고려할 때 신라 후기후기양식 토기는 소멸하였으나 일부 전통이 잔존하며, 편

19 해강도자미술관, 2001, 『芳山大窯』.

20 忠淸南道歷史文化院, 2004, 『天安 佛堂洞遺蹟』.

21 梨花女子大學校博物館, 1988, 『靈岩 鳩林里 土器窯址發掘調査 -1次發掘調査中間報告』; 2001, 『靈岩 鳩林里 陶器窯址發掘調査 -2次發掘調査報告書』.

22 崔正凡, 2017, 「韓半島 出土 唐式 帶裝飾具 硏究」, 慶北大學校 大學院 碩士學位論文, 43쪽.

병과 주름문병, 청자, 식도구인 청동숟가락 등의 신기종으로 부장품이 대체되고 고려 묘제로 이행되는 과도기적 시기로 변영환의 라말여초토기 4·5단계와 큰 차이가 없는 9세기 후반에서 10세기 전반대로 판단된다.

2) 고분형식과 위계

횡혈식석실은 조영되지 않는다. 수원 광교유적 2지점에서 소형인 ⅣB형식이 확인되나 외형만 횡혈식의 범주에 둘 뿐 기본은 수혈식 묘제이다. 횡구식석곽은 영남 서남부 4유형인 무시설식의 ⅢE형식이 주류이며, 목관을 통한 주검안치가 일반적이다. 평면형태는 후벽이 전벽보다 약간 좁은 제형도 많으며, 전벽의 조성 없이 'L'자 상으로 개구된 횡구식 구조도 있다. 이 밖에 서남부 1유형의 ⅢA1형식[23], 2유형의 ⅢD형식이 소수 확인되며, 사비기 백제유형은 추가장만 이루어질 뿐 무덤 조영이 마감되었다. 늦은 단계에 이르면 안성 장원리 3지점 석개토광묘와 7호 토광묘, 만정리 신기유적[24] 6-1호, 평택 궁리(경)[25] 2호, 궁리(한)[26] 92호, 용인 신갈동(269번지) 1호,[27] 수원 광교 11-18호 토광묘 등과 같이 목관안치와 직장형식의 토광묘가 출현한다.[28]

무덤의 위계구조는 전 단계 상위그룹인 2~3계층이 사라지고 하위의 4~6계층의 3개 계층으로 단순화된다. 특징적인 것은 사비기 백제유형에서만 나

23 부장유물을 통해 시간적 위치를 가늠할 수 있는 ⅢA1형 석곽은 확인되지는 않았지만 기심이 깊고 구연이 퇴화한 토기 완과 토기 등잔이 출토된 용인 보정동 소실 25호와 26호가 본 단계에 속하는 것으로 추정된다.

24 京畿文化財硏究院, 2009, 『安城 万井里 신기遺蹟』.

25 畿甸文化財硏究院, 2006, 『平澤 宮里遺蹟』.

26 한양문화재연구원, 2019, 『平澤 宮里 墳墓遺蹟』.

27 한국문화유산연구원, 2018, 『용인 신갈동 269번지 유적』.

28 신라 토광묘는 바닥을 부석하여 시상대를 마련한 것과 목관을 안치한 석개토광묘 형식으로 1단계부터 일부 조영되어 왔으며, 화성 오산동, 오산 탑동·두곡동, 평택 율북리, 죽백동, 서정리유적 등 대부분 안성천 수계권에서 확인되는 특징이 있다.

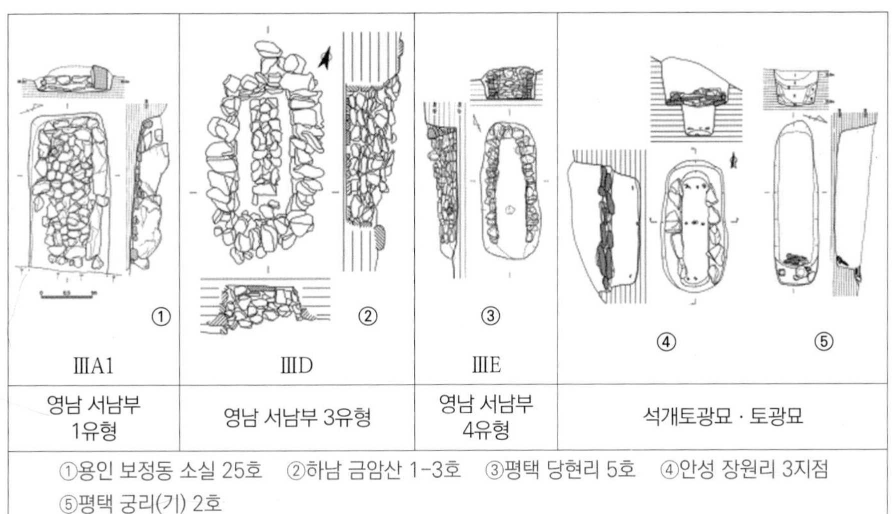

도 119. 5단계 횡구식석곽(실)묘 유형

타나는 4계층인 3㎡ 이상의 대형급 석곽이 의왕 이동 2호, 하남 금암산 1-3호, 2-6호, 수원 광교 11-6호 등과 같이 사비기 백제유형 이외의 석곽묘에서 재출현하며, 묘제와 형식에 상관없이 당식 과대를 조잡하고 투박하게 모방한 규격성이 없는 철제 과대가 출토되는 사례가 많다는 점이다. 이로 볼 때 본 단계에 이르러 사회집단의 위계구조에 큰 변화가 있었던 것으로 판단된다.

3) 고분군의 유형

전 단계보다 무덤 조영 수가 현저히 감소하는 단계이다. 인천 원당동 바-11호, 남양주 지금동Ⅱ 사-1 · 3호, 수원 광교 2-4호 석실, 2-5 · 11호 석곽, 10-1호, 11-6 · 7호, 하남 금암산 1-3호 · 2-5호, 평택 당현리 5호, 이천 이치리 12호, 여주 매룡동 97-1호, 음성 문촌리(중앙) 1호 석곽, 의왕 이동 등과 같이 기존의 고분군에 연속 조영되는 것이 대부분이며 용인 신갈동(269번지) 유적, 화성 화산고분군과 같이 새로이 조영되는 경우도 있다. 모두 단독 혹은 2~3기씩 짝지어 분포하는 단독 · 소군집 유형이다.

Ⅶ

고분으로 본 신라 지방사회

1. 신라의 경기지역 진출

신라의 경기지역 진출은 진흥왕 12년(551) 나제연합작전에 의한 고구려의 '죽령 이외 고현 이내'의 十郡 공취와 2년 뒤인 진흥왕 14년(553) 백제가 고구려로부터 공취한 6郡을 탈취하고 新州를 설치하면서 이루어진다. 이러한 신라의 경기지역 진출과정을 이해하기 위해서는 우선 신라의 경기지역 진출이전의 국경과 출발점을 구명할 필요가 있으며, 이를 통해 진출범위는 물론 어떠한 전략을 가지고 진출하게 되었는지를 구체적으로 파악할 수 있다. 그러한 면에서 경기지역 진출 직전연도인 550년에 이루어진 신라의 중원[1]장악 과정은 신라의 경기지역 진출과 무관하지 않기에 이를 통해 신라의 경기지역 진출 시기와 범위를 살펴보고자 한다.

1 중원(中原)의 범위는 북쪽으로 진천, 음성, 남쪽으로 옥천, 보은, 그리고 서쪽으로 청주, 동쪽으로 충주, 단양에 이르기까지 오늘날의 충북지역을 일컫는다(이남석, 2009, 「중원문화권의 백제고분」『중원의 고분』, 국립중원문화재연구소, 258~259쪽).

1) 신라의 중원 장악과 경기지역 진출

신라는 경기지역 진출이전인 5세기 중·후반에 소백산맥을 넘어 보은지역으로 비정되는 三年山郡에 진출하여 三年山城을 축성하였고,[2] 이를 거점삼아 一牟山郡과 薩買縣으로 진출하였다. 일모산군은 熊州 燕山郡으로 개명되기 이전 지명으로 조선시대 淸州牧 관할의 文義縣에 해당하는 현 청주 문의지역으로 비정된다. 문의지역은 보은에서 회인을 거쳐 무심천 수계의 청주지역으로 진입하는 관문에 해당하는데, 이곳에는 신라 慈悲麻立干 17년(474)에 축성한 一牟城으로[3] 비정되는 양성산성[4]과 5세기 말~6세기 전반대에 해당하는 미천리고분군[5]이 위치하고 있어 고고학적으로도 증명된다. 살매현은 소지마립간 16년(494) 薩水의 들판에서 이루어진 고구려와의 전투기록[6] 상에 나타나는 薩水之原을 통해 알 수 있는데 '薩水'는 살매현과 동일지역으로 괴산군 청천면 지역으로 비정하는 것이 일반적이다.[7] 아직 핵심지역인 청주분지에는 이르지 못하였고 6세기 전반까지 중원의 남쪽외곽에 머무르며, 백제와 고구려, 다시 백제 순으로 상대 국가를 달리하며 대치하였고,[8] 이후 國原인 충주지역까지 진출하기에 이른다.

신라의 충주지역 진출시기는 548년 백제가 고구려와 벌인 馬津城전투[9]에

---

2 『三國史記』 卷3, 新羅本紀3 慈悲麻立干 13年. "築三年山城."

3 『三國史記』 卷3, 新羅本紀3 慈悲麻立干 17年. "築一牟 沙尸 廣石 沓達 仇禮 坐羅築城."

4 忠北大學校 中原文化硏究所, 2001, 『淸原 壤城山城』.

5 國立文化財硏究所, 1995, 『淸原 米川里 古墳群 發掘調査報告書』.

6 『三國史記』 卷3, 新羅本紀3 炤知麻立干 16年. "將軍實竹等 與.高句麗戰薩水之原 不克 退保犬牙城 高句麗兵圍之 百濟王牟大 遣兵三千 救解圍"

7 『三國史記』 卷34, 地理1 尙州 三年郡 "淸川縣 本薩買縣"

8 전덕재, 2016, 「신라의 北進과 서북 경계의 변화」 『韓國史硏究』 173, 韓國史硏究會, 93~96쪽.

9 『日本書紀』 欽明天皇 9年條.

서 승리한 후 가야연맹의 모든 나라가 백제에 附庸化되자 친신라 성향인 우륵이 신라로 망명하고, 551년 3월 진흥왕이 娘城 巡幸시 우륵을 國原에 안치하였다는[10] 전제하에 551년 이전인 548년 또는 549년 무렵으로 보는 견해[11], 신라의 진흥왕 11년(550) 금현성 공취시점과 우륵을 국원에 안치한 하한연대를 진흥왕의 娘城 巡幸 시로 보고, 550년 3월과 551년 3월 사이로 보는 견해[12], 진흥왕 11년(550) 신라의 도살성·금현성 공취[13] 이후 이를 교두보삼아 국원으로 진출할 수 있었다는 견해[14], 6세기 전반 무렵 남한강과 달천을 경계로 이북은 고구려, 이남은 신라가 대치하고 있었다는 견해[15] 등 다양하다. 크게 550년 도살성·금현성 전투 이전과 이후의 시기로 양분되는데, 필자는 최소한 진흥왕의 娘城 巡幸 이전에는 신라가 국원을 차지한 것으로 판단하여 전자의 견해에 동조하는 바이다. 이는 신라의 도살성·금현성 공취도 국원을 안정적으로 확보함에 따라 이루어질 수 있었던 것으로 판단되기 때문이다.[16]

---

10 『三國史記』 卷4, 新羅本紀 眞興王 12年條; 『三國史記』 卷32, 雜誌1 樂 伽倻琴條.

11 전덕재, 2016, 「신라의 北進과 서북 경계의 변화」 『韓國史硏究』 173, 韓國史硏究會, 91~92쪽.

12 張彰恩, 2011, 「6세기 중반 한강유역 쟁탈전과 管山城 戰鬪」 『震檀學報』 111, 震檀學會, 8~9쪽.

13 『三國史記』 卷4, 新羅本紀 眞興王 11年條.

14 서영일, 1999, 『신라 육상 교통로 연구』, 학연문화사, 151쪽; 윤성호, 2017, 「신라의 道薩城·金峴城 전투와 國原진출」 『韓國古代史硏究』 87, 한국고대사학회, 247쪽.

15 朴省炫, 2010, 「新羅의 據點城 축조와 지방제도의 정비과정」, 서울大學校 大學院 博士學位論文, 109~121쪽.

16 그러나 6세기 전반 무렵 충주지역에 신라와 고구려가 대치하고 있는 견해에 동조하는 것은 아니다. 고구려의 신라 진출의 거점인 국원성을 두고 양국이 대치하고 있었다는 점은 이해하기 어렵고 충주 탑평리유적과 단월동유적을 보아도 그러하다. 특히 충주지역에는 6세기 전반대로 볼 수 있는 신라유적은 확인되지 않고 있다. 근거로 드는 충주산성의 경우 성벽이 삼년산성과 유사하다하여 축성연대를 올려 볼 근거가 되지 못하고, 성벽의 쌓기와 석재의 가공법이 구체적인 편년의 근거가 되는지도 의문이다. 한편 발굴조사 결과 출토되는 유물 상도 그러하다.

이와 같이 신라는 5세기 후반 무렵 괴산군 청천면과 청주 문의지역 등 청주분지의 이남지역까지 진출하였고, 6세기 전반 말기에는 충주지역 일대까지 진출하여 백제 및 고구려와 국경을 맞대고 대치하는 상황에 있었다. 이후 신라는 550년 고구려의 도살성과 백제 금현성을 차지함으로써 중원을 장악하고 경기지역으로 진출할 수 있는 교두보를 마련하게 된다.

A-1 진흥왕 11년(550) 봄 정월에 백제가 고구려의 道薩城을 빼앗았다. 3월에 고구려가 백제의 金峴城을 함락시켰다. 왕은 두 나라의 군사가 피로한 틈을 타서 이찬 異斯夫에게 명하여 군사를 내어 공격하여 두 성을 빼앗아 증축하고, 甲士 1천명을 두어 지키게 하였다. (『三國史記』 卷4, 新羅本紀 眞興王 11年)

A-2 양원왕 6년(550) 봄 정월에 백제가 침략하여 道薩城을 함락시켰다. 3월에 백제의 金峴城을 공격하였는데, 신라 사람들이 틈을 타서 두 성을 빼앗아 갔다. (『三國史記』 卷19, 高句麗本紀 陽原王 6年)

A-3 성왕 28년(550) 봄 정월에 왕은 장군 達己를 보내어 군사 1만명을 거느리고 고구려의 道薩城을 공격하여 빼앗았다. 3월에 고구려 군사가 金峴城을 포위하였다. (『三國史記』 卷26, 百濟本紀 聖王 28年)

A-4 진흥왕 재위 11년, 太寶 원년에 백제가 고구려의 道薩城을 쳐 빼앗으니 고구려는 백제의 金峴城을 함락시켰다. 왕이 두 나라 병사가 피로한 틈을 타서 이사부에게 명하여 병사를 내어 쳐서 두 성을 빼앗아 증축하고 甲士를 머물게 하여 지켰다. 이때 고구려에서 병사를 보내어 金峴城을 쳤으나 이기지 못하고 돌아가는데, 異斯夫가 이를 추격하여 크게 이겼다. (『三國史記』 卷44, 列傳4 異斯夫)

상기한 도살성·금현성 전투기록을 보면 백제 성왕이 550년 정월에 고구려의 도살성을 차지하고 고구려가 곧바로 반격하여 백제의 금현성을 함락시킨다. 그런데 고구려와 백제의 공방전을 펼치는 사이 양국이 피로한 틈을 타서 신라는 이사부로 하여금 두 성을 모두 차지하고 군사를 주둔시켜 지키고 있다. 삼국이 모두 참전하고 당해에 연속하여 공방전을 벌이는 것으로 보아

이 두 성을 기점으로 하여 삼국이 접경을 이루고 있으며, 백제의 경우 1만 명의 군사가 동원되는 규모 있는 전투임을 감안할 때 당대 두 성이 삼국의 영역 향방에 큰 영향을 주는 전략적 요충지였음에 이견이 없을 듯하다. 아울러 전투시기상 동맹관계였던 백제와 신라가 경기지역 진출의 대업을 앞 둔 전초전 성격이 짙을 수밖에 없다. 그렇다면 도살성·금현성의 위치는 어디이고 신라는 어떠한 연유로 백제와의 동맹관계에도 불구하고 백제가 차지한 도살성까지 차지하게 된 것인지 의문이 들 수밖에 없다. 이는 주지하다시피 신라의 경기지역 진출과 무관하지 않을 것이다.

먼저 도살성의 위치에 대해서는 고구려 今勿奴郡의 영현인 道西縣과 관련시켜 도살성을 동일지역으로 보고 증평 도안면의 추성산성과 두타산성 일대로 비정하는 견해[17]가 일반적이다. 그러나 도살성이라는 명칭과의 音相似에 근거한 것으로 당시 삼국의 대치상황과 유적의 발굴성과를 고려할 때 재고의 여지가 있다. 도살성을 추성산성 일대의 증평 도안면으로 비정할 경우 550년인 6세기 중엽까지 고구려는 지형적 단절이 없는 청주분지에서 백제와 대치하고 있으며, 동쪽의 충주와 남쪽의 괴산군 청천면 일대는 이미 신라가 진출해 있어 북쪽 배후를 제외한 세 방면 모두 동맹관계인 백제와 신라에 노출되어 있는 형국이다. 이에 장기간 고구려가 증평 일대를 점유하고 있었을지 의문이다. 더군다나 도살성으로 비정되는 추성산성은 8차례의 발굴조사 결과 4세기 전반에서 5세기 무렵까지 운용된 한성기 백제 산성으로 밝혀졌다.[18] 고구려가

17 민덕식, 1983,「高句麗道西縣城考」『史學研究』36, 47쪽; 金榮官, 2008,「古代 淸州地域 歷史的 動向」『白山學報』第82號, 白山學會, 50쪽; 梁起錫, 2001,『新羅 西原小京 研究』, 서경, 72쪽; 전덕재, 2009,「신라의 한강유역 진출과 지배방식」『鄕土서울』第73號, 서울역사편찬원, 105~106쪽; 張彰恩, 2010,「5~6世紀 高句麗의 漢江流域의 領域向方」『白山學報』第88號, 白山學會, 257쪽; 여호규, 2013,「5세기 후반~6세기 중엽 高句麗와 百濟의 국경변천」『百濟文化』第48輯, 公州大學校 百濟研究所, 142쪽.

18 成正鏞, 2012,「曾坪 二聖山城 出土 土器樣相과 그 性格」『湖西考古學』27, 호서고고학회, 61쪽.

활용한 흔적으로 볼 수 있는 유구와 유물은 확인되지 않고 있어 고구려의 금강 수계 진출과 더불어 폐성이 되었음을 알 수 있다. 나머지 두타산성은 해발 598m 이르는 고지에 위치하고 발굴조사가 이루어지지 않아 그 성격이 불분명한 상태이다. 따라서 고구려 도살성을 증평 도안면 일대로 비정하기에는 무리가 있다.

이와 관련하여 주목되는 지역이 청주분지로 진입하는 관문인 진천분지 남단의 진천읍 일대이다. 진천읍 일대는 고구려의 今勿奴郡에 비정되는 곳으로 중심에는 백제 한성기에서 고구려 남정기까지 운용된 것으로 추정되는 대모산성[19]과 도당산성[20]이 위치한다. 대모산성은 전체 둘레가 1,250m에 달하는 거성으로 고구려의 금강 수계 진출을 위한 거점성이며, 인근의 송두리유적[21]과 더불어 5세기 후엽으로 편년되는 고구려 토기가 출토되었다. 도당산성은 대모산성에서 남서쪽으로 3.5km 정도 떨어진 산능선에 축조된 석축산성으로 지표 및 시굴조사 결과 단각고배와 뚜껑 등 6세기 중·후반대의 신라 후기양식 토기가 주로 수습되었다. 출토유물 상 신라가 최종적으로 운용한 산성이지만 모골 와통이 사용된 기와편도 확인되어 신라 진출 이전 고구려에 의해 운용되었을 가능성을 배제할 수 없다. 이와 같이 진천읍 일원은 고구려 지명이 전해지고 관련 유구와 유물의 흔적이 확인되며, 웅진기 이후의 백제관련 유적은 확인되지 않고 있다. 이에 5세기 후엽 이래로 고구려 영역 하에 있다가 6세기 중엽 무렵 신라의 지배영역에 편입된 것으로 판단된다. 이는 도당산성과 대모산성 주변에 횡구식석실(곽)묘로 구성된 6세기 중엽에 해당하는 교성리와 송두리 일대 고분군[22]을 통해 알 수 있다.

---

19 忠北大學校 湖西文化硏究所, 1996,『鎭川 大母山城 地表調査報告書』.

20 中原文化財硏究院, 2004,『鎭川 都堂山城 -地表·試掘調査 報告書-』.

21 韓國文化財保護財團, 2005,『鎭川~鎭川 I·C間 道路 擴·鋪裝工事區間 內 松斗里 遺蹟 發掘調査 報告書』.

22 忠北大學校 中原文化硏究所, 2002,『오창~진천간 도로 확·포장공사구간내 文化

이와 더불어 진천읍 일원은 교통로상 칠현산-서운산-위례산으로 이어지는 서부산지에 형성된 베티고개와 엽돈재 등 여러 고갯길을 통하여 안성천 수계로의 진출은 물론, 별다른 지형장애물이 없이 여주 · 이천분지와 연속되는 하나의 분지연합체를 이루고 있어 남한강 하류 지역으로의 진출이 용이하다. 즉 금강과 낙동강 수계로 진출하는 관문인 청주분지는 물론 남한강과 안성천 수계로 연결되는 매우 중요한 전략적 요충지이다. 이러한 지형조건상 백제와 신라가 진천지역을 차지하게 되면 안성천과 한강 수계권의 진출이 용이하여 고구려로써는 상당한 위협을 받게 되는 것이며, 역으로 고구려가 차지할 경우 금강과 낙동강 수계 진출을 의미하므로[23] 백제와 신라로써는 상당한 압박감을 받을 것이다. 이상 삼국의 대치상황과 지정학적 위치, 산성과 고분군 등의 고고학적 경관 등을 고려할 때 고구려의 도살성은 音相似에 근거한 추성산성이 위치한 증평 도안면 일대보다는 진천 대모산성 혹은 도당산성이 위치한 진천읍 일대로 비정하는 것이 설득력이 있어 보인다.

금현성의 위치에 대해서는 진천지역으로 비정되는 견해와[24] 금이성이 위치한 세종시 전의면 일대로 비정되는 견해로 나뉘는데, 후자가 통설로 받아들여지고 있다.[25] 진천지역은 이미 고구려의 지배하에 있었으므로 백제 영역으

遺蹟 試掘 · 發掘調査 報告書』; 한국선산문화연구원, 2008, 『鎭川 校成里 남산골遺蹟』; 충청북도문화재연구원, 2018, 『진천 교성리 507-1번지 유적』; 忠北大學校博物館, 1991, 『鎭川 松斗里遺蹟 發掘調査報告書』.

23 고구려가 진천 대모산성을 통하여 금강 수계권으로 진출한 것은 웅진기 백제의 북계가 차령산맥으로 둘러싸여 북-남으로 길고 좁은 곡저지를 이루고, 동-서상의 교통이 폐쇄적인 점이 원인이 된 것으로 판단된다. 이는 현대의 상황도 별반 다를 것이 없는데, 고구려의 경우 현지 지형에 익숙하지 못하여 고립될 가능성이 높고 군수조달에도 어려움이 있어 웅진의 공략 경로로는 적합하지 않았을 것이다.

24 閔德植, 1983, 「高句麗道西縣城考」 『史學硏究』 36, 47쪽; 박성현, 2011, 「5~6세기 고구려 · 신라의 경계와 그 양상」 『역사와 현실』 82, 한국역사연구회, 80쪽; 윤성호, 2017, 「신라의 道薩城 · 金峴城 전투와 國原진출」 『韓國古代史硏究』 87, 한국고대사학회, 238~240쪽.

25 金榮官, 2008, 「古代 淸州地域 歷史的 動向」 『白山學報』 第82號, 白山學會, 50~51

로 보기 어렵다. 세종시 전의면 일대의 금이성으로 보는 견해는 백제 大木岳郡의 영현인 仇知縣이 경덕왕대 金池縣으로 개명되어 全義縣으로 이어지므로 金池와 金峴의 음상사와 금이성 동북쪽 인근에 위치한 금이고개가 金(伊)峴이 될 수 있다는 것에 근거하고 있다.

그러나 고구려는 남진 거점 중 하나인 도살성의 상실로 인하여 금강 수계로 진출하는 경로가 차단되고 한강 이남지역까지 위협받게 되는 혼란에 빠졌다. 고구려의 백제 금현성 공격은 이를 타개하기 위한 대응으로 판단되는데, 백제 북변의 외진 전의지역을 공격하여 고구려가 얻을 실익이 무엇일지 의문이다. 또한 금이성은 두 차례의 발굴조사 결과[26] 내외 협축의 석축산성으로 외벽 하단의 보축성벽, 현문식 문지가 확인되고, 단각고배와 뚜껑 등 주로 신라 후기 후기양식 토기가 수습되어 신라 진출 이후 축성되었을 가능성이 높다.[27]

이러한 정황상 세종시 전의지역을 금현성으로 보기에는 설득력이 적어 보인다. 이보다는 『三國史記』 百濟本紀 온조왕대 마한 병탄과정에서 유이하게 백제에 저항한 圓山城과 등장하는 錦峴城에 주목할 필요가 있다.[28] 원산성은

쪽; 전덕재, 2009, 「신라의 한강유역 진출과 지배방식」 『鄕土서울』 제73호, 서울시사편찬위원회, 106쪽; 2018, 「4~7세기 백제의 경계와 그 변화」 『百濟文化』 第58輯, 公州大學校 百濟硏究所, 92쪽; 張彰恩, 2011, 「6세기 중반 한강유역 쟁탈전과 管山城 戰鬪」 『震檀學報』 111, 震檀學會, 7쪽; 신광철, 2019, 「금이성을 통해 본 6세기 신라의 대외정책」 『韓國史學報』 제74호, 高麗史學會, 276쪽.

26 한국고고환경연구소, 2018, 『세종 금이성-1차 시·발굴조사보고서』; 금강문화유산연구원, 2018, 『세종 금이성 정비복원사업부지 문화재 발굴 및 시굴조사 학술자문회의 자료』.

27 체성부 1구간 내벽에서 호형의 고구려 철복 1점이 출토되었는데, 아차산 4보루 5호 건물지 출토 철호와 기형상 유사한 것으로 6세기 전반 이후로 편년된다(신광철, 2019, 「금이성을 통해 본 6세기 신라의 대외정책」 『韓國史學報』 제74호, 高麗史學會, 258쪽). 극히 단편적인 사례로 확대해석할 필요는 없겠으나 고구려가 일시적으로 금이성을 점유하였을 가능성도 상정해 볼 수도 있겠다.

28 백제본기 온조왕대 기록은 그대로 받아들이기 어렵고 고고학적 자료상 4세기 후반 근초고왕대의 마한 병탄과정을 반영한 것으로 이해된다.

512년 고구려가 공취한 백제 원산성[29]과 동일지역으로 천안지역으로 비정되며,[30] 그 중에서도 원삼국기의 상당한 재지세력이 존재한 동남지역의 병천분지 일대로 추정된다.[31] 金峴城 또한 錦峴城과 음운상 같은 것으로 동일지역일 가능성이 높다. 온조왕 26년 10월 백제가 마한의 국읍인 목지국을 병탄하자 圓山과 錦峴 두 성만이 굳게 지키며, 항복하지 않았으나[32] 이듬해 4월 두 성이 항복함으로써 마한의 병합이 마무리된 것으로 전하는[33] 기록상 금현성은 천안 병천분지로 비정되는 원산성과 지리적으로 가깝고 공동체적 결속력이 강했으며, 상당한 재지세력이 존재하였다고 판단된다. 이러한 면에서 볼 때 금현성은 천안 병천분지와 인접하고 상당한 재지세력이 존재한 무심천 수계의 청주지역으로 추정된다.[34]

29 『三國史記』 卷19, 高句麗本紀 文咨明王 21年條.

30 여호규, 2013, 「5세기 후반~6세기 중엽 高句麗와 百濟의 국경변천」 『百濟文化』 第48輯, 公州大學校 百濟硏究所, 139쪽; 전덕재, 2018, 「4~7세기 백제의 경계와 그 변화」 『百濟文化』 第58輯, 公州大學校 百濟硏究所, 92쪽.

31 천안의 병천분지 내에는 주구목관(곽)묘로 구성된 고분군인 운전리와 신풍리유적, 취락유적인 용원리취락과 장산리유적이 각기 일정거리를 두고 분포하며, 용원리 취락유적의 경우 탄요과 토기가마 등의 생산시설을 갖추고 있다. 이들 유적군은 3세기 전반~4세기 전반대에 해당하는데, 규모와 출토유물 상 상당한 재지세력이 존재하였고, 용원리 취락유적을 중심으로 하는 읍락이 형성되었던 것으로 판단된다(朴重均, 2015, 「美湖川流域의 馬韓에서 百濟로의 轉換과 在地勢力의 存在樣態」 『湖西考古學』 33, 72쪽).

32 『三國史記』 卷23, 百濟本紀1 溫祚王 26年.

33 『三國史記』 卷23, 百濟本紀1 溫祚王 27年.

34 송절동과 봉명동 일대에는 3~4세기를 중심연대로 하는 대규모 취락과 고분군이 분포하는데, 유적군의 규모와 출토유물 상 상당한 재지세력이 존재하였음을 알 수 있으며, 특히 취락과 고분군, 제철유적 등으로 구성된 송절동일대 유적군을 중심으로 읍락이 존재하였던 것으로 판단된다. 이는 세종시 연동면, 증평, 오창 지역 일대에 형성된 읍락과 함께 청주분지에 소국을 형성하였던 것으로 여겨지며, 국읍의 역할을 하였던 것으로 판단된다(朴重均, 2015, 「美湖川流域의 馬韓에서 百濟로의 轉換과 在地勢力의 存在樣態」 『湖西考古學』 33, 80쪽).

무심천 수계의 청주지역은 서쪽으로는 금강을 따라 공주·부여 방면, 남쪽으로는 문의와 회인을 거쳐 보은·상주방면, 동쪽으로는 증평을 거쳐 진천·충주방면 등 사방으로 통하는 내륙교통의 결절지이다.[35] 고구려가 이 지역을 차지할 경우 문의지역에 진출해 있는 신라군을 견제하고 백제의 경우 청주방면으로 통하는 수운과 내륙교통로를 차단함으로써 동쪽의 도살성에 진출한 백제군을 고립시키는 효과를 볼 수 있으며, 안성의 도기동산성을 기점삼아 압박할 수 있다.[36] 이로보아 고구려는 단순히 도살성을 되찾는 것이 아니라 청주분지 일원의 미호천 수계를 장악하여 진천분지의 영유권을 공고히 하고, 금강 수계권의 진출 초기와 같이 백제와 신라를 견제하는 동시에 국원을 회복할 포석이 깔린 군사작전으로 이해된다. 이는 도살성 상실 후 곧바로 대응하지 않고 두 달 뒤 금현성 공격이 이루어짐에서도 유추하여 볼 수 있다.

이러한 면에서 백제 금현성에 대한 공격을 감행하였다면 금현성은 백제 북변의 외진 세종시 전의지역보다는 청주분지 내에서 구하는 것이 합당하다고 여겨지는 것이다. 그러면 청주분지 내에서 금현성은 어디에 위치하였을까? 주목되는 것이 미호천변에 위치한 부모산성[37]이다. 부모산성은 정확히 미호천

---

35 무심천 수계의 중심지역에 해당하는 송절동과 봉명동 일대의 고분군과 취락유적군에서는 위석식 목곽묘와 소형 목관묘를 비롯하여 양뉴부호, 주머니호, 조합식파수부장경호, 고배와 파수부배 등 신라·가야계 묘제와 유물이 확인되고 있어 원삼국기 이래로 영남지역과의 상호교류 관계를 잘 보여주고 있는데, 이는 청주지역의 발달한 내륙교통로와 무관하지 않을 것이다.

36 안성 도기동산성의 고구려토기는 대부분 5세기 후엽에서 6세기 초로 편년되어 시기적으로 차이가 있을 수 있으나 토기들은 성벽의 성토층과 기저부의 구상시설 등에서 출토된 고구려 성벽의 초축과 관련된 것이다. 6세기 전반 이후로 편년되는 토기도 소수 확인되고 있고 웅진기 백제 관련유적이 안성천 수계권에서 전혀 확인되지 않고 있어 6세기 중엽경까지 고구려가 지속적으로 점유하였을 것으로 판단된다. 이는 인근이 평택 진위지역의 어비리유적에서 6세기 전반 내지 중엽 경으로 판단되는 고구려 석실이 확인되어 뒷받침되고 있다.

37 忠北大學校博物館, 2014, 『淸州 父母山城』; 2016, 『淸州 父母山城Ⅱ』.

을 중심으로 한 동-서 수운과 내륙 교통로 및 남-북 내륙교통로의 결절지에 해당한다. 발굴조사 결과 웅진기와 사비기에 해당하는 백제토기와 기와를 비롯하여 고배와 완 등 6세기 후반을 중심으로 한 신라토기가 주로 출토되었고, 장동호와 보주형 뚜껑 등 고구려계 토기와 남성골산성에서 출토된 유엽형과 착두형 철촉도 소량 출토되는 등 삼국의 유물이 모두 출토되고 있다.[38] 이로 볼 때 백제가 고구려로부터 청주분지를 탈환하고 축성한 것으로 판단되며, 고구려 관련시설이 확인되지 않고 출토유물도 소량인 것으로 보아 백제 이후 고구려가 일시적으로 점유하다가 신라로 이어진 것으로 판단된다. 따라서 고구려가 함락한 백제 金峴城은『三國史記』百濟本紀 온조왕대 마한병탄 기록에서 등장하는 錦峴城과 같은 곳으로 지정학적 위치와 삼국의 대치상황, 고고자료 등 제반사항을 고려할 때 세종시 전의지역보다는 무심천 수계의 청주지역에 위치한 부모산성 일대로 볼 가능성이 높아 보인다.

이와 같이 고구려의 도살성은 진천읍의 대모산성·도당산성 일대, 백제의 금현성은 청주시 부모산성 일대로 추정하였다. 백제는 도성의 안정성과 한강유역 진출을 위한 기점을 확보하고자 고구려의 도살성을 공격하여 빼앗고, 고구려는 이에 대응하여 도살성의 재탈환은 물론 금강유역과 국원의 재진출을 위해 백제 금현성을 함락시킴으로써 두 성의 점유국가가 바뀌게 되는 공방전을 펼치는데, 신라가 불현듯 등장하여 고구려와 백제가 점유하고 있던 도살성과 금현성을 차지하여 중원을 장악하고 한강유역 진출을 위한 거점을 확보하게 된다. 신라는 이미 청주분지 남변의 문의지역까지 진출하여 있었고, 배후거점인 보은 삼년산성의 지원 아래 문의의 양성산성을 기점으로 무심천을 따라 금현성인 부모산성으로 진출하였을 것이다.

그런데 사료 A-4에서 보듯 고구려는 금현성 탈환을 위해 재차 군사를 보내어 공격하는 반면, 백제는 본래 백제 영역인 금현성까지 상실하였음에도 후속

38 백종오, 2019,「중원지역 고구려 고고학의 성과」『충주 고구려비의 어제와 오늘』, 한국교통대학교 박물관, 63쪽.

대응이 없다. 이에 대해 신라가 두 성중 고구려 영역이었던 도살성만 차지하고 금현성을 백제에게 반환한 것으로[39] 보는 견해와, 혹은 신라가 백제의 전력 손실을 보완한다는 명분으로 두 성에 주둔하였고 동맹관계 유지를 위해 백제가 묵인한 것으로[40] 이해하여 양 국의 충돌이 없었다는 견해가 있다.

두 견해 모두 나제의 동맹관계가 이듬해 한강유역 진출 시에도 유지됨에 기초한 것으로 하나의 정황적 근거가 되지만 그것만으로 신라의 금현성 반환과 백제의 묵인이라는 견해의 이유가 설명되지 않는다. 전자의 경우 금현성의 위치가 필자의 견해와 다르지만 이를 차치하고, 금현성으로 비정되는 부모산성에서는 2단 투공고배, 대족하부돌대 고배, 단각고배, 뚜껑, 직구소호 등 다수의 신라 후기후기양식 토기가 출토되었는데 기형과 문양구성상 6세기 중엽~7세기 전반 전기에 해당하여 백제 반환설은 성립되기 어렵다. 이는 인근에 조영된 비하동유적[41] A2호와 B2호, 명암동유적[42] 98-2호, 99-1 · 2호 등 인근에 조영된 횡구식석실(곽)묘와 주성동유적[43] 1호 횡혈식석실묘의 존재로도

39 金榮官, 2008,「古代 淸州地域 歷史的 動向」『白山學報』第82號, 白山學會, 52~53쪽. 금현성을 세종시 전의지역임을 전제로 하는 것으로 碑岩寺와 계유명삼존천불비상이 출토된 瑞光菴이 백제 말기까지 백제 영역이었다는 것에 근거하여 신라가 금현성을 일시 점유하였다가 백제에게 반환하였고, 본디 고구려 영역인 도살성만을 차지하여 백제와의 충돌이 없었으며, 이에 동맹관계를 유지하여 이듬해 한강유역 진출할 수 있었다는 것이다.

40 鄭雲龍, 1996,「羅濟同盟期 新羅와 百濟關係」『白山學報』第46號, 白山學會, 124~125쪽; 朴省炫, 2010,「新羅의 據點城 축조와 지방제도의 정비과정」, 서울大學校 大學院 博士學位論文, 148쪽. 애초부터 고구려와 백제를 주축으로 한 도살성 · 금현성 전투에 신라가 백제의 동맹군 일원으로 참전하였고, 전투 이후 전력 손실이 큰 백제 군대의 전력을 보완한다는 명분으로 두 성에 주둔할 수 있었다는 것이다. 이에 백제가 저항이 없었고 동맹관계를 유지하여 이듬해 한강유역 진출을 위한 공동 군사작전을 실행할 수 있었다는 것이다.

41 中原文化財硏究院, 2006,『淸州 飛下洞遺蹟』.

42 國立淸州博物館, 2000,『淸州 明岩洞遺蹟(Ⅰ)』; 2001,『淸州 明岩洞遺蹟(Ⅱ)』.

43 韓國文化財保護財團, 2000,『淸原 主城里遺蹟』.

뒷받침된다. 다만 이들 고분군은 1~2기로 이루어진 단독 · 소군집 고분군이거나 기존 백제 석실을 재사용하는 등 지속적인 무덤 조영은 이루어지지 못하고 7세기 전반 후기 무렵부터 무덤의 조영이 중단되었다가, 7세기 후반대에 접어들어 다시 조영되고 있다. 이로 보아 7세기 전반 후기 무렵에 백제에게 빼앗긴 후, 7세기 후반대에 재탈환 한 것으로 볼 수 있다.[44]

따라서 신라는 금현성 공취 이후 7세기 전반 무렵까지 장기간 점유하며, 청주분지에 영향력을 행사하고 있어 금현성의 백제 반환이라는 사실은 성립되지 않음을 알 수 있다. 하지만 도살성 일대의 진천지역과 달리 백제와 국경을 이루는 금현성 일대의 청주지역은 무덤의 분포상 완전한 영역화는 이루지 못하고 군사적 진출에 한정된 것으로 여겨진다. 도살성 또한 진천읍 일대 송두리와 교성리고분군, 도당산성의 존재와 진덕왕 3년(649) 백제와의 도살성 전투기록[45] 등에서 알 수 있듯이 신라가 줄곧 영유하고 있었다.

이를 통해 볼 때 신라는 확고한 영역화 목적을 가지고 도살성과 금현성 공취에 임한 것으로 여겨진다. 앞서 제시한 후자의 견해처럼 신라가 처음부터 백제의 동맹군 일원으로 두 성의 전투에 참전한 것으로는 보이지 않으며, 백제가 고구려에게 금현성을 빼앗기자 국경이 위협받는 상황에서 백제 구원의 명분하에 금현성을 공취하였을 가능성이 높아 보이지만 그 이면에는 한강유

44 이는 진덕왕 3년(649) 백제가 신라의 석토성 등 7성을 공격하여 차지하고 도살성 아래에서 군영을 설치한 김유신에게 참패를 당하게 된 것과 무관하지 않을 것이다(『三國史記』 卷5, 新羅本紀5 眞德王 3年; 卷28, 百濟本紀6 義慈王 9年; 卷42, 列傳2 金庾信 中; 상기 기록에 따르면 백제는 石吐 등 7성을 쳐서 함락시키고 도살성 아래에 이르러 김유신이 이끄는 군대와 전투를 벌여 장사 1백명, 군졸 8,980명, 군마 1만필을 잃는 참패를 당한다. 여기서 석토성 등 7성은 위치를 고증하기 어려우나 도살성에 이르는 공격로상 진천읍과 경계를 이루는 증평일대로 판단되며, 이 전투에서 참패를 당한 후 얼마 지나지 않아 청주분지를 신라에게 상실하게 된 것으로 여겨진다).

45 『三國史記』 卷5, 新羅本紀5 眞德王 3年; 卷28, 百濟本紀6 義慈王 9年; 卷42, 列傳2 金庾信 中.

역 진출의 거점 확보와 주도권의 우위를 점하기 위한 목적이 더 컸던 것으로 판단된다. 이에 신라는 금현성의 확고한 영역지배를 표방하였고 고구려에서 신라로 상대만 바뀌었을 뿐 백제는 상당한 수세적 상황에 직면하게 되었다.

즉 미호천 수계의 청주분지가 신라에 의해 장악되어 도살성은 물론 고구려와 신라가 왕도의 외곽을 포위하고 있는 고립무원의 형국에 처하게 된 것이다. 또한 거듭된 공방전에 전력의 손실도 만만치 않았기에 백제로써는 섣부른 군사적 대응에 상당한 어려움이 있었을 것이다. 따라서 백제는 신라의 향방에 의지할 수밖에 없었고 별다른 저항 없이 신라의 금현성과 도살성으로 비정되는 청주와 진천분지의 영유권을 인정할 수밖에 없었던 것으로 이해된다. 사료 A-4와 같이 신라가 금현성의 고구려군을 격퇴한 기록은 있는 반면에 백제가 차지하고 있던 도살성에서는 양국의 무력 충돌 기록이 남아 있지 않다는 점에서도 가늠하여 볼 수 있다.

이렇듯이 신라가 백제의 도살성을 공취하였음에도 불구하고, 신라와 백제는 극단의 적대적인 관계로 회귀하지 않고, 지속적인 동맹관계를 유지하고 있다. 즉 이듬해 한강유역 진출을 위한 대 고구려 연합군사 작전에서도 함께하고 있으며, 더불어 상당한 수세적 상황에도 불구하고 백제가 여타의 군사적 행동으로 난관을 타개하려는 기록이 전하지 않는 점도 그렇다. 이는 두 나라가 고구려를 공격하여 북방영역을 개척하고자 하는 공동의 목표가 정해져 있었기에 가능했으리라 판단되며, 정세 상 신라가 도살성·금현성을 차지한 후 백제와 모종의 협상이 있었음을 유추하여 볼 수 있다.

B-1 흠명 12년(551) 이해 백제 聖明王이 몸소 군사와 두 나라의 병사를 거느리고[두 나라는 新羅와 任那이다.] 고구려를 정벌하여 漢城의 땅을 차지하였다. 또 진군하여 平壤을 토벌하였다. 모두 6郡으로 마침내 故地를 회복하였다. (『日本書紀』 卷19 欽明天皇 12年)

B-2 진흥왕 12년(551) 辛未에 居柒夫와 大角湌 仇珍, 角湌 比台, 迊湌 耽知, 迊湌 非西, 波珍湌 奴夫, 波珍湌 西力夫, 大阿湌 比次夫, 阿湌 未珍夫 등 여

> 덟 명의 장군에게 명하여 백제와 더불어 고구려를 쳐들어가게 했다. 백제 군사가 먼저 平壤을 쳐부수니 거칠부 등이 이긴 기세를 타서 竹嶺 이외 高峴 이내의 10郡을 빼앗았다. (『三國史記』 卷44, 列傳4 居柒夫)

상기 사료 B는 신라와 백제가 고구려를 공격하여 한강유역 등 북방영역을 공취하는 과정을 보여주는 사료들이다. 사료 B-1은 백제의 주도하에 신라와 임나의 두 군대를 이끌고 한성과 평양지역을 회복하였음을 알려주는 것으로 탈환지역의 지명으로 볼 때 한강 본류지역에 해당한다. 반면 신라는 사료 B-2로 보아 백제가 먼저 평양을 차지하자 그 기세를 타고 거칠부 등 여덟 장군이 죽령 이외, 고현 이내의 10군을 공취하였음을 밝히고 있다. 죽령 이외 고현 이내지역의 10군은 대체로 남한강과 북한강 이동의 영서지역을 중심으로 한 광범위한 지역을 가리키는 것으로 판단된다. 즉 문맥상 남한강과 북한강을 기준하여 경기지역의 서부전선과 영서지역의 동부전선으로 구분할 수 있다.

여기서 주목할 점은 서부전선인 경기지역의 경우 백제 성왕이 신라와 임나의 군사를 거느렸다는 점과 진흥왕이 백제와 더불어 고구려를 침공하였다는 표현을 어떻게 해석할 것인가이다. 실제 신라가 성왕의 지휘아래 한성과 평양의 공격에 임했는지, 별도의 군사작전을 펼쳤는지는 명확히 고증하기 어렵다. 다만 신라가 금현성과 도살성을 차지함으로써 백제는 상당한 수세에 몰린 상황을 되뇌면 받아들이기 어렵다. 또한 성왕이 두 나라의 군사를 거느렸다는 구체적인 내용을 전하는 『日本書紀』가 백제 전승자료에 근거한 것이라면 백제의 고토 회복이라는 점에서 백제 중심으로 기술되었을 것임으로 문맥 그대로를 신뢰하기 어렵다. 사료 B-2의 백제와 더불어 고구려를 침공하게 했다는 표현도 신라가 백제의 지휘아래 군사작전을 이행하였다고 볼 근거는 못된다. 이러한 측면에서 볼 때 신라가 백제 지휘아래 참전하였을 것으로 보기 어렵고 백제와의 사전 합의하에 각자 별도의 영역을 담당하여 영서지역인 동부전선과 같이 독자적인 군사작전을 감행했을 것으로 판단된다.

서부전선에 있어 신라의 군사작전 범위는 광주산맥 이동의 남한강 수계권으로 판단된다. 즉 신라는 이미 차지한 진천분지의 도살성을 거점삼아 연속되는 분지연합체인 남한강 수계의 여주 · 이천지역을 함락하고 양평을 거쳐 북한강 수계인 가평지역으로 진출하였을 것으로 판단되는데, 이는 사료 B-1과 같이 백제가 회복한 지명이 남한강 수계와 관련이 없고 한강 본류 수계권임을 추정케 하는 지명들이라는 점과 남한강 수계에 분포한 고분군과 산성 등 신라유적으로도 증명된다. 『新羅本紀』에서 굳이 특정지역을 가리키지 않고 '竹嶺 以外'라는 모호한 표현을 쓴 것도 신라가 담당하는 전선이 그 만큼 광범위했다는 것으로 이해되며, 남한강 수계권도 이에 포함되었을 것으로 사료된다. 또한 후술하겠지만 진흥왕 14년(553) 신라가 백제로부터 탈취한 6郡을 현 경기 전역으로 볼 경우 백제가 고구려로부터 회복한 6郡의 범위가 매우 광범위하며, 경기지역에 분포한 6세기 후반대의 고분군과 산성 등 신라유적의 분포상 설명되지 않기 때문이다.

이러한 점들로 볼 때 신라의 도살성 · 금현성 공취는 소백산맥을 넘어 한강유역으로 진출할 수 있는 결정적 계기가 되었던 사건이었다. 백제와 신라는 고구려 공격이라는 하나의 공동 목표를 달성하기에 앞서 확보할 영토의 분할권에 대한 협상이 있었을 가능성이 매우 높다. 백제는 도살성, 신라는 국원성을 북진거점으로 상정하여 볼 때, 처음에는 남한강과 북한강을 기준으로 하여 이서의 경기지역은 백제, 이동의 영서지역은 신라로 구분되는 전후 영토분할에 대한 협상이 암묵적으로 이루어졌을 가능성을 유추해 볼 수 있다. 그러나 신라가 금현성과 도살성 공취하면서 한강유역 진출과 영토분할에 대한 주도적 우위를 점하게 되어 재협상을 요구하였고, 주도권을 잃은 백제는 지속적인 동맹관계를 유지하여 옛 도성인 한성을 수복하고자 하였기 때문에 신라에게 광주산맥 이동의 남한강 수계권에 대한 영유권을 넘기게 된 것으로 판단된다. 따라서 신라가 금현성 · 도살성을 차지함에도 백제의 저항이 없었던 것도 이러한 이유에서 기인한 것으로 볼 수 있다.

이러한 정황은 551년 3월 진흥왕의 娘城 순행 기록[46]에서도 읽을 수 있다. 낭성의 위치에 대해서는 『三國史記』 地理志와 『新增東國輿地勝覽』 등에 청주지역을 娘臂城, 娘子谷, 娘城이라 적고 있어[47] 일반적으로 청주지역으로 비정되고 있다.[48] 그렇다면 도살성·금현성을 공취한 후 얼마 지나지 않아 진흥왕이 최전방인 낭성에 행차한 것을 어떻게 해석할 수 있을까? 이는 나제연합군의 고구려 공격을 앞두고 한강유역 진출거점을 최종적으로 점검하는 차원으로 풀이되며, 양국의 협상이 마무리되어 청주분지의 안정성이 담보되었기에 가능했으리라 판단된다. 이와 같이 신라는 당대 정세변화에 긴밀히 대응하여 도살성과 금현성 차지함으로써 백제를 견제하고 한강유역 진출의 교두보를 선점함으로써 한강유역 진출의 주도권을 차지하게 된 것이다.

2) 신라의 경기지역 진출범위

도살성·금현성의 공취로 중원을 장악한 신라는 이미 진출해있던 진천과 충주 혹은 단양을 거점 삼아 551년 고구려의 10郡을 차지하고, 553년 7월 백제가 고구려로부터 회복한 6郡을 탈취하여[49] 경기지역을 장악하게 된다. 이때 백제와 신라가 차지한 6군과 10군은 곧 신라의 경기지역 진출범위를 의미하는 것으로 6군과 10군의 구체적인 위치를 살펴보면 다음과 같다.

46 『三國史記』 卷4, 新羅本紀 眞興王 12年.

47 『三國史記』 卷37, 雜誌6 地理4 百濟 熊川州 "西原 一云臂城 一云子谷"; 『新增東國輿地勝覽』 卷15, 忠淸道 淸州牧 郡縣 "上黨 娘臂城 西原京 淸州 娘城 全節軍."

48 윤성호, 2017, 「신라의 道薩城·金峴城 전투와 國原진출」 『韓國古代史硏究』 87, 한국고대사학회, 243~246쪽; 전덕재, 2018, 「4~7세기 백제의 경계와 그 변화」 『百濟文化』 第58輯, 公州大學校 百濟硏究所, 100쪽.

49 『三國史記』 卷4, 新羅本紀4 眞興王 14年 "七月, 取百濟東北鄙, 置新州, 以阿湌武力爲軍主"; 『日本書紀』 卷19, 欽明天皇 13年 "百濟棄漢城與平壤. 新羅因此入居漢城. 今新羅之牛頭方·尼彌方也".

표 17. 신라 공취 고구려 10郡의 위치비정 제 견해

연번	고구려 지명	신라 지명 (景德王 改名)	현지명	박성현[50] 윤성호	장창은[51]	이인철[52]	서영일[53]
1	奈吐郡	奈隄郡	충북 제천시	●	●	●	●
2	平原郡	北原京	강원 원주시	●	●	●	●
3	斤平郡	嘉平郡	경기 가평읍	●	●	●	●
4	牛首州 (首次若/烏根乃)	朔州	강원 춘천시	●	●	●	-
5	狌川郡	狼川郡	강원 화천읍	●	●	●	●
6	楊口郡	楊麓郡	강원 양구읍	●	●	●	●
7	母城郡	益城郡	강원 김화읍	●	●	●	●
8	冬斯忽	岐城郡	강원 창도군 기성리	●	-	-	●
9	客(各)城郡	連城郡	강원 회양읍	●	●	●	●
10	大楊菅郡	大楊郡	강원 금강군	●	●	●	●
11	奈生郡	奈城郡	강원 영월읍	-	●	●	●

먼저 신라가 고구려로부터 차지한 10군의 위치를 살펴보면, 앞에서 이미 신라의 對 고구려전 작전범위는 광주산맥 이동의 남한강 수계권, 남한강과 북한강 이동의 영서지역으로 구분되었음은 언급하였다. 그렇다면 사료 B-2와 같이 10군의 분포를 나타내는 '竹嶺 以外 高峴 以內'의 범위는 어디일까? 죽령은 현 죽령을 지칭하는 것에 이견이 없을 것이며, 고현은 고증이 어려우나 죽령 이북에 위치한 삭주의 군수가 철령 이북의 삭정군과 천정군을 제외하고 10개 군에 이르므로 강원도 회양군 철령으로 비정하는 것이 통설로 받아들여지고

50 朴省炫, 2010, 「新羅의 據點城 축조와 지방제도의 정비과정」, 서울大學校 大學院 博士學位論文, 150쪽; 윤성호, 2017, 「『三國史記』 溫達傳 所載 阿旦城의 이치에 대한 재검토」 『韓國史學報』 66, 高麗史學會, 49쪽.

51 張彰恩, 2011, 「6세기 중반 한강유역 쟁탈전과 管山城 戰鬪」 『震檀學報』 111, 震檀學會, 14쪽.

52 이인철, 2003, 『신라 정치경제서 연구』, 일지사, 108쪽.

53 서영일, 1999, 『신라 육상 교통로 연구』, 학연문화사, 177~178쪽.

있다.[54] 이에 〈표 17〉과 같이 영서지역에 해당하는 죽령 이북~철령 이남의 삭주영역에서 구하는 것이 일반적이며, 주치와 기성군, 溟洲 소속으로 전하는 내성군의[55] 포함여부에서 약간의 차이가 있을 뿐 대체로 의견이 일치하고 있다.

그렇다면 당시 신라는 광주산맥 이동의 남한강 수계권에 진출해 있었기 때문에 이들 지역 역시 넓은 범위에서 '竹嶺 以外 高峴 以內' 지역에 포함된다. 따라서 신라가 공취한 10군의 범위에 광주산맥 이동의 남한강 수계권이 포함되어야 할 것이다. 이와 관련하여 전덕재는 〈표 17〉의 1~6에 槐壤郡(괴산), 黑壤郡(진천), 介山郡(안성 죽산), 沂川郡(여주) 등 한주 지역을 포함하여 비정하고 있어 주목된다.[56] 하지만 괴산과 진천지역은 도살성 전투 이후 이미 신라가 진출해 있었으므로 이를 제외하면 죽산의 개산군과 여주의 기천군이 남는다. 문헌기록에도 두 지역 모두 고구려 지명인 皆次山郡과 述川郡이라는 고구려 지명이 전해지고 있으며, 고고학적으로도 개차산군의 영현인 陰竹縣에 해당하는 음성 문촌리유적, 기천군(술천군)의 영현인 黃驍縣에 해당하는 여주 금당리유적에서는 고구려 석실묘군이 조사된 바 있어 이를 입증해 주고 있다. 따라서 신라가 공취한 고구려 10군에 개산군과 기천군이 포함됨은 마땅하나 그러면 모두 12개 군이 되어 기록과 부합되지 않는데, 이는 아마도 신라의 참전과 10군 공취 시점간의 차이에서 기인하는 것이 아닐까한다.

사료 B-2를 보면 백제가 먼저 평양을 차지하자 그 기세를 타고 거칠부 등 여덟 장군이 죽령 이외, 고현 이내의 10군을 공취하였음을 밝히고 있다. 즉 백

54 朴省炫, 2010, 「新羅의 據點城 축조와 지방제도의 정비과정」, 서울大學校 大學院 博士學位論文, 150쪽.

55 奈生郡은 溟洲 소속으로 되어있으나 지리적으로 제천·단양에 가깝고 고구려 영역기에는 牛首州 소속으로 되어있어 본래는 朔州 소속이었던 것으로 판단된다(서영일, 1999, 『신라 육상 교통로 연구』, 학연문화사, 178쪽).

56 전덕재, 2009, 「신라의 한강유역 진출과 지배방식」『鄕土서울』 제73호, 서울시사편찬위원회, 109쪽; '鷄立峴과 竹嶺 以西地域의 땅'을 신라에게 빼앗겼다는 『三國史記』 卷45, 列傳 溫達條에 근거하고 있다.

제가 평양성을 함락하여 6군의 땅을 되찾을 당시 신라는 남한강유역을 장악하였고, 그 기세를 몰아 삭주방면으로 진출하여 고구려의 10군을 차지한 것이 아닐까한다. 이러한 연유로 이미 점령한 남한강 수계의 郡이 기록에서 빠진 것으로 추정된다.

따라서 신라는 551년 10군 공취 이전에 이미 광주산맥 이동의 남한강 중하류와 북한강 하류 일대를 장악함으로써 1차적으로 경기지역에 진출한 것으로 볼 수 있다. 당시 신라의 10군의 공취 경로를 살펴보면, 진천을 기점으로 죽산-여주·이천-이포-양평-가평으로 이어지는 노선과 단양을 기점으로 제천-원주-홍천으로 이어지는 두 갈래의 경로가 상정되며, 춘천에 집결한 뒤 다시 나누어져 북방을 개척하였던 것으로 여겨진다. 즉 신라의 북진 경로는 서부전선과 동부전선으로 나뉘며, 양 전선의 거점역할을 하는 진천과 단양지역의 가운데에 위치한 충주지역이 양 전선을 총 지휘하는 최종의 배후거점이었을 것이다.

이와 같이 551년 남한강유역의 경기 동부지역과 삭주 방면의 영서지역을 장악한 신라는 2년 뒤 553년 7월 백제가 차지하고 있던 6군을 탈취하기에 이른다. 6군의 위치에 대해서는 여러 견해가 제기되고 있는데, 정리해 보면 〈표 18〉과 같다. 이들 견해를 종합해 보면 크게 한강 이남, 임진강 이남, 한강 이북지역으로 나뉘는데 일부는 숫자에 얽매이지 않고 지역을 추가하고 있다. 이렇게 다양한 견해가 제기되는 것은 대체로 사료 B-1의 "獲漢城之地又進軍討平壤凡六郡之地遂復故地" 구절의 해석상 차이에서 기인한다. 즉, 백제가 한성과 평양을 점령함으로써 6군을 얻어 고지를 회복한 것으로 파악한 해석과 한성을 얻은 후 또 다시 진군하여 평양을 토벌함으로써 6군을 얻고 비로소 고지를 회복한 것으로 해석한 차이이다. 전자는 한성과 평양이 6군에 포함되는 것으로 한강 이남설의 바탕이 되고 있으며, 후자는 한성이 6군에서 제외되는 한강 이북설의 바탕이 되고 있다.

표 18. 신라 탈취 · 백제 6郡의 위치비정 제 견해[57]

한강 이남설			임진강 이남설		한강 이북설	
임기환[58]	서영일[59]	여호규[60]	전덕재[61]	이호영[62]	노중국[63]	장창은[64]
漢陽郡 (北漢山郡)	漢陽郡 (北漢山郡)	漢陽郡 (北漢山郡)	漢陽郡 (北漢山郡)	漢陽郡 (北漢山郡)	交河郡 (泉井口縣)	漢陽郡 (北漢山郡)
漢州 (漢山郡)	漢州 (漢山郡)	漢州 (漢山郡)	漢州 (漢山郡)	漢州 (漢山郡)	來蘇郡 (買城縣)	交河郡 (泉井口縣)
栗津郡 (栗木郡)	栗津郡 (栗木郡)	栗津郡 (栗木郡)	栗津郡 (栗木郡)	栗津郡 (栗木郡)	堅城郡 (馬忽郡)	來蘇郡 (買城縣)
長堤郡 (主夫吐郡)	長堤郡 (主夫吐郡)	水城郡 (買忽郡)	長堤郡 (主夫吐郡)	長堤郡 (主夫吐郡)	開城郡 (冬比忽)	堅城郡 (馬忽郡)
水城郡 (買忽郡)	沂川郡 (述川郡)	唐恩郡 (唐城郡)	水城郡 (買忽郡)	沂川郡 (述川郡)	松岳郡 (扶蘇岬)	鐵城郡 (鐵圓郡)
唐恩郡 (唐城郡)	介山郡 (皆次山郡)	白城郡 (奈兮忽)	堅城郡 (馬忽郡)	介山郡 (皆次山郡)	牛峰郡 (牛岑郡)	富平郡 (夫如郡)
沂川郡 (述川郡)	-	介山郡 (皆次山郡)	-	堅城郡 (馬忽郡)	-	-
介山郡 (皆次山郡)	-	-	-	海口郡 (穴口郡)	-	-
-	-	-	-	富平郡 (夫如郡)	-	-

57 이해의 편의를 위하여 고구려 지명을 사용한 논고의 경우 신라 지명으로 통일하고 고구려 지명을 병기하였음을 밝힌다.

58 임기환, 2002, 「고구려 · 신라의 한강유역 경영과 서울」 『서울학연구』 18, 서울시립대학교 서울학연구소, 13쪽.

59 서영일, 1999, 『신라 육상 교통로 연구』, 학연문화사, 231~235쪽.

60 여호규, 2013, 「5세기 후반~6세기 중엽 高句麗와 百濟의 국경변천」 『百濟文化』 第48輯, 公州大學校 百濟硏究所, 145~146쪽.

61 전덕재, 2009, 「신라의 한강유역 진출과 지배방식」 『鄕土서울』 제73호, 서울시사편찬위원회, 110쪽.

62 李昊榮, 2007, 『月山 李昊榮의 韓國史學 遍歷』, 서경문화사, 106~107쪽.

63 盧重國, 2006, 「5~6세기 고구려와 백제의 관계」 『北方史論叢』, 고구려연구재단, 34쪽.

상기의 제 견해들은 면밀한 사료분석에 따른 것으로 타당성이 있으나, 고고학적으로는 일부 문제점이 제기된다. 우선 신라의 경기지역 진출 무렵인 6세기 중엽에 양주분지와 포천분지 등 임진·한탄강 수계권에서는 신라유적이 확인되지 않는 점이다. 철원군으로 진입하는 관문에 위치한 포천 성동리 마을유적[65]에 근거하여 6세기 중엽 신라의 포천분지 일원에 대한 일시적 점유를 주장하기도 하지만, 출토된 고배와 뚜껑 등의 잔편들은 대부분 잔존 기형상 7세기 이후의 양식적 특징을 보여주는 것들이다. 이로 보아 신라는 임진강 하류와 고령산, 천보산 일대를 경계로 고구려와 대치상태를 이루었던 것으로 판단되므로 평양을 함락하여 6군의 땅을 회복하였다는 해석은 신뢰할 수 있다.

기록에 전하는 한성은 몽촌토성과 풍납토성 등이 자리한 백제 한성기 도성을 의미하며, 평양은 고구려의 북한산군으로 아차산 일대를 중심으로 한 서울 강북 일원이라는 데에는 대체로 의견이 일치하고 있다. 또한 북한산 비봉에 위치한 〈북한산순수비〉가 다른 진흥왕 순수비처럼 定界碑의 성격이 짙다는 사실을 고려할 때[66] 신라가 백제에게 탈취한 6군은 한양군(북한산군)이남으로 국한시켜야 할 것이다. 이러한 점으로 보아 따라서 내소군, 견성군, 개성군, 송악군, 우봉군, 철성군 등 한강 이북과 임진·한탄강 지역은 대상에서 제외시키는 것이 마땅하다.

그러면 한강 이남설에서 주장하는 지역이 유력해지는데, 앞 서 언급한바와 같이 신라가 이미 남한강 수계인 안성 죽산과 여주·이천지역을 영유하고 있었으므로 기천군(술천군), 개산군(개차산군)은 제외된다. 이상과 같이 6군의 북쪽과 동쪽 경계를 설정하면, 대략적인 6군의 위치를 비정할 수 있다. 여기서

64 張彰恩, 2011, 「6세기 중반 한강유역 쟁탈전과 管山城 戰鬪」『震檀學報』 111, 震檀學會, 17쪽.

65 京畿道博物館, 1999, 『抱川 城洞里 마을遺蹟』.

66 박성현, 2011, 「5~6세기 고구려·신라의 경계와 그 양상」『역사와 현실』 82, 한국역사연구회, 83~85쪽.

주목되는 지역은 교하군(천정구현), 한양군(북한산군), 율진군(율목군), 주치(한산군), 수성군(매홀군), 백성군(내혜홀)이다. 이들 지역에서는 신라의 경기지역 진출 무렵인 1단계의 이른 시기에 해당하는 고분군을 비롯한 산성과 취락유적 등이 확인되고 있다.

아울러 교하군에 속하는 공릉천 하류 일대의 파주 동패동유적[67], 영현인 고봉현에 속하는 대화·창릉천 주변의 고양 도내동유적, 한양군에 속하는 중랑·왕숙천 주변의 남양주 지금동유적·아차산 일대 보루군, 율진군의 영현인 곡양현에 속하는 안양천 중·하류 주변의 서울 천왕동·광명 소하동고분군, 한주(한산군)에 속하는 탄천하류 주변의 서울 가락동·세곡동·석촌동, 성남 판교동·창곡동유적과 영현인 거서현에 속하는 탄천 중·상류역의 용인 보정동·동천동고분군, 수성군에 속하는 황구지천 주변의 화성 청계동·반송동유적, 오산 궐동유적, 백성군에 속하는 안성천 상류 주변의 도기동산성 등 고구려 산성이나 석실묘와 옹관묘 등의 무덤이 확인된다는 점에서 상기지역은 백제가 고구려로부터 공취한 지역일 가능성 높다. 아울러 몽촌토성[68]의 경우 백제 사비기 토기가 소량 출토

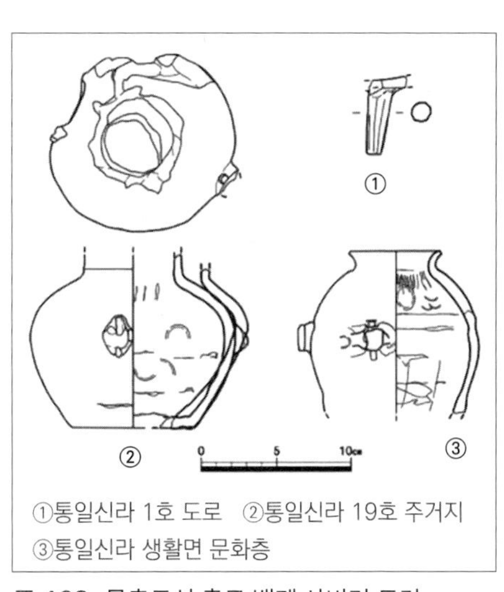

도 123. 몽촌토성 출토 백제 사비기 토기

67 한백문화재연구원, 2021, 『파주 동패동 · 목동동 유적』.(2-4구역에서 횡혈식석실묘 1기가 확인되었다. 보고자는 통일신라시대의 것으로 보고하였으나 입지와 구조 등 여러 면에서 신라 석실은 될 수 없고 고구려 석실로 보는 것이 타당하다.)

68 한성백제박물관, 2019, 『몽촌토성III』 -2015~2018 북문지 일원 발굴조사: 통일신라시대-.

되고 있는데 다수의 고구려 유구와는 달리 특별한 생활흔적이 확인되지 않고 있다. 이에 백제가 고구려를 한강유역에서 몰아낸 후 단기간 점유하였던 근거가 될 수 있어 이를 뒷받침하고 있다.

또한 위 지역들은 한강 본류와 광주산맥을 따라 분포하여 眞興王 14년 신라가 백제 동북변읍을 빼앗아 신주를 설치하였다는 기록상의[69] 위치와 통하는 면이 있다. 이밖에도 사료 B-1의 '6郡으로 마침내 故地를 회복'하였다는 내용으로 볼 때 6군은 백제가 차지하였던 옛 영토를 아우를 수 있는 범위로 판단되는데, 상기 지역들은 한강 본류와 안성천 수계를 아우르는 지역으로 이들 지역을 차지하면 자연히 백제 한성기 영토의 대부분을 회복하게 되는 것이다. 이렇듯 신라가 백제로부터 탈취한 6군은 한강 본류와 안성천 수계를 아우르는 교하군, 한양군, 율진군, 주치(한산군), 수성군, 백성군으로, 북으로는 임진강 하류와 고령산, 천보산 일대를 경계로 고구려와 대치하고, 남으로는 안성천을 경계로 백제와 대치하였던 것으로 판단된다.

6군의 대상으로 신라의 대외교섭의 창구인 唐恩郡(唐城郡)과 長堤郡(主夫吐郡)이 거론되는데, 당은군은 치소지로 추정되는 화성 당성의 경우 수차례 발굴조사 결과 6세기 중엽 경으로 올려 볼 근거가 미약하며, 이와 관련된 고분군도 확인되지 않고 있다. 또한 신라의 6군 탈취 후 진흥왕 25년(564)을 시작으로 대외교섭관련 기록이 등장하는 것으로 보아 당성이 위치한 당은군은 6군 탈취 이후 일정기간이 지나서야 영역화에 들어선 것으로 판단된다. 장제군 또한 당은군과 비슷한 양상을 보이는데 치소지인 계양산성은 출토된 토기로 보아 7세기 전반 무렵에 운용된 것 판단되며, 주변에도 6세기대로 볼 수 있는 여타의 유적은 확인되지 않고 있다. 아울러 백제 입장에서 당은군과 장제군의 두 지역은 한강유역을 장악하면 자연스레 편입되는 지역으로, 한강유역의 고토 회복에 필요한 핵심지역은 아니다.

69 『三國史記』 卷4, 新羅本紀4 眞興王 14年 "七月 取百濟東北鄙, 置新州, 以阿湌武力爲軍主"

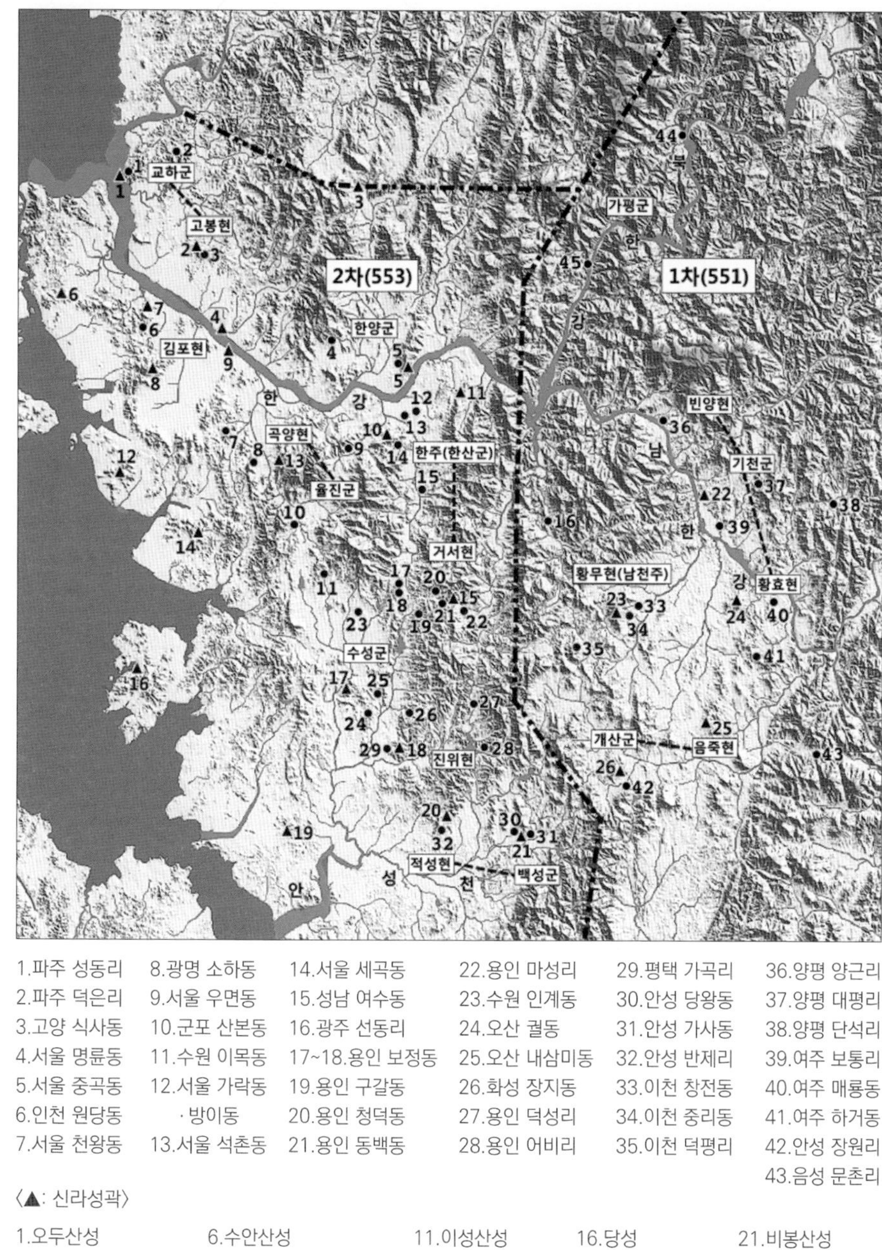

1.파주 성동리
2.파주 덕은리
3.고양 식사동
4.서울 명륜동
5.서울 중곡동
6.인천 원당동
7.서울 천왕동
8.광명 소하동
9.서울 우면동
10.군포 산본동
11.수원 이목동
12.서울 가락동 · 방이동
13.서울 석촌동
14.서울 세곡동
15.성남 여수동
16.광주 선동리
17~18.용인 보정동
19.용인 구갈동
20.용인 청덕동
21.용인 동백동
22.용인 마성리
23.수원 인계동
24.오산 궐동
25.오산 내삼미동
26.화성 장지동
27.용인 덕성리
28.용인 어비리
29.평택 가곡리
30.안성 당왕동
31.안성 가사동
32.안성 반제리
33.이천 창전동
34.이천 중리동
35.이천 덕평리
36.양평 양근리
37.양평 대평리
38.양평 단석리
39.여주 보통리
40.여주 매룡동
41.여주 하거동
42.안성 장원리
43.음성 문촌리

〈▲: 신라성곽〉

1.오두산성
2.고봉산성
3.대모산성(양주)
4.행주산성
5.아차산성
6.수안산성
7.북성산성(김포)
8.계양산성
9.양천고성
10.대모산성(서울)
11.이성산성
12.문학산성
13.호암산성
14.군자산성
15.할미성
16.당성
17.독산성
18.무봉산성
19.자미산성
20.무한성
21.비봉산성
22.파사성
23.설봉산성
24.북성산성(여주)
25.설성산성
26.죽주산성

도 124. 신라의 경기지역 진출과정 및 1단계 고분군 분포현황

다만 당은군과 장제군의 영현인 車城縣(上忽縣)과 金浦縣(黔浦縣)에는 6세기 중엽의 산성과 고분군이 확인되고 있어 주목된다. 차성현(상홀현)에는 아산만 일대를 방어하는 유일한 성곽인 평택 자미산성이 안성천 이북에 위치하며, 김포현(검포현) 인천 원당동고분군과 북성산성이 한강 남안에 위치하고 있다. 이들 지역은 분포상 신라가 차지한 6군의 북계인 한강과 남계인 안성천 유역의 취약한 방어선을 보완하기 위해 우선적으로 지역거점을 형성한 것으로 파악할 수 있다. 당은군과 장제군은 신라가 새로이 개척한 한강과 안성천 수계의 안정성을 도모한 이후에 형성된 지역거점으로 볼 수 있으며, 신라가 백제로부터 탈취한 6군에는 포함되지 않는다.

이와 같이 신라는 550년 금현성·도살성 전투로 계기로 중원을 장악하여 한강 수계의 경기지역으로 진출할 수 있는 교두보를 마련할 수 있었고, 1차적으로 경기 동부지역인 남한강 수계권을 차지한 후, 후대 삭주지역인 영서지역까지 진출하기에 이른다. 이후 553년 백제의 6군을 탈취하고 신주를 설치함으로써 경기만 일대의 제해권을 장악하는 동시에 한강 본류와 안성천 수계권에 대한 실효적인 지배가 이루어지고 있다.

2. 고분으로 본 지방사회의 확립과정

앞 절에서 살펴본 바와 같이 신라는 백제와 연합하여 고구려를 한강유역에서 驅逐한 후 백제와의 동맹을 파기하고 6군을 탈취하여 경기지역 대부분을 차지하기에 이른다. 이후 新州를 설치하고 탈취한 6군을 중심으로 지역거점을 형성하여 신속하고 실질적인 영역지배의 의지를 보이는데, 고분군과 산성 등 다수의 고고학적 물질자료들이 이를 반증한다.

고분의 분포는 산천을 경계로 지형적 단절을 보이는 독립된 공간에 밀집하여 분포한다. 크게 한강 본류와 안성천 수계권, 서해안 주변 수계권, 남한강과 북한강 수계권으로 나뉘며, 모두 22개의 분포구역이 설정되었다. 분포구역별로 고분군 주변에는 신라 산성이 위치하는 것은 주지의 사실이며, 『三國史記』 地理志 기록에 비추어볼 때 상기한 공간단위는 삼국시대 이래로 이어져 온 신라 漢州 군현의 공간적 범위와 대체로 합치되는 양상을 드러내고 있는 것으로 파악된다. 이는 분포구역 별로 분포하는 산성 내에서 지역명을 표출하는 명문기와가 출토되고, 한강 본류 수계 공릉천 하류 일대의 파주 동패동유적, 대화·창릉천 주변의 고양 도내동유적과 중랑·왕숙천 주변의 남양주 지금동유적, 아차산 일대 보루군, 탄천하류 주변의 서울 세곡동유적, 성남 판교동유적, 탄천 중·상류역의 용인 보정동·동천동고분군, 안성천 수계 황구지천 주변의 화성 청계동유적, 안성천 상류 주변의 도기동산성, 남한강 수계 양화천 하류 주변의 여주 금당리유적 등 각 구역별로 고구려 산성이나 석실묘가 함께 확인되고 있다는 점에서 고고학적으로 뒷받침되고 있다.

이와 관련하여 박성현은 신라 한주 군현의 공간적 범위로 판단되는 지역의 중심 혹은 한 쪽에 치우친 구릉성 산지에 위치하는 신라 산성에 주목하고 출토유물과 『新增東國輿地勝覽』 등에서 확인할 수 있는 조선시대 邑治와의 연혁관계를 검토하여 한주 군현의 치소지 임을 밝히고 있어 이를 보다 분명히 하고 있다.[70] 이상의 내용들을 검토한 결과 고분군의 분포구역은 〈표 19〉, 〈도 125〉와 같이 신라 한주의 군현으로 완성되는 지방편제단위와 무관하지 않으며, 각지의 지배계층을 대표하는 고분군임을 유추할 수 있다.

이에 본 절에서는 상기의 각 지역군에 분포한 고분군의 변천과 지역상을 통해 경기지역에 이식된 신라 지방사회가 어떠한 구성과 변천을 통해 확립되어 갔는지를 살펴보고자 한다. 고분의 변천상 신라 경기지역의 지방사회는 7세기 전반 후기와 8세기 후반을 기점으로 크게 3기로 나눌 수 있다.

---

70 박성현은 문헌기록과 경기지역 신라 산성을 검토하여 군현의 치소지임을 밝히고 郡縣城이라 명하였다. 더 나아가 이들 군현성의 축조·정비과정과 기능 및 상호관계 등 그 성격을 면밀히 구명하였다(朴省鉉, 2002, 「6~8세기 新羅 漢州 郡縣城과 그 성격」 『韓國史論』 47, 서울대학교 국사학과).

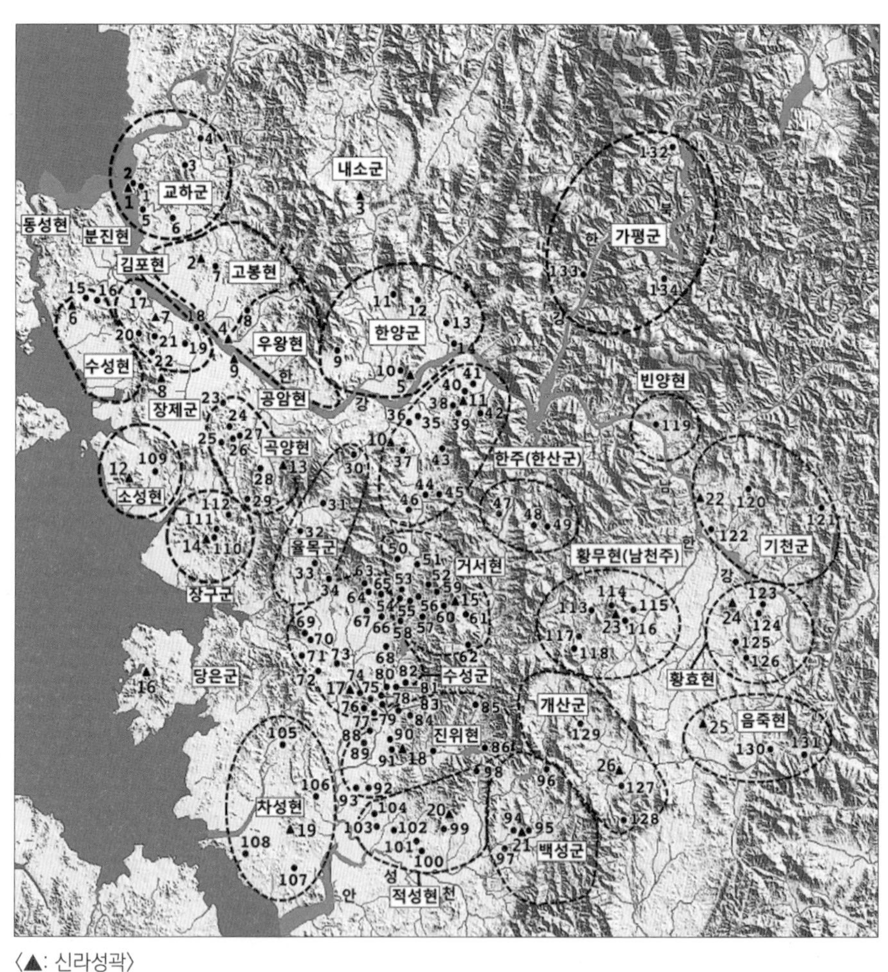

〈▲: 신라성곽〉

1.파주 오두산성
2.고양 고봉산성
3.양주 대모산성
4.고양 행주산성
5.서울 아차산성
6.김포 수안산성
7.김포 북성산성
8.인천 계양산성
9.서울 양천고성
10.서울 대모산성
11.하남 이성산성
12.인천 문학산성
13.서울 호암산성
14.시흥 군자산성
15.용인 할미산성
16.화성 당성
17.오산 독산성
18.평택 무봉산성
19.평택 자미산성
20.안성 무한성
21.안성 비봉산성
22.여주 파사성
23.이천 설봉산성
24.여주 북성산성
25.이천 설성산성
26.안성 죽주산성

도 125. 경기지역 신라 고분 분포구역과 군현 추정 범위 표시도

표 19. 경기지역 신라 고분 분포권역과 군현

<table>
<tr><th rowspan="2">지역권</th><th rowspan="2">구역명</th><th rowspan="2">해당고분군</th><th colspan="2">三國史記 地理志</th></tr>
<tr><th>高句麗</th><th>新羅</th></tr>
<tr><td rowspan="10">한 강
본 류
수계권</td><td>공릉천 하류</td><td>• 파주 성동리, 덕은리, 법흥리, 운정동, 동패동, 능산리
• 오두산성: 「泉」·「泉井」·「元泉」명 기와</td><td>泉井口縣</td><td>交河郡</td></tr>
<tr><td rowspan="2">대화천 · 창릉천</td><td>• 고양 식사동 / • 고봉산성: 「高」명 기와</td><td>達乙省縣</td><td>高烽縣</td></tr>
<tr><td>• 고양 도내동 / • 행주산성</td><td>皆伯縣</td><td>遇王縣</td></tr>
<tr><td>중랑 · 왕숙천 하류</td><td>• 서울 중곡동, 명륜동, 중계동, 남양주 지금동 Ⅰ · Ⅱ, 별내동
• 아차산성: 「北漢」·「漢」·「漢山□」명 기와</td><td>北漢山郡</td><td>漢陽郡
(北漢山郡)</td></tr>
<tr><td>봉성포천 · 호동천</td><td>• 김포 유현리, 양촌 / • 수안산성</td><td>首尒忽</td><td>戍城縣</td></tr>
<tr><td>계양천 · 굴포천 하류</td><td>• 김포 운양동, 신곡리, 인천 불로동, 원당동, 당하동
• 북성산성</td><td>黔浦縣</td><td>金浦縣</td></tr>
<tr><td>안양천 중 · 하류</td><td>• 부천 고강동, 서울 궁동, 항동, 천왕동, 광명 소하동, 가학동
• 호암산성: 「仍大內」명 기와, 「仍大內力只及末」명 청동숟가락</td><td>仍伐奴縣</td><td>穀壤縣</td></tr>
<tr><td>안양천 · 양재천 상류</td><td>• 서울 우면동, 안양 관양동, 군포 산본동, 의왕이동, 수원 이목동 / • 모락산성?</td><td>栗木郡</td><td>栗津郡</td></tr>
<tr><td>탄천 하류 · 산곡천</td><td>• 서울 가락동 · 방이동, 석촌동, 세곡동, 하남 금암산, 객산, 덕풍동, 성남 창곡동, 여수동, 도촌동, 판교동, 광주 선동리, 역동, 대쌍령리
• 이성산성 · 대모산성</td><td>漢山郡</td><td>漢州</td></tr>
<tr><td>탄천 중 · 상류 / 신갈천</td><td>• 용인 동천동, 죽전동, 마북동, 보정동, 신갈동, 언남동. 구갈동, 하갈동, 청덕동, 동백동, 마성리, 역북동 / • 할미산성</td><td>駒城縣</td><td>巨黍縣</td></tr>
<tr><td rowspan="3">안성천
수계권</td><td>황구지천</td><td>• 수원 광교, 인계동,용인 서천동, 화성 천천리, 상리, 분천리, 화산, 가장동 반송동, 청계동, 오산동, 오산 궐동, 내삼미동, 금암동, 세교동
• 독산성</td><td>買忽郡</td><td>水城郡</td></tr>
<tr><td>진위천 · 오산천</td><td>• 오산 탑동 · 두곡동, 화성 장지동, 용인 봉무리, 어비리, 덕성리, 평택 가곡리, 갈곶동, 수월암리, 당현리, 서정동 / • 무봉산성</td><td>釜山縣</td><td>振威縣</td></tr>
<tr><td>안성천 상류</td><td>• 안성 당왕동, 가사동, 도기동산성, 동평리
• 비봉산성: 「本彼」명 기와</td><td>奈兮忽</td><td>白城郡</td></tr>
</table>

지역권	구역명	해당고분군	三國史記 地理志	
			高句麗	新羅
	안성천 중류	• 안성 반제리, 이현리, 평택 장당동, 지제동, 동삭동, 죽백동, 용이동 / • 무한성	沙伏忽	赤城縣
	안성천 하류 · 발안천	• 화성 하길리, 평택 율북리, 도곡리, 황산리 • 자미산성	上忽縣	車城縣
서해안 수계권	승기천	• 인천 구월동유적 / • 문학산성	買召忽縣	邵城縣
	장현천 · 안산천	• 시흥 군자동 · 장현동, 광석동 · 능곡동, 금이동 • 군자산성	獐項口縣	獐口郡
남한강 수계권	복하천	• 이천 창전동, 중리동, 덕평리, 장암리, 이치리 • 설봉산성	南川縣	黃武縣 (南川州)
	금당천 · 흑천	• 여주 보통리, 양평 대평리, 단석리 / • 파사성	述川郡	泝川郡
		• 양평 양근리	楊根縣	濱陽縣
	양화천 하류 · 연양천	• 여주 매룡동, 하거동, 상거동 / • 북성산성	骨乃斤縣	黃驍縣 (骨乃斤停)
	청미천 상류	• 용인 근삼리, 안성 장원리, 당목리 / • 죽주산성	皆次山郡	介山郡
	청미천 · 양화천 상류	• 음성 문촌리, 오궁리 / • 설성산성	奴音竹縣	陰竹縣
북한강 수계권	북한강 상류	• 가평 읍내리유적, 대성리유적	斤平郡	嘉平郡

1) 1기(6세기 후반~7세기 전반 전기)

(1) 고분군으로 본 지배범위와 분포특징

1기는 신라의 경기지역 진출기인 6세기 후반에서 7세기 전반의 이른 시기로 고분의 변천 1단계에 해당되며, 지역거점이 형성되고, 사회집단 조직과 영역지배 체계가 구축되는 시기이다. 고분군의 분포구역은 북으로는 임진강 하류와 고령산, 천보산 일대, 남으로는 안성천을 경계로 하며, 서해안 일대를 제외한 경기지역 대부분 지역에 고분군이 형성된다. 후대 군현의 독립된 공간범위와 연결되는 곳들로 산성을 중심으로 지역거점을 형성하는데, 교하군(고봉현), 한양군, 김포현, 율진군(곡양현), 한주(거서현 · 황무현), 수성군, 진위현, 백성군

(적성현), 기천군(빈양현 · 황효현), 개산군(음죽현), 가평군 등 주치를 포함한 9개 군, 10개 현에 이른다.

김포현의 상위 행정구역인 장제군을 비롯하여 당은군과 차성현, 한양군의 우왕현, 율진군의 공암현은 아직 확인된 고분군이 없으나 치소성으로 판단되는 계양산성과 당성, 자미산성[71], 행주산성[72], 양천고성[73] 등의 존재로 보아 오래지 않아 서해안 일대를 제외한 대부분 지역에 거점을 형성하였음을 알 수 있다. 즉 경기지역 진출과 더불어 확보한 6군과 10군 이외에 한강 본류와 광주산맥, 안성천 수계를 따라 추가적인 지역거점을 형성하여 경기만을'ㄷ'자형으로 감싸고 있는 형국을 이루고 있다.

상기 구역에 분포하는 고분군들은 다양한 계통의 석실묘로 구성되며, 6개 계층군으로 구분되는 특징을 보이고 있음을 확인하였는데, 이러한 특징들의 지역상을 통해 각 지역에 형성된 거점의 사회구조와 지배방식의 일면을 살펴볼 수 있다. 먼저 지역 사회집단의 성격과 구성을 가늠할 수 있는 묘제와 계통관계를 각 분포구역에 투영시켜 어떠한 상관관계를 가지는지 살펴보고자 한다.

〈표 20〉을 보면 후대 지방제도 개편에 따라 동일 행정구역으로 편제되는 구역별로 영남 서북과 서남부지역, 복합계통의 석실로 구성된 고분군을 중심으로 왕경과 고구려, 사비기 백제 계통의 석실로 구성된 복수의 고분군이 분포하는 특징을 보인다. 아울러 한강 본류와 남한강, 그리고 안성천 수계권에는 각각 1개 구역씩 왕경계통의 Ⅰ형 횡혈식석실이 분포하는데, 한강 수계인 탄천 하류역의 서울 가락동 · 방이동, 세곡동유적과 안성천 수계의 안성 가사동석실, 남한강 수계인 흑천 · 금당천유역의 여주 보통리, 양평 대평리고분군

71 한백문화재연구원, 2010, 『평택 자미산성 2차 발굴조사보고서-』.

72 佛教文化財硏究所, 2019, 『고양 행주산성 -정비사업부지 유적 시굴조사-』; 한양문화재연구원, 2019, 「고양 행주산성 석성구역(1단계) 시 · 발굴조사 약보고서」.

73 장정수, 2017, 「양천고성의 변천과정 연구」, 대전대학교 대학원 석사학위논문.

이 이에 해당한다.[74] 이들 고분군의 분포구역은 후대 주치인 漢州와 骨乃斤停으로 비정되는 泝川郡 혹은 黃驍縣, 한성기 백제와 고구려의 남진거점이었던 白城郡으로 편제되는 곳으로 각각의 수계권을 대표하는 구역에 해당한다. 나머지 고구려와 사비기 백제 계통 석실은 남한강 수계인 복하천유역의 이천 중리동유적에서만 확인되는 특징을 보이고 있는데, 이곳은 南川州의 치소지에 해당한다.

표 20. 경기지역 신라 고분군의 분포구역별 묘형구성과 계통(1단계)

구역명		유적명	묘형	계통	漢州 郡縣名
한강 · 안성천 수계권	공릉천 하류	• 파주 덕은리	횡구ⅠB · C형/ⅡB · C형	영남 서남 / 영남 서북	交河郡
		• 파주 성동리	횡구ⅢA1형	영남 서남	
	대화천 창릉천	• 고양 식사동	횡구ⅢA1형	영남 서남	高烽縣
	중랑천 왕숙천	• 서울 중곡동	횡혈ⅢB형	영남 서북	漢陽郡 (北漢山郡)
		• 서울 명륜동	횡혈ⅡC형	복합	
	계양천 굴포천	• 인천 원당동/불로동/당하동	횡구ⅡB · ⅢC1/ⅠB · ⅡA1 · ⅡE2 · ⅢA1형	영남 서북 / 영남 서남	金浦縣
	안양천 양재천	• 서울 우면동	횡구ⅢA1 · ⅢC1형(동장형)	영남 서남 / 영남 서북	栗津郡
		• 군포 산본동	횡혈ⅠD형	복합	
	안양천 중하류	• 광명 소하동/ 서울 천왕동	횡혈ⅡC형	복합	穀壤縣

74 남한강 수계의 이천 중리동유적에서도 왕경계통으로 추정되는 방내리1유형(ⅠA형) 석실이 존재하는데, 현재 조사 중인 관계로 판단을 보류하고자한다. A-19호 한 사례로 현장 답사 결과 석실은 좌편연도이고 바닥 전면에는 소할석을 한 겹 깔았으며, 배수로는 확인되지 않는다. 또한 유물의 노출상태로 보아 추장이 이루어 진 것으로 판단하였다. 소할석이나 역석을 반복하여 깔아 추장이 이루어지거나 배수시설을 갖춘 ⅠA형의 기본구조와는 약간의 차이가 있고, 부석 상태로 보아 소할석을 일정구역만 한 겹 깔은 저시상대에 추장 시 연이어 보축하였을 가능성도 있다. 이와 같을 경우 왕경보다는 합천 · 김해 등 낙동강 중하류지역 석실과의 관련성이 크다.

구역명		유적명	묘형	계통	漢州 郡縣名
한 강 · 안성천 수계권	탄 천 하 류 산곡천	• 서울 가락동 · 방이동	횡혈 I A · B형/횡구 II A1형/ 횡혈(백제 · 고구려)	왕경/ 영남 서남/복합	漢州
		• 서울 세곡동	횡혈 I A · II A형	왕경/ 복합	
		• 성남 여수동	횡구 I A · II A1 · III A1형	영남 서남	
		• 광주 선동리	횡구 II A1 · III A1형	영남 서남	
	탄 천 중상류 신갈천	• 용인 마성리	횡혈 II C형	복합	巨黍縣
		• 용인 청덕동	횡혈IVC2형	복합	
		• 용인 보정동	횡구 II B · C1 · 2형 · III A2 · C1 · D형/ II A1형	영남 서북 / 영남 서남	
		• 용인 동백동	횡구 II B형	영남 서북	
		• 용인 구갈동	횡구 I C형	복합	
	황 구 지 천	• 오산 궐동/내삼미동 • 수원 인계동	횡구 I B형/횡구 III C1형	영남 서남 / 영남 서북	水城郡
	진위천 오산천	• 화성 장지리	횡구 II A1 · III A1 · D형	영남 서남	振威縣
		• 용인 덕성리	횡구 II A1 · III A1형	영남 서남	
		• 용인 어비리	횡혈(고구려)	복합	
		• 평택 가곡리	횡구 III C1형	영남 서북	
	안성천 상 류	• 안성 가사동	횡혈 I 유형	왕경	白城郡
		• 안성 당왕동	횡혈 II C형/ 횡구 III C1형	복합 / 영남 서북	
	안성천 중 류	• 안성 반제리	횡혈 II C형/횡구 III A1형	복합 / 영남 서남	赤城縣
북한강 · 남한강 수계권	북한강 상 류	• 가평 대성리	횡구 III A1형	영남 서남	嘉平郡
		• 가평 읍내리	횡구 II B/ III D형	영남 서북 / 영남 서남	
	금당천 흑 천	• 여주 보통리/ 양평 대평리	횡혈 I B형	왕경	泝川郡 (骨乃斤停)
		• 양평 양근리	횡구 II D · E2형	영남 서남	賓陽縣
	양화천 연양천	• 여주 상리 · 매룡리, 하거리	횡혈IVC형/ II C형 횡구 I C/ II B · C1형 · III C1형	왕경 / 복합 영남 서남/ 영남 서북	黃驍縣
	복하천	• 이천 중리동	횡혈 I A형 · I C형/ II D형 횡구 II A3/ II D · III A1 · III D형	영남 서남 / 고구려 사비백제 / 영남 서남	黃武縣 (南川州)
		• 이천 창전동	횡구 III A1형	영남 서남	
		• 이천 덕평리	횡구 II C · III C1형/ III A형	영남 서북 / 영남 서남	
	청미천 상 류	• 안성 장원리	횡혈(백제)	복합	介山郡
	청미천 양화천	• 음성 문촌리	횡구 III C1형	영남 서북	陰竹縣

(2) 사회집단의 구성

상기와 같은 분포양상을 나타내는 각 계통의 석실은 지역사회를 주도하는 지배집단의 성격이 반영된 것으로 각지 사회집단의 구성과 성격을 살필 수 있다. 이에 앞 서 특정지역 계통 석실의 축조집단이 이주세력인지, 재지세력인지를 구별할 필요가 있다. 복합·재지계통을 제외한 타 계통의 고분은 재지의 묘제와 관련이 없고 새로이 조영된 고분군을 이루며, 신라 진출이전 재지의 무덤분포와 비교할 때 상당수의 무덤이 단기간에 동시다발적으로 조영되는 점으로 보아 타 집단에 의한 문화이식의 결과로 받아들여져 이주세력일 가능성이 높다.

그러나 이들 석실의 묘주를 모두 사민세력으로 볼 수는 없다. 이는 부장토기와 무덤의 위계 등을 통해서 확인이 가능하다. 경기지역 신라 고분에 부장된 후기양식 토기는 크게 두 그룹으로 구분된다. 하나는 경주양식이거나 이를 충실히 모방한 양질의 토기그룹으로 기벽의 두께가 비교적 균일하고 구연과 대각, 뚜껑받이 턱 등의 세부표현이 명확하며, 소성 시 서로 붙지 않도록 이기재가 사용되는 경우가 많고 자연유가 부착될 정도로 고화도 소성이 많은 것을 특징으로 한다. 다른 하나는 경주양식 토기를 조잡하게 모방한 토기그룹으로 거친 태토에 기벽이 두껍고 균일하지 못하며, 구연과 대각, 뚜껑받이 턱 등의 세부표현이 상당히 조잡하다. 또한 연질소성이 많고 중첩소성과 이기재의 흔적이 없다는 점이 특징이다.[75]

위계가 높은 무덤으로 구성된 서울 가락동·방이동, 파주 성동리, 덕은리, 인천 원당동, 용인 보정동고분군 등의 중·대규모 고분군에서는 상대적으로 경주지역 토기와 큰 차이가 없는 양질의 토기가 많이 부장되고 있어 이들 축조집단은 자체적으로 숙련된 토기제작 기술과 생산시스템을 보유하고 있었거

75 홍보식, 2005, 「신라토기의 한강유역 정착과정에 대한 試論」『畿甸考古』 5, 기전문화재연구원, 309~318쪽; 2009, 「考古資料로 본 新羅의 漢江流域 支配方式」『百濟研究』 第50輯, 忠南大學校 百濟研究所, 129~130쪽.

나 체계화된 토기생산 시스템을 갖추고 있었던 경주 혹은 영남지역에서 공급받았음을 알 수 있다. 현지 세력이 갑작스레 숙련된 전문 공인집단을 보유하고 생산시스템을 구축하거나 영남지역의 원거리로부터 공급받기란 쉬운 일이 아닐 것이다. 아울러 부장토기는 없지만 양평 대평리고분군의 경우 경주지역에서 나타나는 최상위급 횡혈식석실의 구조와 차이가 없다. 이러한 점들은 무

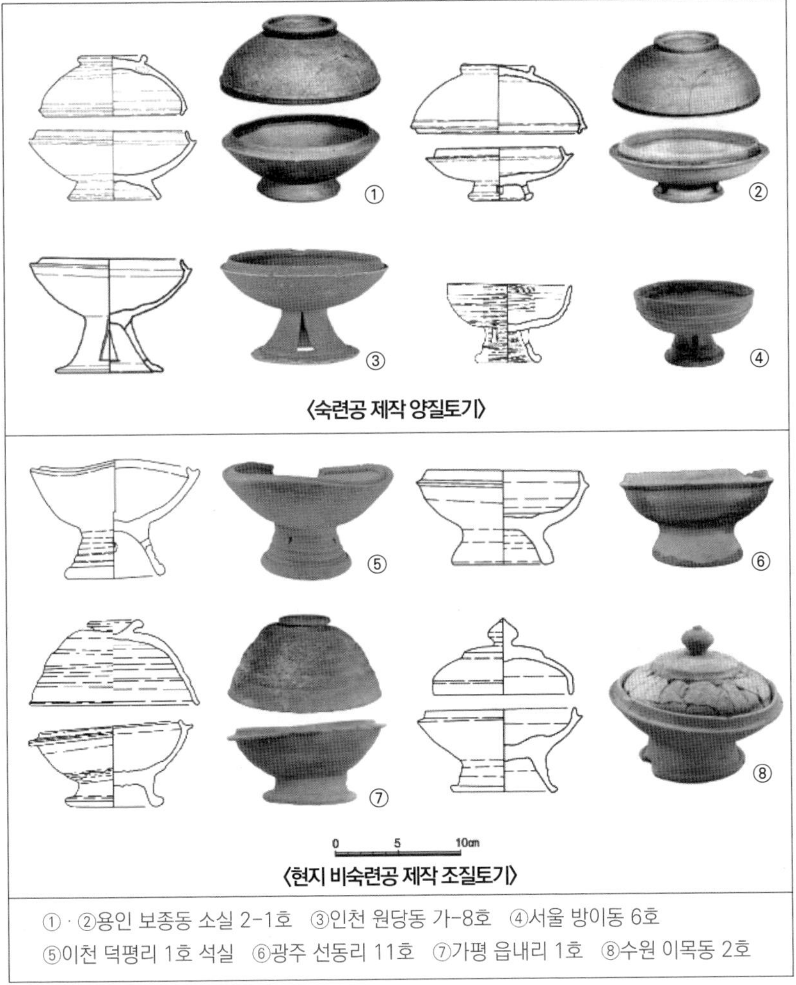

①·②용인 보종동 소실 2-1호 ③인천 원당동 가-8호 ④서울 방이동 6호
⑤이천 덕평리 1호 석실 ⑥광주 선동리 11호 ⑦가평 읍내리 1호 ⑧수원 이목동 2호

도 126. 경기지역 신라 고분 부장토기의 제작상태 비교

덤의 계통지역과 연결되는 경주의 왕경세력과 창녕과 김해지역 등 영남 서남부의 구 가야세력, 상주와 안동을 중심으로 한 영남 서북부 일원의 지방세력이 유입된 것으로 볼 수 있다.

하지만 축조세력의 무덤이 계통지역과 필히 부합되는 것은 아니다. 서악동 유형인 여주 매룡동 2·8호 석실은 왕경계통의 횡혈식석실이지만 연도방향과 동일하게 단벽에 붙여 고시상대를 배치하였고, 유단식 연도로 현실과 연도 천장의 높이 차가 크지 않다. 이는 영남 서북부의 영주지역 횡장방형 석실의 구조적 특징이다. 또한 다른 왕경계통 석실과 달리 영남 서북부 계통의 횡구식석실과 혼재하고 있다. 이로 보아 여주 매룡동 2·8호 석실의 축조세력은 왕경과 매우 밀접한 관계에 있는 영남 서북부의 유력한 지방세력으로 판단된다.

반면 영남 서북과 서남부지역 계통 고분군 중 광주 선동리고분군, 수원 이목동유적, 이천 덕평리유적 등 작고 위계가 낮은 무덤으로 구성된 중·소규모 혹은 단독·소군집형 고분군에서는 대부분 경주지역 토기를 매우 조잡하게 모방한 토기가 부장되고 있어, 이들을 신라문화를 적극적으로 수용한 재지세력으로 설정이 가능하다.

이렇듯 복합·재지계통을 제외한 타 계통의 무덤 중 위계가 높은 중·대규모 고분군과 횡혈식석실묘로 구성된 단독·소군집형 고분군은 왕경과 구 가야세력, 영남 서북부의 지방세력이 사민되어 문화이식의 주도적 역할을 한 지역거점의 중심고분군으로 여겨지고,[76] 작고 위계가 낮은 무덤으로 구성된 주변의 중·소규모 혹은 단독·소군집형 고분군은 신라에 동화된 재지세력으로 추정된다. 주지하다시피 이러한 사민책은 진흥왕이 망명한 우륵을 국원에 안치하였다는 사료와[77] 진흥왕 18년(557) "國原小京을 설치하고 이듬해 貴戚子

76 이들 고분군의 주축세력이 이주집단임을 의미하는 것이지 모든 무덤의 축조세력이 이주집단임을 의미하는 것은 아니다. 이들 고분군 내에서도 분명히 재지세력은 존재하였으며, 무덤의 부장토기에서도 구분된다.

77 『三國史記』 卷32 雜誌1 樂 伽倻琴條.

弟와 六部豪民을 徙民시켰다."[78]라는 기록 등에서도 알 수 있듯 새롭게 편입된 영역에 대한 지배방식 중 하나이다.

복합·재지계통 석실로 구성된 고분군은 전형적인 신라 석실묘와 혼재하지 않고 외따로 분포하거나 2~3기로 구성된 단독·소군집유형의 고분군으로 묘·장제에 따라 네 유형으로 세분된다. 첫 번째는 복합계통 석실에서 일반적인 것으로 선축된 고구려 석실묘에 연접분의 형태로 배치되는 과정에서 신라식의 구조적 변화는 물론 신라유물이 부장되는 것이다. 두 번째 유형은 서울 가락동 5호와 용인 어비리 1호 석실이 해당되는데, 모두 고구려 영역기에 축조된 석실에 추가장 된 것으로 매장방식과 부장유물이 신라식인 것, 세 번째는 군포 산본동 2호, 용인 구갈동 석실 등과 같이 신라 석실의 기본구조에 고구려 묘·장제가 일부 남아있는 것, 네 번째는 한성기 백제 석실에 매장행위가 이루어진 것이다.

네 번째 유형을 제외한 나머지 유형은 명칭대로 지배국가의 변화에 따라 정치적으로 신라화 된 재지세력으로 보아도 무방하지만 문제는 서울 가락동 3호와 안성 장원리 2·3호 석실로 대표되는 네 번째 유형이다. 이들 석실에서 확인되는 신라 매장행위는 백제 한성기가 끝나는 475년을 기준하여도 최소 70~80년이 지나서야 이루어진 것인데, 이를 동일집단에 의한 추가장 행위로 볼 것인지 아니면 석실의 축조주체와는 무관한 신라인이 재사용한 것인지의 여부이다.[79] 이와 관련하여 최병현은 석실의 축조시기와 신라토기의 시차에 근거하여 신라인이 재사용한 것임을 명백히 하였으며, 항구적인 군사적 거점

78 『三國史記』 卷4 新羅本紀4 眞興王 18年·19年條.

79 최병현은 추가장의 정의를 가족이나 혈연관계에 있는 피장자들이 고분 바닥의 동일면이나 추가 설치된 시상(관)대에 차례로 선후 매장된 것으로 규정하였고, 재사용은 고분 축조주체와 혈연관계가 없거나 문화적 배경이 다른 사람들이 이미 축조되어 매장이 완료된 고분을 다시 열고 새로이 매장행위를 한 것으로 정의하였다(최병현, 2015, 「중부지방 백제 한성기 축조·신라 재사용 석실분과 고구려·신라 연속 조영 고분군」 『고고학』 14-2호, 중부고고학회, 96쪽).

이나 영역지배 체계가 미비된 상황에서 일시적으로 나타난 특수사례로 판단하였다.[80] 필자도 현 상황에서 대체로 동의하는 바이지만 특정시기에 구애받지 않고 나타나는 사례가 많아지고 있어 향후 재고의 여지가 있어 보인다.[81]

다음으로 고구려와 사비기 백제 계통이 확인되는 이천 중리동유적의 석실이다. 이들 석실은 신라 석실에서는 확인되지 않는 독특한 구조로 고구려와 사비기 백제 석실의 구조에 바탕을 두고 있으며, 신라 유물이 부장되는 특징을 보인다. 계기적으로 연결되는 재지의 석실도 없고, 추가장의 흔적이 확인되지 점에서 고구려와 백제의 이주세력일 가능성이 높다.

(3) 사회집단의 조직과 역할

신라의 경기지역 진출기에는 왕경과 영남 서북부세력, 구 가야세력, 재지세력, 고구려와 백제 이주세력 등 다양한 사회집단이 존재하였음을 확인하였다. 〈표 20〉과 같이 대체로 후대 행정 구역별로 영남 서북부와 구 가야, 재지세력으로 조직되고 있으며, 무덤의 위계로 보아 구 가야와 영남 서북부세력의 고분군이 각 지역의 중심고분군을 이루고 있어 이들을 중심으로 영역화가 진행되었음을 알 수 있다. 특히 광주산맥 이서의 한강·안성천 수계권은 구 가야세력, 광주산맥 이동의 남한강 수계권은 영남 서북부세력의 고분군이 주류를 이루는데, 호서지역까지 확대해보면, 가야세력의 고분군이 진천지역까지

80 최병현, 2015, 「중부지방 백제 한성기 축조·신라 재사용 석실분과 고구려·신라 연속조영 고분군」『고고학』 14-2호, 중부고고학회, 96~97쪽.

81 이러한 사례는 용인 보정동 소실유적 6·8·17호, 삼막곡고분군 1구간 10·16호, 남양주 지금동II유적 사지구 고구려 석실 등에서도 나타난다. 대개 이전 매장행위 이후 흙을 깔고 목관을 안치하거나 시상대를 조성한 것으로 출토유물 상 대부분 8세기 후반대에 해당하여 이전의 매장행위와는 거의 1세기 이상의 시기차를 보인다. 이에 신라의 경기지역 진출기인 6세기 후반대의 일시적이고 특수한 사례로만 이해하기보다는 신라사회에서 통용되는 독특한 매장관념으로 받아들일 필요가 있으며, 피장자의 성격에 관해서도 재고의 여지가 있어 보인다.

나타나고 있어 보다 뚜렷이 구분된다. 이는 영역화 과정에서 각 권역별로 역할을 달리하였을 것으로 추정되는데, 즉 한강·안성천 수계권은 구 가야세력, 남한강 수계권은 영남 서북부세력을 중심으로 영역화가 진행되었을 가능성이 크다. 이들의 구체적인 신분을 알 수는 없으나 전시상황이라는 점과 무덤의 위계를 고려하면 대부분 군사집단과 관원일 가능성이 높으며, 이밖에도 기반시설 복구와 구축에 필요한 다양한 신분도 포함되었을 것이다. 이에 특정계층에 한정된 이주가 아닌 다양한 계층으로 구성된 일정규모 지역공동체의 집단이주를 유추하여 볼 수 있다.

이러한 예는 가평 대성리유적과 오산 가수동유적에서 확인된다. 가야계인 가평 대성리유적 1호 석실에서는 철제 집게, 철착으로 구성된 단야구가[82] 출토되었다. 단야구의 부장은 가야·신라권역의 5~6세기대 묘제에서 가장 많이 확인되고 있으며, 특히 창녕과 합천, 김해지역 등 가야지역에서 두드러진다.[83] 피장자의 성격과 관련하여 기왕의 연구성과에 의하면, 4~5세기대의 묘제에 부장된 단야구는 실용성이 낮아 철기 생산과 관련된 작업을 운영하거나 관리했던 수장으로 이해하는 반면, 6세기대의 묘제에 부장된 단야구는 실용성이 높아 직접 작업에 종사한 冶匠일 가능성이 높은 것으로 판단하고 있다.[84] 가평 대성리유적 1호 석실에서 출토된 단야구는 실제 사용된 도구일 가능성이 높다는 점에서 피장자는 신라의 군사활동과 관련하여 철제 무구류의 생산과 공급을 담당한 전문 공인집단에 속해 있었던 것으로 추정되며, 이들의 신분은 위계상 하위 5계층에 해당하여 그리 높지 못하였다.[85]

82 단야구는 철기 제작 중 단조 가공을 목적으로 사용되는 도구를 말한다.

83 대표적으로 창녕 계성고분군, 초곡리 1002번지 유적, 합천 저포리 E지구, 창리유적 등을 들 수 있다.

84 車順喆, 2004, 「단야구 소유자에 대한 연구」『문화재』 36권, 국립문화재연구소, 176~177쪽; 한국문화재단, 2019, 『창녕 초곡리 1002번지 유적』, 128쪽.

85 이는 후대의 기록이나 『三國史記』 列傳 强首條에 "강수가 부곡 대장장이의 딸을 아

오산 가수동유적[86]의 경우 수리시설과 경작지, 수혈주거지, 우물 등이 확인되었다. 산곡의 자연수로를 활용하여 건설한 작지 않은 규모의 수리시설은 시사하는 바가 크다. 당대 수리시설 자체가 국가가 직접관리, 통제했던 주요 기간시설임을 감안하면, 적어도 지방관청이나 군대에 소속된 기술직이 동원되었을 것이기 때문이다.[87] 이를 유추할 수 있는 것이 Ⅰ-2호 주거지에서 '干'字名이 묵서된 완이 출토되었는데 공반된 뚜껑으로 보아 6세기 후반대에 해당한다. '干'은 '尺'과 함께 기술직을 의미한다. '干'이 설치된 관청업무는 특정물품을 생산 관리·조달하는 하급 기술직으로, 처음에는 궁중 업무를 관할하는 하급관청에 설치되었다가 점차 관청 밖의 民에게까지 그 사용이 확대된다.[88] 이러한 과정에서 지방관청이나 군대에도 '干'층이 배속되었을 것으로 추정된다. 따라서 묵서의 '干'字銘 토기를 고려할 때 '干'층은 전문기술직으로써 토기제작 등 일반 수공업품 이외에도 군수물자 보급, 산성과 수리시설 축조에 관여한 것으로 판단된다. 그리고 앞서 살펴본 부장토기의 제작기술상 경주지역을 비롯한 영남지역 토기와 큰 차이가 없는 양질의 토기는 이입품으로도 볼 수도 있지만 원거리에서 조달이 쉽지 않고 그 양이 많지 않은 점으로 볼 때 숙련된 토기제작 기술을 보유한 장인집단이 소수 존재하였을 가능성도 배제할 수 없다.

이와 같이 신라의 경기지역 진출기에는 왕경과 영남 서북부세력, 구 가야세력, 재지세력, 고구려와 백제 이주세력 등 다양한 사회집단이 이주하였고, 특정계층이 아닌 군사집단과 관원, 전문기술자 그룹 등 다양한 계층으로 조직되어 신라 문화를 현지에 이식하였던 것으로 여겨진다.

내로 삼자, 그의 부친이 노하여 말하기를 미천한 자를 짝으로 삼는다면 수치스러운 일이다"라고 말하는 사실에서 확인할 수 있다.

86 京畿文化財硏究院, 2007, 『烏山 佳水洞遺蹟』.

87 京畿文化財硏究院, 2007, 『烏山 佳水洞遺蹟』, 297쪽.

88 盧重國, 2001, 「新羅時代 尺과 干」『韓國古代史硏究』 23, 한국고대사학회.

다음으로 신라의 경기지역 진출기에 구 가야와 영남 서북부의 지방세력이 권역별로 일관되게 배치된 원인을 살펴보고자 한다. 주지하다시피 경기지역은 신라의 최북단으로 고구려·백제와 군사적 긴장관계를 유지하는 지역이다. 이는 신라의 경기지역 진출 이후 정세에 따라 수시로 州의 치폐를[89] 거듭하는 과정에서도 알 수 있다. 이러한 불안한 군사적 긴장지역에 왕경 세력을 중심으로 난관을 헤쳐 나아가기에는 한계가 있었을 것으로 여겨진다. 이에 신라는 피정복민인 구 가야세력과 상주일대의 지방세력에 주목하고 이들을 왕경세력의 차상위 계층으로 사민하여 경기지역 영역화에 중추적 역할을 맡긴 것으로 보이는데, 그 이면에는 지방통제력을 높이기 위한 정치적 목적이 내재되어 있었다.[90]

신라에 복속된 가야의 지배세력은 국가 경영의 경험도 있을뿐더러 신라에 자진 투항하여 흡수된 피정복민이라는 점에서 신라의 정체성이 입증된 계층이었을 것이고,[91] 백제 한성기 재지세력이 강한 경기지역의 갈등해소와 회유에 어느 정도 기여를 했을 것이다.[92] 서울 풍납토성과 안성 도기동산성에서 출토된 가야토기로 보아 5세기 대 가야세력과 교류관계가 있어왔고, 신라에 복속된 같은 처지임을 고려할 때 백제 재지세력 입장에서 가야세력을 우호적으로 받아들였을 가능성이 높아 보인다. 또한 가야지배층을 근거지에서 이탈시켜 가야지역의 영역지배를 공고히 하고자 하는 정치적 목적도 있었을 것이

89 州의 치폐과정은 진흥왕 14년 新州 → 진흥왕 18년 北漢山州 → 진흥왕 29년 南川州 → 진평왕 26년 北漢山州 재설치 → 문무왕 2년 南川州 이동 → 문무왕 4년 漢山州 개칭 → 문무왕 10년 南漢山州 설치 → 경덕왕 16년 漢州 개칭에 이른다.

90 김진영, 2007, 「한강유역 신라 석실묘의 구조와 성격」『先史와 古代』, 韓國古代學會, 217쪽.

91 신라에 대항하여 562년 무력에 의한 멸망한 대가야의 고분이 경기지역에서 확인되지 않는 점은 이와 관련된 것으로 판단된다. 즉 자진 투항한 집단과 무력에 의해 강제 편입된 집단의 활용방식의 차이가 있었던 것이다.

92 李仁哲, 1993, 『新羅의 政治制度史 硏究』, 一志社, 187~188쪽.

다.[93] 남한강 수계권보다 한강 · 안성천 수계권에 구 가야권 계통의 고분군이 많이 분포하는 점은 이와 무관하지 않다.

상주와 안동 등 영남 서북부 일대 지방세력 또한 오랜 기간 강력하게 형성된 지방 정치세력을 약화시키기 위한 정치적 목적도 있었을 것으로 추정된다. 국원소경의 설치와 더불어 사벌주를 폐지[94]한 기록으로 보아 구 가야세력과 마찬가지로 근거지에서 이탈시켜 경기지역 영역화의 선봉에 서게 한 것으로 추정된다. 물론 구 가야세력과 더불어 이들에 대한 회유책도 있었을 것이다. 용인 보정동과 이천 중리동, 여주 매룡동고분군과 같이 지역적 전통묘제가 지속되고 동일계통이지만 소지역의 여러 석실이 혼재하지 않고 소규모 묘역을 이루며, 하나의 대규모 고분군으로 묶이는 것은 결속력이 강한 공동체의 존재를 의미한다. 또한 금동관이나 이식 등 위신재가 확인되는 것으로 보아 어느 정도 독자성을 인정해 주었던 것으로 여겨지나 군사 · 정치적 상황에 따라 중앙의 통제 하에 이루어졌을 것이다.

이와 더불어 신라는 각 지역에 재지세력을 두었는데, 이들 세력은 대개 구 가야와 영남 서북부세력의 고분군보다 위계가 낮은 3계층 이하이며, 이들과 동떨어져 단독 혹은 2~3기로 구성된 단독 · 소군집 유형의 고분군을 이룬다. 경기지역은 백제와 고구려가 이 지역을 먼저 영유하였기 때문에 재지기반이 없었던 신라로써는 이들의 존재가 절실하였을 것이다. 고분군의 존재양태와 무덤의 구조상 재지의 묘제와 관련성이 없는 이천 덕평리나 광주 선동리, 수원 이목동유적의 축조집단과 같이 신라에 완전 동화되어 흡수된 세력도 있지만 서울 천왕동, 군포 산본동, 안성 반제리, 용인 구갈동 등 복합 · 재지계통의 석실로 대표되는 일부 재지유력층은 삶의 터전을 유지하며, 독자성을 인정받고 일정 역할을 수행하였던 것으로 판단된다. 이로 보아 신라는 재지세력 일

93 徐榮一, 2005, 「5~6世紀 新羅의 漢江流域 進出과 經營」『博物館紀要』 20, 檀國大石宙善紀念博物館, 66쪽.

94 『三國史記』 卷4 新羅本紀4 眞興王 18年條.

부를 통제권 하에 두어 그 기반을 약화시키고 일부 유력층의 독자성을 인정하여 주는 방식으로 재지세력을 재편하였다.

아울러 각 구역의 주축세력이자 상위계층인 구 가야와 영남 서북부 세력 하에 두어 이들을 지원하는 역할을 수행케 하였던 것으로 판단된다. 즉 신라는 삼국의 전쟁이 심화되는 과정에서 대규모 축성과 군사징발 등 역역동원과 농업생산 기반인 촌락사회의 붕괴와 이탈을 방지하기 위해 지역 공동체의 결속력을 유지하고 있는 재지유력층을 적극 활용하여 안정적인 역역동원과 편성, 농업생산기반을 구축하고자 하였다.

대표적으로 후대 곡양현의 서울 독산동유적[95], 수성군의 화성 안녕동유적[96], 진위현의 오산 가수동유적 등은 이러한 상황을 대변해준다. 이들 유적은 고분군과 함께 치소성 주변에 위치하며, 다수의 굴립주건물지와 저장수혈, 수혈주거지 등으로 구성된 창고유적이다.[97] 독산동유적의 경우 구획된 도로

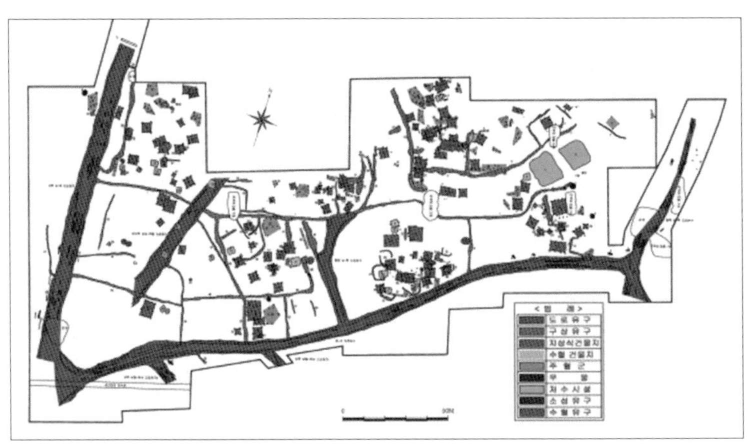

도 127. 서울 독산동유적 유구분포

95 겨레문화유산연구원, 2016, 『서울 독산동유적』.

96 嘉耕考古學硏究所, 2015, 『華城 安寧洞遺蹟』.

97 화성 안녕동유적은 도로구간에 대한 제한된 범위의 발굴조사 결과로 분포상 주변으로 확대됨이 명백하다.

시설이 갖추어져 있고 기와 건물지의 존재가능성도 엿보이며, 과대 교구가 출토되기도 한다. 가수동과 안녕동유적 경우에는 주변에 경작지가 조성되고 수리시설이 갖춰지기도 한다. 적지 않은 규모와 위치상 치소성과 관련된 공영창고지 임에 분명하며, 주변의 경작지는 군량 조달의 위한 집단농경의 屯田을 연상시킨다. 이를 조성하기 위해 많은 물적·인적자원이 동원되었음을 짐작할 수 있으며, 이러한 과정에서 신라인은 재지유력층을 매개로 하여 수취와 역역동원 체계를 구축해 나간 것으로 판단된다.

고구려와 백제세력은 남한강 수계인 복하천유역의 이천 중리동유적에서만 분포하는데, 이와 관련된 사료는 다음과 같다.

C-1 王位가 金眞平에 이른 開皇 14년(594)에 遣使하여 方物을 바쳤다. 高祖는 眞平을 上開府 樂浪郡公 新羅王으로 삼았다. 그의 先代는 백제에 附庸하였는데, 뒤에 백제의 고려 정벌로 말미암아 고려인이 군역을 견디지 못하고 무리를 지어와 신라에 귀화하니, 마침내 강성해져 백제를 습격하고, 가라국을 附庸國으로 삼았다. (『隋書』 卷81, 東夷列傳 新羅)

C-2 거칠부는 어릴 때 스스로 행동을 구속받지 않고 원대한 뜻이 있어 승려가 되어 사방으로 유람했다. 고구려의 실정을 몰래 알아보려고 그 나라로 들어갔는데 惠亮法師가 법당을 설치하고 불경을 강설한다는 말을 듣고 마침내 불경을 강설함을 들었다. <중략> 법사가 말했다. "늙은 내가 불민하지만 그대를 알아보겠는데, 이 나라가 비록 작지만 사람을 알아보는 이가 없다고는 할 수 없다. 그대가 잡힐까 염려되므로 은밀히 알려주니 빨리 돌아가야 한다." 거칠부가 돌아가려하니 법사가 또 말하기를 "그대의 얼굴은 턱이 제비턱과 같고 눈은 매눈과 같으니 장래에 반드시 장수가 될 것이다. 만일 군사를 거느리고 오거든 나에게 해를 끼치지 말라."하였다. 거칠부는 말하였다. "만약 법사님의 말씀대로 된다면 법사님에게 해를 끼치지 않는다는 것을 밝은 해를 두고 맹세하겠습니다." <중략> 12년 辛未(551)에 <중략> 백제군사가 먼저 평양을 쳐부수니 거칠부 등이 승리의 기세를 죽령 밖, 고현 안의 10군을 취하였다. 이때 혜량법사가 그 무리를 거느리고 길가에 나오니, 거칠부는 말에서 내려 군대의 예절로 절하며 말하기를 "옛날 유

학했을 때 법사로부터 받은 은혜로 생명을 보존했는데, 지금 우연히 서로 만나니 무엇으로 보답해야할지 모르겠습니다." 법사가 답하기를 "지금 우리나라는 정치가 어지러워 멸망할 날이 멀지 않으니 나를 그대의 나라로 데려가주기를 원한다." 하였다. 이에 거칠부는 혜량법사를 데리고 신라로 돌아와 왕을 뵈니, 왕이 僧統으로 삼았다. (『三國史記』 卷44, 列傳4 居柒夫)

상기 사료 C는 신라와 백제 연합군이 고구려를 한강유역에서 몰아낸 551년 이후의 다수의 고구려인이 신라로 귀부하였던 상황을 전해주고 있다. 군역을 견디지 못한 무리가 귀화하여 백제를 습격하고 가라국을 부용화 할 정도로 강성해졌다는 점과 혜량법사가 무리를 이끌고 망명하여 僧統이 되는 점 등으로 볼 때 귀부한 무리들은 일반 민 계층의 단순 귀화가 아닌 군사·사회적으로 엘리트 계층에 속한 집단이었음을 짐작할 수 있다.

특히 사료 C-2를 자세히 살펴보면 고구려를 정탐하기 위해 잠입한 거칠부가 혜량법사를 포섭하여 정보를 공유하는 듯한 인상을 지울 수 없다. 이 무렵 고구려는 안원왕에서 양원왕 대에 이르기까지 평양의 중앙정권과 환도의 국내세력 간의 정치적 갈등의 심화로 혼란기가 지속되었고 양원왕 말기인 557년 환도세력이 일으킨 반란이 진압되면서 안정기에 접어든다.[98] 따라서 이들의 귀부는 두 정치세력간의 첨예한 대립과 더불어 돌궐의 위협에 따른 대내외적 혼란기 속에서 신라의 회유와 포섭을 통해 이루어진 것이 않을까 추측해 볼 수 있다. 아울러 사료 C-1과 같이 귀부한 세력에 힘입어 백제를 습격한 것은 6군의 탈취와 관련된 것으로 이해되기에 귀부세력 중 일부는 군사작전에 동원되었고, 이들이 안치된 장소는 남한강 수계권이었을 것으로 판단된다. 이러한 배경 하에서 이천 중리동유적의 고구려 계통 석실이 출현하게 된 것이 아닐까한다.

98 임기환, 2004, 『고구려 정치사 연구』, 한나래, 262~269쪽; 임평섭, 2016, 「신라 진흥왕대 州의 廢置와 巡狩」『新羅文化』 제48집, 동국대학교 신라문화연구소, 80쪽.

반면 백제 사비기 석실이 출현하게 된 배경을 유추할 수 있는 기록은 찾을 수 없다. 하지만 신라에게 한강유역의 6군을 탈취당하고 이듬해 관산성 전투의 참패와 성왕의 전사로[99] 인하여 한성 함락 이후 가장 큰 위기상황에 직면하게 되는 정황을 고려할 때 고구려와 마찬가지로 일부 세력의 이탈을 충분히 가늠하여 볼 수 있다. 특히 국경을 마주하고 있던 충남 예산과 당진, 대전지역 일대의 지방세력이 주목된다.

이와 같이 신라는 고구려와 백제의 대내적 혼란기 속에서 귀부한 세력을 적극적으로 받아들였다. 이들 귀부세력은 혜량법사와 같이 일반 민이 아닌 정치·군사적으로 일정 지위에 있었던 엘리트계층으로 이해되며, 이천 중리동유적 B-1호의 과대장식구로 보아 관원으로 편제되었지만 석실의 위계상 왕경과 구 가야, 영남 서북부 세력보다 낮은 3계층으로 이들을 보좌하는 역할을 수행한 것으로 볼 수 있다. 귀부한 세력이지만 국경을 마주하는 지역이 아닌 비교적 안정권인 주치에 두고 중앙의 통제 하에 대 고구려·백제전에 군사정보를 제공하고 군사작전의 嚮導로써 역할을 하였던 것으로 판단된다.

마지막으로 최상위 계층인 왕경세력은 후대 주치인 漢州와 骨乃斤停으로 비정되는 泝川郡, 한성기 백제와 고구려의 남진거점이었던 白城郡에서만 확인되는데, 각각의 수계권을 대표하는 최전방지역에 해당한다. 이들은 타 집단과 동 떨어져 별도의 독립된 고분군을 형성하며, 능선의 정상부를 따라 열 지어 분포하거나 단독으로 분포하여 타 집단의 묘제보다 월등한 입지적 우월성을 나타낸다. 이렇듯 왕경세력의 분포와 위계상 신라는 경기지역을 아우르는 각 권역에 광역거점을 형성하고 최상위 계층인 왕경세력을 파견하여 각 권역의 군사작전과 지방통치를 관할하는 역할을 맡겼던 것이다. 특징적인 것은 한강수계의 서울 가락동·방이동, 세곡동고분군 등 방내리 1유형 석실은 경주 방내리와 사라리 등 서남부지역, 남한강 수계의 여주 보통리, 양평 대평리고분군 등 충효동유형 석실은 경주 충효동, 서악동 등 중심지역과 월산리 등 남부

99 『三國史記』 卷4 新羅本紀4 眞興王 15年條.

지역과 관련성이 깊어 권역별로 성격이 다른 왕경세력이 분할통치 하였을 가능성이 확인된다.

(4) 지배체제

이상 각지의 사회집단 조직과 역할을 중심으로 살펴보았는데, 그렇다면 신라의 지방편제시스템은 어떠하였을까? 이는 고분군 위계의 지역상을 통해 일부 확인할 수 있다.

표 21. 경기지역 신라 고분군의 구역별 계층과 계통(1단계)

구역명		유적명	계층구조	계통	漢州 郡縣名
한 강 · 안성천 수계권	공릉천 하 류	• 파주 덕은리	3 · 4 · 6계층(횡구)	영남 서남 / 영남 서북	交河郡
		• 파주 성동리	2 · 3 · 4 · 5 · 6계층(횡구)	영남 서남	
	대화천 창릉천	• 고양 식사동	5 · 6계층(횡구)	영남 서남	高烽縣
	중랑천 왕숙천	• 서울 중곡동	2계층(횡혈)	영남 서북	漢陽郡 (北漢山郡)
		• 서울 명륜동	4계층(횡혈)	복합	
	계양천 굴포천	• 인천 원당동 / 불로동 / 당하동	2 · 3 · 4 · 5 · 6계층(횡구)	영남 서북 / 영남 서남	金浦縣
	안양천 양재천	• 서울 우면동	3 · 5 · 6계층(횡구)	영남 서남 / 영남 서북	栗津郡
		• 군포 산본동	2계층(횡혈)	복합	
	안양천 중하류	• 광명 소하동 / 서울 천왕동	4계층(횡혈)	복합	穀壤縣
	탄 천 하 류 산곡천	• 서울 가락동 · 방이동 / 석촌동	1 · 2 · 3계층(황혈) / 5계층(횡구)	왕경 / 영남 서남	漢州
		• 서울세곡동	3 · 5계층(횡혈)	왕경 / 복합	
		• 성남 여수동	3 · 4 · 5계층	영남 서남	
		• 광주 선동리	4 · 5 · 6계층(횡구)	영남 서남	
	탄 천 중상류 신갈천	• 용인 마성리	4계층(횡혈)	복합	巨黍縣
		• 용인 청덕동	4계층(횡혈)	복합	
		• 용인 보정동	2 · 3 · 4 · 5 · 6계층(횡구)	영남 서북(서남소수)	
		• 용인 동백동	2계층(횡구)	영남 서북	
		• 용인 구갈동	3계층(횡구)	복합	

구역명		유적명	계층구조	계통	漢 州 郡縣名
한 강 · 안성천 수계권	황 구 지 천	• 오산 궐동 / 내삼미동	3 · 4계층 / 5 · 6계층(횡구)	영남 서남 / 영남 서북	水城郡
	진위천 오산천	• 화성 장지리	4 · 5 · 6계층(횡구)	영남 서남	振威縣
		• 용인 덕성리	3 · 6계층(횡구)	영남 서남	
		• 용인 어비리	-	복합	
		• 평택 가곡리	5계층(횡구)	영남 서북	
	안성천 상 류	• 안성 가사동	추정 1계층(횡혈)	왕경	白城郡
		• 안성 당왕동	4계층(횡혈) / 3 · 4 · 5계층(횡구)	복합 / 영남 서북	
	안성천 중 류	• 안성 반제리	5계층(횡혈) / 5 · 6계층(횡구)	복합 / 영남 서남	赤城縣
북한강 · 남한강 수계권	북한강 상 류	• 가평 대성리	5계층(횡구)	영남 서남	嘉平郡
		• 가평 읍내리	4 · 5계층(횡구)	영남 서북	
	금당천 흑 천	• 여주 보통리 / 양평 대평리	1 · 2계층	왕경	泝川郡 (骨乃斤停)
		• 양평 양근리	3 · 4계층	영남 서남	賓陽縣
	양화천 연양천	• 여주 상리 · 매룡리, 하거리	1 · 2계층 / 5계층(횡혈) 2 · 3 · 4 · 5 · 6계층(횡구)	왕경 / 복합 영남 서북(서남소수)	黃驍縣
	복하천	• 이천 중리동	2 · 3 · 4 · 5 · 6계층 (횡혈 · 횡구)	왕경 / 영남 서남 / 고구려 사비백제 / 영남 서남	黃武縣 (南川州)
		• 이천 창전동	4 · 5계층(횡구)	영남 서남	
		• 이천 덕평리	3 · 4 · 5계층(횡구)	영남 서북 / 영남 서남	
	청미천 상 류	• 안성 장원리	-	복합	介山郡
	청미천 양화천	• 음성 문촌리	3 · 4계층(횡구)	영남 서북	陰竹縣

〈표 21〉을 살펴보면 공릉천의 파주 성동리 · 덕은리와 대화천의 고양 식사동, 안양 · 양재천의 군포 산본동 · 서울 우면동과 안양천 중 · 하류의 광명 소하동 · 서울 천왕동, 탄천 하류의 서울 가락동 · 방이동, 탄천상류의 용인 보정동, 안성천 상류의 안성 가사동 · 당왕동과 안성천 하류의 안성 반제리유적과 같이 후대 상위 행정구역에 해당하는 州 · 郡지역의 고분군이 위계가 높고 하위 縣지역은 이보다 낮은 고분군이 분포하는 특징을 보인다. 또한 공릉천의 파주 성동리와 덕은리유적, 황구지천의 오산 궐동과 내삼미동유적 등과 같이

동일 행정구역 내에서도 치소지역에 가까운 것이 주변지역 고분군 보다 위계가 높음을 알 수 있다.

특히 같은 군·현이라도 위계가 균일하지는 않다. 적성현의 안성 반제리유적과 진위현의 화성 장지동유적, 수성군의 오산 궐동유적과 가평군의 가평 읍내리유적 등과 같이 동급의 행정단위임에도 위계차가 선명하며, 한주의 영현인 용인 보정동고분군과 인천 원당동유적의 경우 현단위임에도 군급에 해당할 정도로 위계가 높기도 하다. 이는 이천 중리동유적과 여주 매룡동고분군과 같이 州 혹은 停이 설치되는 등 주요거점의 특수상황으로 볼 수 있지만 각 군·현급에 존재한 축조집단이 상위 행정구역과 관련하여 비슷한 역할을 하되 서로 위계의 차이가 있었던 것으로 해석할 수도 있다.

이와 같이 고분군의 분포구역과 위계의 지역상을 살펴본 결과 가장 주목되는 점은 후대 군현의 領屬관계와 일치한다는 것이다. 그러면 이러한 위계의 지역상은 신라는 경기지역 진출과 더불어 신영역의 지역편제에 있어 郡縣制를 적용되었음을 의미하는 것일까? 明活山城碑의 '郡中上人'과 昌寧 眞興王巡狩碑의 '于抽悉直河西阿郡'의 내용으로 보아 신라가 경기지역에 진출한 551년 무렵에는 郡制가 시행되고 있었다.[100] 그러나 縣制는 신문왕대인 7세기 후반에 이르러서야 현이 설치되고 있어 이 시기에 들어서 비로소 郡縣制가 실시된 것으로 보는 것이 일반적인 통설이다. 다만 진평왕 33년 가잠성 縣令 讚德의 기사를[101] 신뢰할 경우 7세기 초에 현이 등장하게 되나,[102] 기록상에서 6세기대에 현의 존재는 확인되지 않는다.

하지만 각 분포지역은 산천의 지형상 일정한 관할영역이 있었고, 모두 후

100 朱甫暾, 1998,『新羅 地方統治體制의 變化過程과 村落』, 신서원, 120~121쪽.

101 『三國史記』 卷4 新羅本紀4 眞平王 33年條.

102 이와 관련하여 김창석은 삼국 간 항쟁의 격화로 야기된 위기를 극복하고 위해 진평왕대인 6세기 말~7세기 초에 처음 縣制를 실시하였다고 보았다(金昌錫, 2007, 「신라 縣制의 성립과 기능」『韓國古代史硏究』 48, 한국고대사학회, 134~136쪽).

대 군현의 범위는 물론 영속관계가 동일하게 나타나고 있다. 치소지로 비정되는 산성을 중심으로 거점을 형성하여 이주된 신라인을 주축으로 지배층을 편성하고 재지세력을 재편하여 집주시켰다. 이들을 통해 각각의 독립된 관할영역에 대한 방어와 역역동원, 조세수취 등 군사 · 행정적 역할을 동시에 수행한 것으로 여겨진다. 이러한 면에서 볼 때 비록 현은 존재하지 않았지만 군현제가 바탕이 되어 지역편제가 이루어진 것으로 추정된다. 이는 신영역인 경기지역의 경우 삼국의 전쟁이 격화되고 지속되면서 기층사회가 붕괴된 상황이었다는 점에서 그 배경을 찾을 수 있다. 군사적 긴장관계가 유지되는 변경의 긴박한 상황에서 안정적인 군사충원과 방어체계 및 생산기반 구축에 필요한 역부징발을 위해서는 국가가 직접 나서서 피폐해진 기층사회를 신속히 복구하는 체제를 구축해야만 했고[103] 이를 실현하기 위해서는 새로운 통치체제가 필요하였을 것이기 때문이다.

이와 같이 신라의 경기지역 진출 이후 군현의 개념이 적용된 지역거점(행정촌)이 적용되었다면 553년 6군을 탈취하고 곧바로 설치한 新州의 치소는 어디일까? 이는 왕경세력이 상주한 이 3개 구역에서 찾아보아야 하지 않을까한다. 신주의 州治에 대해서는 하남[104], 이천[105], 충주[106] 등 제 견해가 있지만 하남지역, 그 중에서도 금암산과 객산으로 둘러싸여 소규모 분지를 이루는 교산동과 춘궁동 일대로 보는 것이 일반적이다. 이는 이성산성을 중심으로 하여 주변에

103 홍기승, 2009, 「6세기 신라 지방지배 방식의 변화와 '村'」 『韓國古代史研究』 55, 한국고대사학회, 144~145쪽.

104 鄭求福 · 盧重國 · 申東河 · 金泰植 · 權悳永, 1997, 『譯註 三國史記』 3 주석편 상, 韓國精神文化硏究院, 116쪽; 皇甫 慶, 1999, 「新州 位置에 대한 硏究」 『白山學報』 第53號, 白山學會, 236~243쪽; 이도학, 「제2장 고대의 하남」 『역사도시 하남』, 65쪽.

105 姜鳳龍, 1994, 「新羅 地方統治體制 硏究」, 서울大學校 大學院 博士學位論文, 98~100쪽; 전덕재, 2009, 「신라의 한강유역 진출과 지배방식」 『鄕土서울』 제73호, 서울시사편찬위원회, 111~112쪽.

106 임기환, 2002, 「고구려 · 신라의 한강유역 경영과 서울」 『서울학연구』 18, 5쪽.

사지와 관청건물로 추정되는 다수의 건물지와 생산시설 등의 신라유적이 밀집하여 있는 고고학적 조사성과에 기인한 것이지만 재고의 여지가 있다.

이성산성은 분명 6세기 후반대의 신라토기가 출토되기는 하지만 극소량이고 출토맥락도 불분명하다. 이에 축성시기는 빠를 수 있으나, 본격적인 사용시기는 7세기 전반 이후로 판단된다. 주변지역에서 발굴된 다수의 유적들도 아직 6세기대의 것은 없고 대부분 7세기 후반 이후에 해당하는 것들이다. 특히 지역 지배층의 성격을 알려주는 금암산, 객산고분군, 덕풍동유적 등이 분지의 동·서 양쪽 산능선에 넓게 분포하고 있다.[107] 최소 100기 이상의 대규모 고분군으로 현재 일부만 발굴되었는데, 모든 무덤들이 시간적으로 아무리 빨리 보아도 7세기 전반 후기 이후의 것들이다. 고분군의 일부에 대한 발굴결과이지만 발굴구역이 편중되지 않고, 능선 정상부에 해당한다. 고분의 조영이 산능선을 따라 하단으로 이어지는 패턴을 가정할 때 고분군의 조영시기와 성격을 가늠하는 표본으로 대표성을 부여해도 좋을 듯하다. 아울러 지표에 일부 노출된 석실(곽)도 석재와 구조상 기 발굴된 것과 차이가 없어 보인다. 아직 속단하기는 이르나 기존의 발굴결과로 추정컨대 이성산성 주변의 고분군도 7세기 전반의 늦은 시기부터 조영되기 시작한 것으로 6세기대의 것은 기대하기 어렵다. 따라서 이성산성을 중심으로 한 하남의 교산동·춘궁동 일대를 초기 신주의 주치로 보기에는 무리가 있으며, 유적군의 시기와 성격상 7세기 전반 무렵부터 한산주[108]에 새로운 주치를 건설하기 위해 세워진 신도시로 이해하는 것이 합당하지 않을까 한다.

---

107 고분군의 현황에 대해서는 Ⅲ장 고분의 조사현황과 분포특징을 참조하길 바란다.

108 전덕재는 선덕여왕 6년(637) 본래 신주의 영역이었던 춘천지역에 牛頭州를 설치한 점에 근거하여 이 무렵을 전후하여 기존의 신주를 폐지하고 漢山州와 牛頭州의 2개 州로 분할한 것으로 추정하였으며, 이 때부터 경기지역을 포괄하는 한산주가 설치된 것으로 보았다(전덕재, 1997, 「한산주의 설치와 변화」『경기도의 역사와 문화』, 경기도사편찬위원회, 70~71쪽; 2009, 「신라의 한강유역 진출과 지배방식」『鄕土서울』 제73호, 서울시사편찬위원회, 112~113쪽).

이제 남은 지역은 서울 가락동·방이동이 위치한 탄천 하류의 서울 송파일대, 안성 가사동 봉토분이 위치한 안성천 상류의 비봉산 일대, 여주 보통리, 양평 대평리고분군이 위치한 흑천·금당천유역의 여주 대신면 일대이다. 그러나 신주와 관련되는 지명이 확인되는 昌寧 眞興王拓境碑에 전하는 '漢城軍主'의 구절과 "漢山亭은 본래 新州亭이었다"라는 『삼국사기』 기록으로[109] 보아, 주의 치폐과정상 안성과 여주지역은 주치로써 맞지 않으며, 탄천하류의 서울 송파일대로 보는 것이 합당하다. 이곳은 백제 한성기 도성이자 고구려 영역기에도 몽촌토성을 거점삼아 남진을 진행하였는데, 몽촌토성은 발굴결과 고구려의 흔적이 점점 선명하게 나타나고 있다.

다만 타 지역과 달리 치소지로 규정지을 만한 산성은 확인되지 않고 있으나 동쪽에는 이성산성, 서쪽은 서울 대모산성, 한강 너머 북쪽은 아차산성이 지역방어를 하고 있는 상황에서 꼭 치소지로 산성이 존재할 필요는 없겠지만 동서 양쪽의 산성과는 5~6km 정도 거리를 두고 있어 두 성 중 한 곳을 치소지로 활용하였을 수도 있다. 산성의 위치상 이성산성은 남한강 수계로 들어서는 산곡천 방면, 대모산성은 안성천 수계로 들어서는 탄천방면의 방어에 적합한 것으로 여겨지므로 대모산성을 치소로 활용하였을 가능성을 좀 더 높게 볼 수도 있다.

이상의 내용을 정리하면, 신라는 군현제의 개념을 신영역인 경기지역에 투영시켜 지역거점(행정촌)을 마련하고 그 안에 구 가야와 영남 서북부의 지방세력과 재지세력으로 구성된 복수의 지배집단을 조직하였으며, 고구려와 백제의 엘리트 계층을 적극적으로 회유·포섭하여 관제에 편입시켜 대외 군사작전에 적극 활용하였다. 지역거점마다 단일 세력이 아닌 복수의 세력을 상주케 한 것은 상호 역할분담과 견제를 통해 체제 안정화를 도모하기 위한 것으로 해석된다. 각 지역거점을 이끌어나가는 상위계층은 신라인인 구 가야와 영남

109 『三國史記』 卷40 雜誌 職官 下 武官條.

서북부세력이었으며, 이들은 일정부분 독자성을 인정받고 각 거점지의 강력한 문화이식을 통해 재지의 신라화를 신속하게 진행하였다. 더불어 경기지역을 아우르는 한강 본류와 안성천, 남한강 수계권을 대표하는 3개 구역에는 최상위 계층인 왕경세력을 배치하여 군사작전은 물론 제 집단을 통제하고 조율하는 광역지배 거점을 형성하였으며, 탄천상류의 서울 송파지역에 주치를 두어 총괄하게 하였다. 특히 주 · 군 · 현의 외형적 틀을 갖춘 상태에서 특징적으로 주 · 군 사이에 광역지배층이 존재한다는 점이다. 이는 7세기 전반 무렵 사라지는 일시적인 현상으로 판단되는데, 아무래도 삼국의 군사적 긴장도가 높은 가운데 광활한 신영역의 신속한 신라화와 군사작전을 총괄하여 통제력을 높이기 위한 것으로 판단된다.

2) 2기(7세기 전반 후기~8세기 전반)

신라의 경기지역 진출과 더불어 형성된 지역거점의 안정화와 삼국 통일과 더불어 영역지배 실현기로 고분의 변천 2 · 3단계인 7세기 전반 후기에서 8세기 전반에 이르는 시기에 해당한다. 2기는 다시 고분의 변천단계 별로 지역 거점이 완성되고 지역 공동체가 재편되는 1분기(7세기 전반 후기~7세기 중엽)와 영역화의 완성과 지역생산기반이 복원되고 있는 2분기(7세기 후엽~8세기 전반)로 나눌 수 있다.

(1) 2-1기

① 고분군으로 본 지배영역

고분의 변천 2단계인 7세기 전반 후기에서 통일기 이전인 7세기 중엽에 이르는 시기이다. 포천분지의 반월산성[110]과 성동리 마을유적, 충남 천안의 위례

110 단국대학교 매장문화재연구소, 2004, 『포천 반월산성 종합보고서(Ⅰ)』; 『포천 반월산성 종합보고서(Ⅱ)』.

산성[111], 불당동유적[112] 석곽묘 등의 발굴결과로 보아 북쪽 경계는 임진·한탄강유역, 남쪽 경계는 안성천 이남 수계권인 천안 직산일대까지 영역확장이 이루어진다. 진평왕 51년(629) 고구려의 娘臂城[113]을 차지하고[114] 북쪽변경인 칠중성에서 고구려를 맞아 싸워 이겼다는 선덕왕 7년(632~637)의 기록[115]과 『三國史記』 素那傳에 백제로부터 蛇山을 지켜내는 선덕왕대의 기록[116]에서도 임진·한탄강유역과 안성천 이남의 사산현 일대가 확보되었음을 알 수 있다. 이렇듯 국경의 확장으로 한강과 안성천 수계권의 안정성이 공고해지면서 고분군에는 분포와 규모, 묘제 등 많은 변화가 일어난다.

고분군의 분포지역은 봉성포천·호동천의 김포 양촌·유현리유적(戍城縣), 승기천의 인천 구월동유적(邵城縣), 장현천의 시흥 군자동유적(獐口郡), 안성천 하류·발안천의 평택 율북리, 화성 하길리유적(車城縣) 등 서해안 주변지역으로 확산되어 새로운 지역거점을 형성한다. 이들 고분군은 김포 수안산성, 인천 문학산성, 시흥 군자산성 등과 같이 대부분 치소성 주변에 위치해 있는데, 이는 서해 연안과 더불어 안성천 이북, 임진·한탄강 이남의 대부분 지역이 실질적 지배영역으로 편입되었음을 설명해 주고 있다.

이에 반해 새롭게 확보한 변경지역인 임진·한탄강 수계와 안성천 이남지역에서는 뚜렷한 고분군이 형성되지는 않는다. 이는 발굴조사 사례가 적은 지

---

111 충청남도 역사문화연구원, 2012, 『천안 성거산 위례성』; 2018, 『천안 성거산 위례성 내 용샘유적 1·2차 합본 보고서』.

112 忠淸南道歷史文化院, 2004, 『天安 佛堂洞遺蹟』.

113 낭비성의 위치에 대해서는 포천 반월산성으로 비정하는 다음의 견해가 통설로 받아들여지고 있다(서영일, 1999, 『신라 육상교통로 연구』, 학연문화사, 248~249쪽; 박종서, 2010, 「고구려 낭비성 위치에 대한 검토」 『국학연구』 17, 한국국학진흥원).

114 『三國史記』 卷4 新羅本紀4 眞平王 51年條.

115 『三國史記』 卷5 新羅本紀5 善德王 7年條.

116 『三國史記』 卷47 列傳7 素那條.

역적 한계일 수도 있으나 이것만으로 고분의 부재를 이해하기에는 부족하다. 아무래도 변경지역인 만큼 아직 실질적인 지배는 이루어지지 못하고 군사적 목적에 한해 진출이 이루어진 것으로 밖에 볼 수 없다. 후대의 일이지만 『三國史記』 素那傳에 따르면 소나가 가족을 두고 접경지인 阿達城 성주로 가서 전사한 사실로 보아 접경지에는 지배집단의 이주가 아닌 일시 파견되어, 전사시 피치 못할 사정을 제외하고는 귀장하였을 것이고 이러한 연유로 고분군이 조영되지 못 한 것이 아닐까한다.

이 당시에는 이미 진출한 각 지역거점 내에서도 치소지를 벗어나 주변으로 고분군이 확산되며, 기존 지배층의 중심고분군은 더 이상 무덤이 조영되지 못하고 인근 구역으로 옮겨가는 변화가 나타나기 시작한다. 주치의 중심고분군인 서울 가락동·방이동고분군은 이성산성이 위치한 하남의 금암산과 덕풍동 일대로 옮겨가는데, 이는 주치가 이동되었음을 보여주는 것이다. 이는 앞서 언급한 바와 같이 7세기 전반 무렵부터 이루어지는 한산주[117]의 주치 건설과 관련된 것이다. 주치의 영현인 거서현 또한 중심고분군인 용인 보정동고분군에 더 이상 고분이 조영되지 않고 수성군과의 자연경계지로 판단되는 광교산 자락으로 옮겨간다. 서울 가락동·방이동고분군과 같이 치소지가 이동하였거나 단순히 고분군의 포화로 신 묘역을 조성하였기보다는 수성군의 치소가 남쪽으로 편중된 점을 고려했을 때 영역지배의 효율성을 높이고자 공동의 묘역을 조성하였던 것으로 추정된다. 중심고분군이 수원 광교유적으로 이동함과 동시에 이전에는 나타나지 않았던 횡혈식석실묘가 새로이 출현하는 점은 수성군의 북부지역까지 총괄하는 지배계층과 관련된 것이 아닐까 한다.

---

117 전덕재는 선덕여왕 6년(637) 본래 신주의 영역이었던 춘천지역에 牛頭州를 설치한 점에 근거하여 이 무렵을 전후하여 기존의 신주를 폐지하고 漢山州와 牛頭州의 2개 州로 분할한 것으로 추정하였으며, 이때부터 경기지역을 포괄하는 한산주가 설치된 것으로 보았다(전덕재, 1997, 「한산주의 설치와 변화」 『경기도의 역사와 문화』, 경기도사편찬위원회, 70~71쪽; 2009, 「신라의 한강유역 진출과 지배방식」 『鄕土서울』 제73호, 서울시사편찬위원회, 112~113쪽).

② 사회집단과 지배체제

분화된 고분군은 주치인 하남 금암산 일대 고분군을 제외하고는 소규모로 전 단계의 대규모 고분군은 형성되지 않는다. 여주 하거동과 매룡동, 용인 보정동 등 전 단계의 대규모 고분군은 동일 계통의 여러 묘형이 소군집을 이루

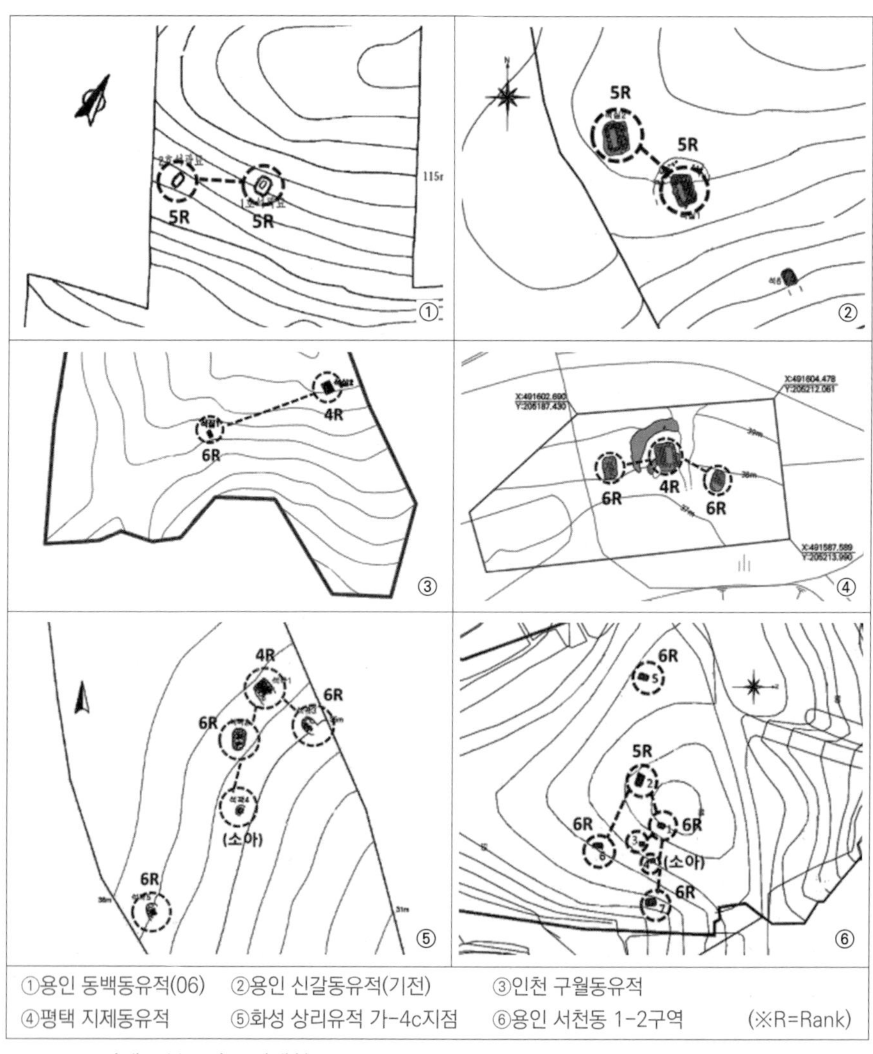

도 128. 2단계 고분군의 무덤배치

고, 이 소군집체가 모여 하나의 고분군을 이루는 반면 분화된 소규모 고분군은 단독으로 분포하거나 규모상 위계성이 동일하거나 다른 2~3기의 무덤이 병렬 혹은 종렬 배치 내지 한 무덤을 중심으로 樹枝狀 배치를 이루며, 묘역을 형성하는 것이 특징적이다. 전자가 각자의 묘제 규범이 있는 소규모 집단이 공동의 이익을 중심으로 묶인 하나의 지역공동체적 성격이 강했다면, 후자는 혈연중심의 소규모 공동체 성격이 짙다.

후자의 여러 무덤 배치조합 중 위계성의 차이가 없이 병렬배치된 것은 동일항렬, 위계성의 차이가 있으면서 두 기가 병렬배치된 것은 부부, 위계성 차이를 보이는 것이 상하 종렬 혹은 병렬 배치 혹은 소·유아묘로 판단되는 초소형 무덤을 포함하여 수지상으로 배치되는 것은 하나의 세대공동체를 의미하는 것으로 해석될 수 있다. 사례를 들자면 용인 서천동 1-2구역 고분군의 경우 산능선 정상부에 위치한 5계층급인 2호 석곽을 중심으로 위계성이 낮아지며 아래로 무덤들이 연속 조영되는 수지상 배치를 잘 보여준다. 특히 2호 아래의 위계가 낮은 1호는 동장벽에 붙여 시상대를 배치한 2호와 달리 서장벽에 잇대 시상대를 배치하였고, 1호 주변에는 소아묘로 판단되는 소형 석곽이 조영되어 있다. 적극적인 근거는 부족하지만 규모차이와 소아묘의 배치 등으로 보아 1호와 2호 석곽 피장자는 부부관계일 가능성이 있으며, 소형석곽을 포함하여 가족단위 무덤군으로 추정하여 볼 수 있는 사례가 될 것으로 판단된다. 나머지 무덤들은 1·2호와 달리 벽체가 조잡하고 시상(관)대가 전면 혹은 중간에 배치되는 등 구조변화가 일어나며, 부장유물은 없지만 청동제 당식과 대 장식구가 출토되어 1·2호 석곽보다 후대의 것들로 혈연중심의 후속 세대가 연속하여 조영되었음을 유추하여 볼 수 있다. 이러한 무덤의 분포와 배치는 전 단계에서는 나타나지 않는 무덤배치로 지역공동체 중심에서 혈연을 중심으로 한 가계공동체적 성격으로 사회 지배집단의 구조가 변화하였음을 설명해주고 있다.

이 시기에 들어 고분군은 거점 중심부에서 주변으로 점차 확산되고 있는데, 이를 통해 기존 거점의 지배영역 확대는 물론 실질적 지배가 더욱 공고해지고 있다. 수성군의 서부지역에 해당하는 화성 천천리유적(한신)의 경우 북쪽으로 약 1.5km 떨어진 곳에는 원형의 저장수혈 29기가 확인된 수원 호매실동유적[118]이 있으며, 행정구역은 다르지만 8km 정도 떨어진 화성 양노리유적[119]에서도 동일한 저장수혈이 군집하여 확인되고 있다. 이들 유적은 치소성과 동떨어져 있고 기존의 치소와 관련된 창고유적인 화성 안녕동유적을 기준으로 하여 7~8km 정도의 일정거리를 두고 분포하는 패턴을 보이고 있다. 이로 보아 치소성과 연결되는 일정구역별로 잉여생산물을 보관하고 분배하는 공공의 저장·물류공간이 형성되었고, 천천리유적 석곽묘의 피장자는 일정구역의 수취원과 공공의 저장·물류공간을 관리하는 역할을 수행하였던 것으로 판단된다.

진위현에 속하는 동탄⑵유적 34지점에서는 토기가마군과 공인집단의 거주처인 수혈주거지가 확인되었다. 완전한 반구형에 찍은 원점문이 시문된 뚜껑과 파수부 연질소호 등 후기양식 토기와 AMS 연대 측정값의 경향성으로 보아 7세기 중엽 경부터 토기가마의 조업이 시작한 것으로 판단된다. 이와 더불어 38지점에서는 동시기로 판단되는 석곽묘가 단독으로 입지하고 있는데 시기적으로나 위치상 토기가마군과 관련성이 깊다. 토기의 생산과 공급을 담당한 전문 공인집단의 수장이거나 관리자였을 것으로 추정된다. 이를 통해 볼 때, 이 시기부터 기존 거점형성지를 중심으로 지역 수취원의 기본단위인 촌락사회와 생산기반을 본격적으로 복구·확충하기 시작한 것으로 판단된다. 그만큼 사회·경제적 역할이 증대되고 있음을 설명해주고 있다.

118 京畿文化財硏究院, 2011, 『水原 好梅實洞·金谷洞遺蹟』; 보고자는 수혈 형태에 근거하여 한성기 백제수혈로 보고하였으나 이러한 저장수혈은 신라를 비롯하여 고려~조선시대에도 확인되며, 특히 내부에서 출토되는 단각고배와 완, 기타 고배 대각과 배신 편 등의 신라 후기후기양식 토기로 보아 7세기 전반의 늦은 시기에 조성된 것으로 여겨진다. 또한 주변지형이 멸실된 부분이 상당한 점을 고려할 때 본래 발굴결과 보다 많은 저장수혈이 분포하였을 것으로 생각된다.

119 中部考古學硏究所, 2018, 『華城 兩老里·雙鶴里·內里·泉川里遺蹟』.

이와 더불어 묘제에도 커다란 변화가 나타나기 시작한다. 가장 큰 변화는 횡혈식석실의 경우 왕경세력의 Ⅰ형(방형)을 제외한 나머지는 사라지며, 전 단계의 최상위 계층은 없고 그 하위의 2·3계층으로만 나타난다. 아울러 각 수계권의 변경 중심지였던 남한강 수계의 여주지역과 안성천유역의 안성지역에서 횡혈식석실묘가 사라지는 것으로 보아 국경이 확대된 이 무렵부터 군사적 성격이 강했던 기존의 광역 지배거점은 사라지고, 주치로 일원화되는 것으로 판단된다. 특히 주치가 새롭게 건설되고 영현인 거서현에 최상위급 계층군에 속하는 횡혈식석실이 조영되기 시작하는 것도 군사적 역할 이외에 주치 중심의 사회·경제적 역할을 증대시키긴 위한 것이 아닐까한다. 또한 독립된 고분군을 형성하던 이전과 달리 타 묘제 속으로 들어와 혼재하기 시작하지만 입지적 우월성은 유지되고 있어 기존의 위계에 큰 변화는 없었던 것으로 판단된다.

그러나 횡구식석실은 전 단계에 비해 전체적으로 소형화되고 추가장이 가능한 석실에서 횡납을 통한 추장이 불가능한 수혈식석곽묘로 변화된다. 즉 세대공동체적 성격의 무덤에서 개인의 무덤으로의 변화가 일어난 것이다. 횡혈식석실과 같이 상위 계층군에 속하였던 방형(Ⅰ)·근방형(Ⅱ) 석실은 사라지고 중위의 3·4계층군 근방형(Ⅱ) 석실이 일부 남아 최상위 계층의 무덤으로 조영되지만 곧 사라지고, 대부분 전단계의 4~6계층군의 장방형(Ⅲ) 석곽이 주묘제로 자리 잡는다. 계층구조상 대부분 4·5·6계층으로 위계성이 전 단계보다 확연히 줄고 2·3계층으로 여전히 위계가 높은 횡혈식석실의 하위로 종속되는 구조가 확립되기 시작한다.

이와 같이 기존의 공동체적 성격이 강한 지역 중심고분군이 더 이상 매장공간으로써 기능을 하지 못하고 혈연을 중심으로 한 다음 단계의 새로운 고분군이 형성되는 점과 다장을 기본으로 하는 재지와 계통지역 전통의 횡혈계 묘제가 사라지고, 단독장이 기본인 수혈계묘제로 변환되거나 계층구조가 단순화 되어 왕경세력의 횡혈식석실에 종속되는 등 전반적으로 고분 조영에 제약이 뒤따르는 것은 축조집단의 독자성이 상당부분 소멸하기 시작한 것으로 판단되어 지방통치구조의 변화와 이에 따른 지역 지배집단의 재편이 이루어졌음을 알 수 있다. 즉 지방세력의 독립성을 허용하지 않고 중앙(왕권)의 제도권하에 두고자하였던 정치적 목적이 강하게 반영되기 시작한 것으로 여겨지며, 이외에 개인 단위까지 중앙의 행정력이 미치게 하기 위한 사회·경제적 요인도 작용하였던 것으로 이해 할 수 있다.[120] 또한 고분군의 분포와 관련성이 있는 주변유적으로 보아 거점 중심에서 벗어나 주변으로 행정력이 미치는 것으로 판단되어 일정단위의 실질적인 지배체제가 구축되기 시작하였음을 알 수 있다.

이와 관련하여 주목되는 것이 군현제의 실시이다. 앞서 언급하였듯이 신라의 경기지역 진출과 더불어 군현제의 개념이 적용된 지역거점이 형성된 것으로 보았다. 하지만 이는 군현의 외형적 틀만이 적용된 것이지 실질적인 군현제 실시를 의미하는 것은 아니었다. 하남 이성산성에서 608년에 제작된 것으로 판단되는 목간에서 '南漢城道使', '須城道使村主'명 묵서에 城의 지방관으로 도사가 나오고 있기 때문이다. 이에 진평왕 33년(611) 가잠성 縣令 讚德 관련 사료[121]도 실질적인 현의 운영이 아니었던 이러한 당대 상황이 반영되어 기록된 것이 아닐까한다.[122] 하지만 이후 『三國史記』新羅本紀에는 진평왕 45년(623) 백제가 勒弩縣을 습격한 기록[123], 선덕왕 11년(642) 김춘추가 고구려 방문 시 代買縣에 이르렀는데, 縣人이 靑布를 바쳤다는 기록[124], 무열왕 2년(655)

120 이와 관련하여 수취와 역역동원 등과 관련된 戶口와 소유토지에 대한 파악을 고려해 볼 수 있겠다.

121 『三國史記』 卷4 新羅本紀4 眞平王 33年條.

122 김창석은 이와 관련하여 縣制가 실시된 이후에도 한동안 行政村·城制가 현제와 병존하고 있던 것으로 이해하였고, 州治나 郡治에 해당하는 지역은 행정성·촌제, 군사적 긴장도가 높은 접경지에는 현제를 실시한 것으로 보고 있다(金昌錫, 2007, 「신라 縣制의 성립과 기능」『韓國古代史硏究』 48, 한국고대사학회, 136쪽).

123 『三國史記』 卷4 新羅本紀4 眞平王 45年條.

124 『三國史記』 卷5 新羅本紀5 善德王 11年條.

이전에 급찬 조미갑이 夫山縣令으로 있었던 기록[125] 등 7세기 중엽부터 縣과 관련된 다수의 기록이 전하고 있어 늦어도 이 당시부터 실질적인 군현제가 성립되어 실시된 것으로 추정된다. 현으로 편제된 상기한 지명들이 한산주 소속 현이었다는 연구성과에[126] 비추어 볼 때 한산주의 경우 이미 군현의 외형적 틀은 갖추어져 있었기에 군현제의 실시는 그리 어렵지 않았을 것이고 늦출 이유도 없었을 것이다.

군현제의 실시와 더불어 중앙의 지방사회 통치구조가 재편되고 군사·행정력이 보다 하위계층으로 깊숙이 침투하여 통제하게 되었던 것으로 이는 묘제의 변화양상에서 고스란히 표출되고 있으며, 이 무렵 당식과대가 무덤에서 본격적으로 출현하기 시작하는 것도 지방세력을 중앙 관제 하에 두고 통제하였던 것과 무관하지 않다. 안성 당왕동유적의 경우 3호 석실에서 평면 오각형, 반원형, 원형 과판으로 구성된 당식과대 1벌이 출토되었다. 크기가 균질화된 전형의 과대보다 작고 과판형태와 패용방식상 황룡사형에서 전형의 당식과대로 전환되는 과도기적 양상을 보이는 것으로[127] 매납동시성이 인정되는 대족하부돌대고배의 기형적 특징상 7세기 전반 후기로 편년된다. 이를 통해 볼 때 적어도 7세기 전반 후기의 진평왕 대에 지방세력을 관제로 편입하여 통제하기 시작한 것으로 파악할 수 있다.

---

125 『三國史記』 卷5 新羅本紀5 武烈王 2年條.

126 전덕재는 7세기 중반 무렵 현 또는 현령 관련 기사와 연관된 지명이 한결같이 한산주 소속 현이라는 점에 주목하였고 勤弩縣은 仍斤內郡과 관련시켜 충북 괴산군 괴산읍, 夫山縣은 고구려의 釜山縣과 동일한 곳으로 경기 평택시 진위면, 代買縣은 고구려 영역과 가까운 경기 북부지역 중 한 곳으로 추정하였다(전덕재, 2009, 「신라의 한강유역 진출과 지배방식」 『鄉土서울』 제73호, 서울시사편찬위원회, 133~134쪽).

127 崔正凡, 2017, 「韓半島 出土 唐式 帶裝飾具 硏究」, 慶北大學校 大學院 碩士學位論文, 59쪽.

(2) 2-2기

① 고분군으로 본 지배영역

이 분기는 고분의 변천 3단계로 7세기 후엽에서 8세기 전반에 해당하는 시기이다. 삼국을 통일하고 나당전쟁의 종료로 정국이 안정화되는 시기로 한양군의 영현인 우왕현에 속하는 고양 도내동유적과 같이 일부 고분군이 형성되지 못한 군현지역에 고분군이 형성되는 것으로 보아 본 시기에 이르러 각 군현이 완비되어 실질적인 영역지배가 완성된 것으로 판단된다. 이미 진출한 군현의 치소지 주변에는 중·소규모 고분군이 형성되고 나머지는 기존과 같이 단독 혹은 2~3기의 석곽으로 구성되는 양상이 지속되며, 각 군현의 영역 깊숙이 2차 확산이 일어나 군현의 통제영역이 확대되고 있다.

② 사회집단과 지배체제

이전의 잔존하였던 지역계통의 묘제 전통은 완전히 소멸되고, 현지화되었다. 무덤 크기에 따른 위계성을 구분하는 것이 무의미할 정도로 규모가 소형화되면서 더욱 규격화가 이루어지고, 박장화도 점차 심화되고 있다. 무덤의 위계구조는 2-1기와 같이 5개 계층군이 유지되지만 횡구식석(곽)실의 위계성이 확연히 줄고 횡혈식석실의 하위로 종속되는 구조가 뚜렷이 확립된다. 그만큼 이전 단계보다 묘제의 규범이 강화되었고 중앙의 통제가 심화되었음을 알 수 있다. 이 시기부터 당식과대가 더욱 확산되고 있는 점 역시 이와 관련성이 크다. 다만 주치의 중심고분군인 하남 금암산 일대 고분군의 경우 백제 사비기 계통 석실이 존재하여 이 시기 역시 백제 병합 이후 유이민을 받아들였음을 알 수 있다. 이들 무덤에서 당식과대가 출토되어 중앙의 통제하에 두었던 것으로 보이지만 지역 전통의 묘제가 일부 유지되고 있다. 이로 볼 때 백제 병합 이후 받아들인 엘리트계층에 대해서는 제도권 안에 두고 어느 정도 독자성을 인정해 주었던 것으로 판단되며, 고구려 유이민도 마찬가지였을 것이다.

주치인 하남 금암산·덕풍동 일대 고분군, 거서현의 수원 광교, 교하군의 파주 법흥리고분군, 김포현의 인천 원당동·불로동유적, 적성현의 반제리유적 등과 같이 치소지 주변 고분군의 경우 대규모·중소규모, 5~10기 미만의 소군집형으로 나타난다. 대부분 당식과대가 빈번하게 출토되고 있는데, 특히 주치 일대 고분군은 더욱 그러하다. 이들 고분군들의 당식과대 출토 비율이 높고 군집형으로 나타나고 있다는 점에서 치소지에 영주한 관원의 무덤일 가능성이 높으며, 상기의 내용을 고려할 때 일부 군현의 치소의 이동이 이루어진 듯하다.

대표적으로 율진군의 치소는 신라 진출 이래로 대모산성과 서울 우면동유적이 위치한 과천 일대로 추정된다. 그러나 후대에 군포 산본동고분군에서 당식과대가 출토되는 석곽이 군집형으로 나타나고 있어, 율진군의 치소가 안양분지 중심으로 이동한 것으로 파악할 수 있다. 이는 군사적 위협이 해소된 상황에서 기존의 군사적 기능보다 사회·경제적 기능이 높아지면서 나타나는 현상으로 이해될 수 있으며, 산성이 아닌 행정기능이 강화된 지방관아의 존재를 의미한다. 이러한 면에서 타 지역도 이 무렵부터 군사적 기능과 분리되는 지방관아가 조성되기 시작하였을 것으로 판단된다.

반면 단독 혹은 2~3기씩 분포하는 단독·소군집형 고분군의 석곽들은 이전의 생산기반과 관련된 하위 계층의 무덤으로 볼 수 있다. 고분의 확대·분포와 더불어 8세기에 들어서면 각 지역의 산곡지 곳곳에 20~30家 내외의 소규모 취락이 동시다발적으로 형성되기 시작한다. 경작지를 수반하는 곳도 있고, 토기와 숯, 기와를 생산하는 가마군을 수반하는 곳도 있다. 산곡지 취락의 경우 대개 자연수로를 활용하여 생활과 농업용수를 공급하는 수리시설이 조성되는 사례로 보아 전문기술이 필요하며, 일정규모이면서 동시다발적으로 급속히 조성되는 것으로 보아 자연적인 취락의 조성보다는 중앙의 통제 하에 계획된 취락으로 판단된다.[128] 토기와 숯 등을 생산하는 유적 또한 규모가 작

128 김진영, 2008, 「경기 남부지역 신라 취락의 입지와 주거구조」『史學志』 40, 檀國史學會, 19쪽.

지 않고 수 기의 가마군으로 이루어진 것이 적지 않은데, 8세기 후반대의 일이지만 서울 사당동유적 출토 명문 토기로 추정컨대 중앙의 통제 하에 '器村'이 운영되었던 사례로 보아[129] 이 또한 중앙의 통제 하에 조성된 특수목적의 취락으로 파악할 수 있다.

이러한 고고유적의 정황상 8세기 무렵 중앙의 주도하에 긴 전쟁으로 피폐해진 촌락사회의 생산기반을 복구하는 대대적인 신영역 개척사업이 진행되어 진정한 영역화가 이루어진 것으로 판단된다. 지방사회의 지지기반인 촌락사회의 복구를 통해 안정적인 수취원을 확보 · 유지함으로써 경제적 기반을 확충하고 이를 통해 강력한 왕권을 확립 · 유지하고자 하는 중앙의 의지가 엿 보이는 것이다. 따라서 주변에 단독 혹은 2~3기씩 분포하는 석곽묘의 피장자들은 생산기반인 촌락을 유지 · 관리하여 수취와 운송, 역역동원을 담당하는 촌주 층이거나 특수기물을 생산 · 유통하는 집단의 수장이였을 것으로 판단되며, 일부 당식과대가 출토되는 사례로 보아 관제로 편입되어 활동하기도 한 것으로 여겨진다.

3) 3기(8세기 후반~10세기 전반)

신라 중앙의 지방지배력 약화로 지방사회가 와해되는 8세기 후반~10세기 전반의 시기로 고분의 변천 4 · 5단계에 해당한다.

무덤의 조영이 급감하고 단독 혹은 2~3기씩 짝을 이루는 단독 · 소군집유형의 고분군으로 나타나는데, 라말여초기인 9세기 후반~10세기 전반대에는 갑자기 기존에 나타나지 않는 3㎡ 이상의 대형 석곽과 신묘제로 토광목관묘가 출현한다. 특징적인 것은 전형의 당식 과대를 모방한 과대가 출토되는 경우가 다수 확인된다. 모두 크기가 비대해지고 제각인 과판으로 구성되었는데,

---

129 宋基豪, 1997, 「舍堂洞 窯址 출토 銘文資料와 통일신라 지방사회」『韓國史硏究』 99 · 100, 韓國史硏究會, 134쪽.

이는 중앙에서 관료에게 보급된 것이 아닌 특정인물이 자의적으로 당식 과대를 모방·제작하여 패용한 것으로 볼 수 있다.[130] 아울러 무덤의 규모상 위계 차이는 있으나 조잡한 모방형 당식 과대로 볼 때 무덤 간 뚜렷한 위계차이를 구분하기 어려우며, 군현의 영속관계도 불분명해지는 현상이 나타나기에 이른다. 그만큼 중앙의 지방통제력 약화로 라말여초기 지방사회가 와해되고 새로운 지방유력층이 등장하게 되는 현상을 단적으로 보여주는 것으로 판단된다.

이렇듯 기존의 묘제규범에서 벗어난 무덤의 조영은 그만큼 지방사회가 중

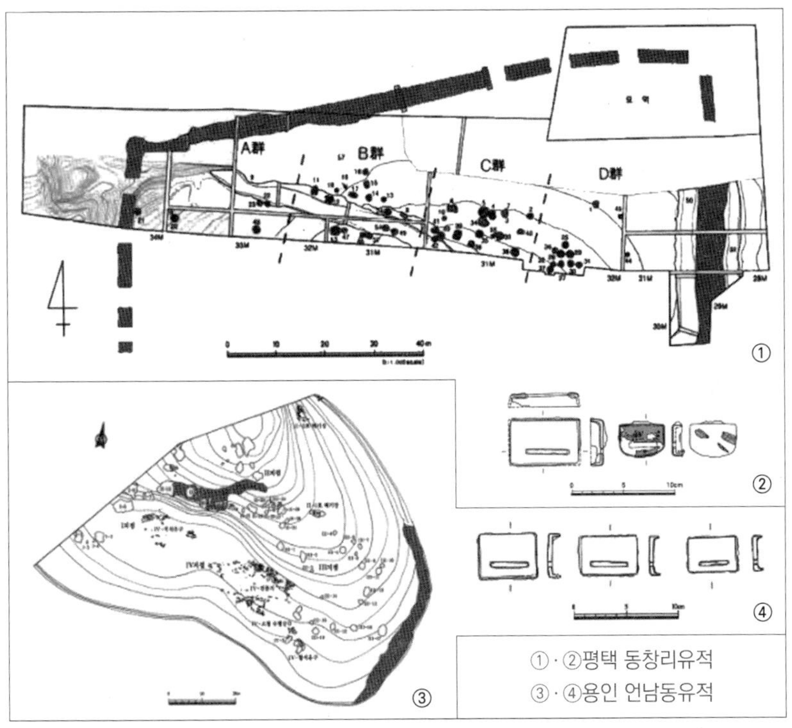

도 129. 통일신라~고려 전환기 토루유적

130 崔正凡, 2017,「韓半島 出土 唐式 帶裝飾具 硏究」, 慶北大學校 大學院 碩士學位論文, 85쪽.

앙의 통제에서 벗어나 지방유력층에 의해 독자적으로 운용되었던 사실을 알려주는 사례이다. 이와 관련하여 무덤 주변에는 안성 만정리 신기유적(2지점)[131], 수원 곡반정동유적[132]과 같이 굴립주 건물지로 구성된 창고유적과 용인 언남리유적[133], 평택 동창리유적[134], 아산 신법리 토루유적[135]과 같이 다수의 저장수혈과 건물지로 구성되고 외곽에 방어시설을 갖춘 토루유적[136], 안성 당왕동성, 만정리토성[137] 등과 같은 소규모 방형토성이 동시다발적으로 조성되기 시작한다.

이들은 주변에 넓은 농업생산 환경이 조성되어 있고 나지막한 구릉지 입지와 규모, 내부 공간구성 등 여러 면에서 군사적 방어목적의 성곽으로 보기 어렵고, 무덤에 부장된 철제 과대가 출토되기도 하여 지방 유력계층의 거소지로 판단된다. 당대 지방유력층으로는 군진세력, 해상세력, 촌주 출신 등을 들 수 있다.[138] 이들 중 용인 언남리와 평택 동창리유적의 경우와 같이 철제 보습과 볏, 철겸, 삽날, 주조괭이 등 다량의 철제 농구류를 독점적으로 보유하고, 이를 농경취락에 보급하여 잉여생산물을 극대화함으로써 경제적으로 성장한 村主계층 출신의 지방세력이 다수였을 것으로 판단된다. 유적 내 많은 잉여생산물을 저장할 수 있는 수혈군과 다수의 굴립주 건물지로 구성된 창고시설의 존재가 이를 뒷받침해 주고 있다. 이밖에도 철촉, 철모, 철제대도, 철준 등 소량의

131 京畿文化財硏究院, 2009, 『安城 萬井里 신기遺蹟』.

132 畿南文化財硏究院, 2020, 『水原 谷泮亭洞 遺蹟』.

133 한신대학교박물관, 2007, 『龍仁 彦南里 -統一新羅 生活遺蹟-』.

134 三江文化財硏究院, 2011, 『平澤 東倉里유적』.

135 충청문화재연구원, 2010, 『아산 신법리 토루유적』.

136 용인 언남리와 평택 동창리유적에서는 토루는 확인되지 않았지만 유적 외곽을 감싸는 대형의 구 시설로 보아 아산 신법리 토루유적과 같이 외곽 방어시설이 조성되었을 가능성이 높다.

137 백종오, 2004, 「安城川流域 方形土城의 性格」 『京畿史學』 8, 京畿史學會.

138 이기동, 1996, 『한국사 -신라의 쇠퇴와 후삼국-』 11, 국사편찬위원회, 11~14쪽.

무기류도 출토되고 있어 자위적 방어체계를 갖춘 독자적인 세력으로 성장하고 있음을 설명해 주고 있다.

780년 혜공왕과 왕비 신보왕후가 시해당하는 사건[139] 이후로 계속되는 중앙귀족들 사이의 권력 쟁탈전과 822년(헌덕왕 14)에 일어난 김헌창의 난[140]으로 대표되는 지방세력의 반란은 전제 왕권 및 지방 지배력의 약화를 심화시켰고, 이는 자연히 정상적인 수취와 수취물 운송에 지장을 주어 지방유력층이 성장하는 원인이 되었던 것이다.[141]

이와 같이 3기는 기존의 묘제규범에서 벗어난 무덤이 조영되는 시기로 전제왕권의 쇠퇴와 지방세력의 성장으로 중앙의 통제력이 지방에 미치지 못한 시기로 신라 한주사회의 종언을 알리고 있다.

139 『三國史記』 卷9, 新羅本紀9 惠恭王 16年條.

140 『三國史記』 卷10, 新羅本紀10 憲德王 14年條.

141 하일식, 2010, 「신라 말, 고려 초 지방사회와 지방세력」 『한국중세사연구』 제29호, 한국중세사학회, 53쪽.

Ⅷ

결론

신라의 경기지역 진출은 진흥왕 12년(551) 나제연합작전에 의한 고구려의 '죽령 이외 고현 이내'의 十郡 공취와 2년 뒤인 진흥왕 14년(553) 백제가 고구려로부터 공취한 6郡을 탈취하고 新州를 설치하면서 이루어진다. 이후 신라는 지방편제의 정비를 거듭하면서 경덕왕 16년(757) 漢州라는 지방사회가 확립되기에 이른다. 이러한 과정에서 경기지역에는 고분과 토기와 기와, 숯을 생산하는 가마, 성곽유적, 취락유적, 사지와 제의시설 등 다양한 성격의 물질문화가 이식되었다.

본 글은 경기지역의 다양한 신라 물질자료 중 횡혈계 석실(곽)묘로 대표되는 고분을 집성하여 분포와 구조적 특징을 살피고, 유형화를 시도하여 구체적인 전개양상과 축조집단의 성격 파악을 통해 경기지역에 이식된 신라 지방사회의 구조와 변화과정을 살펴보았다.

궁극의 연구목적을 달성하기 위하여 우선 축조주체 귀속에 있어 재고의 여지가 있는 석실묘를 검토하여 신라 고분의 분석대상을 명확히 하였다. 주지하다시피 경기지역은 삼국이 모두 영유하였던 지역으로 삼국의 석실묘가 공존하였고, 박장에 구조적 동질성이 강하여 축조주체 변별에 어려움이 많아 신라 고분의 분석결과에 상당한 오류를 초래하기 때문이다. 크게 입지와 석실의 평면형태, 규격성, 축조방법, 장법 등을 검토한 결과, 기존 연구에서 한성기 백제 석실로 비정한 석실은 묘·장제의 차이가 뚜렷하여 재론의 여지가 적은 반면, 고양 덕은동, 남양주 덕소리, 광명 소하동 3호, 광주 선동리 5·6호, 용인 어비리, 이천 이치리 9호, 음성 문촌리 나-7·8호 석실 등 기존에 신라 석실로 보고된 상당수의 석실이 고구려 영역기에 조영된 것으로 파악되어 신라 고분의 분석대상을 명확히 하였다.

고분의 분포는 산천을 경계로 지형적 단절을 보이는 독립된 공간에 밀집하여 분포한다. 크게 한강 본류와 안성천 수계권, 서해안 주변 수계권, 남한강과 북한강 수계권으로 나뉘며, 모두 22개의 분포구역이 설정되었다. 이들 분포구역은 기존의 연구에서도 언급된 바와 같이 경덕왕 16년(757) 지방제도의 개편과 더불어 완성된 한주 군현의 공간범위와 부합되며, 고분군은 각 군현의 치소지로 비정되는 산성에 인접하여 분포하는 특징을 보인다. 이는 고분군의 분포구역이 신라 한주의 군현으로 완성되는 지방편제단위와 무관하지 않으며, 각지의 지배계층을 대표하는 고분군임을 유추할 수 있었다.

고분의 구조 형식은 평면형태와 시상대의 공간배치와 축조방법 등에 근거하여 분류한 결과 횡혈식은 12개 형식, 횡구식은 20개 형식으로 설정되는 등 경기지역에는 타지역과 달리 매우 다양한 구조의 석실이 존재하였다. 출토유물로 볼 때 구조적 변천과정이 가늠되는 시간성이 반영된 것도 있지만, 대부분 시기적으로 병존하는 형식의 석실이다. 이는 경기지역 신라 고분의 전개와 관련하여 여러 계통의 횡혈계 묘제가 수용되었음을 의미하며, 축조집단의 성격과도 관련이 깊다.

이에 영남지역을 중심으로 한 타 지역 석실묘와의 구조를 구체적으로 비교·분석하여 석실의 각 형식별 계통을 추적하여 축조집단의 성격과 위계성을 규명해 보았다. 그 결과 경기지역 석실묘는 왕경인 경주지역과 낙동강 중·하류의 영남 서남부지역, 낙동강 상류의 영남 서북지역 석실 계통을 비롯하여 사비기 백제와 고구려, 삼국의 구조적 속성이 재지에서 복합되어 창출된 복합·재지 계통 석실 등으로 다양하게 나타난다. 경기지역 내 출현하고 있는 다양한 계통의 석실은 이 지역에 다양한 사회집단의 존재하고 있었음을 설명해 주는 근거가 되며, 이를 통해 신라 왕경과 구 가야세력, 상주를 중심으로 한 영남 서북부의 지방세력, 고구려와 백제 이주세력, 재지세력을 상정하였고, 왕경과 구 가야세력, 영남 서북부의 지방세력을 중심으로 경기지역에 신라의 문화이식이 급속히 진행되었던 것으로 판단하였다. 위계성과 관련하여서는 석실을 평면적을 중심으로 축조방법과 위세품을 더하여 살펴본 결과 모두 6개의 계층의 위계구조가 설정되며, 이는 5개 계층의 왕경보다 하위의 1개 계층이 더해진 것이다. 왕경세력이 최상위 계층, 구 가야와 영남 서북부 세력은 차상위 계층에 해당하고 재지와 고구려, 백제 이주세력, 재지세력이 그 하위계층에 속함을 알 수 있었다. 이러한 위계성은 점차 상위계층이 사라져 단순화되는 양상을 보이며, 분포구역 별로 차이가 나는데, 이는 후대 군현의 영속관계와 부합된다.

대체적인 고분의 전개양상은 6세기 후반에서 7세기 전반 전기, 7세기 전반 후기에서 7세기 중엽, 7세기 후엽에서 8세기 전반, 8세기 후반에서 9세기 전반, 9세기 후반에서 10세기 전반으로 모두 5단계로 구분된다. 큰 흐름은 지역공동체 성격이 강한 중 · 대규모 고분군에서 혈연을 중심으로 한 가계공동체적 성격의 소규모 고분군으로 변화, 다양한 석실의 구조적 단순화와 소형화를 거치며 규격화되고 다인장의 횡혈계 묘제에서 단장의 수혈계 묘제로의 변화, 위계구조의 단순화 등으로 규정할 수 있다. 이밖에 부장유물의 박장화, 침향의 북향화 등이 있다. 이러한 변화의 큰 획기는 2단계인 7세기 중엽으로 이 무렵부터 지방사회의 구조에 큰 변화가 일어났음을 가늠할 수 있었다.

마지막으로 이러한 고분의 성격과 변천과정을 통하여 경기지역에 이식된 신라 지방사회의 확립과정을 살펴보았다. 신라는 550년 금현성 · 도살성 전투로 계기로 중원을 장악하고 경기지역으로 진출할 수 있는 교두보를 마련하였다. 신라는 청주분지를 교두보 삼아 1차적으로 진천분지를 거쳐 경기 동부지역인 남한강 수계권을 차지한 후, 후대 삭주지역인 영서지역까지 진출하기에 이른다. 이후 553년 백제의 6군을 탈취하고 신주를 설치함으로써 경기만 일대의 제해권을 장악하는 동시에 한강 본류와 안성천 수계권에 대한 실효적인 지배가 이루어지게 되었다. 두 차례에 걸쳐 경기지역을 장악한 신라는 실효지배를 위한 지방사회를 확립해나가는데, 고분의 변천상 7세기 전반 후기를 기점으로 크게 3기로 나눌 수 있다.

1기는 신라의 경기지역 진출기인 6세기 후반에서 7세기 전반의 이른 시기로 고분의 변천 1단계에 해당한다. 후대 군현의 독립된 공간범위와 연결되는 곳들로 산성을 중심으로 지역거점을 형성하는데, 교하군(고봉현), 한양군, 김포현, 율진군(곡양현), 한주(거서현 · 황무현), 수성군, 진위현, 백성군(적성현), 기천군(빈양현 · 황효현), 개산군(음죽현), 가평군 등 주치를 포함한 9개 군, 10개 현에 이른다. 경기지역 진출과 더불어 확보한 6군과 10군 이외에 한강 본류와 광주산맥, 안성천 수계를 따라 추가적인 지역거점을 형성하여 경기만을 'ㄷ'자형으로 감싸고 있는 형국으로 변경의 지역방어를 공고히 하였다.

이후 신라는 경기지역의 실효지배를 위해 군현제 개념을 투영시킨 지역거점을 형성하여 통치구조의 틀을 마련하고, 그 안에 구 가야세력, 영남 서북부의 지방세력, 재지세력으로 구성된 복수의 지배집단을 조직하여, 상호 견제장치를 마련하고 안정성을 도모하였다. 고구려와 백제의 엘리트 계층도 적극적으로 회유 · 포섭하여 관제에 편입하였는데, 모두 주치에 안치하여 중앙의 통제 하에 두고 군사작전에 적극 활용하였다. 각 지역거점을 이끌어나가는 상위계층은 신라인인 구 가야와 영남 서북부세력이었으며, 이들은 일정부분 독자성을 인정받고 각 거점지의 강력한 문화이식을 통해 재지의 신라화를 신속하게 진행하였다.

그리고 한강 수계인 주치를 포함하여 안성천 수계의 백성군, 남한강 수계의 기천군 등 각 수계를 대표하는 3개 구역에는 최상위 계층인 왕경세력을 배치하여 군사작전은 물론 제 집단을 통제하고 조율하는 광역지배 거점을 형성하였다. 특히 주 · 군 · 현의 외형적 틀을 갖춘 상태에서 특징적으로 주 · 군 사이에 광역지배층이 존재한다는 점이다. 이는 7세기 전반 무렵 사라지는 일시적인 현상으로 판단되는데, 삼국의 군사적 긴장도가 높은 가운데 광활한 신영역의 신속한 신라화와 군사작전을 총괄하여 통제력을 높이기 위한 것으로 판단된다.

2기는 신라의 경기지역 진출과 더불어 형성된 지역거점의 안정화와 삼국통일과 더불어 영역지배 실현되는 7세기 전반 후기에서 8세기 전반에 이르는 시기로 고분의 변천 2·3단계에 해당한다. 북쪽 국경은 임진·한탄강유역으로 상향 되었고, 남쪽 경계도 7세기 전반 후기에는 안성천 이남의 사산현 일대까지 확보되었다.

고분군의 분포지역은 봉성포천·호동천의 김포 양촌·유현리유적(戍城縣), 승기천의 인천 구월동유적(邵城縣), 장현천의 시흥 군자동유적(獐口郡), 안성천 하류·발안천의 평택 율북리, 화성 하길리유적(車城縣) 등 서해안 주변지역으로 확산된다. 김포 수안산성, 인천 문학산성, 시흥 군자산성 등과 같이 대부분 치소성 주변에 분포하는 지배계층의 고분군으로 서해안 일대의 군사적 방어를 강화하는 동시에 실질적 지배영역으로 편입되었다.

묘제에 큰 변화가 일어나는 7세기 중엽부터는 재지와 계통지역의 전통을 보이던 석실이 급격히 사라지고 위계구조도 단순화되어 왕경세력의 하위계층으로 종속되는데, 이는 각지의 지방세력의 독립성을 허용하지 않고 해체하여 중앙(왕권)의 제도권 하에 두기 시작하였기 때문으로 판단되며, 이 당시부터 실질적인 군현제가 성립되어 강력하게 지방사회 통치체제를 장악해 나간 것으로 볼 수 있다. 이후 삼국을 통일하고 나당전쟁의 종료로 정국이 안정화되는 7세기 후반에 들어서면서 지방사회 계층이 중앙의 제도권에 완전히 편입되고 수취원인 촌락과 생산기반 시설의 대대적인 복구사업이 이루어진다.

3기는 신라 중앙의 지방지배력 약화로 지방사회가 와해되는 8세기 후반~10세기 전반의 시기로 고분의 변천 4·5단계에 해당한다. 9세기대로 접어들면서 고분의 수가 확연히 급감하기 시작하며, 기존에 나타나지 않는 대형급 석곽과 토광목관묘가 출현하고 전형의 당식과대를 모방한 비대해진 과판으로 구성된 철제과대가 다수 출토된다. 아울러 무덤의 규모 상 위계 차이는 있으나 조잡한 모방형 당식 과대로 볼 때 무덤 간 뚜렷한 위계차이를 구분하기 어려우며, 군현의 영속관계도 불분명해지는 현상이 나타나기에 이른다. 이는 기존의 묘제규범에서 벗어난 것으로 그만큼 지방사회가 중앙의 통제에서 벗어나 지방유력층에 의해 독자적으로 운용되었던 사실을 알려주는 것으로 신라 한주사회의 종언을 알리고 있다.

이상 고분의 성격과 전개양상을 통하여 경기지역에 이식된 신라 한주 지방사회의 구조와 변화과정을 단편적이나마 규명하고자 하였다. 복합적인 사회구조가 당대 지배계층으로 이해되는 고분만으로 설명되지는 않음은 당연한 것이며, 취락과 건물지, 가마, 성곽 등 다양한 성격의 유적에 대한 종합적인 고찰을 통해 이루어져야 함이 마땅하나 현재 고고학적 여건상 이를 시도하지 못하였다. 그렇기에 필자 능력의 한계로 자료의 분석과 해석에 있어 자의적인 부분이 많으리라 생각되며, 이는 향후에 꾸준히 수정·보완하여 나아가도록 하겠다. 현 단계에서는 경기지역의 신라 고분을 집성하고 재해석함으로써 한주라는 지방사회에 대한 고고학적 논의를 개진하였다는데 이 논문의 학사적 의미를 두고자 한다.

참고문헌

1. 史料

『三國史記』
『隋書』
『新增東國輿地勝覽』
『日本書紀』

2. 단행본

박천수, 2010, 『가야의 토기』, 진인진.
山本孝文, 2006, 『三國時代 律令의 考古學的 硏究』, 서경문화사.
서영일, 1999, 『신라 육상 교통로 연구』, 학연문화사.
梁起錫, 2001, 『新羅 西原小京 硏究』, 서경.
이기동, 1996, 『한국사 -신라의 쇠퇴와 후삼국-』 11, 국사편찬위원회.
李南奭, 1995, 『百濟 石室墳 硏究』, 學硏文化社.
______, 2002, 『百濟墓制의 硏究』, 서경.
李仁哲, 1993, 『新羅의 政治制度史 硏究』, 一志社.
李昊榮, 2007, 『月山 李昊榮의 韓國史學 遍歷』, 서경문화사.
임기환, 2004, 『고구려 정치사 연구』, 한나래.
鄭求福 · 盧重國 · 申東河 · 金泰植 · 權悳永, 1997, 『譯註 三國史記』 3 주석편 상, 韓國精神文化硏究院.

朱甫暾, 1998,『新羅 地方統治體制의 變化過程과 村落』, 신서원.
중앙문화재연구원, 2016,『고구려의 고분문화Ⅰ -한반도-』, 진인진.
______________, 2015,『고구려의 고분문화Ⅱ -길림성 집안시 통구고분군-』, 진인진.
______________, 2016,『고구려의 고분문화Ⅲ -길림성 · 요령성 일대-』, 진인진.
崔秉鉉, 1992,『新羅古墳硏究』, 一志社.
홍보식, 2001,『新羅 後期 古墳文化 硏究』, 춘추각.
황보 경, 2016,『삼국과 한강』, 주류성.

3. 국내 논문

姜鳳龍, 1994,「新羅 地方統治體制 硏究」, 서울大學校 大學院 博士學位論文.
______, 1997,「新羅 中古期 州郡制와 地方官」『慶州史學』第16輯, 慶州史學會.
강봉원, 1998,「여주 하거리 방미기골 백제고분 발굴조사」『3~5세기 금강유역의 고고학』, 제22회 한국고고학전국대회 발표자료집.
______, 2000,「한강유역 횡혈식 석실분의 성격 -여주지역을 중심으로-」『先史와 古代』第15號, 韓國古代學會.
姜仁求, 2000,「驪州 甫通里의 石室古墳」『古墳硏究』, 學硏文化社.
권오영, 2009,「고구려 횡혈식석실분의 매장프로세스」『횡혈식석실분의 수용과 고구려 사회의 변화』, 동북아역사재단.
권학수, 2003,「淸堂洞遺蹟의 考古學的 特徵과 社會的 性格」『湖西考古學』第8輯, 湖西考古學會.
김규운, 2014,「가락동 · 방이동고분군으로 본 백제 횡혈식석실의 성립」『先史와 古代』第40號, 韓國古代學會.
______, 2017,「한성기 횡혈식석실(橫穴式石室)의 전개양상」『서울학연구』66호, 서울시립대학교 서울학연구소.
______, 2018,「서울 가락동 · 방이동 고분군은 누가 만들었나」『서울 방이동고분군의 성격』, 서울특별시 · 한성백제박물관.
金東淑, 2002,「新羅 · 伽倻 墳墓의 祭儀遺構와 遺物에 관한 硏究」『嶺南考古學』30, 嶺南考古學會.
______, 2016,「관고리의 出現으로 본 三國時代 橫穴式石室墳의 葬法」『韓日의 古墳』, 한일교섭의 고고학-삼국시대-연구회 · 日韓交渉の考古學-古墳時代-硏究會.

김무중, 2011, 「百濟 漢城期 橫穴式石室의 構造와 調査方法」 『동아시아의 고분문화』, 중앙문화재연구원.
______, 2016, 「中部地方 橫穴式石室墓의 構造와 埋葬方法」 『韓日의 古墳』, 한일교섭의 고고학-삼국시대-연구회 · 日韓交渉の考古學-古墳時代-研究會.
金榮官, 2008, 「古代 淸州地域 歷史的 動向」 『白山學報』 第82號, 白山學會.
金元龍, 1957, 「京畿 楊平郡 楊東面 丹石里 新羅時代 古墳報告」 『歷史學報』 第十輯, 歷史學會.
______, 1974, 「百濟初期 古墳에 대한 再考」 『歷史學報』 62, 歷史學會.
김지현, 2017, 「한강유역 횡혈식석실분의 계통과 축조유형」, 경북대학교 대학원 석사학위논문.
金晉榮, 2007, 「漢江流域 新羅古墳 研究」, 檀國大學校 大學院 碩士學位論文.
______, 2007, 「한강유역 신라 석실묘의 구조와 성격」 『先史와 古代』 第27號, 韓國古代學會.
______, 2007, 「한강유역 신라고분의 전개과정」 『白山學報』 第79號, 白山學會.
______, 2008, 「경기 남부지역 신라 취락의 입지와 주거구조」 『史學志』 40, 檀國史學會.
______, 2011, 「한강 주변지역 신라 횡혈식석실분의 변천과정」 『기호문화재연구원 개원 5주년기념 학술발표회 자료집』, 기호문화재연구원.
______, 2018, 「고분으로 본 중부지역 신라문화의 지역성」 『중부고고학회 2018년 정기 학술대회 자료집 -중부지역 물질문화와 지역성-』, 중부고고학회.
金俊植, 2019, 「伽倻 橫穴式石室 研究」, 慶北大學校 大學院 博士學位論文.
김창겸, 2005, 「신라시대 漢山州에 대하여」 『中央史論』 21집, 韓國中央史學會.
金昌錫, 2007, 「신라 縣制의 성립과 기능」 『韓國古代史研究』 48, 한국고대사학회.
盧重國, 2001, 「新羅時代 尺과 干」 『韓國古代史研究』 23, 한국고대사학회.
______, 2006, 「5~6세기 고구려와 백제의 관계」 『北方史論叢』 11, 고구려연구재단.
도형훈, 2009, 「중서부지역 통일신라 고분의 형성과 전개과정」 『韓國上古史學報』 第63號, 韓國上古史學會.
閔德植, 1983, 「高句麗의 道西縣城考」 『史學研究』 36, 韓國史學會.
朴省鉉, 2002, 「6~8세기 新羅 漢州 郡縣城과 그 성격」 『韓國史論』 47, 서울대학교 국사학과.
______, 2010, 「新羅의 據點城 축조와 지방제도의 정비과정」, 서울大學校 大學院 博士學位論文.

______, 2011, 「5~6세기 고구려 · 신라의 경계와 그 양상」『역사와 현실』 82, 한국역사연구회.

박신영, 2018, 「백제 한성기 횡혈식석실묘의 도입과 확산과정」『百濟硏究』 第68輯, 忠南大學校百濟硏究所.

박종서, 2010, 「고구려 낭비성 위치에 대한 검토」『국학연구』 17, 한국국학진흥원.

朴重均, 2015, 「美湖川流域의 馬韓에서 百濟로의 轉換과 在地勢力의 存在樣態」『湖西考古學』 33, 湖西考古學會.

박진혜, 2014, 「경주지역 횡혈식석실묘 연구」『고고광장』 제15호, 부산고고학연구회.

박찬규 · 정경일, 2014, 「평양시 삼석구역 호남리에서 새롭게 조사된 고구려 석실봉토묘의 발굴정형에에 대하여」『통일인문학』 제60집, 건국대학교 인문학연구원.

白種伍, 2004, 「安城川流域 方形土城의 性格」『京畿史學』 8, 京畿史學會.

______, 2009, 「南韓內 高句麗古墳의 檢討」『高句麗渤海硏究』 33輯, 高句麗渤海學會.

백종오 · 오강석, 2004, 「驪州地域 城郭의 特徵과 時代別 變遷」『年報』 第8號, 京畿道博物館.

邊永煥, 2007, 「羅末麗初土器 硏究」, 忠南大學校 大學院 碩士學位論文.

山本孝文, 2005, 「泗沘期 石室의 基礎編年과 埋葬構造」『百濟硏究』 第43輯, 忠南大學校百濟硏究所.

서영일, 1999, 「安城 飛鳳山城 수습「本彼」銘 기와 考察」『文化史學』 11 · 12 · 13號, 韓國文化史學會.

______, 2005, 「5~6世紀 新羅의 漢江流域 進出과 經營」『博物館紀要』 20, 檀國大石宙善紀念博物館.

______, 2010, 「산성분포로 본 신라의 한강유역 방어체계」『고고학』 9-1호, 중부고고학회.

성정용, 2009, 「중부지역에서 백제와 고구려 석실묘의 확산과 그 의미」『횡혈식석실분의 수용과 고구려사회의 변화』, 동북아역사재단.

宋基豪, 1997, 「舍堂洞 窯址 출토 銘文資料와 통일신라 지방사회」『韓國史硏究』 99 · 100, 韓國史硏究會,

심광주, 2007, 「南韓地域 出土 高句麗 기와의 特徵」『경기도의 고구려 문화유산』, 경기도박물관.

신광철, 2019, 「금이성을 통해 본 6세기 신라의 대외정책」『韓國史學報』 제74호, 高麗史學會.

安承周, 1975, 「百濟古墳의 研究」『百濟文化』 7 · 8, 公州師範大學 附設 百濟文化研究所.
여호규, 2013, 「5세기 후반~6세기 중엽 高句麗와 百濟의 국경변천」『百濟文化』 第48輯, 公州大學校 百濟研究所.
윤성호, 2017, 「신라의 道薩城 · 金峴城 전투와 國原진출」『韓國古代史研究』 87, 한국고대사학회.
_____, 2017, 「『三國史記』 溫達傳 所載 阿旦城의 이치에 대한 재검토」『韓國史學報』 66, 高麗史學會.
尹炯元, 2002, 「서울 · 京畿地域의 新羅墳墓와 出土遺物」『고고학』 1호, 서울 · 경기고고학회.
이남석, 1999, 「百濟의 橫穴式石室墳 受容樣相에 對하여」『韓國古代史研究』 16, 한국고대사학회.
_____, 2009, 「중원문화권의 백제고분」『중원의 고분』, 국립중원문화재연구소.
이동규, 2015, 「고구려 횡혈식석실묘의 지역성과 위계연구」『중앙고고연구』 제16호, 중앙문화재연구원.
이문형, 2018, 「최근 조사성과를 통해 본 가락동 · 방이동 고분군의 성격」『서울 방이동 고분군의 성격』, 서울특별시 · 한성백제박물관,
이상희, 2010, 「신라시대 한주지역 토기 완 연구」, 세종대학교 대학원 석사학위논문.
李在煥, 2007, 「洛東江 上流地域 橫口式石室 研究」, 慶北大學校 大學院 碩士學位論文.
李辰赫, 2016, 「5~6세기 소백산맥 동북부일대 신라고분 연구」, 嶺南大學校 大學院 碩士學位論文.
李仁哲, 1997, 「신라의 한강유역 진출과정에 대한 고찰」『鄕土서울』 57, 서울역사편찬원.
李惠瓊, 2005, 「가랑비녀(釵)에 관한 小考」『錦江考古』 第2輯, 금강문화유산연구원.
李昊榮, 1985, 「신라의 한강유역진출」『漢江史』, 서울시사편찬위원회.
李昌勳, 1999, 「7세기 신라 民의 재편과정」『韓國古代史研究』 16, 한국고대사학회.
李賢淑, 2013, 「漢城地域 百濟 橫穴式石室墓 研究」『百濟學報』 제10호, 百濟學會.
_____, 2018, 「서울 방이동 · 가락동 고분군의 재검토」『서울 방이동고분군의 성격』, 서울특별시 · 한성백제박물관.
임기환, 2002, 「고구려 · 신라의 한강유역 경영과 서울」『서울학연구』 18, 서울시립대학교 서울학연구소.
임영진, 1995, 「百濟 漢城時代 古墳研究」, 서울大學校 大學院 博士學位論文.

임평섭, 2016, 「신라 진흥왕대 州의 廢置와 巡狩」『新羅文化』 제48집, 동국대학교 신라문화연구소.
장정수, 2017, 「양천고성의 변천과정 연구」, 대전대학교 대학원 석사학위논문.
張彰恩, 2010, 「5~6世紀 高句麗의 漢江流域의 領域向方」『白山學報』 第88號, 白山學會.
______, 2011, 「6세기 중반 한강유역 쟁탈전과 管山城 戰鬪」『震檀學報』 111, 震檀學會.
전덕재, 1997, 「한산주의 설치와 변화」『경기도의 역사와 문화』, 경기도사편찬위원회.
______, 2009, 「신라의 한강유역 진출과 지배방식」『鄕土서울』 제73호, 서울역사편찬원.
______, 2018, 「4~7세기 백제의 경계와 그 변화」『百濟文化』 第58輯, 公州大學校 百濟研究所.
정경일, 2018, 「신대동 고구려고분군 발굴 정형에 대하여(중)」『韓國史學報』 제70호, 고려사학회.
정동헌, 2012, 「화성 청계리 취락을 통해 본 한강유역 통일신라시대 취락의 일면」『新羅史學報』 24, 新羅史學會.
정운용, 2015, 「신라의 성장과 한강 지역 지배」『서울 2천년사』 6-삼국의 각축과 한강, 서울역사편찬원.
조가영, 2018, 「1970년 전후의 서울 강남일대 문화재조사의 경위와 성과」『서울 방이동 고분군의 성격』, 서울특별시 · 한성백제박물관.
曺永鉉, 2004, 「傳東明王陵의 築造時期에 대하여」『啓明史學』 (15), 啓明史學會.
______, 2012, 「金泉 古墳의 分布相과 內部構造」『啓明史學』 第二十三輯, 啓明史學會.
車順喆, 2004, 「단야구 소유자에 대한 연구」『문화재』 36권, 국립문화재연구소.
崔秉鉉, 1997, 「서울 江南地域 石室墳의 性格」『崇實史學』 第10輯, 崇實大學校 史學會.
______, 2012, 「경주지역 신라 횡혈식석실분의 계층성과 고분 구조의 변천」『韓國考古學報』 第83輯, 韓國考古學會.
______, 2012, 「신라 후기양식토기의 편년」『嶺南考古學』 59號, 嶺南考古學會.
______, 2015, 「중부지방 백제 한성기 축조 · 신라 재사용 석실분과 고구려 · 신라 연속조영 고분군」『고고학』 14-2호, 중부고고학회.
崔正凡, 2017, 「韓半島 出土 唐式 帶裝飾具 研究」, 慶北大學校 大學院 碩士學位論文.
최영주, 2013, 「百濟 橫穴式石室의 型式變遷과 系統關係」『百濟文化』 第48輯, 公州大學校 百濟文化研究所.
崔鍾澤, 2011, 「南漢地域 高句麗古墳의 構造特徵과 歷史的 意味」『韓國考古學報』 第81輯, 韓國考古學會.

하승철, 2013, 「창녕 계성고분군의 성격과 정치체의 변동」『야외고고학』 제18호, (사)한국매장문화재협회.

하일식, 2010, 「신라 말, 고려 초 지방사회와 지방세력」『한국중세사연구』 제29호, 한국중세사학회.

홍기승, 2009, 「6세기 신라 지방지배 방식의 변화와 '村'」『韓國古代史硏究』 55, 한국고대사학회.

홍보식, 2005, 「한강유역 신라 石室墓의 受容과 展開」『畿甸考古』 5, 畿甸文化財硏究院.

______, 2009, 「考古資料로 본 新羅의 漢江流域 支配方式」『百濟硏究』 第50輯, 忠南大學校 百濟硏究所.

皇甫 慶, 1999, 「新州 位置에 대한 硏究」『白山學報』 第53號, 白山學會.

______, 2007, 「考古學的으로 본 漢江流域 新羅文化의 成立과 發展 硏究」, 世宗大學校 大學院 博士學位論文.

4. 국외 논문

Tainter, J. A., 1977, "*Modeling change in prehistoric social systems, L. R. Binford (ed.) For theory building in archaeology*", Academic Press.

5. 보고서 · 자료집

嘉耕考古學硏究所, 2011, 『平澤 堂峴里遺蹟(II)』.

______________, 2015, 『華城 安寧洞遺蹟』.

가야문물연구원, 2018, 『울주 화산리유적』.

강산문화재연구원, 2019, 『김해 대성동 219-2번지 유적』.

江原文化財硏究所, 2005, 『春川 泉田里遺蹟』.

겨레문화유산연구원, 2012, 『이천 창전동유적』.

________________, 2013, 『김포 신곡리유적』.

________________, 2013, 『평택 수월암리 유적』.

________________, 2016, 『서울 독산동유적』.

________________, 2018, 『시흥 장현유적』.

京畿道博物館, 1999, 『抱川 城洞里 마을遺蹟』.
__________, 2002, 『한강』 Vol1.
京畿文化財研究院, 2007, 『烏山 佳水洞遺蹟』.
______________, 2008, 『烏山 佳長洞遺蹟』.
______________, 2009, 『加平 大成里遺蹟』.
______________, 2009, 『安城 萬井里 신기遺蹟』.
______________, 2010, 『高陽 食寺洞遺蹟』.
______________, 2010, 『龍仁 新葛洞 周溝土壙墓』.
______________, 2011, 『烏山 內三美洞遺蹟』.
______________, 2011, 『龍仁 書川洞遺蹟』.
______________, 2011, 『水原 好梅實洞 · 金谷洞遺蹟』.
______________, 2012, 『始興 君子洞遺蹟』.
______________, 2019, 『오산 내삼미동 공유재산 개발사업부지 내 유적 약보고서』.
慶南考古學研究所, 2001, 『昌寧 桂城新羅高塚群』.
______________, 2006, 『巨濟 鵝州洞 古墳群』.
______________, 2006, 『金海 大成洞遺蹟』.
______________, 2007, 『金海 鳳凰洞遺蹟』.
______________, 2007, 『昌寧 校里遺蹟』.
______________, 2008, 『巨濟 鵝州洞 古墳群 · 昌原 新方里遺蹟』.
______________, 2008, 『機張 東部里遺蹟』.
______________, 2008, 『巨濟 鵝州洞 古墳群 · 昌原 新方里遺蹟』.
______________, 2012, 『김해 우계리유적』.
慶南發展研究院 歷史文化센터, 2005, 『Ⅰ.昌寧 武寧 古墳群 Ⅱ.金海 古幕里 古墳群』.
______________________, 2006, 『梁山 勿禁 佳村里遺蹟』.
______________________, 2007, 『宜寧 雲谷里遺蹟』
______________________, 2010, 『密陽 沙浦里 遺蹟』..
______________________, 2011, 『마산 진북 덕곡리유적』.
______________________, 2012, 『의령 죽전리 고분군』.
______________________, 2018, 『진주 가좌동고분군과 취락』.
慶北大學校博物館, 1996, 『安東 造塔里古墳群Ⅱ(94)』.
慶北大學校博物館 · 慶南大學校博物館, 1991, 『慶州 新院里 古墳群 發掘調査報告書』.

慶尙大學校博物館, 1998,『四川 月城里 古墳群』.
_______________, 2000,『宜寧 雲谷里古墳群』.
慶尙南道, 1977,『昌寧 桂城古墳群 發掘調査報告』.
慶尙北道文化財硏究院, 2000,『高靈 池山洞古墳群』.
___________________, 2001,『尙州 屛城洞 古墳群』.
___________________, 2003,『尙州 軒新洞 古墳群』.
___________________, 2010,『醴泉 黃池里遺蹟』.
___________________, 2010,『포항 대련리유적』.
___________________, 2014,『청도 송서리유적』.
慶州文化財硏究所, 1995,『乾川休憩所新築敷地 發掘調査報告書』.
_______________, 1995,『憲康王陵補修收拾調査報告書』.
경희대부설 고고미술사연구소, 1992,『통일동산 및 자유로 개발지구 발굴조사보고서』.
경희대학교박물관, 1999,『여주 하거리 방미기골 고분』.
경희대학교중앙박물관, 2013,『용인 어비리유적』.
계림문화재연구원, 2013,『경주 동천동 산13-2번지 유적』.
高麗文化財硏究院, 2009,『南楊洲 三牌洞·德沼里 遺蹟』.
_______________, 2011,『光教 新都市 文化財 發掘調査 Ⅳ』.
_______________, 2012,『서울 명륜동 유적』.
_______________, 2012,『漣川 江內里遺蹟』.
_______________, 2013,『金浦 陽村 遺蹟』.
_______________, 2017,『金浦 柳峴里 遺蹟』.
_______________, 2019,『하남감일 공공주택지구 내 문화재 발굴(시굴)조사 약보고서』.
國立慶州文化財硏究所, 1997,『慶州 芳內里 古墳群』.
___________________, 1998,「慶州 芳內·棗田里 古墳群」『文化遺蹟發掘調査報告書』-緊急發掘調査報告書Ⅲ-.
___________________, 2003,『慶州 月山里蹟蹟』.
___________________, 2009,『경주시 용강동 82번지 석실분 발굴조사보고』.
國立文化財硏究所, 1995,『淸原 米川里 古墳群 發掘調査報告書』.
國立慶州博物館, 2011,『慶州 普門洞合葬墳』.
국립중앙박물관, 1984,「表井里 百濟廢古墳調査」『中島』.
_____________, 1989,「여주·이천지역 지표조사보고」『新岩里Ⅱ』.

國立清州博物館, 2000, 『清州 明岩洞遺蹟(Ⅰ)』.
______________, 2001, 『清州 明岩洞遺蹟(Ⅱ)』.
국방문화재연구원, 2010, 『이천 이치리유적』.
______________, 2013, 『파주 덕은리유적』.
국토문화재연구원, 2019, 「이천 중리 택지개발지구 조성사업부지 내 유적 정밀발굴조사 1차 학술자문회의」.
______________, 2019, 「이천 중리 택지개발지구 조성사업부지 내 유적 정밀발굴조사 2차 학술자문회의」.
기남문화재연구원, 2017, 『安城 照日里遺蹟』.
______________, 2018, 『安城 道基洞山城』.
______________, 2019, 「실촌~만선간 도로건설부지내 유적 정밀발굴조사 학술자문회의자료집」.
______________, 2019, 『安城 堂旺洞遺蹟』.
______________, 2020, 『平澤 芝制洞2遺蹟』.
______________, 2020, 『水原 谷泮亭洞 遺蹟』.
畿甸文化財硏究院, 2000, 『驪州 上里 · 梅龍里 古墳群 情密地表調查報告書』.
______________, 2002, 『安養 冠陽洞 先史遺蹟 發掘調査 報告書』.
______________, 2003, 『龍仁 竹田宅地開發地區內 대덕골 遺蹟』.
______________, 2003, 『龍仁 舊葛里遺蹟』.
______________, 2005, 『龍仁 寶亭里 소실遺蹟』.
______________, 2005, 『河南 德豊洞 수리골 遺蹟』.
______________, 2006, 『龍仁 寶亭里 青磁窯址』.
______________, 2006, 『平澤 宮里遺蹟』.
______________, 2006, 『華城 盤松里 행장골遺蹟』.
______________, 2008, 『수원 이목동유적』.
______________, 2008, 『廣州 大雙嶺里 遺蹟』.
錦江文化遺産硏究院, 2011, 『唐津 彩雲里 한우물 遺蹟』.
금오문화재연구원, 2016, 「경주 율동 산2-19번지 유적」『2016년도 소규모 발굴조사 보고서XIII -경북4-』.
______________, 2020, 『慶州 東川洞 343-4番地 遺蹟』.
기호문화재연구원, 2010, 『華城 汾川里遺蹟』.

________________, 2010, 『坡州 陵山里遺蹟』.
________________, 2011, 『光明 所下洞 古墳群』.
________________, 2011, 『光敎 新都市 文化遺蹟Ⅴ』.
________________, 2012, 『城南 麗水洞遺蹟』.
________________, 2013, 『서울 천왕동연지유적』.
________________, 2013, 『烏山 塔洞·斗谷洞遺蹟』.
________________, 2013, 『동탄2신도시 문화유적』.
________________, 2015, 『안성 반제리 주정마을 유적』.
________________, 2015, 『안성 상중리유적』.
________________, 2016, 『가평 읍내리유적』.
________________, 2020, 「화성 당하~오일간 도로확·포장공사부지 문화재 발(시)굴 조사 약보고서」.
金元龍·林永珍, 1986, 『石村洞3號墳東쪽古墳群整理調査報告』.
단국대학교 매장문화재연구소, 2002, 『이천 설봉산성 3차 발굴조사보고서』.
____________________________, 2004, 『포천 반월산성 종합보고서(Ⅰ)』.
____________________________, 2004, 『포천 반월산성 종합보고서(Ⅱ)』.
____________________________, 2006, 『여주 상거리 종합유통단지 건설부지 시·발굴조사 보고서』.
____________________________, 2007, 『의왕이동 청동기유적 발굴조사 보고서』.
大東文化財硏究院, 2013, 『尙州 馬孔里墳墓群』.
________________, 2015, 『軍威 花溪里古墳群Ⅰ』.
________________, 2015, 『達城 城下里遺蹟』.
________________, 2017, 『軍威 花溪里古墳群Ⅱ·Ⅲ』.
________________, 2018, 『高靈 池山洞 산115遺蹟』.
________________, 2019, 『仁川 黔丹地區 遺蹟Ⅰ·Ⅲ·Ⅳ』.
________________, 2019, 『星州 明浦里墳墓群』.
동국문화재연구원, 2018, 『영주 청구리 고분군1』.
東邦文化財硏究院, 2017, 『唐津 彩雲洞 다리목 遺蹟』.
동북아문화재연구원, 2017, 『용인 하갈동유적』.
__________________, 2020, 『울주 발리 499-36번지 유적』.
東西文物硏究院, 2015, 『金海 望德里遺蹟Ⅳ』.

東亞大學校博物館, 1982,『陜川 三嘉古墳郡』.
______________, 1992,『梁山 下北亭遺蹟』.
東亞細亞文化財研究院, 2017,『安東 坪八里遺蹟』.
東洋大學校博物館, 2008,『順興 飛鳳山城 周邊 古墳 發掘調査報告書』.
頭流文化研究院, 2016,『밀양 임천 · 금곡유적』.
______________, 2017,『창녕 명리고분군』.
______________, 2019,『창녕 합리고분군』.
明知大學校博物館 · 湖巖美術館, 1990,『山本地區 文化遺蹟 發掘調査 報告書』.
文化財研究所, 1991,『中原 樓岩里 古墳群』.
______________, 1992,『中原 樓岩里 古墳群 發掘調査報告書』.
백두문화재연구원, 2019,『고양 덕은동유적』.
백제문화재연구원, 2018,「고속국도 제29호선 성남~구리 건설공사구간(1구간) 내 문화유적 2차 발굴조사 약보고서」.
福泉博物館, 2004,『金海 花亭遺蹟』.
______________, 2006,『機張 校里遺蹟』.
부경문물연구원, 2014,『機張 佳洞 古墳群 中』.
______________, 2018,『慶州 伊助里 929番地 遺蹟』.
釜山大學校博物館, 1985,『金海 禮安里古墳群 I』.
______________, 1987,『陜川 苧浦里E地區遺蹟』.
______________, 1993,『金海 禮安里古墳群 II』.
______________, 1995,『昌寧 桂城古墳群』.
釜山直轄市博物館, 1990,『釜山 杜邱洞 林石遺蹟』.
佛敎文化財研究所, 2019,『고양 행주산성 -정비사업부지 유적 시굴조사-』.
三江文化財研究院, 2011,『平澤 東倉里유적』.
______________, 2013,『昌寧 校洞 新羅墓群』.
______________, 2017,『平澤 佳谷里遺蹟』.
______________, 2019,『鎭海 頭洞遺蹟 II』.
서경문화재연구원, 2013,『오산 가장동유적』.
______________, 2014,『용인 보정동988-1번지 일원 유적』.
______________, 2017,『용인 신갈동 유적』.
______________, 2019,『용인 보정동 삼막곡 유적』.

______________, 2020, 『화성 금곡동 산57번지 유적』.

서울大學校博物館, 1990, 『한우물 -虎岩山城 및 蓮池發掘調査報告書』.

서울문화유산연구원, 2018, 「용인 동천배수지 설치부지 내 문화재 발굴(정밀)조사 약식 보고서」.

______________, 2020, 「수원 인계3호공원(2 · 3단계) 조성사업부지 내 유적 정밀발굴조사 약식보고서」.

서해문화재연구원, 2013, 『廣州 仙東里 石室墓 遺蹟』.

______________, 2015, 『오산 내삼미동유적』.

聖林文化財研究院, 2014, 『蔚珍 德川里 新羅墓群』.

世宗大學校 博物館, 1999, 『河南市의 歷史와 文化遺蹟』.

______________, 2001, 『龍仁 彦南里遺蹟』.

______________, 2006, 『평택 도곡리유적』.

______________, 2006, 『하남 광암동유적』.

______________, 2006, 『하남 덕풍골 유적』.

______________, 2007, 『하남 덕풍골 유적Ⅱ』.

世宗文化財研究院, 2014, 『榮州 順興 台庄里 古墳群Ⅰ』.

______________, 2015, 『慶州 茸長里 567-16番地 遺蹟』.

______________, 2017, 『尙州 上村里 · 九潛里 · 長谷里遺蹟Ⅰ -上村里古墳群Ⅰ · 上村里古墳群Ⅱ』.

______________, 2017, 『尙州 上村里 · 九潛里 · 長谷里遺蹟Ⅱ -九潛里古墳群 · 九潛里산93番地遺蹟-』.

______________, 2017, 『榮州 邑內里古墳群1』.

신라문화유산연구원, 2017, 『경주 황성동 590번지 유적Ⅴ』.

嶺南大學校博物館, 2002, 『大邱 旭水洞 古墳群』.

______________, 2002, 『慶州 九於里 古墳群Ⅰ』.

______________, 2009, 『慶州 芳內里 古墳群』.

______________, 2005, 『慶州 舍羅里 525番地遺蹟』.

______________, 2017, 『慶州 望星里 古墳群Ⅳ · 栗洞古墳群Ⅲ』.

蔚山大學校博物館, 2000, 『경주 봉길고분군Ⅰ』.

蔚山文化財研究院, 2009, 『蔚山 朱田洞 중마을古墳群』.

______________, 2013, 『蔚山 藥泗洞遺蹟Ⅴ -石室墓 및 기타-』.

龍仁大學校博物館, 2008,『龍仁 驛北洞遺蹟』.

예맥문화재연구원, 2019,『춘천 군자리(1097-5번지) 남춘천산업단지 조성사업부지 내 유적 정밀발굴조사 약식보고서』.

梨花女子大學校博物館, 1988,『靈岩 鳩林里 土器窯址發掘調査 -1次發掘調査中間報告』.

__________________, 2001,『靈岩 鳩林里 陶器窯址發掘調査 -2次發掘調査報告書』.

蠶室地區遺蹟發掘調査團, 1977,「蠶室地區 遺蹟 發掘調査 報告」『韓國考古學報』3, 韓國考古學會.

__________________, 1978,「蠶室地區 遺蹟 發掘調査 報告」『韓國考古學報』4, 韓國考古學會.

朝鮮總督府, 1935,『昭和二年度古蹟調査報告』第二冊, -公州 宋山里古墳調査報告-.

__________, 1916,「大正五年度 古蹟調査報告」『古蹟調査報告』.

__________, 1918,『蠹島附近百濟時代遺蹟調査略報告』.

__________, 1935,『昭和二年度古蹟調査報告』第二冊, -公州 宋山里古墳調査報告-.

__________, 1937,「慶州 忠孝里石室古墳調査報告」『昭和七年度古蹟調査報告』第二冊.

진흥문화재연구원, 2017,『서이천산업단지 조성부지 내 유적』.

中部考古學研究所, 2015,『楊平 大坪里 2號墳』.

______________, 2016,『楊平 大坪里 古墳群』.

______________, 2018,『華城 兩老里·雙鶴里·內里·泉川里遺蹟』.

______________, 2019,『仁川 元堂洞 遺蹟』.

______________, 2019,『金浦 新谷里 遺蹟』.

중부고고학연구소·한신대학교박물관, 2017,「오산 독산성과 세마대지 발굴(시굴)조사 용역 약식보고서」

____________________________, 2018,「오산 독산성과 세마대지 2차 정밀발굴조사 용역 약식보고서」.

中央文化財研究院, 2001,『陰城 文村里遺蹟』.

______________, 2004,『報恩 上長里遺蹟』.

______________, 2004,『尙州 午臺洞遺蹟』.

______________, 2005,『大田 伏龍洞遺蹟』.

______________, 2006,『龍仁 杜倉里遺蹟 -龍仁 近三里·栢峰里遺蹟-』.

______________, 2008,『平澤 葛串里遺蹟』.

______________, 2009,『恩平 津寬洞』墳墓群 Ⅲ』.

________, 2010, 『忠州 下九岩里遺蹟』.
________, 2010, 『醴泉 德栗里古墳群』.
________, 2011, 『坡州 雲井遺蹟 Ⅱ』.
________, 2011, 『龍仁 寶亭洞 442-1遺蹟』.
________, 2011, 『平澤 소사벌遺蹟』.
________, 2011, 『大田 龍溪洞遺蹟』.
________, 2013, 『烏山 闕洞遺蹟』.
________, 2014, 『高陽 道乃洞 都堂遺蹟』.
________, 2014, 『城南 倉谷洞遺蹟』.
________, 2015, 『華城 梧山里 · 清溪里遺蹟Ⅲ』.
________, 2015, 『平澤 獐堂洞遺蹟』.
________, 2016, 『南陽州 芝錦洞Ⅰ遺蹟』.
________, 2017, 『남양주 지금동Ⅱ유적』.
________, 2018, 『서울 항동유적』.
________, 2019, 『용인 덕성리유적』.
________, 2019, 『인천 검단 원당동 · 마전동유적』.
中原文化財研究院, 2004, 『鎭川 都堂山城 -地表 · 試掘調査 報告書-』.
________, 2005, 『麻城里 · 英門里遺蹟』.
________, 2006, 『清州 飛下洞遺蹟』.
________, 2007, 『安城 盤諸里遺蹟』.
________, 2007, 『聞慶 新峴里古墳群Ⅰ』.
________, 2008, 『聞慶 新峴里古墳群Ⅱ』
________, 2009, 『驪州 梅龍里遺蹟』.
________, 2010, 『서울 天旺洞 遺蹟』
________, 2010, 『忠州 豆井里遺蹟』.
________, 2011, 『화성 향남 2지구 유적Ⅰ』.
________, 2012, 『安城 梨峴里遺蹟』.
________, 2018, 『華城 上里 · 水營里遺蹟』.
忠清南道歷史文化院, 2004, 『天安 佛堂洞遺蹟』.
충청남도 역사문화연구원, 2012, 『천안 성거산 위례성』.
________, 2018, 『천안 성거산 위례성 내 용샘유적 1 · 2차 합본 보고서』.

忠南大學校博物館, 1996, 『天安 長山里遺蹟』.
__________, 2006, 『弓洞』.
忠北大學校博物館, 1995, 『清州 新鳳洞 古墳群』.
__________, 2014, 『清州 父母山城』.
__________, 2016, 『清州 父母山城Ⅱ』.
忠北大學校 中原文化研究所, 2001, 『清原 壤城山城』.
__________, 2002, 『오창~진천간 도로 확 · 포장공사구간내 文化遺蹟 試掘 · 發掘調査 報告書』.
忠北大學校 湖西文化研究所, 1996, 『鎭川 大母山城 地表調査報告書』.
忠淸文化財研究院, 2005, 『唐津 大雲山里 호구마루 遺蹟』.
__________, 2005, 『唐津 自開里遺蹟Ⅱ』.
__________, 2006, 『舒川 秋洞里遺蹟』.
__________, 2010, 『아산 신법리 토루유적』.
__________, 2014, 『禮山 沐里 · 新里遺蹟』.
__________, 2018, 『인천 검단 당하동유적』.
충청북도문화재연구원, 2018, 『진천 교성리 507-1번지 유적』.
하남역사박물관, 2016, 『용인 마성리유적』.
__________, 2019, 『하남 금암산 고분군 유적』.
한강문화재연구원, 2008, 『서울 궁동유적 · 강릉 방동리 가둔지유적』
__________, 2013, 『김포 운양동유적Ⅰ』.
__________, 2014, 『인천 구월동유적』.
__________, 2016, 『광명 가학동 산100-3번지 유적』.
__________, 2016, 『화성 천천리 18-2번지 유적』.
한국고고인류연구소, 2018, 『인천 문학산 제사유적』.
韓國考古環境研究所, 2008, 『華城 長芝里遺蹟』.
한국문화재단, 2019, 『창녕 초곡리 1002번지 유적』.
韓國文化財保護財團, 1998, 『尙州 新上里古墳群』.
__________, 1998, 『尙州 新興里古墳群』.
__________, 1999, 『慶州 競馬場 豫定敷地 C-1地區 發掘調査 報告書』.
__________, 1999, 『尙州 城洞里古墳群』.
__________, 1999, 『尙州 青里遺蹟Ⅰ~Ⅸ』.

________________, 2000,『清原 主城里遺蹟』.
________________, 2001,『尙州 屛城洞 · 軒新洞 古墳群』.
________________, 2001,『陰城 梧弓里 · 文村里遺蹟』.
________________, 2001,『中部內陸高速道路 忠州區間 文化遺蹟 發掘調査 報告書』.
________________, 2002,『尙州 佳莊里古墳群』.
________________, 2005,『龍仁 東栢里 · 中里遺蹟』.
________________, 2006,『용인 동백 동원로얄듀크 신축예정부지 문화유적 시 · 발굴조사 보고서』.
________________, 2007,『龍仁 淸德洞遺蹟』.
________________, 2010,『龍仁 寶亭洞 · 新葛洞遺蹟Ⅰ』.
________________, 2010,『龍仁 寶亭洞 · 新葛洞遺蹟Ⅱ』.
________________, 2011,『安城 東坪里遺蹟』.
________________, 2012,『성남 판교동유적Ⅱ -10 · 12구역-』.
________________, 2012,『성남 판교동유적Ⅱ -19 · 20구역-』.
韓國文化財財團, 2015,「경주 보문동 338번지 유적」『2013년도 소규모 발굴조사 보고서Ⅸ-경북2-』.
한국문화재연구원, 2018,『평택 동삭동 410-1번지 유적』.
________________, 2019,『울주 발리 499-10번지 유적』.
韓國文化遺產硏究院, 2013,『驪州 下巨里 古墳群』.
________________, 2012,『安城 長院里 · 龍舌里 · 唐木里遺蹟』.
________________, 2012,『烏山 細橋洞 遺蹟』.
________________, 2016,『龍仁 寶亭洞 古墳群(라-16號墳)』.
________________, 2016,『平澤 西井洞 遺蹟』.
________________, 2017,『龍仁 麻北洞 山2-14番地 遺蹟』.
________________, 2017,『용인 보정동 고분군(사적 제500호) 정밀지표조사 보고서』.
________________, 2019,「용인 동천2지구 도시개발사업구역 문화유적 발굴조사 3차 학술자문회의 자료」.
________________, 2019,「서해선 복선전철 제6 · 7공구 문화유적 발굴조사 약보고서」.
________________, 2020,『龍仁 寶亭洞 古墳群Ⅰ』.
한국선사문화연구원, 2008,『楊平 道谷里 舊石器遺蹟』.
________________, 2008,『鎭川 校成里 남산골遺蹟』.

한국토지공사 토지박물관, 1999, 『고양시의 역사와 문화유적』.
__________________, 2003, 『연천 신답리고분 발굴조사보고서』.
__________________, 2004, 『용인 보정리고분군 발굴조사보고』.
翰林大學博物館, 1988, 『驪州 梅龍里용강골 古墳群』.
__________, 1989, 『驪州 梅龍里용강골 古墳群Ⅱ』.
__________, 1995, 『芳洞里 古墳 發掘調査報告書』.
__________, 2001, 『여주 상리고분』.
한백문화재연구원, 2007, 『가평 신천리유적』.
____________, 2010, 『시흥 월곶·군자·하상·금이·목감동유적』.
____________, 2010, 『평택 자미산성 -2차 발굴조사보고서-』.
____________, 2012, 『남양주 별내유적Ⅰ』.
____________, 2013, 『화천 거례리유적』.
____________, 2013, 『화성 청계리유적Ⅰ』.
____________, 2013, 『서울 세곡동유적』.
____________, 2014, 『이천 덕평리유적』.
한빛문화재연구원, 2018, 『경주 조전리~율동유적Ⅰ -방내리 고분군-』.
한신大學校博物館, 2002, 『花山古墳群』.
____________, 2006, 『華城 泉川里 靑銅器時代 聚落』.
____________, 2007, 『龍仁 彦南里 -統一新羅 生活遺蹟-』.
한성백제박물관, 2019, 『芳荑洞古墳群 三號墳』.
한양대학교 문화인류학과·호암미술관, 1993, 『자유로 2단계 개설지역 문화유적 발굴조사 보고서』.
漢陽大學校博物館·文化人類學科, 1996, 『富川 古康洞 先史遺蹟 發掘調査報告書』.
漢陽大學校博物館, 1995, 『守安山城』.
____________, 2005, 『파주교하택지개발지구 시·발굴조사보고서』.
한양대학교 문화재연구소, 2002, 『부천 고강동 선사유적 제5차 발굴조사보고서』.
__________________, 2005, 『富川 古康洞 先史遺蹟 第7次 發掘調査報告書』.
한양문화재연구원, 2019, 「고양 행주산성 석성구역(1단계) 시·발굴조사 약보고서」.
____________, 2019, 『平澤 宮里 墳墓遺蹟』.
____________, 2019, 「평택 드림테크 일반산업단지 내 유적 시굴 및 정밀발굴조사 약식보고서」.

한얼문화유산연구원, 2012,『서울 우면동유적』.
__________________, 2012,『광주 역동유적』.
__________________, 2019,『평택 용이 · 죽백동유적』.
한울문화재연구원, 2010,『성남 도촌동유적』.
________________, 2016,『서울 노원구 중계동 유적』.
________________, 2017,『평택 가곡리유적』.
________________, 2020,『수원 외곽순환(북부)도로 민간투자사업구간 내 유적』.
해강도자미술관, 2001,『芳山大窯』.
혜안문화재연구원, 2020,『용인 봉무리 666-1번지 유적』.
湖南文化財研究院, 2018,「인천 검단신도시 개발사업 Ⅰ~Ⅲ지점 문화재 발굴조사 약식 보고서」.
湖巖美術館, 2000,『昌寧 桂城古墳群』.
화랑문화재연구원, 2017,「경주 율동 산2-6번지 유적」『2017년도 소규모 발굴조사 보고서Ⅸ』.
曉星女子大學校博物館, 1987,『陜川 苧浦里C · D地區遺蹟』.

• 김진영

충북대학교 고고미술사학과에 입학하여 고고학에 입문하였고,
단국대학교 대학원 사학과에서 고고미술사 전공 석 · 박사 과정을 졸업하였다.
기호문화재연구원과 기남문화재연구원 등에서 활발한 조사 · 연구 활동을 하였고,
주요 연구 실적으로는 「한강유역 신라석실묘의 구조와 성격」,
「경기지역 삼국시대 횡혈식석실묘의 구조 특징과 축조주체 검토」 외
다수의 연구보고서가 있다.

신라 한주지방의 고분과 사회구조

초판발행일 2021년 8월 5일
지 은 이 김진영
발 행 인 김선경
책 임 편 집 김소라
발 행 처 서경문화사
주 소 서울시 종로구 이화장길 70-14(204호)
전 화 743-8203, 8205 / 팩스 : 743-8210
메 일 sk8203@chol.com
신 고 번 호 제1994-000041호
ISBN 978-89-6062-235-7 93910

※ 파본은 구입처에서 교환하여 드립니다.

정가 36,000